播音与主持艺术专业“十三五”规划教材
21世纪播音与主持艺术专业简明教材

播音学简明教程［第4版］

吴　郁 ◎ 主编

BOYINXUE JIANMING JIAOCHENG［DI-SI BAN］

播音与主持艺术专业『十三五』规划教材
21世纪播音与主持艺术专业简明教材

中国传媒大学出版社·北京

第 4 版修订说明

去年入冬，出版社编辑赵欣打来电话，约我再次做《播音学简明教程》的修订版。说实在的，颇令我吃惊！盖因此书第一版为 1985 年发行，1988 年再版，2003 年出修订版，十多年过后又要再次修订。屈指算来，此书面世已三十余年啦，没想到还有需求。我理解，一则皆因广播电视播音主持事业发展的需求使然；二则此书反映了播音主持工作的基本规律和创作方法，且简明扼要、经济实用。尤其后者，虽然播音主持工作的范畴、形态、功能都有很大的发展，然而播音主持工作的主要手段——有声语言，其基本功方面的要求没有也不会有根本性的改变，如气息运用、口腔控制、吐字归音、用声常识、普通话语音以及广播电视语言传播特点、语言表达主要方法，等等。

是的，主持人节目形态无疑带来了播音主持工作深刻和丰富的变化，而且仍处在继续深化、融合和创新之中。今天，传统媒体（报纸、杂志等）、新媒体（互联网、手机等）层出不穷，我们既要看到它们之间的竞争，也要看到它们之间的融合多赢。事实证明，广播电视媒体的传播方式、传播途径都具有特定规律，而这些特定规律恰恰是界定各类媒体的边界。毋庸讳言，播音主持工作的基本功、基本规律及基本的创作方法，有其根本性和稳定性意义。

故此，这次修订（第 4 版），我们本着尊重历史的原则，仍循着“简明”“实用”的初衷，同时与时俱进地反映播音主持工作新的进展。考虑到关于节目主持的著作已有不少，本次修订采取“局部增补”的办法，不求面面俱到，只选择一些具有新意的结点展开放大，力求深入、细致和富有操作性地进行阐述。我曾经的学生安宁（现任 CCTV 发现之旅频道制片人、北大社会学系硕士）编写了第七章“现场报道”。我曾经的研究生、广西艺术学院影视与传媒学院院长罗幸用近期的稿件替换了书中部分过时的稿件，并做了详尽的分析。此外，我把历来对“说新闻”、主播、专题片配音的思考，以及对“互动”功能的最新探讨，以“附录”的形式收入本书。相信读者从这些文章中能够看出播音主持工作发展的几个重要片段，并体味到现实与未来对播音主持从业者提出的不断拓展、不断提高的要求。

感谢所有参与本书撰写的老师们，感谢出版社的青睐及编辑赵欣、张笛、高卓毓的辛勤劳动，最不能忘记的是感谢新老读者的厚爱。谢谢！

吴郁

2019年4月16日

2003年修订版说明

《播音学简明教程》第一版于1985年3月由北京广播学院出版社发行。这本紧密联系实际、针对性很强的专业书籍,为全国各地、各级广播电台、电视台播音员的专业培训提供了比较全面系统、通俗易懂、重点突出、易于掌握的实用教材,同时还满足了播音爱好者的学习需要,深受业界和广大读者的欢迎。

1988年为适应广播电视播音主持改革的发展变化,满足读者的实际需要,我们对书中一些篇章做了修订,并新增"电视化妆"一章,于当年10月再版发行。

1991年本书获广播电影电视部高教优秀教材一等奖;1992年获教育部颁发的第二届全国优秀高等教材中青年奖。近二十年来,本书虽不断追加印数重印发行,但仍时常出现售书告罄的情况。这一方面反映广播电视事业迅猛发展,对播音主持人才需求日益增长,另一方面说明中国播音学理论研究的科学性、成熟性和稳定性。她准确、深入地概括了广播电视有声语言传播的特殊性、基本规律和实务知识,不仅直接指导播音员、主持人的业务实践,而且为电视台出镜记者、电台做口头报道的记者提供了切实的帮助,甚至对社会各类人员的口语交往都能起到重要而有效的参考作用。

进入21世纪,主持人节目经历20多年的发展,其基本理论和自身规律渐趋明朗化,并得到实践的检验和人们的共识。中国播音学理应与时俱进,因此我们在这次修订中特别增加第六章"节目主持艺术"(共五节)。

正如上面提到的——播音学基本理论和基础知识的成熟性和稳定性,今年广播电视总局在全国推行的播音员、主持人上岗资格考试专业考核中,很多方面仍以本书内容为基点,因此,这次修订对本书原有部分没有大的或根本的改动，只在某些过时的提法上做了技术处理。在修订版中读者在触摸播音主持前沿的同时，仍可发现时代的痕迹，这样恰恰可以让读者从一定程度上了解中国播音学创立及发展变化的大致脉络，可以说它也是这本简明教程的一个重要特色。

本书是北京广播学院播音主持艺术学院教师（含退休教师、调离教师和特聘教师）的心血凝聚而成，承蒙当时的老系主任张颂教授责成我做主编并统稿。参加编写工作的教师是：

第一章　李越；

第二章　第一、二、四节 李钢　第三节 陈京生；

第三章　第一节 吴郁　第二节 张颂　第三节 吴郁

第四节 祁芃　第五节 杜守仁　第六节 张颂

第七节 马桂芬；

第四章　第一节 毕征　第二节 张惠　第三节 仇志军

第四节 高蕴英　第五节 陈雅利

第六节、第七节 敬一丹；

第五章　第一节 李瑞英　第二节 蔡雯；

第六章　吴郁。

责任编辑杜丽华二十年如一日关心本书的编写、出版、重版、修订工作，十分爱护和珍惜编写者们的劳动，播音系教师查谦在此次修订中协助技术处理工作，在此，一并表示感谢！

这本教材定位于“简明”，自难免挂一漏万，一些例稿也未及时更换，不足之处，欢迎读者致函出版社或我本人批评指正。

吴郁

2003 年 10 月 12 日

目录

CONTENTS

1 第一章 播音员和播音工作

9 第二章 播音发声和普通话语音
9 第一节 呼吸
19 第二节 吐字归音
32 第三节 播音员的用声和嗓音保护
40 第四节 普通话语音知识

62 第三章 播音基础理论
63 第一节 准备稿件的基本方法
75 第二节 情景再现
82 第三节 内在语
88 第四节 对象感
95 第五节 停连与重音
108 第六节 语气和节奏
117 第七节 话筒前状态

123 第四章 播音文体理论
123 第一节 新闻播音
137 第二节 通讯播音
151 第三节 评论播音
158 第四节 文艺播音
165 第五节 对话播音
172 第六节 知识性节目播音
180 第七节 主持人节目播音

188 第五章 电视播音
188 第一节 电视播音概说
203 第二节 电视化妆

213 第六章 节目主持艺术
213 第一节 主持人节目
219 第二节 节目主持人
224 第三节 电视节目主持艺术界说
228 第四节 主持艺术的核心——主持人的语言
230 第五节 各类节目的主持艺术

232 第七章 现场报道
232 第一节 现场报道概说
236 第二节 现场报道的准备与策划
241 第三节 出镜记者的语言表达
246 第四节 类型化现场报道模式

249 附录一 我看“说新闻”
255 附录二 谁来做主播
259 附录三 近距离感受赵忠祥的配音艺术
——《动物世界》配音纪实
265 附录四 细说控场中的互动功能

第一章　播音员和播音工作

一个人对他所从事的工作必须有正确的理解和认识，才能明确努力的方向。播音员自然也不例外。比如，播音是什么样的工作？它的性质是什么？任务是什么？一个播音员应该怎样提高业务水平？对这些问题，无论是向往播音工作的青年朋友还是已经从事播音工作的同志，都应该认真考虑和对待，因为它关系着你的工作态度、创作观、创作方法以及努力的方向。如果对这些问题似是而非，一知半解，必然会使自己处于盲目状态，工作无目的，学习无方向，遇到问题也会畏缩不前。

本章分四个问题来讲。

一、播音在广播电视中的重要作用

广播电视通过声音和图像进行传播。广播是专供人听的，有声语言就更为重要；电视虽主要是供人看的，但如果没有有声语言的配合，其效果恐怕也将大打折扣。因此，播音在广播电视中有着重要的地位和作用。

(一)播音工作是广播电视宣传工作的一个重要组成部分，是编辑部工作的最后一环

大家知道，编辑部所有的文字稿件包括新闻（消息）、通讯、评论等新闻性节目，知识性节目，文艺介绍、解说等文艺性节目和服务性节目，最后都要通过播音员的有声语言的再创造，在话筒前直接播出或者录音播出，经过技术部门把声音变成电信号发射出去，广大受众才可以收听、收看。因此，播音工作是广播电视宣传工作的一个重要组成部分，是编辑部工作的最后一环。现在有的电台、电视台的某些节目的采编播由一个人承担，有的同志看到这种情况感到播音似乎可以取消了。这种看法是不正确、不全面的。采编播合一或分开只是一种分工上的改变，并不能改变广播的规律性程序。目前这种分工上的变化只是对工作人员提出新的要求，而不能改变播音这一环的重要性，更不能取消播音这一环。一个记者、编辑写出一篇好的稿件，如果他自己还没有掌握有声语言的正确表达，那么整个节目就不能算是完美的。在实践中这样的例子屡见

不鲜，正好说明播音这一环的重要作用。

（二）播音工作是语言广播的集中体现

广播电视每天播出大量节目，包含着电台、电视台全体人员的辛勤劳动，但最后直接和受众见面的是播音这一环。播音也就成了语言广播的集中体现。播音员能不能准确、鲜明、生动地体现节目的思想内容，直接影响广播电视的宣传效果。如果歪曲或者播错了内容，甚至会收到相反的效果。我们听广播时常常碰到这样的情况：稿件内容写得很一般，而经过播音员有声语言的再创造，听起来亲切、热情、感情起伏跌宕，受众被播音员生动的语言吸引了、感染了。播音员为稿件的播出增了色。我们也常遇到这样的情况：有的节目内容感人，写得也生动，而播音员却无动于衷，给人一个冷面孔，播得平淡无味，受众听不进去，达不到预期的宣传效果。由此可见，播音是非常重要的一环，是广播电视的"门面"。受众评论电台、电视台的节目好坏，往往从播音好坏开始。电台、电视台的领导应当非常重视播音这一环，播音员更没有理由轻视自己的工作。播音员应加强学习，提高自己对播音工作重要意义的认识，增强自己的语言表达能力，真正体现出集体的成果。

（三）播音是电台、电视台和受众联系的纽带

第十一次全国广播电视工作会议提出："广播电视必须坚持为中国人民和全世界人民服务，成为党和政府联系群众的桥梁，成为人民群众喜闻乐见的知心朋友。"我国广播电视每天向广大受众宣传党的路线、方针、政策，传播国内外的最新信息，播讲科学文化知识，进行爱国主义和共产主义的思想教育。广大受众依靠广播电视了解党的方针政策，获得各种信息，这已成为他们生活的一部分。受众直接听到、看到的是播音员，广播电视也就成了党和政府联系群众的桥梁。

从我国人民广播历史来看，解放战争时期的一些战报、政令、领导人的重要讲话都是通过电台播音员传播出去的，在战争时期对于传播消息、鼓舞人民起到很大作用，新中国成立以后的各个历史时期也是如此。再从我国国情来看，由于我国幅员辽阔、交通不便、人口众多，边远地区看不到当天报纸，有些文盲、半文盲看报也有困难，而广播电视就不受此限制，可以深入千家万户。因此，播音员应密切联系群众，真正成为人民群众的知心朋友。

（四）播音是推广普通话的主要阵地

在国内外交流日益频繁的时代，人们需要有共同的语言才能进行交际。由于我国方言很多，为了促进交流，学习普通话的热潮从未消退。各广播电台、电视台都要担负推广普通话的责任和义务。1956 年 2 月，国务院在《关于推广普通话问题的指示》中

规定“全国各地电台应该同各地推广普通话工作委员会合作，举办普通话讲座。各个方言区域的广播站在日常工作中，必须适当播出用普通话播音的节目，以便帮助当地听众逐步听懂普通话，学习普通话”。其实，听众早把电台普通话播音作为自己学习普通话的“老师”，这就要求电台普通话播音做到语言纯正，符合普通话语音规范的要求。

从以上四个方面来看，播音在广播电视中有着重要的地位和作用，播音的重要性无可置疑。电台、电视台要办好节目，提高播出质量，都要加强这一环节的工作。播音员、主持人都应清楚地认识到播音的重要性，努力学习，从各方面提高自身素质，以适应新形势下人民群众对播音的要求。

二、播音工作的性质、任务和特点

我们认识到播音的地位、作用，认识到它的重要性，这还不够，还必须了解播音工作的性质、任务和特点。

(一)播音工作的性质

首先，我们从广播电视的性质来看。2016 年 2 月 19 日，习近平总书记在党的新闻舆论工作座谈会上发表重要讲话，“在新的时代条件下，党的新闻舆论工作的职责和使命是：高举旗帜、引领导向，围绕中心、服务大局，团结人民、鼓舞士气，成风化人、凝心聚力，澄清谬误、明辨是非，联接中外、沟通世界。要承担起这个职责和使命，必须把政治方向摆在第一位，牢牢坚持党性原则，牢牢坚持马克思主义新闻观，牢牢坚持正确舆论导向，牢牢坚持正面宣传为主。”

习近平总书记对党的新闻舆论工作的重要指示，需要广播电视一线从业者加快向更高更优更强方向发展，巩固壮大意识形态和舆论宣传阵地，建设人民群众满意的精神文化家园，在传播党的声音、弘扬先进文化、丰富人民精神文化生活、维护意识形态和文化安全等各个方面发挥更大更好的作用。

播音工作的性质和任务是由广播电视的性质和任务所决定的。因此，播音工作的性质是新闻工作，播音员是新闻工作者。

从广播电视每天播出的节目来看，不外乎有四大类：新闻性节目、知识性节目、文艺性节目和服务性节目。新闻性节目是广播电视宣传的骨干，其他几类节目都可请各界人士播出，只有新闻性节目的播音必须由播音员担负，这也说明播音员是新闻工作者。

认清工作性质十分必要。我们认识到播音的新闻工作性质，就要按新闻工作者的条件要求播音员。播音员素质的提高也要着眼于新闻工作者素质的提高，播音的创作观、创作方法也要以此为制约。

（二）播音员的任务

播音员是新闻工作者，播音员的任务概括来讲就是紧密结合当前形势、密切联系群众实际，以适当的方式，准确、鲜明、生动地宣传党的纲领、路线、方针、政策、工作任务和工作方法，为党的中心工作服务；迅速、及时地提供国内外最新信息，为广大受众服务，成为受众的知心朋友，成为党和政府联系广大群众的桥梁，在建设社会主义物质文明和精神文明中发挥教育和鼓舞作用。播音员的任务，具体来讲，就是播好广播电视的四大类节目，把这四大类节目的文字稿件通过播音员的再创造，转化成有声语言播出去，其中以播好新闻性节目为首要任务。

（三）播音工作的特点

播音是新闻工作，但它与其他新闻工作不同；播音用有声语言工作，但它与其他语言艺术工作也不同。那么播音工作的特点究竟是什么？我们认为播音的特点可初步归纳为以下几点：

第一，播音是一种再创造。目前，电台、电视台大量节目还是编播分开的。因此，在多数情况下，播音是再现稿件的内容、思想和观点，体现作者的意图、构思和风格。这种把他人文字稿件转化为有声语言的播音，包含着播音员大量的创造性劳动。这种创造以社会实践为基础、以党的方针政策为指针、以文章稿件为依据，而播音员的水平如何，直接影响播出质量和宣传效果。

第二，播音以播音员身份出现，有声语言是它唯一的手段。电视播音员虽然有形象问题，但仍以运用有声语言为主。与其他语言艺术相比，广播无服装、道具、灯光、化妆等手段，就连动作、手势、表情也看不到。播音员通过话筒进行创作，这个特点给发声、吐字用气带来特殊要求，给创作带来很大的难度。

第三，播音的环境是安静的播音室。播音员面对话筒，虽然每天向全市、全省、全国甚至全世界播音，却看不到一个听众，但又要与听众交流，对他们宣传，做他们的知心朋友，这就与在台上面对听众演说、朗诵都不同，播音员只能进行想象的交流。

第四，播音员要有良好的新闻专业素质。新闻时效性强，备稿时间极短，同时，记者采访有专业分工（工业、农业等），而播音员要播各种内容稿件，涉及面极其广泛。新闻工作对播音的准确性要求极严，包括内容、分寸、态度准确，这些都要从语言中体现出来，如果播错就会造成不良的政治影响。因此，新闻的专业性要求播音员具有很强的备稿能力和语言表达能力。

从以上几点来看，播音具有自己的特点：它是运用语言艺术进行再创造的新闻性质的工作；它的手段单一，要求严格；它作为一门语言艺术，难度较大，绝不是“念字出声而已”的工作。

这里要说明一点，播音既然是运用有声语言工作的，播音员就有可能被请去做些广播剧、小说朗诵，电影电视配音、解说等工作。这些语言实践活动对播音是有好处的，对播音员来讲是很好的语言训练。但不能因为播了一些文艺性节目而把自己看成文艺工作者，更不能把会播文艺节目看成在业务上高人一等。播好新闻、评论并不比播文艺节目容易，我们应牢记语言是播音的手段，应提高运用有声语言的能力，使自己的播音有一种艺术魅力，目的是做好宣传工作。

三、播音员业务水平的提高

由于新闻工作的性质和播音工作的特点，播音员要学习的内容、锻炼的方面是极广的，我们认为应从以下几个方面提高播音员的业务水平：

（一）不断提高政治水平和对新闻的政治敏感

播音员不能把政治学习看成是形式和口号，因为我们每天播出的大量节目都紧密联系着党的路线、方针、政策。假若我们不学习政治，就不可能理解稿件的内容，当然更谈不上有什么新闻敏感，播出也就不可能掌握政策分寸。缺乏相应的态度、情感，必然会落入固定的腔调怪圈，千篇一律地播出。

除了系统学习马列主义的基本理论外，播音员还应注意学习党的方针政策，目前应重点学习十九大以来党的现行政策，熟悉农村和城市改革的情况，了解新情况、新理论。这对我们认识和理解党的路线、方针、政策，提高政治理论水平，培养对新闻的政治敏感都有好处。

（二）不断提高文化水平，扩大知识面

播音员每天播出的节目有四大类，内容涉及面极广，不仅有国内外时事政治，还有各个领域的最新消息。从天文、历史到最新的科技知识，从文学、戏曲到生活常识……这就要求播音员有广博的文化知识，平日注意学习，用心积累，不断提高自己的文化水平，扩大知识面。这里说的文化水平是指播音员实际的知识水平，而不是一纸文凭，即使是文化水平较高的同志也应注意知识更新。只有具备较高的文化水平、丰富的知识，我们才能适应新闻时效性强、看稿时间短的工作环境。否则，内容不理解，语句就念不通顺，别人也就不懂。如果采编播合一，播音员出去采访就不会提问题或者问不到点子上，出笑话都是有可能的。因此，新闻工作者应在平日时刻注意素质的培养和提高。

（三）学习播音理论，加强业务基本功

理论从实践中来，反过来又指导实践。这里有一个怎么看待理论的问题。有的人

一提理论就感到难、枯燥，甚至神秘，有的人对理论只是死记硬背，应付考试。其实，理论是从实践中总结出来的那些带有规律性的东西。因此，它能指导实践，同时，理论又受实践检验。理论的重要性在于它能提高人们的认识。例如，对话播音的三个核心问题就是“像说话”（语言上的要求）、“对起来”（交流问题）、力求“像”（对人物的要求）。这三点集中概括了对话播音的普遍规律，把这三点运用到实践中，理论结合实际，就能较快地掌握对话播音的特点。当然，目前播音的理论建设还有许多不完善之处，这有待于有实践经验的同志关心理论问题并注意总结自己的实践经验使之上升为理论。

关于业务基本功问题。一般来说，大家比较重视。问题在于练功不得法或者难以坚持，这是影响播音效果的常见原因，那么什么是播音基本功呢？

1. **吐字用声的基本功**

前面讲了播音员是以有声语言为宣传手段的。研究有声语言的运用，首要问题就是吐字是否清晰、声音是否圆润、普通话是否标准。播音员有着推广普通话的任务，因此，不仅要学习普通话语音知识，还要发音标准、好听。其次，话筒前播音用声与日常说话和舞台上的朗诵、演戏不同，播音员只有结合播音特点进行练声并持之以恒，才能打好基本功。

2. **语言技巧的基本功**

语言技巧是表情达意的手段。如果这方面基本功不过硬，播起稿件方法单一、语言呆板，就很难表达稿件感情和内容实质。虽然理解是基础，但没有合适的表达手段仍然播不出好节目。而语言技巧的练习并非一日之功，也绝不是只懂理论就能办到的，如果不天天练习，反复琢磨，做到信手拈来，就不能运用自如。

播音的语言技巧主要包括重音、停连、语气、节奏四个方面。至于具体情感的表达，如喜、怒、哀、乐、急切、兴奋、忧愁、怀念等只有经过反复练习，才能取得理想的传播效果。

3. **快速准备稿件的基本功**

快速分析理解稿件是播音员应具备的一种能力。为了适应新闻时效性强的特点，为了强调备稿的重要性，我们把它作为播音员的一种业务基本功来对待，也就是提高正确分析稿件的能力，在较短时间内迅速掌握文章的主题、播出目的、内容的重点、所应持的态度和播出的基调。这需要播音员平时坚持练习，在规定时间内完成稿件的准备工作。

（四）深入了解人民的生活和各个领域的工作实际

只有了解了服务对象，才能有的放矢地播出节目，才能做他们的知心朋友。因此，播音员必须深入了解人民的生活和各个领域的工作实际，同时，还应扩大生活面，接触各阶层人民，熟悉他们的语言和表情达意的语气特点等，以丰富自己的表达方法，提高表达能力。

（五）树立事业心，加强责任感

要想在工作上作出成绩，首先要热爱自己的工作，有事业心。有了事业心才能按照事业的要求和需要去学习、提高，克服一切困难，工作、学习就会是主动的、积极的，这是做好工作的根本。我国广播电视事业正在大发展，影响也越来越大，这要求播音员认真负责、准确无误地工作。没有责任心，没有一丝不苟的精神就做不到这一点。播音员应充分发挥舆论监督的职能，肩负传播先进文化的重任。只有深刻认识到事业的重要性，才能树立坚强的事业心。

四、播音工作的优良传统

人民广播事业已有七十多年的历史。老一辈播音员在战火纷飞的年代，在新中国成立初百废待兴的时期和社会主义建设中，为党的宣传事业和播音事业贡献了自己宝贵的青春，为我们留下了珍贵的精神财富和可贵经验，我们应当继承和发扬。

1959 年，周总理视察中央广播大楼的时候，叮嘱播音员："广播大楼建成了，比起延安窑洞来条件好多了。你们一定要用延安精神做好工作。"什么是延安精神？概括起来讲就是坚定正确的政治方向、艰苦奋斗的工作作风。我们现在的生活工作条件比过去好多了，我们还要为更美好的明天而奋斗。虽然时代不同，但我们仍应该发扬延安精神，把工作和当前我国政治建设、经济建设、文化建设的目标联系起来，发扬艰苦奋斗的工作作风。我们应当学习老一辈播音员的优良传统，那就是：

（一）严肃认真、一丝不苟的工作态度

目前，有的广播站、电视台仍存在播音员有时间也不备稿就进播音室录音的情况，这就是很不负责任的表现。照字念字，把自己降低为"打字机""传声筒"，还怎么能怪别人看不起播音工作和播音员呢？要想提高播音质量，我们就应向老同志学习做事一丝不苟的精神，从加强责任心做起。

（二）热爱党的事业，满腔热情地宣传党的路线、方针、政策

播音员要把自己放到党和国家的大事业中去，党的宣传员应该是热爱党、热爱祖国的人。我们就应该满腔热情地宣传、歌颂中国特色社会主义新时代中涌现的新人、新事、新思想、新风尚。我们应学习老同志热爱党的事业、忠于党的广播事业的热情，学习他们对善恶爱憎分明的态度。对国家大事漠不关心的人播音不会满腔热情，当然也就不能播得有感染力。

（三）深入实际，联系群众，全心全意为听众服务

我们应当学习老同志和人民打成一片、为人民服务的精神，尽量深入社会、深入群众，了解服务对象。播音员只有成为广大人民群众的一分子，才能做他们的知心朋友。

（四）从稿件实际出发，深入理解和感受，准确、鲜明、生动地传达稿件的思想内容和精神实质

我们应学习老一辈开创事业的精神，从稿件或节目实际出发，根据本人条件，大胆创新，使播音风格丰富多彩，各具特色。

进入中国特色社会主义新时代，我们需要用有声语言更坚定地深入宣传广大干部群众团结奋斗的精神风貌，唱响主旋律，传播正能量，用先进文化鼓舞、激励更多的人。

第二章　播音发声和普通话语音

第一节　呼吸

“气动则声发”——呼吸是发声的动力。气和声的关系，就如同电力和机器的关系，没有电力，机器就不能开动。说话和播音都需要呼吸的支持，只是它们对呼吸的要求不完全相同。

说话对声音的好坏没有什么特殊要求，怎么去说都比较自由，所以说话大多是有意识地说，无意识地呼吸。播音就不同，它在发声吐字和表情达意方面的具体要求，往往使一个初学者在话筒前即使不紧张，也可能因为呼吸控制不好，变得气喘吁吁、力竭声嘶。如果长时间运用不正确的呼吸方法播音，还会使发声器官患上多种疾病，所以我们应该特别重视呼吸控制的训练，运用符合播音规律和自身特点的方法进行不懈的练习。

一、播音对呼吸的要求

播音对呼吸的要求是由播音发声的特点决定的，稳劲、持久、自如是最基本的内容。

（一）稳劲

汉语里有相当多的音节带有爆发的性质，加之播音员主观上要把字发得清晰有力，便很容易造成对声带的过分冲击、摩擦，以及语句“前重后轻”“蹦字儿”等问题。此外，播音中，尤其是播新闻性稿件时，一般要求吸气无声，否则会给人上气不接下气的感觉。

为了减少声带的损耗，保持悦耳的、相对稳定的音色，并且有利于新闻性稿件的表达，播音员必须具有稳劲的呼吸控制能力。

（二）持久

播音时为了语意表达得完整，常常需要一口气说出较多的字，这样就不能像生活中那样随意呼吸。因此，播音要求呼吸控制必须有一定的持久力。此外，每篇稿件的长短和播音员每天的播出量都难以预计，一篇稿件可能长达一两万字，一天之内又可能要播出几档节目，为了保质保量地完成工作任务，播音员必须具有持久的呼吸控制能力。

（三）自如

稿件的形式和内容多种多样，有的气势磅礴，有的轻盈细腻。为了准确地用声音反映丰富的感情变化，播音员必须具有自如变换气息力度的能力。

对电视播音员来说，气息在体内的运动若不自如，还会导致外部表情动作的不自然，给观众带来不愉快的感觉。

二、呼吸器官和呼吸原理

（一）呼吸器官

呼吸器官包括呼吸道、胸腔、肺和腹肌等。

呼吸总是沿着一定的路线进行的，这就是呼吸通道：

（吸）→ 口/鼻 ←→咽腔（鼻咽/口咽 →喉咽）←→气管←→支气管←→肺（泡）←（呼）

构成这个通道的器官都属于呼吸器官。

胸腔——胸内的体腔部分是胸腔。胸腔外部是胸廓，它是由骨骼构成的支架，形似鸟笼。胸廓的活动由胸部多组肌肉的收缩与放松来完成。

胸腔的底部是膈肌（也叫横膈或横膈膜），它像圆顶帽一样扣在那里，周围和胸腔壁相连，把胸腔和腹腔隔开。吸气时膈肌下降，使胸腔容积扩大；呼气时膈肌恢复原状，胸腔容积变小。膈肌属于吸气肌。

肺——在胸腔的内部。肺组织呈海绵状，吸气时胀起，呼气后瘪缩。在人的生理活动中，肺是最重要的呼吸器官。

腹肌——腹部肌肉的总称。虽然我们在日常生活的呼吸中对它并没有明显的感觉，但在有控制的呼吸中，它却有着不容忽视的作用。

通常，我们把使胸腔扩大以完成吸气的肌肉统称为吸气肌肉群，把使胸腔缩小以完成呼气的肌肉统称为呼气肌肉群。

(二)呼吸原理

肺虽然是重要的呼吸器官,但它自身不会活动,是被动的器官。呼吸的完成要靠胸腔的扩大和缩小。

吸气肌肉群收缩,胸腔扩大,此时胸腔内部的气压变得比体外的气压小,空气由口、鼻经过呼吸通道进入肺泡,肺便扩张起来,这就是吸气。

呼气肌肉群收缩,或吸气肌肉群放松,胸腔就会随之变小,肺里的气又会经过呼吸通道挤压出来,这就是呼气。

(三)几种呼吸方式的比较

生活中常见的呼吸方式有三种:胸式呼吸、腹式呼吸和胸腹联合呼吸,这是由身体素质和各方面的习惯决定的。播音采用什么样的呼吸方式由播音发声特点决定,因为它必须符合前面所提到的稳劲、持久、自如的要求。

胸式呼吸——又称浅式呼吸。胸式呼吸主要靠提起胸骨,扩大胸腔来吸气。在三种呼吸方式中,胸式呼吸的吸气量最小,利用这种呼吸方式发出的声音给人的感觉往往窄细、轻飘或僵持。吸气抬肩是这种呼吸方式的标志。播音中出现的胸式呼吸往往更为夸张,这样就会让人更明显地感觉到它的弱点。比如,由于气不够用而感到胸腔闷实,引起肩胸部紧张,上半身像用绳子捆起来一样。此外,肩部紧张还会使颈部紧张,喉头负担过重,这样就会造成声音不能持久等问题。正由于这些弊端存在,播音中忌讳胸式呼吸。

腹式呼吸——这是一种深呼吸方式。它主要靠降下膈肌,扩大胸腔来吸气。与胸式呼吸比较,它具有吸气量较大、声音深沉的优点。吸气时腹部放松外凸是这种呼吸方式的标志。正是由于这一现象的存在,使腹肌不能在发声时起到应有的作用,容易造成闷、暗、空的音色。据了解,有些播音员由于受“气要吸到小肚子里”的说法(其实气不能真吸到小肚子里去)的影响,形成了腹式呼吸的习惯。目前虽然有人利用腹式呼吸来播音,但它绝不是最科学的,所以也不是播音发声的最佳呼吸方式。

胸腹联合呼吸——它是胸、腹两种呼吸方式的结合,在实践中具有不可替代的优势。首先,胸腹联合呼吸吸气时全面(前后、左右、上下)扩大了胸腔的容积,吸气量最大;然后,从动作特征看,胸腹联合呼吸建立了胸、膈、腹之间的关系,增强了呼吸的稳健感,有利于控制呼吸;最后,采用胸腹联合呼吸易于产生坚实、响亮的音色,它是多种音色变化的基础。所以胸腹联合呼吸是较为理想的播音发声呼吸方式。

在生活中,主要采用胸式呼吸的人多见于女性;主要采用腹式呼吸的人多见于男性;采用胸腹联合呼吸的人多见于身体强健者。不过,即使是生活中就采用胸腹联合呼吸的人从事播音工作,也需要经过专业训练。

三、呼吸控制的要领

播音应采用胸腹联合呼吸方式，从训练的角度讲，关键是在理解呼吸原理的基础上抓住符合要领的实际感觉，并在反复练习中加强与稳定这种感觉。

(一)具备良好的呼吸条件

姿势——播音时无论是坐还是站，都要端正，这样可以保证身体内部发声器官相对稳定。坐应坐在硬面椅的前部，不要坐软面椅或沙发；站应采用“丁字步”，双脚一虚一实，有一个支点。胸部微含、面向前、头部取平视时的角度。这样可以保证呼吸道的畅通，也有利于呼吸肌肉的运动。除此之外，应特别强调肩部放松，即胸部舒展，双肩自然下垂，切忌在播音时与双肩“较劲”。

呼吸肌灵活有力——呼吸的自如变化要依赖呼吸肌的灵活，呼吸的稳健持久要依赖呼吸肌肉的力量，而有些呼吸肌在日常生活中得不到充分锻炼，比如腹肌和膈肌就是如此，因此必须进行有意识的锻炼。“工欲善其事，必先利其器”，要练好呼吸，首先就应锻炼呼吸肌肉。

通常我们用“仰卧起坐”来锻炼腹肌，锻炼时要注意循序渐进，防止肌肉拉伤。一般来说，男同志达 40 次，女同志达 30 次，就基本符合要求。年龄较大的女同志往往腹肌力较弱，在日常生活中就要注意“提臀拎腹”，使腹肌不致过早松弛。

膈肌锻炼的传统办法是“狗喘气”，但由于这种方法会使气流在喉部急速摩擦，因此被认为是不卫生的练声方法。经过改良的办法是深吸气后，连续发出扎实的“hēi”音。使用这种方法在开始的一段时间里，可能会感到下肋、腹部动作与声音“不同步”，练久了还会腰酸腹痛，这些都是正常现象。经过一段时间的练习，“不同步”就会变为“同步”，下肋和腹部动作就会与声音统一，这一进步表明练习者已基本掌握这种改良的膈肌锻炼方法。在每天工作前练习十几分钟，将膈肌活动开，对一天的用声都有好处。

(二)吸气

吸气的基本要领有三条：

吸到肺底——吸气要深，要有吸向肺底（相当于上衣最下面一个纽扣的位置）的感觉，此时膈肌下降，体内积蓄较多的空气。

两肋打开——吸气时，在肩、胸放松的情况下从容地打开两肋。一般感觉左右展开的幅度大于前后，后腰部大于腹部。

腹壁“站定”——在吸气的同时，腹部肌肉应向上下腹的中心位置收缩，腹壁保持不凸不凹的“站定”状态。下腹的中心位置就是“丹田”，传统说法的“丹田气”实际上就是胸腹联合呼吸。

上面提到的三条要领是一次吸气动作的分解，实际上它们在吸气过程中是“同步”的，我们应在分解理解的基础上获取吸气的综合感觉。这种感觉就是在吸气的最后一刻，随着吸气量的大小而不同程度地感到腰腹周围紧张，躯干部“发胖”。吸气量越大，这种感觉越明显。

练习吸气时，保持良好的精神状态，胸部、肩部放松很重要。我们平时所说的“兴奋从容两肋开，不觉吸气气自来”就是这个意思。

（三）呼气

声音是在呼气的过程中发出的，因此呼吸的控制主要体现在呼气控制上。

呼气练习要把握这样一个过程：一是保持稳劲状态；二是锻炼持久力；三是掌握调节方法。

稳劲——稳劲状态通过呼、吸两大肌肉群的对抗来实现。为了弄清这个问题，我们把胸腔比作气球，喉口相当于气球的进出气口，充好气后出现如图 2-1 的三种情况。

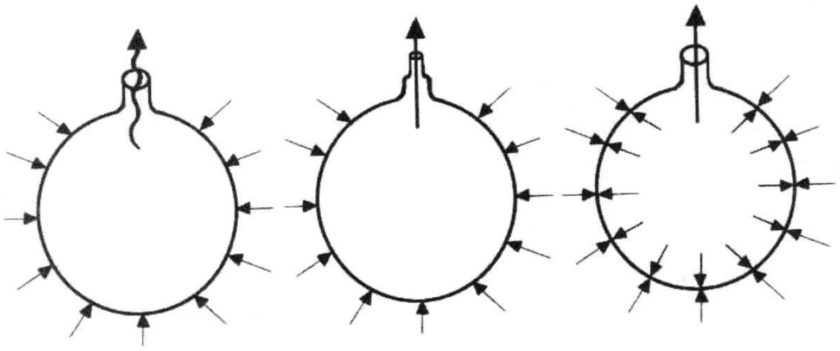

（1）　　（2）　　（3）

图 2-1　呼气的三种情况

（1）如果突然放手，球内的空气由于球皮向内的弹力，不规则地一下子放光。这就如同生活中的呼气一样，吸气肌肉群一放松，体内的气就一下排出了。显然这种自由式的呼气无法达到一种稳劲状态。

（2）如果用手指将气口束小，此时排气会规则均匀，但是就人体来说，这就等于要束紧喉头来控制气息，所以它虽然有效，但仍旧是一种错误的呼气状态，是不可取的。

（3）充气后的气球在不束缚出气口的情况下仍能规则放气，这似乎不可能，因为球皮只存在一致向内的弹力。而人体却存在这种可能性，这就是呼气时仍保持住部分吸气感觉，使吸气肌肉群与呼气肌肉群对抗，处于“且战且退”的局面。这也是理想的呼气状态。

呼与吸两大肌肉群的对抗是一种巧力，并没有什么统一、明确的尺度，实际上胸廓在呼气过程中还是要回收，只不过由于吸气力量的抵抗而放慢了速度，“吝啬”些罢了。

可以试验一下：先吸好气然后张开嘴准备吐出些气来，但又力图把气保留在体内较深位置，这时就会感到两肋打开的力量与腹肌向丹田收缩的力量之间有一种互相牵扯的现象存在。如果在呼气过程中，运用这两种力量将上行的气息“拉住”，就会产生稳劲控制的感觉。

我们还可以用保持躯干“发胖”、保持腰部周围紧张和保持腹壁“站定”的感觉，来具体把握稳劲状态。

此外，稳劲与否还与唇舌力量及喉部控制有关。唇舌有力、声带弹性好可以节制气流，加强稳劲感。

持久——对呼气持久的解释，一般有两种含义：一是一口气能使用多长时间；二是理想的呼吸状态能保持多长时间。第二种更具有实际意义，当然，锻炼快吸慢呼，适当延长一口气的使用时间也很必要，它可以使我们在读长句时从容不迫。

呼气能否持久，主要在于对吸气肌肉群的控制，因为稳劲的呼气状态只有依靠有力的吸气肌肉群才能得到保持。生活中呼气时，吸气肌肉群基本不工作，而在播音采用的胸腹联合呼吸中，吸气肌肉群须持续工作。从这一角度看，吸气肌肉群的训练在整个呼吸训练中具有特殊的意义。开始进行呼吸练习时，几分钟内就会感到腰部发酸，不能坚持，这是吸气肌肉群缺乏锻炼造成的。经过锻炼，控制的时间会逐渐加长，最后即使长时间用声也不会感到腰部酸累。

在话筒前，播音员的注意力如能集中于稿件内容，思想感情积极运动，气息就会相对运用得较为自如，从而延长声音使用时间。相反，对呼吸思虑过多，负担过重，就会使呼吸运动失去平衡，难以保持正确的呼吸状态。

变化——气流的均匀、平稳和持久是呼吸控制的基本要求，但只有这种能力并不能满足播音表达复杂内容和感情变化的需要，还应进一步掌握运动着的气息的控制规律，做到声音随内容和感情的变化而变化。

这种变化的实质是呼气肌肉群和吸气肌肉群的力量差的变化。在已产生控制（吸气肌肉群能保持一定的力量）的基础上，在进气量相同的情况下，差（呼气肌肉群的力量与吸气肌肉群的力量之差）越大，“气柱”内的空气密度越大，气息对声带的压力也就越大，越容易发出高音和强音；差越小，“气柱”内的空气密度就越小，越容易发出低音和弱音。我们将第一种情况称为强控制，第二种情况称为弱控制。气息和声音的这种关系，就如同增压泵一样：给的压力大，水就喷得高；给的压力小，水就喷得低。

随着欣赏习惯的变化，许多播音员追求亲切、自然的声音，这就更要正确把握呼吸的弱控制状态。应当明确：强控制是弱控制的基础，弱控制是具有一定难度的、精细的控制，纯自然的无控制与弱控制有着本质区别。

调节腹肌的力量状态是实现这种变化的重要手段。腹肌支持的力量加强，就可使气息的压力加大，发出较高、较强的声音；腹肌支持的力量减弱，就会使气息的压力减少，发出较低、较弱的声音。灵活、适度调节腹肌，会使气息的压力、流量、速度产生多层次的交叉变化，这样才可能找到自由的、本能的发声感觉。

“气乃情所致”——在日常生活中，气息“自动化控制”的枢纽是感情的运动。俗语说“心平乃气和”，发声本是一种全身心的运动，气息的表现方式由其心理状态决定。所以播音员必须认真理解、深刻感受稿件，使自己的感情运动起来，产生强烈的播讲愿望。如果感情不动，就会导致呼吸单调呆板，影响声音感情色彩的变化。利用感情调节呼吸的运动方式是呼吸控制的高级阶段，在训练过程中，只有通过长期的、有意识的训练，熟练地掌握胸腹联合呼吸的要领，达到自如的境地，才能使气息随着感情的运动而运动，这就是“以情运气”。

(四)换气

气息在使用过程中必须得到及时的(在尚未用完的情况下)补充，才能持久地发挥动力作用。我们在换气时，必须注意以下几点：

句首换气——一句话说完，不要马上进气，而是在下句开始前进气，否则会破坏句子间的感情转换，给人以急促感。

换气到位——换气不能时浅时深，否则很容易改变呼吸方式。丹田感觉可以时大时小，但不能时有时无。

换了就用——吸气后要马上使用，除感情需要外，不要停顿较长时间，否则体内气息感觉消失，力量也就松懈了。

留有余地——吸气应从容适度，一般有七八分满就可以，吸气过满会导致肌肉僵硬。使用中的气息应有所储存，即使到该换气时，也还应留有部分余气。如果等用完再吸，就会使人感到“声噎力竭”。

无声吸气——用声时，小腹(丹田)保持控制状态，胸腔像一个有弹性的橡皮球，这样气息一有欠缺，便会“自动”、及时、无声地补充。

播音时，换气多为快吸慢用。因此，保持上述状态，并学会无声地偷气、抢气、换气是十分重要的，补得及时才能用得从容。

四、呼吸控制的练习

(一)练习目的

呼吸控制的训练和整个声音训练一样，是一个过程而不是一种方法，难于立竿见影。呼吸控制的训练必须从分解到综合，从易到难，对不同的对象采取不同的方法，最终达到运用自如的目的。

另外，训练必须强调以情运气。

(二)练习方法

1. 呼吸肌肉的锻炼

游泳、广播体操、球类运动以及太极拳等都是全身性运动，进行这些锻炼可以使呼吸肌肉灵活有力。

腹肌是控制呼吸的关键肌肉。除仰卧起坐以外，单双杠举腿等体操动作也可以锻炼腹肌。仰卧床上，将几本厚书放在腹部，利用呼吸将书顶起放下；或将腹部力量集中于丹田后，用手推压。这几种方法同样可以起到锻炼腹肌的作用。

呼吸肌肉群的力量较弱或僵硬都会使人无法正确控制呼吸。比较而言，女性腹肌力量一般较弱，更应注意锻炼。

2. 吸气练习

(1)坐在椅子上，上身略向前倾，意识上让空气“沿后背”吸入。这种方法排除了单纯以胸部或腹部用力吸气的可能，易于体会两肋打开的过程及正确的播音姿势。

(2)闻花——远处飘来一股花香，是什么花的味儿呢？此时，气要吸得深入、自然、柔和，符合“兴奋从容两肋开”的要领。

(3)抬起重物和“倒拔垂杨柳”——准备抬起重物和“倒拔垂杨柳”时，要深吸一口气，憋住一股劲。此时，腰部、腹部的感觉和胸腹联合呼吸中吸气最后一刻的感觉一致。

(4)半打哈欠——不张大嘴地打哈欠，进气最后一刻的感觉和胸腹联合呼吸中吸气最后一刻的感觉相近。

3. 呼气练习

(1)呼气练习应首先体会如何通畅地呼气，通畅与否主要通过观察呼气姿势和所发出的声音来判断。姿势不正确表现为：双肩上耸、面部紧张、颈静脉暴凸、下颌与颈部的角度不对、过分挺胸等。姿势不正确必然导致呼吸不顺畅。一般说来，声音闷塞或过分尖亮多是由于气息受喉部挤压造成的。生活中，如叹息、吆喝牲口(yú——)等时，呼气是通畅的，喉部也是放松的。

(2)模拟吹灰尘、吹小瓶口的动作：把布满灰尘的桌面均匀地吹干净；将撮起的双唇对准小瓶口，把空瓶吹响。

(3)数数、“数葫芦”：吸好一口气，发出规整、圆润，符合声音质量要求的1——，2——，3——，4——，5——，6——……(约每秒钟数一个数)一般一口气数到35左右而且不感到挤压、力竭，算符合要求。另外，吸好气后，可按上述要求发“一口气数不了十个葫芦，一个葫芦、两个葫芦、三个葫芦、四个葫芦……”一般一口气数到十五至二十个，算符合要求。在这个基础上，还可进行补气、带气练习：每发五个数字补一次气，要求听不出吸气痕迹，连发下去；每发一个数字带进一点气，连发下去。

(4)弹发练习：吸气弹发“1、2、3、4……”如喊操状，气息弹到口腔前部；弹发“hà”音，先一声声慢发，逐渐加快，如京剧老生大笑状；弹发“hèi”“hà”“huò”音，意识上将声音从背部送至口腔前部。

(5)喊人：喊以发音响亮的音节组成的人名，如“阿毛”“阿刚”“小兰”“小安”等。进行两种喊人练习：看到远处有一熟识的人，喊住他；将想象中的人置于与自己不同的距离，由近渐远、由远渐近地喊他。另外，可使声音全部像从远方传来——由短到长，由实声较多到逐渐加大回声，这种练习除了可以锻炼呼气肌肉群的调节能力外，还可以使气、声较为自然地结合起来。

(6)声铺地面：进行诗词朗诵，不是将声音往上送，而是铺满地面，体会腹肌的控制能力。

4. 综合练习

综合练习的时候要注意吸气从容适度，呼气舒畅自如，切忌强制造作。

呼气时要使声音和气息一道出来，并将呼气量降低到最低限度。气息若较声音出来得早，呼气量过大，就会形成“气包音”：不仅费气，而且声音粗糙混浊。

呼与吸在实际运用中存在多种形式，如慢吸慢呼、慢吸快呼、快吸慢呼、快吸快呼等。其中，快吸慢呼的使用频率最高。为了能以多种形式控制呼吸，可使用以下材料，循序渐进地练习。

a组：篇幅短小、内容平和，语言或轻快或舒缓的古诗，如：

鹅、鹅、鹅，
曲项向天歌。
白毛浮绿水，
红掌拨清波。（骆宾王《咏鹅》）

朗读此诗时应表现出鹅儿自由划拨水面的情景。

床前明月光，
疑是地上霜。
举头望明月，
低头思故乡。（李白《静夜思》）

朗读此诗时应表现出作者在静静的夜晚深沉地思念故乡的情景。另外，还可选用内容平和舒缓、饶有趣味的讲述性句、段和短文进行练习。

b组：句子稍长、内容稍复杂的古诗，如：

李白乘舟将欲行，
忽闻岸上踏歌声。
桃花潭水深千尺，
不及汪伦送我情。（李白《赠汪伦》）

朗读此诗时应表现出作者与汪伦无限深厚的友情。

秦时明月汉时关，
万里长征人未还。
但使龙城飞将在，
不教胡马度阴山。（王昌龄《出塞》）

朗读此诗时应表现出战士昂扬的爱国抗敌精神和对古代英雄的向往。另外，还可选用内容稍复杂的短小新闻及小故事进行练习。

c组：句子较长，内容较为开阔、深沉，情绪起伏较大的古诗词，如：

大风起兮云飞扬，
威加海内兮归故乡，
安得猛士兮守四方！（刘邦《大风歌》）

朗读此诗时应表现出作者维护天下统一的壮志豪情。

日照香炉生紫烟，
遥看瀑布挂前川。
飞流直下三千尺，
疑是银河落九天。（李白《望庐山瀑布》）

朗读此诗时应表现出庐山胜景之壮观。

怒发冲冠，凭阑处、潇潇雨歇。抬望眼，仰天长啸，壮怀激烈。三十功名尘与土，八千里路云和月。莫等闲、白了少年头，空悲切。

靖康耻，犹未雪；臣子恨，何时灭！驾长车，踏破贺兰山缺。壮志饥餐胡虏肉，笑谈渴饮匈奴血。待从头、收拾旧山河，朝天阙。（岳飞《满江红》）

朗读此词时应表现出作者对敌寇无比的痛恨、报仇雪耻的迫切心情及收复中原失地的不可动摇的意志。另外，还可选用一些现代诗歌及内容较为复杂的新闻、通讯、评论进行练习。

第二节　吐字归音

播音员要以字带声，讲究咬字。没有好的字音，声音本质再好也没有意义。字音不好还会影响传情达意，不能形成优美生动的有声语言。咬字训练是播音员基本功训练的重要一环。

一、播音对吐字的要求

（一）清晰

广播稿件的内容、播音员的思想感情都要通过有声语言传达给听众，宣传效果和有声语言的质量息息相关。要给听众细致、鲜明、丝丝入扣的语音，播音员就必须做到吐字清晰。

（二）集中、饱满

播音员的声音是通过话筒及一系列电声设备发射出去的。音量的扩大完全可以依赖于机械效能，而播音员则可以用较为自然、较小的音量来播音。但要达到既省力又保证声音质量的事半功倍的效果，就得强调声音集中、“颗粒饱满”。

（三）自如

汉语音节的发音过程有咬字器官的松紧变化，各种字音在发音方式上又存在一些特殊要求，加上播音时语言表达方式上的变化等，这些都要求播音员的咬字必须灵活自如。

（四）准确

播音员必须掌握准确的语音，矫正方言，排除语音杂质。

吐字归音便是达到上述要求的有效训练方法。它原是中国传统说唱艺术（如相声、单弦、大鼓、地方戏等）在咬字方面运用的术语。简单来说，它是把一个音节（一个字音）的发音过程分成出字、立字、归音三个阶段，对每个发音阶段提出具体要求，以取得字音清晰、声音饱满、弹发有力的效果。老一代播音员通过多年实践，认定传统说唱艺术的这一血汗结晶可以指导我们播音员的发音训练，并通过摸索，结合播音特点，作了一些修改和补充。下面依据我们的认识，分成几个问题，谈谈吐字归音问题。

二、咬字器官

呼气使闭合的声带发出声音(称喉原音)，但并没有形成有声语言，语音是喉原音经过口腔时形成的。所以咬字器官就是指口腔这一部分，包括双唇、舌头、上下齿、上下齿龈、硬腭和软腭等。其中，唇和舌在形成字音的过程中，动作最积极、作用最大。舌又分为舌尖、舌面和舌根。这些器官的具体位置见图 2-2。

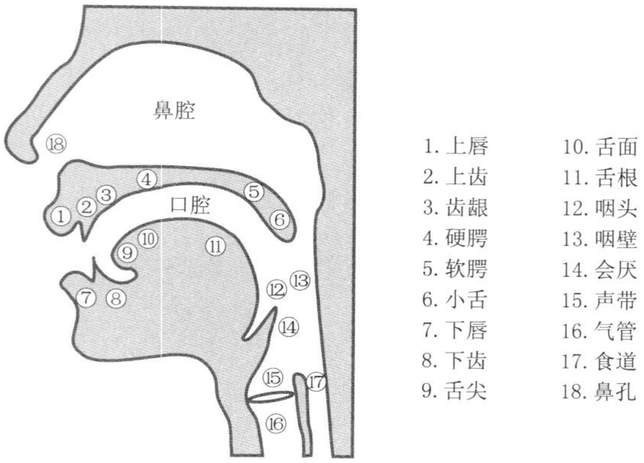

图 2-2　发音器官示意图

三、咬字器官的配合要领

口腔是语言的制造场，各咬字器官之间的配合动作直接影响发音质量。创造良好的口腔环境是掌握吐字归音的前提。

(一)打开口腔

播音比平时说话的口腔开度大。开大口腔，并不等于张大嘴，张大嘴时口腔呈"前>后"形，实际上是前开后不开。按照播音要求，口腔的前后都应打开，呈"前⊃后"形，上腭部分有力上抬，下颌放松。这个要求通过"提颧肌、打牙关、挺软腭、松下巴"来实现。

提颧肌——即过去所说的"提嚼肌"或"提笑肌"，但这两种说法有不确切之处，现在称为提颧肌。颧肌用力向上提起时，口腔前部有展宽的感觉，鼻孔也略为张大，同时上唇紧贴牙齿。提颧肌是抬起上腭的前部动作，唇齿相依，唇的运动有了依托，较唇齿相离更容易发挥力量。这些对声音的亮度和字音的清晰度都有明显的影响。

颧肌提起时，面部略带微笑状，可以用微笑的动作来体会。但要和由于高兴引起的微笑区分开，前者只是咬字时面部的一个动作，后者则是心理状态的反映，不能由此造成不顾稿件内容，“美滋滋”地播音的毛病。

另外，还可以用开大口，同时展开鼻翼的办法来体会提颧肌。这样快速做上百八十次以后，颧肌部位就会明显感到发酸，反复这样练习，颧肌力量加大，咬字时就会自然提起。

打牙关——虽然我们平时说话并没有咬紧牙关，上下槽牙间保持了一定的距离，但播音时还要加大这个距离，尤其是双侧上后槽牙要始终保持向上提起的感觉，这就是打牙关的意思。打牙关是抬起上腭的中部动作，不仅可以丰富口腔共鸣，还可以使咬字位置适中有力。可以用以下方法练习打牙关：

1. 提起颧肌反复咀嚼，以加强两腮的咬劲。打牙关只有和两腮的咬劲配合起来，才能在咬字中发挥作用。

2. 感觉字像橄榄在上下槽牙之间，每咀嚼一次发出一个字音。

3. 以发“a”的感觉为基础，带动各种音节的发音。

汉语音节各种各样，有的音节带有开口度较大的音素，打牙关比较容易体会和把握，像“海洋”“遥远”等；有的音节没有开口度较大的音素，打牙关就不容易体会和把握，像“机器”“渔业”等。在所有音素中，开口度最大的是 a；在所有音节中，开口度最大的是带有 a 的音节。以开带闭，以宽带窄，是我们体会和把握打牙关的重要方法。

像“兰 lán”这个音节就带有 a 音素，加上声母“l”的发音比声母“b”“d”等宽松，它就属于容易体会打牙关的音节。依照发这个音的体会，带动下面音节的发音，使窄紧的音节也发得宽松些。我们可以试试看：

蓝蓝的天上白云飘.
白云下面马儿跑。
……

当然，就音节的发音来讲，口腔开度总是在变化的，牙关开度也不能一成不变，我们只是通过上述方法来加大播音时的口腔开度，取得比说话更好的发音效果。

挺软腭——软腭在上腭的后部，用舌尖向后舔会感觉到它是软的。不说话时，这一部分向下垂着，说话时，也很少有人将它提起。而播音时，由于声音和咬字的需要，就得把软腭挺起。

挺软腭是抬起上腭的后部动作。它可以起到两方面作用：第一，加大口腔后部空间；第二，软腭把口、鼻腔后部开口分开，挺起时，鼻腔入口减小，口腔入口加大，这样可以避免因声音过多灌入鼻腔而造成鼻音。

结合咬字，软腭挺起时口腔后部应成倒置的桃形，但并非抬得越高越好。此外，如以小舌头（腭垂）为中点的话，抬起时两侧力量应向小舌头集中，如果力量相反，软腭“兜”下来，就会影响咬字，造成鼻音。

可以用夸张吸气、“半打哈欠”来体会。这时软腭一般是挺起的状态，保持这种状态去发音，你可能会听到不同于平时说话的声音效果。此外，发有些字（如“好 hǎo”），你会觉得口腔后部的开度较大，用它去带发其他音节，也会收到较好的效果。

应该注意，“挺”是一个基本状态。由于音节的构成各不相同，不能保持一成不变，否则又会带来“音包字”的问题。

松下巴——由于生理构造的原因，下巴在打开口腔方面比上腭的作用更大，只要放松下巴，口腔就可以明显打开。所以松下巴也是打开口腔的要领之一。

有些人平时说话就表现出下巴用力、主动“帮忙”的问题，播音时更为明显，认为这样才能做到咬字有力、字音清晰。其实这是一种错误，它会使舌根及咽部紧张，口腔更加闭合，把字咬“横”、咬“死”。咬字的力量主要在上腭，下巴则处于放松、“从动”的状态。

发音时，只有下巴自然内收，才能放松。我们可以用“牙痛时说话”来体会，牙痛时下巴就是放松的。

以上是打开口腔的问题，如图 2-3。

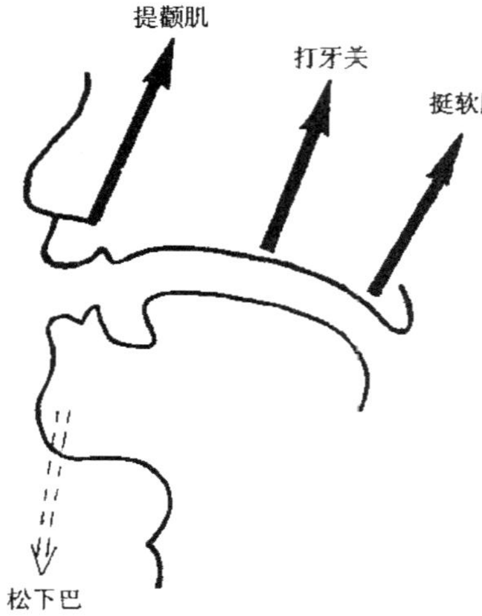

图 2-3　打开口腔

（二）力量集中

声音的集中首先靠咬字器官的力量集中，主要表现在唇和舌上。

唇的力量要集中到唇中央的三分之一。唇的力量分散是造成字音分散的主要原因。通过练习唇力的绕口令，像读“八百标兵奔北坡，北坡炮兵并排跑，炮兵怕把标兵碰，标兵怕碰炮兵炮”就会获得明显感觉。

舌的力量集中表现在两个方面：一方面是将力量集中在舌的前后中纵线上；另一方面是在发音过程中，舌体要取收势。这是在口腔打开的前提下，舌头能有力而灵活地加大运动幅度的保证。

舌头的锻炼应以读字词为主，把上述要求体现到读字词中，如反复发出“gā、kā、hā、jiā、qiā、xiā、dā、tā、nā、lā”就可以由后至前全面锻炼舌力的集中。以声母练习为主的一些绕口令同样也是很好的练习材料，大家可以根据每人的不同情况，有选择地练习。

舌头的前中后各个部位都与汉语发音有关，因此要求前后力量的均衡，但有些人却表现出某一部位的紧或松。舌根紧是最多见的问题，它是由于舌根用力下压造成的。解决这种问题时，要从舌的中前部入手，如反复发“lü、liā”“翠绿”这样的音，使舌的中前部力量加大，取得舌力的平衡。

(三)明确声音发出路线和字音着力位置

声音应沿着软腭、硬腭的中纵线推到硬腭前部，这条中纵线就是声音发出的路线，硬腭前部就是字音的着力位置。这样做会获得声音从上唇以上透出的感觉，音色集中而明朗。有些人发出的声音如同下巴“铲”出的一样，音色扁而散。这主要是没有明确声音发出的路线和字音着力位置造成的。

综上所述，咬字器官在发音过程中要互相配合、协调动作，总体感觉是“开口如半打哈欠，闭口如啃苹果”。

四、汉语的音节结构

吐字归音中对出字、立字、归音的具体要求都要落实到音节的各个部分上，所以要掌握吐字归音，就要先了解汉语的音节结构。这里只作一些简单的介绍。

中国传统音韵学将一个汉语音节分为字头、字腹、字尾三个部分。

字头是声母+韵头(介音)。

字腹是韵腹(主要元音)。

字尾是韵尾。

表 2-1　汉语音节划分具体示例

例子	读音	声母	韵母			声调	缺少部分
			韵头	韵腹	韵尾		
你	nǐ	n		i		√	韵头、韵尾
是	shì	sh		i		\	韵头、韵尾
去	qù	q		ü		\	韵头、韵尾
天	tiān	t	i	a	n	—	
安	ān			a	n	—	声母、韵头
门	mén	m		e	n	/	韵头
广	guǎng	g	u	a	ng	√	
场	chǎng	ch		a	ng	√	韵头
吧	ba	b		a			韵头、韵尾、声调

从表 2-1 可以看出汉语音节的构成有如下规律：

- 声母、韵母、声调是汉语音节的基本构成部分。
- 任何一个音节都不可缺少韵腹和声调（轻声音节除外）。
- 零声母音节缺声母。
- 带有前响复韵母或二合鼻韵母的音节缺少韵头。
- 带有单元音韵母或后响复韵母的音节缺少韵尾。

五、吐字归音的要领

我们以头、腹、尾、神俱全的音节（电 diàn）为例，来说明吐字归音对于音节各部分的具体要求。

（一）出字

出字指字头要“部位准确，弹发有力”。

在实际发音中，这种要求主要落实在声母的发音过程中。例如在读“电”（diàn）这个音节时，其声母的发音过程应是：先在准确位置（舌尖与上齿龈）成阻，蓄积足够的气力（持阻），然后迅速除去舌尖与上齿龈的闭合力。说唱艺术把声母发音的开始称为“叼字”，老艺人说：“噙字如噙虎。”意思是说，“叼字”如同大老虎叼着小老虎跳跃山涧一样，叼得紧了会把小老虎咬死，叼得松了会把小老虎掉进山涧。这形象地说明叼字要用巧劲，不紧不松，富于弹性。

韵头都是由 i、u、ü 充当的，虽然属于韵母的一部分，但在实际发音中却与声母的关系密切，它影响出字时的口型。如 ji、jü 两个音，声母都是 j，但由于后面的音不一样，发音的口型就不一样。为了便于掌握，使介音不要过度延长，我们可以把声、介看作一个发音的整体，以电（diàn）字为例，它们的关系可以这样表示：

d—i—a—n（电）

只有出字有力，才能带动整个音节，使之响亮清晰。

结合播音特点，我们更强调“叼”的感觉，而不能把吐字归音的“吐”简单地理解为“喷吐”。在播音发声中，照搬说唱艺术中的“喷口”“腮有开展鼓动力”等是不恰当的。过多地强调向外用力，除了造成气息的浪费外，还会把许多杂音送进话筒。

（二）立字

立字的过程是韵腹的发音过程，要求“拉开立起”。一个音节的发音是否能做到“字润珠圆”“颗粒饱满”，与韵腹的发音有密切关系。以电（diàn）字为例，出字过后就应放松打开口腔至发 a 的状态，与头、尾的发音比较，韵腹的发音过程最长。i、u、ü 等开口度较小的元音充当韵腹时，口腔也应适当开大些，这叫作“闭口音稍开”。这样能使音节“竖起”“站住”，避免“横”“散”。

(三)归音

归音是指音节发音的收尾过程。归音应“干净利索，趋向鲜明”。既不可“拖泥带水留尾巴”，也不可在归音过程中唇舌位置“不到家”。

如 i 作韵尾时，舌位应提到一定高度，如孩(hái)、来(lái)；

u 作韵尾时，唇形应撮起、收圆，如优(yōu)、奏(zòu)；

n 作韵尾时，舌尖要收到上齿龈，并阻住口腔通道，鼻音一出即收，如贫(pín)、边(biān)；

ng 作韵尾时，舌根应收到软、硬腭交界处，并阻住口腔通道，鼻音一出即收，如江(jiāng)、铜(tóng)；

o 作韵尾时(ao、iao 中的 o)，要在发到 u 时收音，如好(hǎo)、小(xiǎo)。

(四)“枣核形”

根据汉语的结构特点，民间说唱艺术一般要求音节的发音有头有尾，形成一个完整的形状——“枣核形”，以此求得“字润珠圆”的效果。“枣核形”以声母、韵头为一端，韵尾为一端，韵腹为核心，如图 2-4。

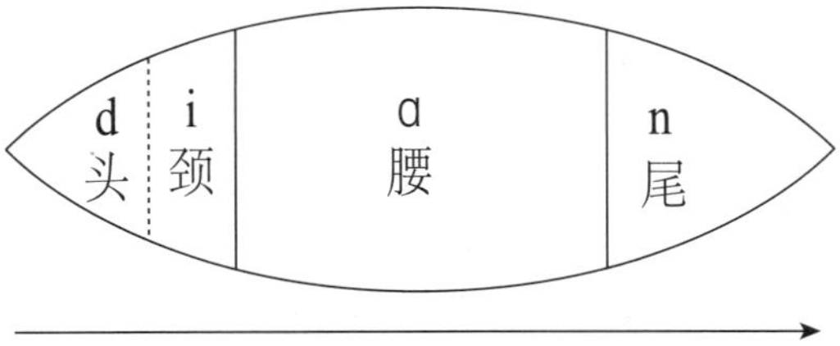

图 2-4　枣核形发音

吐字归音以“枣核形”为规范。

应当注意的是，强调枣核形并不等于将一个字音分解开，依次读出它的各个音素。汉语的每一个音节都是声韵相拼，拼是“碰”的意思，“电”dian 不得分解为 d—i—à—n。

以上我们用头、颈、腹、尾、神俱全的音节“电”(diàn)来说明吐字归音的要求，发这种音节比较容易体会和把握枣核形。此外，还有其他一些类型的音节不易把握。比如零声母音节。为了把握枣核形，零声母音节发音时，应将第一个音素(主要元音)发为半辅音，即发音开始时稍带一些摩擦或阻塞感。这种元音辅音化的现象主要是为了字音清晰，连读时不易产生误解，如将“皮袄”(pí'ǎo)发为“漂”(piǎo)音。再如，没有韵尾的音节（“开尾韵”）易读散，像罢（bà）、霞（xiá）等，为了使其声音集中，也应有归音的感觉，口腔开大后要马上收紧，把音“拢住”。掌握这些规律，即使不是枣核字，也可以读成枣核形。

枣核形训练是发音规范化的必要过程，但在播音时，一个音节的发音过程仅仅为三分之一秒，甚至更短，加上表达感情的需要，强调字字如“核”是不可能的。吐字归音是手段，必须服从内容需要，板板眼眼、字字如“核”必然会削弱声音的感情色彩，破坏语言的节奏，影响内容的表达。所以在形成语流的过程中，字音变化应该灵活调节。

六、吐字归音的练习

（一）口部操

1. 双唇练习

（1）双唇打响，阻住气流，突然放开，爆发出 b 或 p 音。

（2）双唇紧闭，撮起（用力噘嘴）和嘴角后拉交替进行；双唇紧闭，撮起，向上、向下、向左、向右交替进行；双唇紧闭，撮起左转 360 度，右转 360 度，交替进行。

2. 舌的练习

（1）顶刮舌面：舌尖抵下齿背，舌中纵线部位用力，用上门齿刮舌面，把嘴撑开。

（2）舌尖练习：力量集中于舌尖，与上齿龈用力接触，突然打开，爆发出 d、t 音。

（3）舌根练习：舌根用力抵住软腭，阻住气流，然后突然打开，爆发出 d、k 音。

（4）加强舌力度练习：紧闭双唇，用舌尖顶左右内颊，交替进行；紧闭双唇，舌在唇齿间左右环绕，交替进行；舌左右立起，交替进行。

（5）弹舌练习：用舌尖连续轻弹上齿，使舌放松而灵活。

3. 力量（咬劲）练习

用槽牙咀嚼。

（二）绕口令

1. 唇部练习

八百标兵奔北坡，
北坡炮兵并排跑。
炮兵怕把标兵碰，
标兵怕碰炮兵炮。（b、p）

白庙外蹲着一只白猫，
白庙里有一顶白帽。
白庙外的白猫看见了白帽，
叼着白庙里的白帽跑出了白庙。（b、m）

一座棚傍峭壁旁，
峰边喷得瀑布长。
不怕暴雨瓢泼冰雹落，
不怕寒风扑面雪飘扬。
并排分班翻山攀坡把宝找，
聚宝盆里松柏飘香百宝藏。
背宝飞跑报矿炮劈山，
篇篇捷报飞伴金凤凰。（b、p、m）

2. 舌部练习

山前有个崔粗腿，
山后有个崔腿粗。
二人山前来比腿，
看谁的粗腿比谁粗。
不知是崔粗腿比崔腿粗的腿粗，
还是崔腿粗比崔粗腿的腿粗。（c、t）

会炖我的炖冻豆腐，
来炖我的炖冻豆腐；
不会炖我的炖冻豆腐，
就别炖我的炖冻豆腐。
要是混充会炖我的炖冻豆腐，
弄坏了我的炖冻豆腐，
那就吃不成炖冻豆腐。（d、f）

史老师，讲时事，
常学时事长知识。
时事学习看报纸，
报纸登的是时事。
常看报纸要多思，
心里装着天下事。（zh、sh）

日头热，晒人肉，
晒得心里好难受；
晒人肉，好难受，
晒得头皮直发皱。（sh、r、zh）

稀奇稀奇真稀奇，
麻雀踩死老母鸡，
蚂蚁身长三尺六，
八十岁的老头躺在摇篮里。（j、q、x）

哥挎瓜筐过宽沟，
赶快过沟看怪狗。
光看怪狗瓜筐扣，
瓜滚筐空哥怪狗。（g、k）

3. 归音练习

一个胖娃娃，
提了三个大花活蛤蟆；
三个胖娃娃，
只捉了一个大花活蛤蟆。
捉了一个大花活蛤蟆的三个胖娃娃，
真不如捉了三个大花活蛤蟆的一个胖娃娃。（发花）（a）

学习就怕满、懒、难，
心里有了满、懒、难，
不看、不钻，就不前；
心里丢掉满、懒、难，
永不自满边学边干，
蚂蚁也能搬泰山。（言前）（an）

颗颗豆子进石磨，
磨成豆腐送哥哥。
哥哥说我生产虽然小，
可是小小的生产贡献多。（梭波）（o）

高高山上有座庙，
庙里住着两老道，
一个年纪老，

一个年纪小，
庙前长着许多草，
有时候老老道煮药，
小老道采药，
有时候小老道煮药，
老老道采药。（遥条）（ao）

山上五棵树，
架上五壶醋，
林中五只鹿，
箱里五条裤。
伐了山上的树，
搬下架上的醋，
射死林中的鹿，
取出箱中的裤。（姑苏）（u）

利用绕口令练习时，应注意气息和口腔的配合，同时应注意把内容讲清，否则意义不大。

（三）诗词朗诵

1. **言前辙**

月落乌啼霜满天，
江枫渔火对愁眠。
姑苏城外寒山寺，
夜半钟声到客船。（张继《枫桥夜泊》）

2. **江扬辙**

秋风入窗里，
罗帐起飘扬。
仰头看明月，
寄情千里光。（佚名《子夜秋歌》）

3. **人辰辙**

独在异乡为异客，
每逢佳节倍思亲。

遥知兄弟登高处，
遍插茱萸少一人。（王维《九月九日忆山东兄弟》）

4. **中东辙**

清时有味是无能，
闲爱孤云静爱僧。
欲把一麾江海去，
乐游原上望昭陵。（杜牧《将赴吴兴登乐游原》）

5. **发花辙**

烟笼寒水月笼沙，
夜泊秦淮近酒家。
商女不知亡国恨，
隔江犹唱后庭花。（杜牧《泊秦淮》）

6. **怀来辙**

飒飒西风满院栽，
蕊寒香冷蝶难来。
他年我若为青帝，
报与桃花一处开。（黄巢《题菊花》）

7. **遥条辙**

夫因兵死守蓬茅，
麻苎衣衫鬓发焦。
桑柘废来犹纳税，
田园荒尽尚征苗。
时挑野菜和根煮，
旋斫生柴带叶烧。
任是深山更深处，
也应无计避征徭。（杜荀鹤《山中寡妇》）

8. **梭波辙**

猿愁鱼踊水翻波，
自古流传是汨罗。

苹藻满盘无处奠，
空闻渔父叩舷歌。（韩愈《湘中》）

9. **油求辙**

白日依山尽，
黄河入海流。
欲穷千里目，
更上一层楼。（王之涣《登鹳雀楼》）

10. **乜斜辙**

飒飒秋风生，
愁人怨离别。
含情两相向，
欲语气先咽。
心曲千万端，
悲来却难说。
别后唯所思，
天涯共明月。（孟郊《古怨别》）

11. **灰堆辙（与一七辙通押）**

金色的唢呐啊，声声美，
我要带你到北京去，
让雅鲁藏布江水变成美酒，
我要在天安门前举起杯，
满怀深情吹一曲，
天安门呀放光辉。（改编自西藏民歌）

12. **一七辙**

举秀才，不知书，
举孝廉，父别居。
寒素清白浊如泥，
高第良将怯如鸡。（桓灵时童谣）

13. **姑苏辙**

寒雨连江夜入吴，
平明送客楚山孤。
洛阳亲友如相问，
一片冰心在玉壶。（王昌龄《芙蓉楼送辛渐》）

(四)以记录速度播读新闻稿件，进行口腔控制练习

所谓记录速度是指可保证听众记录的速度，一般每句话播三次，一分钟播 25 个字。生字词及易混淆的同音字词应予以解释，并读出电头、标点符号及分段。

用记录速度播读新闻时，语气表达方式(语气、重音、停顿等)应与正常速度播读一样，但轻声音节重读，只有这样才可使记录者听清、听懂。

我们用声音来体现劳动成果，用声音来创造劳动价值，吐字归音能力的重要性不言而喻。而要想有所突破，达到运用自如的境界，就要天天练、刻苦练，把握规矩，再造方圆。

第三节　播音员的用声和嗓音保护

一、正确用声与嗓音保护的关系

喉是人体的发声器官，它的内部构造十分精细。播音员如果在播音中用声不当，很容易造成发声器官的损伤，并产生各种嗓音疾病。一般的损伤或疾病会使声音变坏，影响发音质量，严重的会使播音员发声能力减退，直接影响工作寿命。因此，正确用声和嗓音保护与播音员的工作有极其密切的关系，每一个播音员都应该在了解正确用声的方法和必要的嗓音保护措施的同时，明确用声与嗓音保护的关系。

从表面看来，嗓音的使用和保护是矛盾的，但如果两者关系处理得当，它们之间不仅不会产生对立，而且可以圆满和谐地统一起来，使嗓音既有益于使用，又不致受到损害。

对于播音员，正确处理嗓音使用和保护的矛盾的主要方法是正确用声，正确用声本身就意味着对嗓音的保护。除了发声器官存在严重疾患不得不停止发声进行治疗之外，播音员平常应根据自己具体的嗓音情况，不断纠正错误的用声方式，养成科学的用声习惯。这种通过正确用声避免发声器官疾患、保持发声器官正常状态的嗓音保护方式是着眼于在使用中保护的积极保护方式，它与不用声、少用声或其他药物保护方式不同。

二、养成科学的用声习惯

(一)正确用声的基本原则

正确用声的基本原则是用声适度和循序渐进，这一原则应当贯彻在包括播音和发音练习的各种用声场合。嗓音保护的实质是要求发声器官在发音过程中维持平衡和协调的活动。可是播音员发声能力的提高常常要打破这种旧有的平衡协调，以求达到更高的播音水平。在这种伴随发声能力提高的新平衡建立过程中，特别需要注意掌握用声适度和循序渐进的原则。假如在用声过程中违背上述原则，急于求成，使发声器官长期处于超过负担能力的发声状态，必定会造成发声失调。其结果不仅是发声能力得不到提高，发声器官也会受到不必要的损伤。

(二)用声中容易出现的问题

从正确用声的基本原则来看，播音员在用声中首先应当注意的问题是发声过度。发声过度是指发声器官超过发声能力或者在疲劳状态下长时间工作。发声过度违反喉的活动规律，长期使用这种错误的用声方式很容易造成嗓音疾病。发声过度是多种错误用声的统称，它与发声的音色、音高、音量以及用声时间不当都有联系。播音中常见的发声过度表现在以下几个方面。

1. 音色过于明亮

不少播音员在播音中不考虑内容和感情色彩的需要，喜欢使用富于金属色彩的极其明亮的音色发音。尽管这种音色十分明亮，但在播音中自始至终采用这种单一音色，同样会令人感到单调无味。另外，因为人们在日常生活中很少用这样的音色与周围人讲话，过多使用这种音色还会使人感到极不自然。播音中过多使用极其明亮的音色不仅影响声音的表现力，而且对喉也是一种极大的负担。因为发声时声带要相互靠近或并拢，发这种明亮的声音时，声带并拢得很紧，中间几乎没有缝隙，两侧声带振动时会产生连续不断的碰撞摩擦。发音时，声带之间长时间地碰撞摩擦，很容易使声带疲劳，刺激剧烈时甚至会引起声带充血。很多人使用这种音色播音后，明显地感到喉咙发干、不适，甚至疼痛。这种过多使用声带闭合过紧的发声方式发极其明亮的音色是发声过度的一种重要表现形式。

纠正音色使用上的发声过度、改变声带闭合过紧的发声方式可以采用根据音色调整发声状态这样一个简单有效的方法。具体方法是播音员把播音时的声音和口语发音时的声音分别录下来，将两种音色进行比较。在内容差不多的情况下，播音音色应保持在与口语明亮程度大体相同或稍微明亮的音色水平。如果播音音色过亮，听起来显得单调而不自然。播音员可以把音色调整到接近口语、明亮度稍低的水平，这种音色听起来比较柔和，是一种虚实结合的音色。这时发声器官也会由声带闭合过紧转到较为放松的状态。

播音中不追求过分明亮的音色，能够避免长时间出现声带闭合过紧的发声状态。这对于减轻喉部负担，防止嗓音疾病具有重要作用。使用声带闭合不紧的虚实结合的音色发音，声音听起来柔和自然。在此基础上可以进一步灵活地变化音色的虚实，对丰富声音色彩、提高声音的表现力也有帮助。使用这种音色，喉部感觉松弛，即使发音时间较长，喉部也不会产生不适或疼痛感。初学播音者应该通过音色比较来确定自己的发声状态，避免音色使用上的发声过度，建立音色上的正确用声习惯。

2.**追求虚声**

播音中以过虚的音色为主发声造成声带之间缝隙过大，从喉部肌肉负担和对呼吸的影响来看，也是一种发声过度。播音中虚声的使用有些是受到播音员性格等因素的影响，还有一些是出于个人兴趣。目前，歌唱中通俗唱法的流行对播音音色的使用有很大影响，造成一些人对虚声有特殊的偏爱。这种不看需要、片面追求以虚声为主的发声方法不仅会直接影响播音的语声表达效果，同时对发音器官也有不良的影响。

虚声在发声时声带之间缝隙很大，虽然不会使声带产生闭合过紧的摩擦碰撞，但由于声带靠拢不够，声带振动不好。在这个意义上，它也可以称为一种发声不足。播音中长期以这种音色为主，形成用虚声的习惯，会使发声能力降低，不能发出明亮有力的声音，限制声音的表现力。另外，虚声音色的发声效率很低，与较为明亮的音色相比，它在同等呼气量下发声时间最短。因此，播音中以这种音色为主，要频繁地补充气息，特别是遇到比较长的句子，频繁吸气不仅无益于表达，而且会大大加重肺等呼吸器官的负担。声带与气流配合不协调造成发音器官尤其是呼吸器官的过度负担，会加速发音器官疲劳，在这种疲劳状态下发声，无疑对发音器官有不良影响。

虚声音色的纠正也可以使用上面介绍过的录音音色比较法。

3.**用声偏高或偏低**

播音用声偏高或偏低很常见，特别是用声偏高更是普遍性的问题。有些播音员总觉得自己的声音不如别人，对别人的声音由欣赏进而变为模仿，在模仿中容易忽视自己的声音特点，不自觉地抛开发音自如的自然音区，去追求勉强可以达到的高音或低音区。时间一长，形成用声偏高或偏低的发声习惯。有这种发声习惯的人，平常讲话时声音是适中的，听起来很自然。但到了播音中，他们的声音会不自觉地提高或者压低，听起来很不自然。相比之下，两种语言环境中音高的使用有很大的差别。

播音是在口语表达方式的基础上提炼加工形成的一种艺术语言。它在许多方面仍然保持着口语说话的特点。在发声方面，播音音高的使用与口语都以发音自如的中音区为主，区别只是口语使用的音域较窄，而播音使用的中音区音域较宽，声音在高低两端都比口语扩展一些。口语经常使用的中音区音高幅度一般不超过一个八度，而播音使用的中音区音高幅度大约在一个八度到一个半八度。

不懂得播音用声规律的播音员，常常一边追求声音的响亮，一边将使用的音域范围提高，口语中经常使用的中音被弃之不用，代之以发音不自如的高音，音域由中音区移到高音区，播音时仿佛换了一副嗓音。实际上，声音提高、音色尖锐，大都与播音音域上移、用声偏高有关。播音用声偏高，声带会绷得很紧，声带闭合过紧，喉部负担沉重，容易造成疲劳。播音时间稍长，喉部即感到不适。

播音中还有一种用声偏低的现象，这种现象是播音员脱离口语自然音域去追求过低的声音，把播音音域不适当地降低到自己的低音区造成的。有的人音色比较单薄，为了使声音饱满，他们在播音中极力压低自己的声音。这种偏低的声音听起来沉重、压抑，有时带有浓重的喉音色彩，仿佛是挤着喉咙发出的。发这种声音时，声带要用力地收缩，喉部负担同样十分沉重。

播音中使用合适的音高发音，避免发声偏高或偏低，是养成良好用声习惯的重要内容，对于语言表达和嗓音保护都具有重要的意义。因此，无论是初学播音者还是有一定工作经验的播音员，都应当认真检查自己在音高使用上是否存在问题。尤其是那些嗓音容易疲劳、喉部经常感到不适的播音员，更应当仔细地对音高使用方式加以注意。检验音高使用正确与否可以采用两种简单的方法：一种方法是把同一内容的稿件用口语和播音两种发音方式各录制一遍，通过重放，仔细对两种发音的音高使用特点加以比较，依靠自己或者是请有经验的播音员来判断是否存在发音偏高或偏低的问题。一旦发现音高使用上存在问题，可以通过反复录音找到较为适当的音高使用方法，然后通过大量练习改变原有的音高使用方式，培养新的正确的使用习惯。另一种检验音高的方法是借助钢琴、风琴或其他键盘乐器检查。首先用发长音 a 或 i 的方式了解自己的音域范围。在键盘上找到自己能发出的最低音，然后逐渐升高，找到自己能发出的最高音，最高音和最低音之间就是自己的最大音域范围。最大音域范围确定之后，在键盘上找到介于最高音和最低音之间的中间音。举例来说，假如最高音是 1，最低音是 5，中间音大约是 2 或 3。找到中间音之后，可以试着用这个音上下的音高去发音，同时通过录音进行试听比较。除了稿件内容或感情上的特别需要外，一般情况下播音使用的主要音高不应当脱离中间音上下的几个音。如果通过比较，发现播音使用的主要音高与中间音大体接近，那么音高使用基本正确。如果两者相差较大，那你在用声上就有可能存在声音偏高或偏低的问题。这时可以尝试用提高或降低音高的方法进行纠正，有条件的可以请有经验的播音员进行指导。

4. 不适当地加大音量

仔细观察可以发现，有些播音员日常生活中发音音量不大，在播音时音量却很大，而且随着播音的进行，音量越来越大。由于音量失控，喉部受到强烈的气流冲击，用声之后嗓子感到不舒服。其实，播音这种特殊的语言活动可以依靠所使用的电声设备灵活地调整音量．它并不像很多戏剧表演那样需要发声者很大的音量。一般来说，播音对音量的要求是不同层次的强弱对比，常用音量只需比口语音量稍大一些即可。不适当地加大音量，忽视音量层次变化，并不能增加声音的表现力，只会给喉部增加不必要的负担。播音员在确定发音音量的时候，应当设想听众就在你的面前，而不是在遥远的地方。这种正确的距离感可以帮助你克服不适当地加大音量，有效地控制音量的使用分寸。

5. 用声时间过长

除了与发声方法有关的各种发声过度之外，发声时间过长对嗓音也有一定危害。播音员即使发声方法正确，也应该在用声中，尤其是声音训练中掌握循序渐进的原则，避免用声时间过长。初学播音的年轻播音员出于兴趣或工作需要，常常抱有急于求成的迫切愿望，在声音训练中自恃嗓子好，不注意合理安排训练时间。有些人平时不练，一练就练很长时间。这种不合理的训练方法会使发声器官长时间处于疲劳工作状态，容易造成喉部充血或发炎，引起发声器官疾患。初学播音者练习时，连续用声时间宜短不宜长，中间要间断休息，以消除喉部肌肉疲劳，以后随着发声能力的不断提高，可以逐渐增加连续用声的时间和用声的次数，但在练习中同样要注意适当休息，切勿不间断地滥用声音。播音员对于自己能够达到的连续用声时间应当心中有数，用声时间以用声后喉部没有不适和疼痛感为度。当用声后喉部感觉不适，就应当适当减少连续用声时间。播音员在正式播音前不要过多用声，以避免发声器官疲劳。备稿时应当着重于看，通过分析加深理解，不要过多地上口练习，这样才能保证播音时的声音质量。

播音员用声中的许多问题都与违反发声适度和循序渐进原则造成的发声过度有关。值得注意的是，很多播音员用声过度都不是单独表现在一个方面，而往往同时与声音的几方面有关。例如，过于明亮的用声常常伴随用声偏高和音量不适当增大。在解决这样的用声问题时，应当注意哪个因素在其中起主要作用，各方面问题的联系如何，然后从几方面着手来解决。在认识用声上存在的问题时，我们应当从声音的不同方面进行分析，而在解决问题时，应当注意将声音的不同方面联系起来考虑解决的办法。

发声过度既不利于嗓音保护，也不利于语言内容和感情的表达，具有影响发声器官功能和播音质量的双重危害。播音员发声能力不强、发声能力减退以及发声器官患病，都与发声过度有着千丝万缕的联系。发声过度是播音员用声和嗓音保护中首先应当重视的问题。

（三）气息状态和吐字器官动作对用声的影响

发声器官的活动状态对用声有直接影响，与发声相联系的气息及吐字过程中的吐字器官动作也对用声有一定影响。呼吸和吐字中的毛病会造成用声上的问题。例如，有些播音员不管发音是否需要，每次吸气都过于饱满。由于控制呼气的肌肉力量不足，发音中往往依靠收缩喉部肌肉、闭紧声带来阻挡气流，于是用声时不自觉地出现胸部发憋、喉部发紧、声音不通畅的问题。要解决这些问题，首先应当明确吸气量是根据句子长度和发音音量、音高等决定的，并不是吸气越多越好。吸气应根据需要适量吸入，不要吸得过满以致超过控制能力允许的限度。呼吸问题解决了，发声中存在的上述问题就会很容易解决。吐字器官动作也可能对用声产生影响。例如，有些播音员发音偏低，声音发紧，带有浓重的喉音色彩，原因有些是喉部声带收缩过紧造成的，也有些是由于发音时舌的状态不正确，整个舌身向后下方咽腔挤压，影响喉的发声状态造成的。类似这样的问题，应当在查清原因之后，通过纠正吐字器官动作来解决。

三、其他嗓音保护措施和嗓音疾病防治

（一）培养良好的生活习惯

播音员根据发声器官活动规律和播音用声的要求选择正确的用声方法是保护嗓音的重要方式。除了正确用声外，播音员根据发音器官特点，养成有助于嗓音保护的良好生活习惯也是嗓音保护的重要措施。良好的生活习惯应当包括下列内容。

1. 锻炼身体，增强对疾病的抵抗力

发音器官是人体的一部分，身体健康状况直接影响发音状态和声音质量。为了保证良好的发音状态，播音员应当积极锻炼身体，增强体质。锻炼可以采用多种形式，跑步、游泳、球类运动以及体操、武术等都是很好的锻炼项目。但有些运动项目，像拔河、举重等，运动过程中需要屏气，喉部要负担很大的气息压力，容易造成喉部肌肉疲劳，对发声不利，应当少做。还有些运动项目呼吸过于剧烈，像高速度短跑、长跑等，气流

对声带刺激十分强烈，运动之后咽喉发干，也不宜在用声前进行。有些播音员喜欢清晨长跑锻炼后练声，这种做法对发声器官有害。

常见疾病中，由感冒引起的上呼吸道感染对播音员发声危害比较大，预防感冒是播音员应当经常注意的问题。预防感冒主要依靠加强锻炼，增强体质。除此之外，在冷暖交替、感冒流行的秋冬或冬春季节，可以适当服用一些预防药物。预防感冒特别应当注意空气的流通，广播电台或广播站的播音室由于声学条件的限制，通风条件大都很差，病菌极易在这种空气不流通的阴暗环境中大量繁殖。为了预防感冒等疾病在播音员之间相互传染，有条件的台站应当尽可能在播音室增设通风设备。不具备通风条件的播音室应当在播音前及时打开房门，尽量使空气流通。

2. 保证必要的休息和充足的睡眠

良好、充足的睡眠是人体解除包括发声器官在内的全身各器官肌肉疲劳的重要方式。播音员每天要保证7～8个小时的充足睡眠，起居要有规律。如果上下午都要播音，中午最好能有一段午睡时间。在天气炎热的夏季，午间的休息尤为重要。除了睡眠外，播音员还可以利用播音空余时间休息或进行一些户外活动来消除因长时间发音造成的发音器官局部疲劳。

3. 养成良好的饮食习惯

播音员的饮食要尽可能做到定时定量，切忌暴饮暴食。刚进餐后最好不要播音，因为大脑神经系统注意力集中在稿件内容上会影响肠胃的消化功能，容易造成消化不良。同时，胃的膨胀会妨碍横膈的下降，造成吸气不足，发音时会感到气短。这在进餐过饱时尤为明显。

播音员应当尽量避免吃刺激性食物，不要突然食用大量过冷或过热的食品或饮料。富有刺激性的辣椒、芥末、大葱、大蒜以少食为好。当然，各地饮食习惯和每个人的适应能力都不同，这些食物的用量可根据自己的习惯以及对嗓音的影响灵活掌握，不必强求一致。根据经验，大蒜食用后容易使气管中分泌物增加，造成发声不畅，播音前最好不食用。吸烟对咽喉和肺都有不良影响；喝酒会使人体神经系统调节能力减弱，发音器官动作的准确性和协调性会大大降低，容易在发音时出现各种口误。有吸烟或饮酒习惯的播音员，为了工作应当戒除这些嗜好。

4. 选择恰当的练声时间

播音员的嗓音需要锻炼，练声是许多播音员的生活习惯。但许多人似乎并不重视选择恰当的练声时间。有人喜欢清晨练声，但在练声前不注意活动身体，大脑还没有由抑制状态完全兴奋起来，便昏昏沉沉地开始大声发音。这样练声不仅达不到训练的目的，还容易损伤发声器官。因此，清晨练声一定要先充分活动身体，使大脑神经系统完全处于清醒状态。如果时间允许，练声也可放在上午或下午进行，这些时间身体各系统都处在自如活动状态，发音时不会产生发声器官活动不协调的问题。当然，如果在这些时间发音器官和大脑已进行较长时间的工作，处于疲劳状态，也不宜再练声。总之，每个播音员都应当根据自己的生活习惯、身体和精神状态选择恰当的练声时间。大脑尚未兴奋、发声器官活动不协调或发声器官已经疲劳、精神状态不好的时候，均不宜进行大量发声练习。

正确用声和良好的生活习惯是播音员有效保护嗓音的两根支柱。经验表明，发声方法正确并注意克服不良生活习惯的播音员很少患有嗓音疾病，他们的嗓音可以使用几十年而不失其原有光彩。而那些自恃嗓音好，经常不加限制地滥用嗓音，不重视嗓音保护的播音员，他们的声音常常在很短的时间内就开始变坏，不得不过早地离开播音工作，这是十分可惜的。

（二）常见发声器官疾病的防治

发声器官疾病种类很多，对播音员发声影响较大的常见疾病有以下几种。

1. **咽炎**

咽炎的症状为咽部红肿充血，咽部发干并伴有疼痛感。急性咽炎大多是由感冒引起的上呼吸道感染造成的，还有一些是由于发声过度，咽喉受到强烈刺激引起的。另外，吸烟和用声不当也可能造成慢性咽炎。无论是急性咽炎还是慢性咽炎，均可累及喉部，引起喉部不适，使发声易感疲劳。对于感冒引起的咽炎首先要医治感冒，同时可配合服用润喉消炎的中成药，如清音丸、喉症丸等。中药板蓝根对咽喉有较好的消炎作用，可以酌情选用。急性咽炎在发作期间应根据个人感觉少用声或不用声，以免由于过度刺激使病程加长或转变为慢性咽炎。因为发声方法不正确造成的咽炎，在使用药物治疗的同时，应当请有经验的播音员帮助纠正发声问题，以便消除致病根源。患有慢性咽炎又有吸烟习惯的播音员应当戒烟。

2. **喉炎**

患有喉炎的播音员，喉部常常发痒或有灼痛感，用声不多，嗓音就显得十分疲劳，发音时音色粗糙，发不出高音。严重的喉炎由于声带红肿会使声音嘶哑，甚至失声。喉炎往往是由咽炎开始，炎症发展扩大侵及喉部然后形成的。急性喉炎一般由上呼吸道感染引起，发病期间，应当停止用声，积极进行治疗。上述各种润喉消炎的中成药可适当选用。中药胖大海泡水饮用对喉失声有较好疗效。

有些播音员患有慢性喉炎，喉部感觉略有不适，由于症状不明显，常常不太注意。但实际上，慢性喉炎对发声有很大影响，它会使播音员的嗓音逐渐发生变化，造成音色变暗或沙哑、声音变低、音量变化困难以及用声时间不能持久等问题。相当一部分慢性喉炎是用声方法不当造成的。根本的治疗方法是矫正不正确的发声习惯，药物治疗往往不能从根本上解决问题。

3. **声带小结**

声带小结是从声带边缘长出的米粒大小的凸起，一般左右对称。声带小结不像咽炎或喉炎发病率高，但它对嗓音危害程度更大。声带小结的产生与发声方法不当，特别是发声过度有密切的关系。很多人在声带小结产生之前已有慢性喉炎等病症，由于没有及时治疗或者仍然使用错误的发声方法，最后导致声带小结产生。轻度声带小结发声时易感疲劳，小结部位常有分泌物附着，造成发声不畅。重度声带小结会使音色变暗，声音嘶哑。患有声带小结的播音员应采用药物或手术方法积极治疗。同时，应当在有经验的播音员协助下，对自己的发声方法进行系统的检查，检查中应特别注意是否有用声过高或声带闭合过紧、追求声音响亮等用声问题，它们常常是引发声带小结的重要原因。

常见发声器官疾病，只要及时治疗是能够治愈的。痊愈后一般不会影响发声功能。对于嗓音疾病，应当和对待其他疾病一样，采取预防为主的策略。播音员只要从日常做起，明确用声与嗓音保护的密切关系，养成良好的用声习惯和生活习惯，就可以有效地预防各种发声器官疾病的产生，达到保护嗓音的目的。这样不仅能够不断提高自己的发声能力，还能使嗓音变得更加动听、更富于表现力。

第四节　普通话语音知识

语言是声音和意义的结合体，为了和其他声音区分开，我们把语言的声音叫作语音。各种语言都有自己的语音系统，普通话也不例外。播音员的语音应该是准确的，因为群众大多是跟着广播电视来学习普通话的。

普通话的规范读音是去掉土语成分的北京话，所以即使是北京籍的播音员也不能盲目地认为自己的发音就是准确无误的。当然，对于原本不讲普通话的播音员来说，语音的学习就更为重要。

一、普通话语音概说

（一）语音的规范化和现代汉语普通话

汉语有七大方言，即北方方言（东北和长江流域中部及西南各省）、吴方言（上海地区、江苏省东南部和浙江省大部）、湘方言（湖南省大部）、赣方言（江西大部及湖北东南角）、客家方言（广东、广西、福建、江西部分地区）、闽方言（福建、海南大部，广东潮汕、雷州半岛、浙江温州、台湾部分地区)、粤方言(广东中部及西南部、广西东南部)。方言间的差别主要表现在语音上。各方言间言语不通,大大影响了语言作为交际工具的功能,对我国文化、教育、科学技术等各项事业的发展不利,同时也增加了兄弟民族和国际友人学习汉语的困难。随着社会的发展,语言规范化势在必行,"推广普通话"已载入《中华人民共和国宪法》,而首要任务就是语音的规范化。

普通话是以北京语音为标准音,以北方话为基础方言,以典范的现代白话文著作为语法规范的现代汉民族共同语。

规范的普通话是去掉土语成分的北京话,但我们不能认为凡是北京人的发音都是规范的。即便在北京市内,也流行着一些不好的发音方式,使北京话走了样。这些问题在学习普通话的过程中应该引起我们的注意。

(二)现代汉语普通话的语音特点

现代汉语普通话具有简单易学、富有音乐性的特点。

简单易学——普通话有声母 21 个,韵母 39 个,声韵相拼形成 400 多个音节,音调 4 个,普通话中没有特别难发的音节,和古代汉语及某些方言相比简单得多,较容易掌握。

富有音乐性——普通话中元音占优势,声母中清音占优势,发音响亮、悦耳;四个声调中高音成分多、变化明显、排除了入声(短而急的调子),听起来明朗舒缓;普通话中双音节词占优势,而且有约定俗成的轻重格式,听起来节奏分明、起伏跌宕;儿化给语音带来柔美细腻的感觉。这些都是其他方言和外国语所不能比的,播音员要注意并发挥普通话的这些优势,增强语言的表现力。

(三)音节和音素

音节——用听觉可以区分的语音结构的基本单位。它是依据发音时肌肉的松紧而划分出来的最小语音片段。在汉语里,一个汉字字音一般就是一个音节,如"播音员"就是三个音节。

音素——语音的最小单位。一个汉语音节可以由一个到四个音素组成。如:

啊	ā	一个音素
必	bì	二个音素
太	tài	三个音素
广	guǎng	四个音素

(四)元音和辅音

音素可以分为元音和辅音两大类。

元音——也叫"母音"。发音时声带颤动,气流自由呼出,不受任何阻碍;发音器官的各部分肌肉均衡紧张；气流比辅音弱，声音响亮。如普通话语音里的 a、o、e、i、u、ü 等。

辅音——也叫“子音”。发音时，气流在发音器官的某一部分受到一定阻碍，造成阻碍部分的肌肉紧张，气流比元音强。如普通话语音里的 b、p、m、f、d、t、n、ng、s、h 等。

表 2-2　元音、辅音的发音比较

元　音	辅　音
1. 气流通过口腔不受任何阻碍； 2. 发音器官各部位保持均衡紧张状态； 3. 口腔呼出的气流量较小，处于和缓状态； 4. 声带颤动，一般不带噪音成分，声音响度大，可以歌唱。	1. 气流通过口腔受到一定阻碍； 2. 只有造成阻碍的那部分肌肉紧张； 3. 气流量相对较大，气流需克服障碍通过口腔，有一种爆发力； 4. 多数辅音发音时声带不颤动，带有噪音成分，声音响度小，一般不能唱。

二、汉语拼音方案

《汉语拼音方案》是给汉字注音和拼写普通话语音的方案。由国务院中国文字改革委员会研究拟定，1958 年 2 月 11 日由第一届全国人民代表大会第五次会议批准推行。

汉语普通话播音员只有在熟练掌握《汉语拼音方案》的基础上才可能正确理解和掌握普通话语音，也才可能指导他人学讲普通话。

《汉语拼音方案》采用 26 个拉丁字母，在字母表里规定顺序和名称，在声母表和韵母表里规定拼法，另有声调符号和隔音符号的规定。

方案全文见下：

汉语拼音方案

（1957 年 11 月 1 日国务院全体会议第 60 次会议通过）

（1958 年 2 月 11 日第一届全国人民代表大会第五次会议批准）

一、字母表

字母	名称	字母	名称
Aa	ㄚ	Nn	ㄋㄝ
Bb	ㄅㄝ	Oo	ㄛ
Cc	ㄘㄝ	Pp	ㄆㄝ
Dd	ㄉㄝ	Qq	ㄑㄧㄡ
Ee	ㄜ	Rr	ㄚㄦ

续表

字母	名称	字母	名称
Ff	ㄝㄈ	Ss	ㄝㄙ
Gg	ㄍㄝ	Tt	ㄊㄝ
Hh	ㄏㄚ	Uu	ㄨ
Ii	ㄧ	Vv	ㄪㄝ
Jj	ㄐㄧㄝ	Ww	ㄨㄚ
Kk	ㄎㄝ	Xx	ㄒㄧ
Ll	ㄝㄌ	Yy	ㄧㄚ
Mm	ㄝㄇ	Zz	ㄗㄝ

V 只用来拼写外来语、少数民族语言和方言。字母的手写体依照拉丁字母的一般书写习惯。

二、声母表

b	p	m	f	d	t	n	l
ㄅ玻	ㄆ坡	ㄇ摸	ㄈ佛	ㄉ得	ㄊ特	ㄋ讷	ㄌ勒
g	k	h	j	q	x		
ㄍ哥	ㄎ科	ㄏ喝	ㄐ基	ㄑ欺	ㄒ希		
zh	ch	sh	r	z	c	s	
ㄓ知	ㄔ蚩	ㄕ诗	ㄖ日	ㄗ资	ㄘ雌	ㄙ思	

在给汉字注音的时候，为了使拼式简短，zh ch sh 可以省作 ẑ ĉ ŝ。

三、韵母表

	i ㄧ　衣	u ㄨ　乌	ü ㄩ　迂
a ㄚ　啊	ia ㄧㄚ　呀	ua ㄨㄚ　蛙	
o ㄛ　喔		uo ㄨㄛ　窝	
e ㄜ　鹅	ie ㄧㄝ　耶		üe ㄩㄝ　约
ai ㄞ　哀		uai ㄨㄞ　歪	

续表

ei ㄟ　　欸		uei ㄨㄟ　　威	
ao ㄠ　　熬	iao ㄧㄠ　　腰		
ou ㄡ　　欧	iou ㄧㄡ　　忧		
an ㄢ　　安	ian ㄧㄢ　　烟	uan ㄨㄢ　　弯	üan ㄩㄢ　　冤
en ㄣ　　恩	in ㄧㄣ　　因	uen ㄨㄣ　　温	ün ㄩㄣ　　晕
ang ㄤ　　昂	iang ㄧㄤ　　央	uang ㄨㄤ　　汪	
eng ㄥ　　亨的韵母	ing ㄧㄥ　　英	ueng ㄨㄥ　　翁	
ong （ㄨㄥ）　轰的韵母	iong ㄩㄥ　　雍		

（1）“知、蚩、诗、日、资、雌、思”等七个音节的韵母用 i，即：知、蚩、诗、日、资、雌、思等字拼作 zhi，chi，shi，ri，zi，ci，si。

（2）韵母儿写成 er，用作韵尾的时候写成 r。例如：“儿童”拼作 ertong，“花儿”拼作 huar。

（3）韵母ㄝ单用的时候写成 ê。

（4）i 行的韵母，前面没有声母的时候，写成 yi（衣），ya（呀），ye（耶），yao（腰），you（忧），yan（烟），yin（因），yang（央），ying（英），yong（雍）。

u 行的韵母，前面没有声母的时候，写成 wu（乌），wa（蛙），wo（窝），wai（歪），wei（威），wan（弯），wen（温），wang（汪），weng（翁）。

ü 行的韵母，前面没有声母的时候，写成 yu（迂），yue（约），yuan（冤），yun（晕）；ü 上两点省略。

ü 行的韵母跟声母 j，q，x 拼的时候，写成 ju（居），qu（区），xu（虚），ü 上两点也省略；但是跟声母 n，l 拼的时候，仍然写成 nü（女），lü（吕）。

（5）iou，uei，uen 前面加声母的时候，写成 iu，ui，un，例如 niu（牛），gui（归），lun（论）。

（6）在给汉字注音的时候，为了使拼式简短，ng 可以省作 ŋ。

四、声调符号

阴平	阳平	上声	去声
ˉ	ˊ	ˇ	ˋ

声调符号标在音节的主要母音上。轻声不标。例如：

妈 mā	麻 má	马 mǎ	骂 mà	吗 ma
（阴平）	（阳平）	（上声）	（去声）	（轻声）

五、隔音符号

a，o，e 开头的音节连接在其他音节后面的时候，如果音节的界限发生混淆，用隔音符号（’）隔开，例如：pí’ǎo（皮袄）。

三、声母、韵母和声调

根据汉语音韵学的传统习惯，把字音分为声母、韵母两部分，另外还有声调的区分。

声母——字音起头的辅音。如“bǎi（摆）中的“b”就是声母。

韵母——汉字音节声母以后的部分。如“bǎi”（摆）中的“ai”就是韵母。

声调——亦称“字调”，主要由音节内部的音高变化构成。高低升降的不同就是声调的不同，普通话声调分为阴平、阳平、上声、去声四类，如“bǎi”（摆）是上声声调。

声母、韵母同元音、辅音是有区别的，它们是从不同角度分析音节的结果：声母、韵母是从字音的结构来分析的；元音、辅音是从构成音节的最小单位——音素的性质来分析的。辅音同声母、韵母都发生关系，如 shang 中 sh 与 ng 都是辅音；辅音范围比声母大，元音范围比韵母小，如音素 ng 可做韵母成分，但不是元音。

（一）普通话声母

普通话声母共有 21 个，即 b、p、m、f、d、t、n、l、g、k、h、j、q、x、zh、ch、sh、r、z、c、s。声母都是由辅音充当的。没有辅音声母的音节称为零声母音节。

声母发音的主要特点是气流在口腔中受到各种阻碍，发音过程分为三个阶段：

成阻——发辅音过程的开始阶段，即发音中阻碍作用的开始，发音器官从静止或其他状态转到发辅音时所必须构成阻碍状态的过程。如发唇音 b 时，软腭上升，双唇紧闭。

持阻——发辅音过程的中间阶段，即发音中阻碍作用的持续，发音器官从开始“成阻”到最后“除阻”的中间过程。

除阻——发辅音过程的最后阶段，即发音中阻碍作用的消除，发音器官从某种阻碍状态转到原来静止或其他状态的过程。如发 b 音，嘴唇由闭而开。

1. 发音部位和发音方法

辅音声母的不同是由发音部位和发音方法不同决定的。

发音部位——发音时，气流受到阻碍的位置。按发音部位分，普通话声母可以分为七类：

双唇音（上下唇成阻）：b、p、m。

唇齿音（上齿与下唇内缘成阻）：f。

舌尖中音（舌尖与上齿龈成阻）：d、t、n、l。

舌根音（舌根与软硬腭交接处成阻）：g、k、h。

舌面音（舌面与硬腭前部成阻）：j、q、x。

舌尖后音（舌尖与上齿龈和硬腭交接处成阻）：zh、ch、sh、r。

舌尖前音（舌尖与上齿背或舌叶与上齿龈成阻）：z、c、s。

发音方法——发音时，喉头、口腔和鼻腔节制气流的方式和状况。根据形成阻碍和解除阻碍的方式不同，普通话声母可以分为五类：

塞音：也叫“爆发音”“破裂音”。发音时，气流先完全阻塞，然后突然放开，让气流爆发出来而成音。它们是：b、p、d、t、g、k。

擦音：也叫“摩擦音”。发音时，发音部位接近，留下窄缝，软腭上升，堵塞鼻腔的通路，气流从窄缝中挤出，摩擦成声。它们是：f、h、x、sh、s、r。

塞擦音：发音时，最初形成阻碍的部分完全闭塞，随后渐渐打开闭塞部位，让气流从间隙中摩擦而出。它们是：j、q、zh、ch、z、c。

鼻音：气流由鼻腔流出形成的声母。发音时，口腔形成阻碍的部分完全闭塞，软腭下垂，气流颤动声带，从鼻腔流出成音。它们是：m、n、ng（ng 为辅音但不做普通话声母）。

边音：发音时，舌尖与上齿龈接触，但舌头的两边仍留有空隙，同时软腭上升，阻塞鼻腔的通路，气流颤动声带，从舌尖的两边或一边通过。它是：l。

此外，塞音和塞擦音的发音还有送气和不送气的区别。除阻时，外出气流较强的称送气音；除阻时，外出气流较弱的称不送气音。有些声母发音是同部位、同方法，但发出的音不同，原因就在于送气与不送气的区别。如图 2-5。

普通话声母发音还有清音和浊音之分。清音发音时，气流受阻，不振动声带，不带乐音，它们是：b、p、f、d、t、g、k、h、j、q、x、zh、ch、z、c、s；浊音发音时，除气流受阻外，同时振动声带，发出乐音，它们是：m、n、l、r。

为了便于讲述和区分，可将声母后面拼合一个元音，称为声母读音。如 r 的读音是 ri。

2. 普通话声母发音

普通话声母由七个发音部位和五种发音方法构成其全部发音条件，图 2-6 为普通

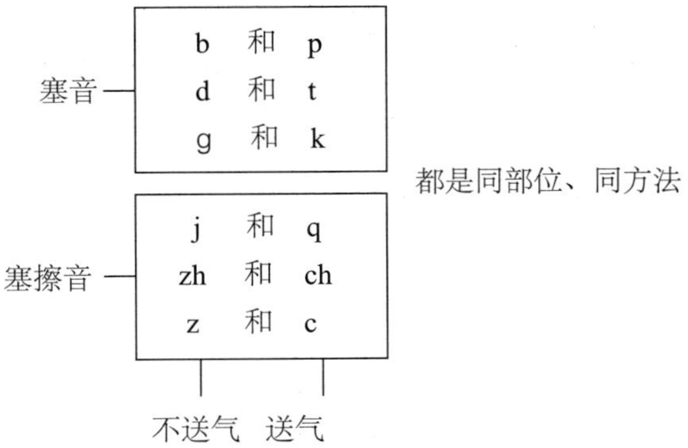

图 2-5　**送气音与不送气音**

话声母发音图，图中将 ng 加“□”写作“ng”，表示声母发音图不应包括它。

我们应该学会运用声母发音图确认一个声母的发音部位和发音方法，用以指导我们的发音。

3. **声母发音要注意的问题**

第一，擦音的摩擦过程不宜过长，喷吐力量不宜过大，否则发出带有 f、h、x、sh、s 的音节时，会产生过多的杂音。

第二，送气与否是相对的，动作不宜过分。否则在发出带有 p、t、k 的音节时，容易出现“扑、扑、扑”的声音；而在发出带有 q、ch、c 的音节时，容易带上“嘶、嘶、嘶”的声音。

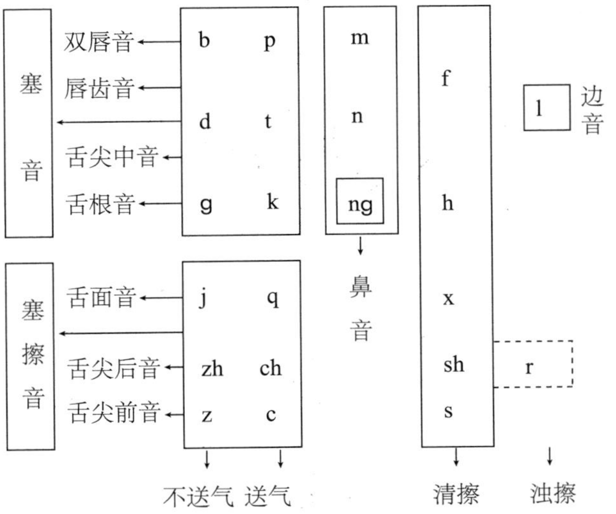

图 2-6　**普通话声母发音**

第三，如果将上下唇边缘部分分为内缘和外缘的话，b、p、m 的发音应是上下唇的内缘成阻，而不是外缘成阻呈裹唇状；f 的发音应该是上齿与下唇内缘成阻，而不能将下唇向里裹。

第四，发 zh、ch、sh 时，舌尖翘起，因此称翘舌音；发 z、c、s 时，舌尖放平，因此称平舌音。而许多方言中存在平、翘音相混的现象。学习普通话时应特别注意平、翘舌的区别，不能放平舌尖去发翘舌音，也不能过分呈卷舌状。

第五，舌面音 j、q、x 与 i、ü（或以 i、ü 开头的）韵母相拼叫团音；z、c、s 与 i、ü（或以 i、ü 开头的韵母）相拼叫尖音。有些方言中分尖团音，而普通话中没有尖音，z、c、s 不能与 i、ü（或以 i、ü 开头的韵母）相拼。北京目前流行的语言中出现将团音读作尖音的现象，女青年中尤为多见。这是一种错误，我们在学习普通话时应予以剔除。

4. 声母发音练习

声母的发音练习可采取以下步骤和方法。

（1）拼合练习

首先可按《普通话音节总表》进行单音节拼合练习，然后进行双音节或多音节拼合练习。

b——标兵 biāobīng	本部 běnbù
p——乒乓 pīngpāng	评判 píngpàn
m——牧民 mùmín	面貌 miànmào
f——肺腑 fèifǔ	反复 fǎnfù
d——担当 dāndāng	带动 dàidòng
t——团体 tuántǐ	探讨 tàntǎo
n——男女 nánnǚ	能耐 néngnai
l——理论 lǐlùn	劳力 láolì
g——改革 gǎigé	巩固 gǒnggù
k——开垦 kāikěn	宽阔 kuānkuò
h——航海 hánghǎi	欢呼 huānhū
j——进军 jìnjūn	坚决 jiānjué
q——亲切 qīnqiè	恰巧 qiàqiǎo
x——虚心 xūxīn	学习 xuéxí
zh——政治 zhèngzhì	战争 zhànzhēng
ch——车床 chēchuáng	超产 chāochǎn
sh——上山 shàngshān	双手 shuāngshǒu
r——柔软 róuruǎn	仍然 réngrán
z——最早 zuìzǎo	总则 zǒngzé

c——草丛 cǎocóng　　苍翠 cāngcuì

s——思索 sīsuǒ　　洒扫 sǎsǎo

(2)对比、分辨练习

n——l 对比

脑——老　　nǎo——lǎo

泥——犁　　ní——lí

男子——篮子　　nánzǐ——lánzi

发怒——道路　　fānù——dàolù

f——h 对比

发——花　　fā——huā

防——黄　　fáng——huáng

疯狂——轰鸣　　fēngkuáng——hōngmíng

战犯——召唤　　zhànfàn——zhàohuàn

z——zh 对比

走——肘　　zǒu——zhǒu

宗——钟　　zōng——zhōng

自力——智力　　zìlì——zhìlì

复杂——水闸　　fùzá——shuǐzhá

c——ch 对比

材——柴　　cái——chái

存——纯　　cún——chún

操场——超产　　cāochǎng——chāochǎn

早操——照抄　　zǎocāo——zhàochāo

s——sh 对比

色——社　　sè——shè

三——山　　sān——shān

宿舍——哨所　　sùshè——shàosuǒ

赛诗——神速　　sàishī——shénsù

r——l 对比

褥——路　　rù——lù

热——乐　　rè——lè

染色——懒惰　　rǎnsè——lǎnduò

滋润——争论　　zīrùn——zhēnglùn

方言区的人学习普通话，经常出现的问题大致如下：

平翘不分——舌尖前音声母 z、c、s 统称平舌音（发音时舌尖放平）；舌尖后音声母 zh、ch、sh 统称翘舌音（发音时舌尖翘起）。有些地区平翘不分，如将知识 zhīshi 发为 zīsi（像东北方言）。

n、l 不分——有些地区（像四川、甘肃等地方言）n、l 不分，如将奶奶 nǎinai 发为 lǎilai。

r、l——有些地区（像四川、安徽等地方言）r、l 不分，如将褥子 rùzi 发为 lùzi。

r、y 不分——有些地区（像东北方言）r、y 不分，如将肉 ròu 发为 yòu。

类似情况，应在掌握正确发音的基本功后，进行对比、分辨练习，只停留在某音素上的练习不易矫正。

(3)绕口令练习

绕口令练习可以提高声母发音的分辨能力。（参看“吐字归音”一节所选的练习材料）

（二）普通话韵母

普通话韵母共有 39 个，分为三类，即单韵母、复韵母和鼻韵母。

1. 单韵母

单韵母由单元音充当，共有 10 个，它们是：ɑ、o、e、i、u、ü、ê、-i（前）、-i（后）、er。其中-i（前）、-i（后）是舌尖特殊元音，er 是卷舌元音，其余的是舌面元音，见图 2-7。

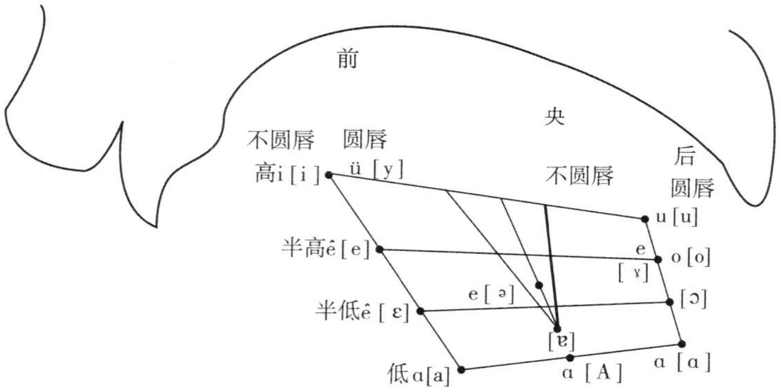

图 2-7　舌面元音舌位唇形图

不同的舌面元音的发音，由三方面条件决定。

(1)根据舌位的高低（口腔的开合），普通话的舌面元音可以分为四种：

舌位高（口腔闭）——i、u、ü。

舌位半高（口腔半闭）——o、e。

舌位半低（口腔半开）——ê。

舌位低(口腔开)——a。

(2)根据舌位的前后,即发音时舌的隆起点的前后,普通话的舌面元音可以分为三种:

前舌位——i、ü、ê。

央舌位(央是中央的意思)——a、(er)。

后舌位——u、o、e。

(3)根据唇形的圆扁,普通话的舌面元音可以分为两种:

圆唇——ü、u、o。

扁唇——i、a、e、ê。

舌位图是一种示意图。四个端点表示发音时舌头在口腔中上下前后的四个极端位置,用直线将此四点连接起来形成一个四角形。四角形的横向可分为前、央、后,表示舌位前后;竖向可分为低、半低、半高、高四级,表示舌位高低(口腔的开合)。此外,竖线左侧标不圆唇音,右侧标圆唇音。这种示意方式是世界通用的,我们应该学会看舌位图,用以指导发音。

除舌面元音外,er、-i(前)、-i(后)的发音解释如下:

er——单韵母 er 为卷舌元音。发音时舌尖卷起对着硬腭前部(如果对镜发音,应能看到舌前部底面)。这个单韵母只能自成音节,不和声母相拼。普通话中只有“二”“耳”“尔”几个音(另见儿化韵)。其中“二”的发音虽是 er,但实际发音是 ar,如“而”er、“二”er。

-i(前)——单韵母-i(前)为特殊元音前元音,又称舌尖前高不圆唇元音。-i(前)是 zi、ci、si 的韵母,它的音色近于 s,但舌尖和门齿背不要靠得太近,不可发生摩擦。如“资”zi、“磁”ci 中的韵母。这个单韵母只和 z、c、s 相拼,不能自成音节,也不能和其他声母相拼。

-i(后)——单韵母-i(后)为特殊元音后元音,又称舌尖后高不圆唇元音(一般元音都是舌面作用,但-i 是舌尖作用)。-i(后)是 zhi、chi、shi、ri 的韵母,它的音色近于 r,但舌尖和硬腭前部不要靠得太近,不可发生摩擦。如“智”zhi、“日”ri 中的韵母。这个单韵母只和 zh、ch、sh、r 相拼,不能自成音节,也不能和其他声母相拼。

2. 复韵母

复韵母是由两个或三个元音复合组成的韵母,分为两类,共 13 个。

二合复韵母 9 个——ai、ei、ao、ou、ia、ie、ua、uo、üe;

三合复韵母 4 个——iao、iou、uai、uei。

发单韵母时,发音器官各部位没有变化,共鸣状态没有动,音色始终如一。而发复韵母时,音色在两个或三个元音间过渡变化,唇形、舌位前后、口腔的开合都在变。例如发 ai 时,舌位要逐渐升高,口腔由开接近闭。

复韵母诸成分中，有一个元音发音时口腔开度较大，声音较为响亮。它是韵母的中心成分，称为韵腹，也叫主要元音，韵腹前面的元音叫韵头（介音），韵腹后面的部分叫韵尾。

ai、ei、ao、ou——口腔开度由大到小，前响；有韵腹、韵尾。

ia、ie、ua、uo、üe——口腔开度由小到大，后响；有韵头、韵腹。

iao、iou、uai、uei——口腔开度由小到大再到小，中响；有韵头、韵腹、韵尾。

3. **鼻韵母**

普通话鼻韵母是由一个或两个元音后面带上鼻辅音 n 或 ng 构成的，分为两类：

带舌尖鼻音 n 的鼻韵母 8 个——an、ian、uan、üan、en、in、uen、ün

带舌根鼻音 ng 的鼻韵母 8 个——ang、eng、iang、ing、ong、iong、uang、ueng。

n、ng 在音节中只做韵尾。

鼻韵母的发音是发音器官由元音发音状态向鼻音发音状态逐渐变化，最后完全变为鼻音的发音过程。发音时，软腭抬起，堵塞鼻腔通路，而舌的前部或后部逐渐抬起堵塞口腔通路，放松软腭，让气流从鼻腔流出发出鼻音。

n、ng 的口腔位置如图 2-8。

图 2-8　n、ng 的口腔位置

an、en、in、ün 中的 a、e、i、ü 是主要元音，n 是韵尾；

ian、uan、üan 是 an 加上韵头 i、u、ü 构成的，a 是主要元音，n 是韵尾；

uen 是 en 加上韵头 u 构成的，e 是韵腹，n 是韵尾。

发这组音收尾时要将舌前缘收到上齿龈，不能收到两齿间，更不能突出于齿外。

ang、eng、ing、ong 中的 a、e、i、o 是主要元音，ng 是韵尾；

iang、uang 是 ang 加了韵头 i、u 构成的，a 是主要元音，ng 是韵尾；

ueng 是 eng 加了韵头 u 构成的，e 是主要元音，ng 是韵尾；

iong 是 ong 加了韵头 i 构成的，o 是主要元音，ng 是韵尾。实际发音时，i 圆唇化，整个韵母发 üng[yŋ]音。

后鼻音韵母发音时和前鼻音韵母不同的是抬起舌根，并使之接触软腭。

4. **四呼**

我国音韵学家根据韵母开头元音的口型特点将韵母分为四类：

开口呼——没有韵头，韵腹不是 i、u、ü 的韵母。-i（前）、-i（后）、ê、er、a、o、e、ai、ei、ao、ou、an、en、ang、eng。

齐齿呼——韵头或韵腹是 i 的韵母。i、ia、ie、iao、iou、ian、in、iang、ing。

合口呼——韵头或韵腹是 u 的韵母。u、ua、uo、uai、uei、uan、uen、uang、ueng、ong。

撮口呼——韵头或韵腹是 ü 的韵母。ü、üe、ün、üan、iong。

5. **韵母发音练习**

(1)拼合练习

a——发达 fādá　　喇叭 lǎba

o——活泼 huópō　　摸索 mōsuǒ

ê——欸 ē

e——特色 tèsè　　合格 hégé

i——集体 jítǐ　　机器 jīqì

ü——区域 qūyù　　雨具 yǔjù

u——鼓舞 gǔwǔ　　互助 hùzhù

er——儿童 értóng　　耳朵 ěrduo

-i(后)——指示 zhǐshì　　支持 zhīchí

-i(前)——字词 zìcí　　四次 sìcì

ai——灾害 zāihài　　爱戴 àidài

ei——肥美 féiměi　　配备 pèibèi

ao——高潮 gāocháo　　号召 hàozhào

ou——欧洲 ōuzhōu　　喉头 hóutóu

ia——假牙 jiǎyá　　加价 jiājià

ie——结业 jiéyè　　贴切 tiēqiè

ua——挂画 guàhuà　　画花 huàhuā

uo——着落 zhuóluò　　过活 guòhuó

ue——喜悦 xǐyuè　　坚决 jiānjué

iao——巧妙 qiǎomiào　　逍遥 xiāoyáo

iou——优秀 yōuxiù　　求救 qiújiù

uai——怀揣 huáichuāi　　摔坏 shuāihuài

uei——归队 guīduì　　追回 zhuīhuí

an——谈判 tánpàn　　灿烂 cànlàn

en——认真 rènzhēn　　分门 fēnmén

ian——片面 piànmiàn　　简便 jiǎnbiàn

in——金银 jīnyín　　亲近 qīnjìn

uan——转弯 zhuǎnwān　　穿环 chuānhuán

uen——伦敦 lúndūn　　问准 wènzhǔn

uan——全权 quánquán　　圆圈 yuánquān

ün——均匀 jūnyún　　群运 qúnyùn

ang——帮忙 bāngmáng　　方糖 fāngtáng

eng——丰盛 fēngshèng　　更冷 gènglěng

iang——响亮 xiǎngliàng　　两项 liǎngxiàng

ing——评定 píngdìng　　清醒 qīngxǐng

ong——洪钟 hóngzhōng　　工农 gōngnóng

iong——汹涌 xiōngyǒng　　炯炯 jiǒngjiǒng

uang——状况 zhuàngkuàng　　狂妄 kuángwàng

ueng——嗡嗡 wēngwēng

(2)分清前后鼻音是学好普通话的重点,可以采取以下方法。

首先,按照要领发好 en、eng:en 要"走捷径",直接打到软腭前部(舌前伸接触上齿背);eng 要"绕道行",收音时绕到鼻腔后部(舌根上抬),这种发音意识对解决 n、ng 不分有一定效果。

然后,进行单音节或多音节对比、辩证练习。例如:

泛——放　　fàn——fàng

新——兴　　xīn——xīng

亲近——清静　　qīnjìn——qīngjìng

来晚——来往　　láiwǎn——láiwǎng

盆——棚　　pén——péng

唇——虫　　chún——chóng

山口——伤口　　shānkǒu——shāngkǒu

开饭——开放　　kāifàn——kāifàng

最后用绕口令进行速发对比、辩证练习。

(三)普通话声调

声调又称字调,它是音节所固有的能区别意义的声音高低和升降。

1. 调值和调类

调值是声调的实质,指声音高低、升降、曲直、长短的形式。普通话里有高平调(55)、高升调(35)、降升调(214)、全降调(51)四种调值形式。

调类就是声调的种类。普通话有四个调类,即阴平、阳平、上声、去声。

2. 声调标记

声调采用五度标记法,如图 2-9。

普通话的四个声调在书写时依序采用ˉ ˊ ˇ ˋ四种符号，标在音节的主要元音上，轻声音节不标。

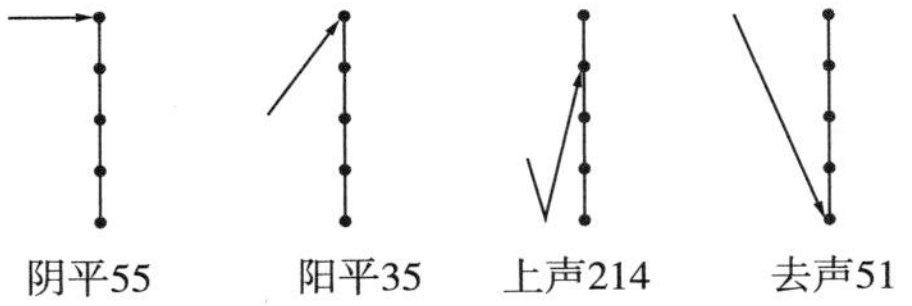

图 2-9　普通话调值五度标记图

3. 声调练习

(1)单音节练习(可利用《普通话章节总表》进行单音节练习，这里只举几例)

bā	bá	bǎ	bà	pō	pó	pǒ	pò	shēn	shén	shěn	shèn	huān
巴	拔	把	爸	泼	婆	叵	破	深	神	审	慎	欢

huán	huǎn	huàn
环	缓	换

(2)多音节练习(这里只举几例，可根据排列组合关系，进行多种组合练习)

阴平阴平——播音、工兵、东风、交通
阴平上声——批准、艰苦、生产、施展
阳平阴平——联欢、滑冰、南方、农村
阳平上声——华北、平等、成果、民主
上声阴平——统一、北京、广播、产生
上声上声——表演、广场、领海、感想
去声阴平——进攻、矿工、下乡、认真
去声上声——问好、运转、剧本、外语
阴阳上去——中国伟大
阴阴阳阳——丰衣足食
阴阳阳阴——军民联欢
阳阴上上——排山倒海
阳阳阳去——无能为力
上阳阳阳——有名无实
上去阳上——体育疗法
去阳阴阴——外强中干
去去去阴——大是大非

阴平阳平——坚决、宣传、江南、加强
阴平去声——播送、音乐、深入、声调
阳平阳平——滑翔、流传、人民、红旗
阳平去声——革命、局势、同志、群众
上声阳平——普及、抢夺、洗涤、取决
上声去声——改造、考试、访问、广阔
去声阳平——特别、报名、电台、会谈
去声去声——惧怕、庆贺、日月、布告
阴阴阴阴——今天播音
阴阴去去——天天向上
阳阴阳阴——愚公移山
阳阴去上——同甘共苦
上阴阴阴——短兵相接
上上阴阴——五彩缤纷
去阴阴去——录音通讯
去上上上——自我检讨

四、语流音变

在语流中，音素或音节间相互影响产生的语音变化叫作语流音变。

语流音变主要表现在轻声、儿化、变调和语气词“啊”的音变等。

(一)轻声

汉语里有些词的音节或句子的词失去原有声调念成又轻又短的调子叫轻声。

大多数轻声同词语及语法意义的表示有关。像语气词“吧、吗、呢、啊”，助词“的、地、得、着、了、们”以及有些名词的后缀等都读轻声。有些轻声有分辨词义和词性的作用。如：兄弟(弟弟)读 xiōngdi，兄弟(哥俩)读 xiōngdì；买卖(名词)读 mǎimai；买卖(动词)读 mǎimài。

播音时轻声音节不得拖长、吃字。

(二)儿化

儿化是普通话和某些汉语方言中的一种语音现象，就是后缀“儿”字不自成音节，而是同前一字合成一个音节，使前一字的主要元音带上卷舌色彩，韵母发生音变，成为卷舌韵母(也叫“儿化韵”)。

“er”是普通话里的特殊韵母，它不和声母相拼，通常有两种用途：一是独立地表示单个字音；二是附着在其他韵母后面，形成儿化韵。(拼写规则见《汉语拼音方案》)

北京话里儿化韵较多，其主要作用是：

1. **区别词义和确定词性**

眼儿(小孔)——眼(眼睛)

盖儿(名词)——盖(动词)

2. **使语言带有“少”“小”“喜爱”“亲切”或“蔑视”的感情色彩**

一丁点儿　小孩儿　小脸蛋儿　小红花儿　什么玩意儿

播音中，特别在播严肃稿件时应尽量少用儿化，必须用时儿化程度也不宜过强，尽量少改变原韵母的音色，属于北京土语的儿化词不宜在广播中出现。

(三)变调

在连续读音中声调发生的变化叫变调。

1. **上声变调**

单发、句尾不变。

非上声字前变半上(21 调值)。如：始终、老师、语言、晚饭、手巾等。(加·为需要变化的上声音节，下同)

上声字前近阳平(24 调值)。如：选举、友好、展览等。

2. “一”“七”“八”“不”变调

播音中，“七”“八”基本不变调。

“一”“不”按规律变：去声、轻声前变阳平。

如：一趟、不去、一个。

非去声前读去声。如：一张、一年、不同、不好。

三字中间变轻声。如：看一看、去不去。

“一”处数字的开头需变调。如：一千一百、一万一千一百一十一。

3. 重叠形容词变调

播严肃稿件时一般无变化，播口语稿件时可按如下规律变：

单音重叠变阴平。如：短短的、慢慢地。

双音前轻后阴平。如：整整齐齐、老老实实。

4. 语气词“啊”的音变

“啊”一般单独用或用在句尾。单独使用时无变化；用在句尾时，要考虑到前一个音节收尾音素，顺势产生变化。其规律为：

(1)前面音节收尾音素是 a、o、e、i、u 时(不包括 iao、ao)，一般发 ya 音。如：

他一个劲地骂呀！(màya)

什么呀。(meya)

赶车呀。(chēya)

得了第一呀！(yīya)

一起钓鱼呀！(yúya)

(2)前面是 ao、u 时，一般发 wa 音。如：

穿上这件皮袄哇。(ǎowa)

铺上这块皮褥哇。(rùwa)

(3)前面是 n 时，一般发 na 音。如：

好看哪！(kànna)

(4)前面是 ng 时，一般发 nga 音。如：

不行啊！(xíngnga)

(5)前面是-i(后)时，一般发 ra 音。如：

什么事呀？(shìra)

(6)前面是-i(前)时，一般发 za 音。如：

去过北京几次啊？(cìza)

五、词的轻重格式

多音节词的几个音节有约定俗成的轻重差别，这就是词的轻重格式，除非特别需要，否则一般不能改变这种规矩。

轻与重是相对的，读起来要自然。我们将短且弱的音节称为轻音节，长且强的音节称为重音节，介乎中间的音节称为中音节。

词的轻重格式是汉语音乐性的一种表现。

（一）双音节词的轻重格式

普通话的双音节词轻重格式有三种，其中中重格式较多。

1. 中重格式，如：到达、海岛、民兵、汽车。
2. 重中格式，如：奉承、消极。
3. 重轻格式，如：镜子、蓝的。

（二）三音节词的轻重格式

普通话的三音节词轻重格式一般有三种，多为中中重格式，第二音节比第一音节略轻。

1. 中中重格式，如：共产党、赞美诗、三字经。
2. 中重轻格式，如：打摆子、犯嘀咕、胡萝卜。
3. 中轻重格式，如：泡泡糖、差不多、认识论。

（三）四音节词的轻重格式

1. 中重中重格式，如：一脉相承、四通八达。
2. 重中中重格式，如：惨不忍睹、喜出望外。

六、如何纠正语音问题

纠正语音问题的过程是和习惯势力作斗争的过程，如同改变左手用筷子的习惯一样，需要坚强的毅力和持之以恒的精神，同时还应注意方法的科学性。

（一）找到对应规律

方言虽然复杂，但每一种方言和普通话之间的差异都有规律。方言和普通话之间的差异，首先表现在声母、韵母和声调的异读上。

如有的人把“诗（shī）”读成“思（sī）”，我们不能只把它看作是一个字的读音问题，而要“顺藤摸瓜”，看看是不是所有带“sh”的音节都被错读成带“s”的音节。进而再看一下他们是否将同部位的“zh、ch、sh”这一组声母都相应地发成“z、c、s”。如果是，便可认为这些人的习惯语音中原本就没有翘舌音 zh、ch、sh，存在所谓“平翘不分”的问题。这个例子说明如何寻找声母的异读规律。

再如，有人把“人民(rénmín)”，读成“réngmíng”，我们同样不能把它看作是一两个字音的问题，而要像寻找声母异读规律一样，去寻找韵母的异读规律。寻找的结果可能发现所有的 en、in 都被相应地发成 eng、ing，甚至是所有的前鼻音韵母都被发成后鼻音韵母。这也就是我们平时所说的“前后鼻音不分”的问题。这个例子说明如何寻找韵母的异读规律。

此外，声调对语言的影响也不容忽视，所谓“味儿不对”多半是声调问题造成的。在方言和普通话之间也存在着声调的异读规律。比如有人将“天(t′iɛn^{55})”读成“tiɛn^{11}”。我们也不能把它只看作是一个字的问题，因为这人很可能是将所有的高平(55)调都读成低平(11)调。

除声、韵、调的异读规律外，还应注意儿化韵和轻重格式方面的差异，有关内容前面已经谈过，这里不再赘述。

下面简单介绍一下汉语七大方言的基本语音规律，供参考。

北方方言——以黄河流域为中心，分布于东北和长江流域中部及西南各省。多数地区没有入声，只有阴平、阳平、上声、去声四个调类。

吴方言——分布于上海地区、江苏省东南部和浙江省大部分地区。有清浊声母的区别；多数地区没有 zh、ch、sh，只有－n 或－ng 一个鼻韵尾；有短促的入声；声调有七至八个。

湘方言——分布于湖南省。声母 n、l 不分，f、h 不分；有入声，不短促。

赣方言——分布于江西省及湖北省东南角。无 n 声母，有些地方有入声韵尾－b、－d、－g。

客家方言——分布于广东、广西、福建、江西等省部分地区。声母 s、sh 不分；韵母没有撮口呼；有入声韵尾－b、－d、－g；一般有六个声调。

闽方言——分布于福建和海南的大部分地区，广东、浙江、广西以及雷州半岛的部分地区。没有 f 声母；s、sh 不分；一般有七个声调。

闽南方言——分布于福建省南部，广东省的潮州、汕头一带，海南岛的部分地区，台湾地区的大部分地区。没有 f 声母；s、sh 不分；韵母没有撮口呼；辅音韵尾有－m、－n、－ng 和－b、－d、－g；一般有七个声调。

粤语——分布于广东省中部和西南部、广西壮族自治区东南部。以广州话为代表，f、h 不分；s、sh 不分；韵母都没有韵头；辅音韵尾有－m、－n、－ng 和－b、－d、－g；声调有九个。

(二)一次成音

在播音员的认识中，语音应该只有对与错两种情况，不存在什么“基本准确”“接近正确”的说法，实践的标准也只有一个。

在纠正语音问题的开始阶段，矫正声、韵、调问题时，应该“打歼灭战”。在明确发音要领之后的短时间内就要获取准确发音，切忌发“接近音”，因为那样会形成新的错误发音习惯，再想解决就需花费更多的时间和精力。

(三)量变中求质变

要产生质的飞跃必须有量的积累，遵循这一规律去解决语音问题是十分重要的。语音学习中质的飞跃，可以简单地概括为由“有意识”的不自如的发音，到“下意识”的自如的发音变化。“有意识”的不自如的发音主要表现为先想后发，或是先摆后发(摆好舌位、唇形等)。这在练习的开始阶段很正常，随着练习量的增加，发音前的“想”和“摆”就会逐渐减少。在一段时日之后，大量的练习便会显示出质变的效果，此时可以不经过“想”和“摆”的过程，而“下意识”地、自然地发出准确的字音，并且表现在需要纠正的声、韵、调、儿化韵、轻重格式等各种语音问题上。正如练习骑自行车一样，开始会觉得身体各个部位都在分别“较劲”，浑身紧张；而后就会逐渐松弛下来，不再注意身体某个部位的动作，而是一种综合的平衡感；骑上一段时间以后就可以自如穿行。

只有经过大量的练习，才能促成质的变化，也只有在产生质的飞跃之后，正确的发音状况才能稳定下来，才可认定某个发音问题得到了纠正。

(四)循序渐进

从读准声、韵、调开始到流畅使用，有几个必经阶段：

音→字→词→句→段。

只保证声、韵、调单发时的正确，是远远不能适应播音工作需要的。这是因为某个音处于具体环境中时，往往会使发音人下意识地复原于旧习惯。所以在发好单音的基础上，还必须靠大量的练习来冲破每一道使用的关口。

在由正确发单音到正确播音的练习过程中，字词是练习的中心环节。每一个播音员都要把字词练习作为每日练声的重要内容。

(五)“听”和“说”是练的关键

发音是口耳之学。听不准就发不准，因此首先要提高听辨能力。一般认为中央台播音员的发音比地方台播音员的发音标准，平时我们就要多听中央台的播音，以他人为师。听时要认真，要听出个标准来，并将此和自己对比，在自我监督中，不断地解决发音问题。听辨力提高了，才能进而准确地“指挥”发音。

学了就要用。应该看到，生活中说的话比工作时播的话多得多，若只在播音时使用普通话，而日常全讲方言，语音问题难于彻底纠正。因此，在大力推广普通话之时，播音员在生活中也应多讲普通话，讲普通话是光荣的，是值得赞许的，也只有在大量的生活语言中使用普通话，才能巩固正确的发音，才能保证在播音时运用自如。

第三章　播音基础理论

播音是一项再创造的劳动，播音员在这个创造性的劳动中必须遵循正确的创作道路。那就是：从稿件的内容和形式出发，在“理解稿件——具体感受——形之于声——及于听众”的过程中，达到正确理解与准确表达的统一，达到思想感情与尽可能完美的语言技巧的统一，达到语言形式与体裁风格的统一，准确、鲜明、生动地传达出稿件的精神实质。

正确的创作道路要解决三个问题：一是要解决创作中的出发点问题，即播音应该从稿件的内容和形式出发，而不应只从节目形式出发，甚至从自我表现出发。播音员应该站在党性和党的政策的立场上，使自己的思想感情与稿件的要求相符，播讲方式与稿件体裁风格及节目形式相符。播音员是党的宣传员，同时又是广大听众喜闻乐见的朋友。任何卖弄技巧、卖弄声音的做法都是错误的。二是要解决备稿中理解与感受的关系，即备稿时要求理解与感受水乳交融，边理解边感受，在理解的基础上感受，在感受中加深理解，达到既准确深刻地把握稿件的精神实质，又能产生真实具体的感受，激发起强烈的播讲愿望的目的。可以说，在播音创作过程中，感受是从理解通向表达的桥梁。三是要解决表达中感情与技巧的关系。思想感情的运动状态同有声语言的表达技巧是紧密相连的，声音形式脱离了思想感情就失去了生命力。思想感情是表达技巧的根据，表达技巧是感情借以表现的形式，二者统一于准确、鲜明、生动的播音这一事物中。我们既强调感情的调动，又重视技巧的运用，感情与技巧相辅相成，缺一不可。

正确的创作道路是每一个播音员，每一次播音都必须遵循的。忽略了这一点，就会导致播音的失败。坚持正确的创作道路，能使我们的播音水平有显著的提高，得到社会的承认，受到听众的欢迎。

在播音基础理论部分，我们要介绍播音创作的基本方法，包括分析理解稿件，运用情景再现、对象感、内在语等手段调动思想感情，我们把这些方法统称为内部技巧。然而对稿件的分析理解也好，调动思想感情也好，目的都是为了向听众传达稿件内容。理解服务于表达，表达依赖于理解，对稿件的正确理解和深入感受，是准确表达的前提。要“及于听众”，就必须把理解和感受“形之于声”，从而使听众得到鼓舞、教育及美的享受。播音的语言技巧主要包括“停连”“重音”“语气”和“节奏”，我们把它们称为播音创作的外部技巧。

播音是如何利用内外部技巧进行“再创造”的，播音有哪些基本规律、基本方法，这些就是播音基础理论要讲授的内容，其中也贯穿着正确的创作道路的要求。

第一节　准备稿件的基本方法

播音员大量的工作是播别人写的稿件，如果只是照本宣科地念一遍，那么即便只字不差，也会招来听众的非议和反感。做一个好播音员，不但应该具有用气发声、吐字归音、语言表达等多方面的基本功，还应该具有较高的分析理解稿件的能力。分析理解稿件是播音创作的基础和重要环节，因为它是每一次播音工作程序的第一步，也是必须要进行的一步工作。但是大家对这步工作的重视程度、具体方法及实际水平都有很大差别，而这又恰恰直接影响每一次节目的播出质量和宣传效果。日常播音中存在的平平淡淡地“念”稿，固定腔调地“唱”稿以及任意表现地“演”稿等现象，都与没有认真分析理解稿件有很大关系。

播音工作是一项再创造的劳动，稿件则是我们进行再创造的依据。播音员只有通过对稿件的深刻理解和具体感受，明确稿件播出的针对性和必要性，才能激起强烈的播讲愿望，并为运用恰当的语言表达手段提供坚实的内心依据，从而帮助我们把写在纸上的文字，变成送到听众耳中和心里的声情并茂的有声语言。

播音员分析理解稿件是为了播出，是为了把稿件的思想内容准确、鲜明、生动地传达给听众，备稿服务于表达，表达亦依赖于备稿。因此，播音员分析理解稿件与日常学习一篇文章不能完全等同。播音员的备稿在一般分析理解稿件的基础上有其自身的特点，那就是必须深入、具体、形象地感受稿件内容，使稿件的事、情、理在头脑中活动起来，使理解与感受水乳交融，或者说让我们的思想感情与稿件、与作者的思想感情“同步振动”，不仅要深刻理解，更要具体感受。

由于广播电视工作时效性强，实际工作中准备稿件的时间常常很短暂，这就要求播音员在短时间内，准确、迅速地把握稿件的精神实质。当然，要做到这一点，与播音员平日的学习积累是分不开的。播音员要具有新闻敏感和较高的政策水平，有宽广的知识面、较好的文学修养，同时要深入生活实际，深入群众、了解群众，努力培养新闻工作者的素质。有了思想和生活的深厚基础，才能准确、迅速地把握稿件内容，也才有能力完成好的播音，播音界把这叫作广义备稿。狭义备稿是指具体地准备一篇稿件的过程。其实，狭义备稿正是广义备稿所积累的知识与修养的开掘和运用。具体到狭义备稿的方法，虽然有“三要素”（是什么、为什么、怎么播？）、“四要素”（是什么、为什么、对谁播、怎么播？）等多种不同说法，但我们还是可以从中找到一些共同规律和切实可行的使理解感受与表达关系更密切的基本方法。

下面我们谈谈分析理解稿件必须进行的几个步骤和具体方法。

一、划分层次

划分层次可以帮助我们掌握文章结构，这是使播音内容清楚的重要因素。

划分层次包括归并和划分两方面的内容，我们在扫除了稿件的文字障碍后，要进行层次的归并，即以稿件的自然段为单位，把内容联系紧密的自然段归并为一层。如果稿件篇幅较长，内容较多，又可进一步把联系紧密的层次归并为一部分（有的稿件已由小标题划分开）。

我们以最常见的广播稿文体为例，看看层次划分的一般规律：通讯报道、小故事等以叙事为主的稿件，可以根据情节的发展、矛盾的展开或时间的顺序、情感的变化来归并；论说文则根据提出问题、分析问题、解决问题的行文来归并；新闻消息一类，通常按照导语、主体、背景的自然段进行归并；知识性或对话稿件，可以按所谈问题或所涉及的几个方面来归并。总之，要通过归并层次，搞清文章发展的脉络。播音员只有对整篇文章思路清晰，才不致播起来散乱，使听众不得要领，妨碍宣传效果。

播音员在归并层次的同时要概括大意，并对文章内容有所感受。

我们拿通讯《“网红”手术笔记，折射坚守40年的工匠精神》一稿为例，进行层次的归并。

“网红”手术笔记，折射坚守40年的工匠精神

兰天　王少君　吴志刚

①手术室。无影灯下，一台胸外科手术正在紧张进行。

②主刀医生、助理医生、麻醉师、器械护士、巡回护士……五六位医护人员搭台的手术能做到阒无人声，依靠的是熟练和默契。

③突然，“叮当”一声“巨响”，打破了静谧，一把直角钳被主刀医生扔到了手术盘里。

④精力全在患者胸腔的医生，甚至没有看一眼刚刚由见习护士递到手中的器械，仅凭手感，就知道不是此刻需要的肺叶钳，为节省时间，他下意识地扔掉了。

⑤也就是一瞬间，带班护士长周颖迅速把肺叶钳递到了主刀医生还摊开的手掌上。角度、力度，一切刚好。

⑥没有人注意到见习护士口罩下汗水涔涔的脸颊，还有泪水盈盈的杏眼。

⑦这个梦魇曾纠缠南昌大学第二附属医院手术室护士王婷多时，哪怕她的“高颜值”手术笔记已爆红网络。

⑧对于23岁的王婷来说，曾担任二附院护理部主任、74岁了仍在医院发挥余热的刘肇清，简直是大神一般的存在。

⑨论渊源，王婷的“网红”笔记，其发轫可以追溯到40年前刘肇清的上台笔记。

⑩1976年，刘肇清调入手术室担任护士。在这个没有硝烟但性命攸关的战场，与医生一样，护士也是不可或缺的主力军。

⑪初入手术室，即使已有15年临床“护龄”，刘肇清心里还是有点打鼓。

⑫据二附院护理部副主任张超介绍，一台手术，可能用到的各型号手术刀、手术剪、血管钳、手术镊、持针器、功能钳、牵引钩、吸引器达上百件。除此之外，缝针、缝线、敷料的组合亦有数十种之多。而且，什么手术用什么器械，哪个步骤用哪样器械，有非常强的对应性。术前准备，不能漏放一件器械；术中，器械不能递错顺序，补液、引流、监测等辅助工作也必须有条不紊；术后，一针一线都要有明确去处，在患者体腔遗留一把镊子或一块敷料，都是不可设想的。一个合格的手术室护士，甚至要关注每一位医生的个性化习惯。

⑬好记性不如烂笔头。刘肇清决定把参与的手术记录下来，以便时时翻阅，温故知新。

⑭记一次笔记，等于脑中放了一遍电影，心里就更踏实一点。”刘肇清说，“到80年代，我一共记了5本上台笔记，大伙管这叫‘百科全书’。”

⑮由于年代久远，刘肇清的“百科全书”后来散失了2本，现在能查阅到的最早日期停留于1977年10月5日，是对一次阑尾炎手术的记录。上台笔记的基本元素都有了，除了纸质略显粗糙、示意图没有着色之外。

⑯“进入上世纪90年代，科室记笔记渐成风气，同事们在自我摸索中奠定了二附院“笔记文化”的基础。

⑰2014年11月23日。夜。

⑱南昌大学二附院手术室灯火通明。

⑲这注定是一个不平静的夜晚。

⑳中断八年之后，二附院重启肾移植手术。术前准备的氛围，既有开拓新局面的跃跃欲试，也有心中没底的忐忑不安，因为近几年科室新进人员较多，未配合过此类手术。

㉑压力下，护士长周颖灵机一动：自己多年前曾参与医院肾移植手术，应该留下了上台笔记。她在一堆已泛黄的笔记本中，找到了那篇手术笔记，里面清晰地记载了肾移植的配合要点。精准的手术步骤，清晰明了的解剖图，深刻的个人手术总结，字字管用！

㉒周颖及时将这份承载知识与经验的笔记上传到工作群。大家仔细研读后，几名配合手术的护士圆满完成了“11·23”战役的任务。

㉓到这个时候，经历了30多年的探索、检验、定型之后，二附院手术室的上台笔记形成了自身的特色，达到了“始于细微，成于至善”的良性循环。

㉔多年积累下来的一摞摞上台笔记，成为手术室的宝贵财富，一座可以不断挖掘的业务“富矿”。

㉕2013年10月，为统一科室笔记，三位护士长召集手术室骨干认真商讨，规范上台笔记基本格式，要求有手术的主要解剖图、用物准备、手术流程、医生习惯以及配合手术的体会。

㉖在不断学习、不断评比、不断激励的氛围中，科室涌现出一批工作追求完美的护士。

㉗翻看王婷的“高颜值”笔记，记录着每一场手术的细节、每一位主刀医生的特点。比如，带线是指带几号线，主刀医生使用的手套码数，传递器械的角度和力度等等。

㉘“看了王婷的上台笔记，我也很惊讶。一台10多分钟就能完成的包块切除手术，她却图文并茂地写了两页纸。我想所有主刀医生都乐意和这样的护士搭台。”乳腺外科主任罗永辉说，“比如手术手套有4个号，我的手比较大，要戴8码的手套。看完笔记我明白了，为什么王婷递来的手套从没错过。”

㉙王婷也曾是“菜鸟”。

㉚2015年7月，王婷从南昌大学医学院护理专业本科毕业。初入职场，面对事无巨细的护理工作，她一样惶惑过。第一次给患者注射，那位患者看她稚嫩，毫不客气地拒绝了，令她尴尬不已。

㉛然而，二附院从细微处着手的工匠精神，很快就感染了王婷。

㉜入职不久，王婷和带她的巡回护士熊洁老师，去准备间给一个小朋友打留置针，可两岁半的小家伙哭得歇斯底里，手舞足蹈不配合。熊洁没有贸然去抓孩子的小手，而是打开了手机。王婷有点纳闷，心说难道要录现场教学片？没想到，熊洁找出的是一部动画片：“宝宝不怕，我们一起看动画片啦。”真灵！刚刚还泪流满面的小朋友破涕为笑。趁这个机会，孩子打上了留置针，一直心疼地抚摸着宝宝的妈妈连声道谢。

㉝这件小事对王婷影响很大，她记下过程和心得：“细处见功夫！护理工作必须精益求精。”

㉞2016年8月，王婷调入手术室担任护士。她面临全新的挑战，初做器械助手，也发生过递错器械的事。

㉟迷惘中王婷发现，手术室护士辛安琪的上台笔记很有水平，解剖图刻画细致、着色鲜艳犹如工笔画，文字记录准确，手术细节丰富。比如她记录和中国医师奖获得者邹书兵主任配合的一台胆囊切除手术，特别提到“老爹”（大伙给邹书兵取的雅号）的个

性化习惯:“老爹胆大艺更高,做手术飞快,一台腹腔镜胆囊切除术不到 8 分钟,病人出血很少。记得分离胆囊动脉时,他没有用分离钳,直接用手术剪就给做了。切记:我们也必须快速反应,跟上他的习惯和节奏。”

㊱通过向辛安琪等优秀护士学习,以上台笔记为突破口,王婷迅速“入戏”。

㊲与上两代护士相比,王婷、辛安琪们表现出了新一代的特征。比如辛安琪,怀揣艺术梦想,练就了深厚的工笔画功底,精细的解剖图是她的特色。她还设想,用一系列漫画来表现医护工作,做让受众喜闻乐见的健康教育。

㊳而王婷也有从小学画的“童子功”,加上长相甜美,性格阳光,从内在到外表,她具备了成为“网红”的基本要素,“高颜值”上台笔记的爆红水到渠成。

㊴王婷的大学同学、现在的室友熊芳婷是二附院神经内科护士,也是一位网红笔记作者,她用 5R 笔记法记录的医护笔记,在国内护理圈颇有名气。而她,是一位小众的尤克里里(四弦小吉他)发烧友,弹奏时那如痴如醉的感觉,完全不像一位理性的医护工作者。

㊵熊芳婷把 5R 笔记法转用于医护笔记,有“不走寻常路”的意味,但护士长批阅她的笔记时,并没有简单判定格式不合,而是鼓励她继续创新。

㊶若问王婷、熊芳婷“走红”的推手,“大 V”方亮功不可没。

㊷身为二附院手术室副护士长的方亮,很难不让人注意到他的性别。他业余时间喜欢鼓捣电脑,并且颇有新媒体传播意识。以他为核心建立的微信公众号“护理公开课”现在拥有三万多同行粉丝,在国内医护界影响甚大,可谓上台笔记的新媒体升级版。王婷和熊芳婷的“高颜值”笔记,正是在这里首发后从业内红到业外的。

㊸走红只是一瞬间,但他们背后一脉相承 40 年的工匠精神,更值得人们深思。

全文共四十三个自然段,可分为五个层次。

第一层,①—⑦自然段,这一层通过细节描写展现出医护人员在手术过程中熟练默契、有条不紊的工作状态,捕捉“递错工具”这一瞬间引出对王婷今后医护职业生涯的深刻影响;

第二层,⑧—⑯交代了王婷“网红”笔记背后的缘起,是因为前辈刘肇清 40 年来对记录“上台笔记”的坚持;

第三层,⑰—㉔自然段,在南昌大学二附院重启肾移植手术的准备工作中,该院传承了 30 多年的“上台笔记”成为其手术室的宝贵财富,护士们仔细研读笔记后圆满完成手术任务;

第四层,㉕—㉝自然段,“上台笔记”的优良传统继续发扬光大,从细微处体现医护人员的工匠精神,这深深感染了本科刚毕业的王婷;

第五层,㉞—㊸自然段,“上台笔记”与时代一起进步,新一代的护士将医护笔记继承、创新、发展,并于新媒体平台走红,但一脉相承的工匠精神却始终不变。

要想把稿件播得条理清楚，除了进行层次的归并外，还应进一步搞清层次间的逻辑关系。上文和下文，前一层与后一层，是并列关系、递进关系、因果关系，还是转折关系、总括关系？若是不清楚层次间的内在联系，播音时单纯为分清层次而出现空白停顿，就不能给听众留下连贯、完整的印象，显得肤浅、生涩。

例稿中五个层次的关系是这样的：第一层是全篇的开端，为展开"网红"手术笔记的"前世今生"作了铺垫；第二层是上文埋下伏笔后的递进，"网红"手术笔记的缘起实则是老一辈医护人员穿越了四十年的坚持，从而奠定了"笔记文化"的基础；第三层与上文是转折关系，中断八年的肾移植手术重启，手术能否成功开拓新局面，给文章设下了一处悬念和小高潮，最终传承知识与经验的手术笔记发挥了大作用，成为一座挖不尽的"富矿"；第四层和第五层逐层递进，几代医护人员不断在细微之处发扬工匠精神、将手术笔记创新发展，在互联网时代，手术笔记走红新媒体平台，在国内医护界影响甚大，首尾圆合，结束全文。搞清层次间事件发展的条理、感情的变化，能帮助我们理出一条思想感情运动线，为驾驭有声语言打下基础。

除归并层次外，划分层次的第二个内容是把自然段内的语句划分成若干小层次，就是把内容紧密的几句话作为一个小层次。"串成线，抱成团"，把语言组织好，以便有声语言语意清晰、流畅完整。这样做不仅可以克服播音中句子、段落单摆浮搁、失去内在联系的弊病，而且有助于表达思想脉络和感情色彩的转换衔接，对语气的运用有重要的意义。因此，划分小层次是播音员备稿必做的一项工作，是文字语言转化为有声语言时，让内容清楚，使受众易懂的重要方法。

如例稿第㉜自然段，由上文推进而来，说王婷曾经在经历初入职场被患者不信任而拒绝的尴尬后，更加留心观察同行前辈的日常工作细节，从而对她的医护职业生涯带来巨大的积极影响。这一自然段又可以分为四个小层次：第一小层"入职不久……手舞足蹈不配合"，是说她初入职场，面对突如其来的状况手足无措的尴尬境地，是对下文的领起，并引发听众关切："王婷该怎么办？会怎么办？"第二小层"熊洁没有贸然去抓孩子的小手……要录现场教学片？"释疑听众的第一个疑惑点，即王婷依然不知所措，最终还是前辈熊洁老师迎难而上，而本文又增加一个悬念——熊洁要干什么？在表达时，第二层结尾可稍稍扬起，既播出王婷作为新人应对新情况的局促不安，又播出对熊洁老师做法的疑惑不解，引起听众的兴趣和关注。下文衔接好，具体说明拿出手机"找出的是一部动画片"，可以在内心先设问一下"熊洁是怎么做的呢？"而后再向听众介绍。第三小层是对第二小层的递进，用具体的做法和对话说明熊洁老师从业经验丰富、从细微处考虑婴幼儿患者心理需要的工匠精神，尤其是"宝宝不怕，我们一起看动画片啦"这句对话，要注意播出温柔关爱的语气，站在孩子家长的角度关心前来就诊的孩子，体谅孩子父母的焦急，这句话既是对孩子的爱抚，更是对家长心理的安抚。最后的第四小层水落石出，焦急的心理和紧张的就诊氛围全部得到疏解，播讲时应注意节奏和语气由急到缓、由重到轻的过渡。我们这样具体、细致地划分小层次，又把小层次有机地联系起来，可以使逻辑发展线索分明，赞扬的色彩逐步推进，达到较好的播音效果。这样准备稿件，不是枯燥地、机械地分析理解，而是把分析理解稿件与播音表达直接挂钩，缩短了理解和表达的距离。

二、概括主题

主题，即稿件的中心思想，是稿件提出的主要问题，或作者通过具体人物、事件所反映出来的看法、主张、态度等。概括主题是播音员深入了解作者创作意图，进一步掌握稿件的精神实质，激发播讲愿望必做的一步工作。播音员要抓住稿件的主要情节、主要事件的实质，抓住中心论点来概括。

概括主题要求准确、具体、有思想升华，不能只是内容大意的概述。

例稿的主题可以这样概括：通过追踪挖掘网络走红的高颜值“手术笔记”，牵引出南昌大学二附院一代代医护人员传承下来的笔记传统，赞扬新时代医护工作者传承创新、精益求精的工匠精神。

现实工作中，有的播音员不概括主题，查查生字就去播音。这样播稿，内容不可能深刻，是非态度不会鲜明，要么显得幼稚，要么油腔滑调、苍白无力。倘若对主题把握不准，与作者创作意图有偏差，那更是播音员的失职。因此，播音员必须不断提高自己分析理解问题的能力。自己先做到对主题心中有数，播音时才可能有目的地引导听众理解感受，创造出高水平的、听众“喜闻乐听”的播音作品来。

三、联系背景

联系背景是播音员明确稿件播出的针对性，深入调动播讲愿望的重要环节。

联系背景主要指的是播出背景，包括两方面的内容：一是与稿件反映内容有关的党的方针政策、中心工作（即“上情”）；二是社会现实情况，包括好的方面及存在的问题（即“下情”）。实际上，联系背景也是让我们紧密联系实际，明白这篇稿件对什么人播最合适，什么人最关心这方面的内容，使我们在明确针对性的同时和听众的需求靠得更近些，更深入地宣传党的方针政策，更热情地为听众服务。

《“网红”手术笔记，折射坚守 40 年的工匠精神》中讲的是南昌大学二附院极具事业心的医护工作者，他们用 40 年代代坚守的“手术上台笔记”行动诠释了富有时代感和真实性的工匠精神，感染了很多在浮躁中迷失的人们，这种“工匠精神”是具有新时代内涵的。2016 年全国两会，李克强总理在政府工作报告中首次提出“培育精益求精的工匠精神“，迅速引发全民热议和思考；2017 年党的十九大报告中提出“建设知识型、技能型、创新型劳动者大军，弘扬劳模精神和工匠精神，营造劳动光荣的社会风尚和精益求精的敬业风气”，这是“上情”。从社会现实情况来看，随着近年来我国卫生改革的深入，医疗服务质量不断提升。医疗服务质量是群众对卫生工作评价的主要标准，也是医疗工作内涵式发展的核心。但我们也要看到，当今社会各行各业仍然存在心浮气躁的现象，片面追求“短、平、快”带来的眼前利益，却忽略了产品和服务的品质灵魂，即“下情”。在当下，与“工匠精神”相对的，是“差不多主义”——满足于90%，差不多就行了，而不追求100%的到位。我国的很多医患矛盾，多少都与“工匠精神”缺位、“差不多主义”流行有关。因此努力提高服务质量，减少纠纷和事故，才能够树立良好的行业形象，让老百姓放心。因此，在备稿中，如果能够联想到党的有关方针政策，联系到自己耳闻目睹的大量事实，就会使我们对“网红”手术笔记有更深刻的认识，感到非常有必要让各行各业的从业者认识、学习南昌大学二附院医护工作者的工匠精神，从而强化我们的播讲愿望。

联系背景不是生拉硬拽，而是我们在分析理解稿件时，把平时储存在大脑中的有关信息迅速调动起来。如通过深入火热的第一线掌握生动的材料，通过广播、电视、报纸、学习报告会获得各种信息，既有亲身实践的直接经验，又有通过其他途径获得的间接经验，文字信息、图像信息及其他与稿件主旨有关的信息在脑海中迅速、清晰地浮现出来。这样联系背景，一方面使我们对稿件的把握更有针对性，另一方面，由于联想和回忆起来的都是熟悉的人和事，因此能有效地强化我们的播讲愿望，为我们播音的时代感和真实性提供有力保障。

联系背景对播新闻性稿件如消息、通讯、评论等尤为重要，它帮助我们从政策的高度、全局的角度，紧密联系实际，认识稿件播出的针对性。联系背景对知识性、文艺性节目同样重要，因为这些节目的播出也要考虑针对性，如在不同季节宣传某些疾病的防治知识，在高考前谈谈复习方法或劳逸结合的问题，在田间管理时介绍农田用水和防治病虫害的知识，在入冬前播放冬季养花的窍门，在夏季介绍几种女性盘头新发式等，都与人民的生产和生活息息相关。有些节目的针对性不那么具体，如音乐、文学作品、戏剧欣赏等。当然，从整体上看，播出这些节目也是精神文明建设必不可少的内容，它们可以提高人们的艺术修养，陶冶人们的情操。对这一类作品，应该通过深入了解原作的创作背景、社会意义和艺术精华来激发我们的播讲愿望，高质量地向听众介绍，使他们得到美的享受和思想的启迪。

四、明确目的

明确目的，就是要明确播出目的，明确播出这篇稿件在德育、智育、美育三方面所要实现的社会意义和作用。如宣传政策、指导工作、表彰先进、交流情况、传播消息、宣传科学、普及知识、动员群众、形成舆论、美的欣赏、提高情趣等。比如，天津港爆炸事故中火光里最美的逆行者——天津公安消防总队英勇救火先进事迹的报道，就为我们树立起新时期的英雄群像，对进一步培育和践行社会主义核心价值观、促进精神文明建设有着重要意义；甘肃祁连山违法违规开矿、整改不力而导致严重生态环境问题的事件的报道，反映了国家高度重视和正确处理生态文明建设的决心，扭转了人们对经济社会发展和生态环境保护间关系的认知偏差，对全面推动绿色发展、防范生态环境风险、加快推进生态文明体制改革给予一定的指导；而《"网红"手术笔记，折射坚守40年的工匠精神》这篇通讯的播出目的则是激发全国医护工作者向南昌大学二附院医护人员学习，进一步追求卓越的创造精神、精益求精的品质精神、患者（用户）至上的服务精神。

宣传目的是我们从对稿件深入理解、具体感受的过程中开掘出来的。在分析稿件的前几步工作中，我们先化整为零，弄清其结构及发展脉络，而后又化零为整，回到整体来概括主题。在这样反复分析理解稿件的过程中，我们的认识逐步深化，意识到"网红"手术笔记的意义不在于南昌大学二附院在网络平台打响了其知名度而带来的经济效益，也不在于王婷个人可能因精美细致的手术上台笔记而获得职位的晋升，而是依靠守护生命的信念和希波克拉底信仰，不断改进医疗流程，不断升级技术水平，通过高标准严要求的实战淬炼、不懈努力，寒来暑往坚守40年的工匠精神。同事间手术台上一个眼神、一个动作的默契配合，输液室里对小宝宝畏惧心理母亲般的处理应对……他们不仅仅把工作当作谋生的工具，而是树立起对职业敬畏、对工作执着、对服务负责的态度，极度注重细节，不断追求完美，给患者无可挑剔的体验，这是值得大大赞扬和宣传的。随着我们对作者创作意图理解的深化，播出目的一旦明确，我们的播讲愿望也越发强烈。

明确播讲目的，对播音起着统帅作用。为什么这样说呢？因为明确的播讲目的可以使创作者创作态度积极，准确把握播出重点，使播音内容深刻、主题鲜明、贴近受众，同时使播音富有时代气息。此外，播讲目的还引导和制约着有声语言的表达形式。因为播讲目的不同，对播讲方式和态度分寸的把握就有不同要求。有的采用谈心的方式来解释党的方针政策；有的采用警告的方式来表明党的立场、方针，批评某种错误倾向；有的需要耐心劝导；有的则要严肃批评……这些都要由具体的播讲目的来决定。

为什么有些同志播音总提不起精神？不论播什么内容全"一个味"？没有明确的播讲目的用以指导、制约播音的感受、重点、基调、表达等各个环节，就是导致播音失败的重要原因。比如报道某地区国有企业的产品打入国际市场的消息，如果忽视宣传目的，不明确播出这条消息的现实意义，播出时把重点放在出口产品的种类名称上，那么这条消息和广告又有什么区别呢？这样播必定影响稿件的宣传效果。

五、分清主次

如果说，划分层次、概括主题是解决稿件内容"是什么"的问题，联系背景和明确目的是搞清"对谁播"和"为什么播"的问题，那么也可以说，分清主次和把握基调涉及"怎么播”的问题。

分清主次，是宣传目的在播音中具体落实的保证，只有重点突出，才便于实现播音目的。

首先，抓准重点。所谓重点，就是稿件中比较集中、比较生动、比较直接地表现主题和宣传目的的语句、小层次、段落等。重点也往往是文章中感情浓重鲜明、论述深刻中肯之处。由于稿件写法不同，有的文章重点比较集中，有的则散见全篇，要具体情况具体分析。

拿这篇例稿来看，对“手术笔记”几次浓墨重彩的重要描写集中出现在第㉑、㉕、㉗、㉘、㉟、㊲、㊴、㊷自然段。这八个自然段从不同记录人、不同时代特点、不同记录方法对“手术笔记”进行了多角度、多侧面的细致刻画。具体来说，第㉑自然段通过护士长周颖翻出已泛黄的手术笔记找到肾移植的配合要点，反映了手术笔记历久弥新的实用价值；第㉕自然段通过描写开会商讨统一科室笔记的做法，体现了院方对规范记录手术笔记的重视；第㉗、㉘自然段从侧面展现了王婷“高颜值”手术笔记如何之“高”——高在细节、用心；第㉟自然段让我们感受到年轻医护人员之间相互学习、相互促进的良好职业心态和职业精神；第㊲、㊴、㊷自然段则展现了新时代的医护工作者充分利用自己的特长爱好，结合时代特点令“手术笔记”创新记录、创新传承。这些都是对本篇通讯的核心“主角”——“网红”手术笔记的重要刻画。

一般来说，只要我们紧扣稿件主题和宣传目的，就不难找到重点，关键是表达时不要机械地对待重点，凡重点就加重语气去读，那是不对的。为使语言表达有具体可感的内心依据，在备稿时一定要对重点语句、段落进行深切的感受、体验，再通过声情并茂的有声语言去传达，给听众的印象就会鲜明、生动，引起听众的共鸣。

其次，处理好主次关系。要以宣传目的来统帅播音，心中有全局，心中有重点，弄清次要的地方与重点的关系。是铺垫说明，是交代过程，还是对比映衬。只有使稿件各组成部分形成一个有机整体，才能共同完成突出重点、体现目的的任务。

有的播音员播出时热情很高，却忽视宣传目的的统帅作用，心中无重点，播音时见字生情，碰到形容词就抒发一番，任意挥洒感情，结果反而冲淡甚至湮没了重点，偏离了宣传目的。如这篇例稿的第①自然段到第⑥自然段，写王婷经历的一场如“梦魇”一样的手术，但这只是主题事件的背景交代，其环境氛围、细节描写是为了与下文对比映衬，是次要内容。像“汗水涔涔的脸颊，还有泪水盈盈的杏眼”这样看似感情色彩较浓的句子，播时不要见字生情，感情不应在此凝聚，不要陷入“汗水涔涔”“泪水盈盈”表面所体现的过度紧张焦虑、不知所措和无奈委屈，而应以一种未能对工作“驾轻就熟”的歉疚和谦逊，深知自己还有很多东西要学习的心态，为下文“手术笔记”40年来的坚持与创新做好感情转换的准备和铺垫。

总之，抓住重点和处理好主次关系，对播音表达是至关重要的，只有做到这些，才能把稿件内容表达得准确、鲜明、生动。

六、把握基调

把握基调，是理解与表达的统一，播音基调和稿件基调的统一。它是播音员在对稿件深入理解、具体感受的过程中逐步把握的，又是播音员在话筒前表达的过程中落实到声音形式中去的。把握准确的基调，有了鲜明的态度，宣传目的才会得到生动的体现。

基调不是简单地指音调的高低、音量的强弱。基调是指我们播送一篇稿件时所把握的总的感情色彩和分量。感情色彩有喜、怒、哀、乐之分；态度有肯定、否定、赞扬、批评之别，其中又有分寸火候的差异。我们要从稿件的针对性和播出目的上去把握态度，更要从稿件的人物、事件、作者倾向及其风格特点等综合因素上去揣摩稿件的感情色彩。如从这篇例稿中，我们看到以王婷为代表的南昌大学二附院医护人员的工匠精神是追求卓越的、精益求精的，他们不停留、不满足，一代代坚守、一代代发展创新。在当前医患关系紧张的情况下，我们对南昌大学二附院医护人员的事迹要大力宣扬，工匠精神缘自大爱无疆。基于这样的理解和感受，播音员播这篇稿件的基调就可以表述为：热情赞扬、积极倡导。

把握基调的要求：一是基调要贴切，态度要鲜明；二是基调既要统一，又要有变化。

先谈第一点：基调要贴切，态度要鲜明。基调贴切是稿件精神实质的要求，态度鲜明是播出目的的要求，二者是一致的。一篇稿件的基调不应呈中性色彩，更不应是相反色彩。如果播音员毫无播讲愿望，把这篇例稿播得拖沓沉缓，缺乏生气，就根本谈不上“热情赞扬”，也就无法落实宣传目的。播音员如果播音时态度不鲜明、模棱两可，就说明他对稿件分析理解不深、感受不细，其中有表达方法的问题，也有思想认识的问题。总之，播什么稿件都冷冰冰、懒洋洋的，表现出不屑为听众服务、敷衍塞责的态度，这是要坚决反对的。

再谈第二点：基调既要统一，又要有变化。基调统一是要求播音有整体感，播音基调为宣传目的服务，不走板，不跑调。换句话说，就是播一篇稿件总的感情色彩要鲜明突出。这样才能把我们的理解感受落实到字里行间，落实到我们的话语中来，而不是空泛的形式上的热情。

在基调贴切统一的前提下，基调应随内容发展而相应变化。因为除了稿件总的感情色彩外，我们也要把握其中具体的感受、具体的态度，这常常是使播音生动感人的重要因素。因为基调随内容变化，一方面能表达事件或思想的发展脉络，表达感情变化的层次，另一方面能增强播音的感染力。

如这篇例稿，我们在把握基调时可以这样安排：文章开头，以高度关切的情绪，认真细致的态度关注着这台胸外科手术的进展，而这种情绪、态度是与在场的王婷一样的，“我”（播讲者）就像与王婷同在此时此刻此景，从而引出王婷和她的手术笔记。在第二层提到“74 岁仍在医院发挥余热”的刘肇清及其从业经历时，对她的职业操守和工匠精神要有所突出，因为她 40 年前的上台手术笔记深深影响了王婷，是王婷“网红”手术笔记和该院手术笔记的“发轫”。紧接着第三层感情上发生转折，由于南昌大学二附院中断八年的肾移植手术要重启，大家既跃跃欲试又忐忑不安，毕竟搁置了这么久，再加上科室新进人员多、未曾配合过此类手术，此处应给以紧张的术前筹备情感场；而之后抱着对病人负责的态度和对专业的敬畏之心，护士长周颖从当年参加该类手术的上台笔记中找到了肾移植的配合要点记录，这让手术实施前的情感氛围逐渐明朗起来；最终通过把笔记上传到工作群，大家研读配合到圆满完成手术任务，让听众悬着的心终于放下来，变得舒畅、温暖。第四层中手术笔记被广泛推广并形成规范，有点有面，有详有略，有起有伏，有动有静，通过不同侧面表现医护工作者注重细节、注重方式方法的工匠精神，态度依然是赞扬的。最后一层明快、喜悦的感情不断积蓄，因为新一代的年轻医护工作者以更加活跃、新颖的工作思维对手术笔记进行创新传承，青春的气息流淌在字里行间，朝气蓬勃，似乎也让我们看到了医护行业的美好未来。

以上谈到的关于分析理解稿件的基本方法，只有经过大量的自我训练和播出实践，经历从生疏到熟练，从慢到快，从觉得麻烦到尝到个中滋味的过程，才能真正提高自己的备稿能力。熟练掌握上述方法，不仅能准确把握稿件的精神实质，而且能打下运用丰富的语言技巧来表达的基础。同时备稿速度会大大提高，加之以日常学习积累的广义备稿为后盾，那么不论遇到什么紧急情况，我们都有圆满完成播音任务的把握。

为方便大家对分析理解稿件的方法及作用有比较实际的感受，这里提供一篇通讯《老郭脱贫记》请大家练习。练习时不妨做个对比，一种是不讲究备稿的具体要求，看看就播；一种是按备稿的六个步骤进行分析理解和具体感受，做到心中有数再播。通过这两种做法的对比，进一步认识分析理解稿件对于提高播音质量的重要作用。今后在播音实践中严格要求自己，练就速度快而又质量高的备稿基本功，为提高自己的播音水平打下坚实的基础。

附：老郭脱贫记

贫困户吃低保，别人争得面红耳赤，老郭却总想让出去：“脱贫靠劳动，不能躺在‘政策温床’上！”

老郭叫郭祖彬，今年 56 岁，是河南封丘县王村乡小城村农民。年轻时的老郭并不穷，开四轮，拉红砖，日子过得去。没成想，儿子 3 岁患病，摘除脾脏，手术费花了 1 万元。老郭把积蓄拿出来，勉强渡过难关。10 年后，儿子再次病发，做心脏搭桥手术花了 6 万多元。这回，老郭借遍“村里一条街”，才凑够医药费。为了还钱，他到天津打工六七年，窟窿没补上，还落下脑梗病。乡邻们忧心地说：“老郭脱贫——猴年马月的事!”

封丘是国家级扶贫开发重点县,建档立卡贫困户1.86万户,5.8万人。该县对因病、因残等7种致贫原因分门别类,采取“1+2+N”帮扶模式,即每户1名帮扶责任人,2项以上扶持政策,家庭成员每人1条帮扶措施。拿老郭来说,安排公益岗位,每月挣400元;孙子享受教育补助,每年1 000元;儿媳转移就业卖手机,每月工资1 500元。全家享受人身意外险、医疗补充险,阻断“因病致贫”。

政府“兜了底”,致富靠自己。封丘县实施产业扶贫项目81个,户均可享产业扶贫资金8 000元。村支书郭祖良选定种植中药材,请来中医药大学教授,测土、配方。老郭一听,第一个报名。

4月,是种地黄的最佳季节。可这时麦子已长到腿窝,首批报名的50户农民看不到效益,谁也舍不得铲麦子。

老郭的老伴儿着急了:“万一出不来苗,地黄收不着,麦子也毁了。”

“村支书一心为咱,能把你带到沟里?”老郭坚持己见,并辞去公益岗,专心种药。

第一批10户,种了50亩,老郭种4.5亩。半月后,地黄没出芽。村民议论,老伴数落。老郭一天到地头转几遍,悉心照料。40天,地黄出齐,一地绿色。老郭长出一口气:“心里石头落了地,我瘦了18斤。”

村支书郭祖良压力更大:“万一种不成,咋有脸见乡亲?”他请专家“把脉”指导,成立种植合作社,与安徽企业达成协议,以优惠价回收药材,让农民吃上定心丸。

12月,地黄叶枯,眼看就到收获的季节。为解销路之忧,村党支部组织贫困户到安徽找市场。见中药材需求旺盛,更多贫困户以土地入股,加入合作社。如今,合作社种3种药材,共计400多亩,明年将扩至1 000亩。依托中药材产业,村里将建中药材展馆,开设中医疗养一条街,发展“养生小城”特色游。

挖出一根弯弯的地黄,老郭算了笔账:4.5亩药材,纯收入1.8万元。自己在合作社干工,月工资1 500元;老伴在合作社除草、浇地,可挣500元;儿子开车耕地,也能收入3 600元。加上养猪,全家年收入5.6万多元,家里6口人年人均纯收入9 300多元。

第二节　情景再现

我们在理解稿件、具体感受稿件的时候,就会发现:文字稿件所表现出来的人物、事件、情节、场面、景物、情绪逐渐被我们认识、接受、领会,我们置身其中,看着、听着、感觉着、感动着。这时,文字稿件背后的客观世界就展现在我们面前,活跃的形象、发展的事件、气势的场面、景物的色彩、变化的情绪都涌现出来,可以触摸到、感受到。这种情况大量存在,经常发生,几乎每一位播音员都有这种体会,这就是我们所说的情景再现。

情景再现，是一种想象联想活动，不过它不是任意驰骋的；它必须遵循稿件规定的目的、性质、范围、任务；它要以稿件提供的材料为原型，要符合稿件的需要，要服务于视听的需要。

情景再现，是播音员再创造劳动中调动思想感情使之处于运动状态的重要手段，是具有播音特点的重要术语。情景再现有其特定含义：在符合稿件需要的前提下，以稿件提供的材料为原型，使稿件中的人物、事件、情节、场面、景物、情绪……在播音员脑海里不断浮现，形成连续的活动的画面，并不断引发相应的态度、感情。这个过程就是情景再现。

这里先要明确两个问题：

第一，情景再现一定要以稿件为依据，它是在分析理解稿件的基础上进行的。播音员脑海里浮现出的画面，只能受稿件的制约，为稿件主题和目的服务，而不能是播音员随意运用稿件的材料，从主观愿望出发予以取舍的东西，特别是不能为生动而生动。有的播音员一心想把稿件播"活"，只要稿件中有一句半句的提示，就极力渲染，这种貌似"活"的播音反而会背离稿件的精神实质。

第二，情景再现一定要产生于具体感受中。感受是把文字稿件变为自己要说的话的关键环节，是由理解到表达的桥梁。是感受把文字的稿件化为播音员内心的事物，是感受催动播音员的内心主动接受、容纳、消化文字稿件的多层次刺激。无视感受、轻视感受，情景再现就会有景无情；缺乏感受、肤浅感受，也不可能产生饱满的感情，情景再现也会"景细情粗"。

以上两个问题明确了，我们就要了解情景再现在稿件中和播音中是如何展开的。情景再现的展开有四步，我们用例稿《创造港珠澳大桥的"极致"》来加以说明。

创造港珠澳大桥的"极致"

①港珠澳大桥海底隧道工程近日完成"最终接头"的安装，已经可以步行穿越了。昨天，我们来到这条世界最长的海底隧道，除了兴奋之外，还得到了一个令人震惊的消息：在"最终接头"成功安装后，还进行了一次耗时34小时"返工"式的精密调整，最终误差缩小到了"毫米"，建设者们说："我们没留遗憾。"

②港珠澳大桥海底隧道是世界最长的海底深埋隧道，沉管总长度5 664米，由33节混凝土预制管节和1节12米长的"最终接头"组成。其中，"最终接头"所采用的"小梁顶推"技术和装备为自主研制并属世界首创。

③5月2日，"最终接头"在10多位外国专家和99名媒体记者的见证下，在28米深的海水中实现成功安装，南北向线形偏差控制在正负15厘米的标准范围内，实现了"日出起吊、日落止水、滴水不漏"的奇迹。

④欢呼祝贺过后，“最终接头”的线形偏差引起了争论。“港珠澳大桥是120年设计使用寿命的超级工程，就像之前曲曲折折的33根沉管安装一样，这一次也绝不能留下任何遗憾。”3日早上，中国交通建设股份有限公司总工程师、港珠澳大桥岛隧项目总指挥林鸣提出了一个大胆的想法——重新安装调整。

⑤“这么好的结果，我反对再调整！”决策会上，“最终接头”止水带供应商荷兰特瑞堡公司工程师乔尔表示，“虽然止水带仍然可以再压缩一次，但是为了精调一个方向，就可能将这些来之不易的完美重新置于不确定性之中，一旦发生碰撞，不仅损失超亿元，甚至会造成重大事故。”

⑥上午10时许，多方讨论的结果是“偏执”占了上风。乔尔被这些为了精益求精而甘愿承担极大风险的中国工程师情怀而感动，他感叹“这是一个非常艰难的决定”。

⑦4日晚8时43分，执着的大桥建设者经过34小时的奋战，将“最终接头”的线形偏差成功缩小到东侧0.8毫米、西侧2.5毫米。

⑧“这就是我想要的结果”，一天没上厕所、连续34个小时没合眼、指令发出上万次的林鸣终于笑了。“在我参与的15座沉管隧道建设中，这个是最棒的，没有之一，港珠澳大桥是世界造桥技术的最高体现。”乔尔感慨万千。

⑨荷兰隧道工程咨询公司TEC是世界沉管隧道领域的佼佼者，曾笑称“中国企业不会走路就想跑”。5日，该公司发来贺电，向精准完成这一世界级难度安装的工程建设者们致敬。贺电中说，中国建设者的“最终接头”施工方案，是对世界沉管隧道技术的重大贡献。

第一步：理清头绪

拿到一篇稿件，在经过备稿六步的理解感受之后，还要从情景再现的角度理清头绪。经验丰富的播音员在备稿时可以同时进行，初学者可不要嫌麻烦。

理清头绪，就是看一看、想一想，稿件中的情景是怎样开头、怎样发展和怎样结束的，我们脑海里连续的活动的画面是怎样发展变化的。哪里是“特写镜头”，哪里是远景、全景？是由远及近，还是由近及远？对于这些，我们要胸有成竹，思路明确，主次得当，而不应胸中无数，头绪紊乱，主次不清。

《创造港珠澳大桥的“极致”》这篇消息，以现场穿越海底隧道的事实经过为由头，引出“二次精调”这一鲜为人知而又惊心动魄的创举，体现了我国工程师和桥梁建造者的“追求极致”“勇于担当”以及他们敬业、严谨、果断的大国工匠精神，让我们切身感受到超级工程建设的伟大成就和重大意义。该消息共九个自然段，先总写港珠澳大桥海底隧道工程已完成“最终接头”安装可实现步行穿越的最新境况，再道出在此之前中国工程师为了精益求精、不留遗憾而甘愿承担极大风险进行“二次精调”的艰难决定，最后以荷兰隧道工程咨询公司TEC向港珠澳大桥工程建设者们发来的致敬贺电结束全篇，作者用时间轴的方式为我们展现了一个连续生动的观点决策碰撞场景。特别是在播讲港珠澳大桥海底隧道的构造情况时，要注意其写作方法表露的方位布局——由横到纵、由浅到深的空间关系；要把握专家之间由于“最终接头”的线形偏差而争论的细节缘由——从“不满足于标准偏差范围内的成功”“提出精益求精重装调整”到“存在风险损失不同意”，最终“多方讨论二次精调占上风”，理清这一过程的逻辑关系，表达才能够层次清晰、条理分明，中国工程师大国工匠的胆识、精神和智慧方能够淋漓尽致地体现出来。而第⑨自然段中有关荷兰隧道工程咨询公司 TEC 对我国企业的插叙性评价可不必过分渲染强调，真正的大国工匠精神和超级工程建设能力至此已经不言而喻了。

第二步：设身处地

从稿件中所得到的材料形成脑海里的画面，不应该是我们“冷眼旁观”所得，这些画面也不应该是静止的、像照片那样的影像，它们必须活动起来，就像电影一个镜头接一个镜头，从头到尾，连续不断。为此，我们就应设身处地，把稿件中叙述、描写的一切都当作亲眼所见、亲耳所闻，甚至是亲身所历。我们要置身其中，获得现场感，时时刻刻感觉到“我就在”，真切感受现场的环境、气氛的转换、变化。重点感受稿件详细描述的地方。

下面，我们以《创造港珠澳大桥的“极致”》第⑤⑥自然段为例，说明设身处地的要求。

第⑤自然段讲述止水带供应商荷兰特瑞堡公司工程师乔尔听到港珠澳大桥岛隧项目总指挥林鸣提出对“最终接头”“二次精调”的想法后坚决反对的态度，而在第⑥自然段经多方讨论“二次精调”方案最终通过，乔尔也被中国工程师的执着精神感动。这两个自然段不仅因果联系紧密，同时前后时间联系相当紧凑，3 日早上林鸣提出重新安装调整的想法，而当日“上午 10 时许”多方讨论结果就已经定音，这短短的几个小时反映出这群大国工匠强大执着的信念和高效的行动力，根据后文“4 日晚 8 时 43 分”，“最终接头”的线形偏差已经成功再次缩小，可见他们行动力极强，将设想落到实处，乔尔也感慨道，这是他参与的 15 座沉管隧道建设中“最棒的，没有之一”。因此，我们设身处地，先从乔尔听到“重新安装调整”信号后的反应开始：原本 5 月 2 日“最终接头”已经在众多国外专家和媒体的见证下成功安装，“南北向线形偏差控制在正负 15 厘米的标准范围内”，这已经算得上是个奇迹了，大家还沉浸在欢呼雀跃、庆祝成功安装的喜悦中，林鸣却“大煞风景”地提出要重新安装调整“最终接头”，并觉得即便这个偏差在标准范围内，但依然没有精益求精，算是留下一个遗憾。乔尔听到这一提议，面部表情突然由晴转阴，脱口而出：“这么好的结果，我反对再调整！”乔尔心想根据自身多年的从业经验和公司的精湛技术标准，这完全没有任何问题，为什么林鸣却如此较真，非要提出这么一个冒风险的想法？他尽可能地压制住内心的火气，试图说服林鸣：“虽然止水带仍然可以再压缩一次，但是为了精调一个方向，就可能将这些来之不易的完美重新置于不确定性之中。”说到这儿，乔尔依然感觉这些理由说服不了固执的林鸣，于是，他将最严重的后果预设直接摊牌：“一旦发生碰撞，不仅损失超亿元，甚至会造成重大事故。”是啊，资金的损失、项目的进度、不可预计的后果……这些假设的后果反反复复在林鸣脑海中出现。可这一切依然挡不住他对这项超级工程精益求精的建设心愿：事不宜迟，立即开会讨论！最终，上午 10 时左右，讨论结果出来了——“偏执”占了上风，林鸣心愿得偿，但这还没有结束，他深知更大的挑战即将开始。而先前还在阻挡林鸣这个看似疯狂大胆想法的乔尔，也被这些为了精益求精而甘愿承担极大风险的中国工程师情怀而感动，他微微地点了点头，坚定地抿了抿嘴角，由衷地感叹道“这是一个非常艰难的决定”，同时向大家投来了期许的目光……

这样去看、去想，好像也很简单，但是身临其境的感觉却比“冷眼旁观”生动、真实、具体、丰富得多。

第三步：触景生情

我们在跟着稿件的材料走，随着情景的变化想的时候，在设身处地的过程中，人物、事件、情节、场面、景物、情绪……不断浮现在我们的脑海里，我们对每一个画面，对画面中主要的事物，必须时时作出积极的内心反应，要主动接受画面的刺激，获得具体感受，作出判断，给予评价，引起情感体验，产生饱满、细腻的感情。

画面，想到它并不困难。想到画面之后，我们不应满足，应该努力发挥画面的刺激作用，激起我们内心的反应。如面对已经被荷兰特瑞堡公司工程师乔尔赞叹“这么好的结果”、由 10 多位外国专家和 99 名媒体记者见证的“最终接头”成功安装，港珠澳大桥岛隧项目总指挥林鸣依然不满足于现状，坚持缩小偏差，精益求精，终于将“最终接头”的线形偏差成功缩小到东侧 0.8 毫米、西侧 2.5 毫米。但是，我们还要进一步感受：为什么以林鸣为代表的中国工程师依然坚持冒风险去重新安装调整“最终接头”呢？这是因为：

(1)中国工程师深知港珠澳大桥是国家工程、国之重器，体现着我国的综合国力、自主创新能力；

(2)中国工程师此时此刻向世人展现着中华儿女勇创世界一流的民族志气和民族精神，一个国家逢山开路、遇水架桥的奋斗精神；

(3)中国工程师是打通粤港澳交通网络“任督二脉”、智勇双全的“大侠”，粤港澳大湾区互联互通后，能够促进人流、物流、资金流、技术流等创新要素的高效流动和配置，推动内地与港澳的深度合作与发展。

尽管这三点比较抽象，但它们应是我们内心的感受、判断和评价，如此才可以引发我们对大国工匠——中国工程师的尊重和钦佩，以及丰富热爱祖国、弘扬民族精神的情感体验。

特别是第⑧自然段，当“二次精调”成功后，林鸣那一句简单质朴的“这就是我想要的结果"更应激发我们对大国工匠的敬意。想象着连续34个小时没合眼、指令发出上万次的林鸣此刻或许蓬头垢面、气徐声虚。那细微的感受、具体的感情十分明确——对国家工程、国之重器的情真意挚、良苦用心，都让我们如见其人、如闻其声，思想感情的波涛奔涌不已。我们的大国工匠有担当，有信仰，有国家大义，全心全意攻坚克难，为祖国的桥梁事业奉献自我，这彰显出的正是新时代中国特色社会主义发展的时代力量。

我们说触景生情是关键的一步，因为由景及心，由感受深化为感情，我们的思想情感便被调动起来，处于运动状态了。

第四步：现身说法

当我们理清头绪、设身处地、触景生情之后，那种要向人们诉说的愿望就更强烈了。这时，如果坐在话筒前，我们的内心就觉得十分充实了。稿件中的情景逐步地、反复地不断浮现在我们的脑海里、奔涌于我们的胸中。脑海里活动的画面和与之相应的感情不断融合着、变化着，丰富着稿件的文字语言。播音员通过播音，让听众听明白、感受到这种情感。稿件中的情景在播音员心中连续地、不断地再现出来，又表露在有声语言中，这就是情景再现的"动于衷"和"形于外"的过程，这个过程持续到播音结束。播音员有声语言刺激了听众，听众的心中也有相应的情景不断地展现出来，达到情景交融的心境，从而受到感染，得到启迪。在听众的心目中，播音员就是事件的参与者，他是在讲述自己的见闻，抒发自己的感情，所以令人信服。这就是现身说法的真正含义。

这四步可以逐步展开，也可以综合起来运用，一些急稿更要边看稿边体验，使这四步融为一体。这四步不是截然分开的，应该明确它们的内在联系，以便更好地调动思想感情，使之处于运动状态。

情景再现的展开必须注意三个问题，以保证情景再现展开的方向性、丰富性和实用性。

第一，情景再现的展开一定要以宣传目的为中心，必须受宣传目的的引导和制约。《创造港珠澳大桥的"极致"》的宣传目的可以这样概括：港珠澳大桥的成功建造，不仅代表了中国桥梁的先进水平，更是国家综合国力的体现，这是中国中央政府支持香港、澳门和珠三角地区城市快速发展的一项重大举措，是"一国两制"下粤港澳密切合作的重大成果，进一步坚定了我们对中国特色社会主义的道路自信、理论自信、制度自信、文化自信，充分说明社会主义是干出来的，新时代也是干出来的！全篇稿件都要服从于这个目的，服务于这一宣传思想，我们的情景再现也不能游离于此。

还以第⑨自然段为例。如果我们总是着意于荷兰隧道工程咨询公司TEC曾笑称"中国企业不会走路就想跑"，甚至连当时合作谈判时压抑的氛围都想象得很细微，那就等于在准备升华的结尾处给了一个特写镜头，这样反而喧宾夺主，使宣传目的转移，甚至与初衷背道而驰、湮没重点。其实,这里我们只要在叙述中体现一种民族自豪与民族自信就可以了,事实胜于雄辩,最终荷兰隧道工程咨询公司 TEC 听闻我国港珠澳大桥成功建成并发来贺电,谦逊地承认“中国建设者的‘最终接头’施工方案,是对世界沉管隧道技术的重大贡献”,相当于向世界宣示,中国的港珠澳大桥是中华民族的圆梦桥、同心桥、自信桥、复兴桥。

这就告诉我们:在情景再现中,要有主有次,突出详写处、重点处,用以落实和达到宣传目的。

当然,对一篇稿件的理解不同,目的也就会不同。如果我们认为这篇稿件只是简单加深人们对中国桥梁建设技术的认识和了解,改变过去发达国家对中国制造、中国建筑水平不高的看法,或者是纠正荷兰隧道工程咨询公司 TEC 对中国工程师技术水平的偏见等,就说明没有真正理解稿件,不符合稿件本身的要求。

有的播音员存在“抓住机会就要表现一下”的想法,有时稿子里无关紧要的一两个字也抓住不放,在极为狭小的天地里展开“情景再现”,这对播音创作十分有害,容易使人“捡了芝麻,丢了西瓜”,并且很可能走上“表现自我”的歧路。

第二,情景再现必须以稿件为依据,使文字语言得到生发,用播音员的生活经验对文字语言加以丰富和补充。

文字稿件一般都比较精练,很多话显得简单直白,播音员完全按文字语言去想,就会之于干瘪。因此,播音员要对文字语言进行生发和丰富,用自己的经历、经验(直接经验和间接经验)、知识(自然科学知识、社会科学知识)给予补充。如对海底隧道工程、“最终接头”、混凝土预制管节、“小梁顶推”技术、线形偏差等,我们可能并不十分熟悉,这时我们可以借助曾经听到、看到的人、事、物,或新闻报道、科教类专题节目、电影中的人物、事件、设备等,使文字语言更形象、生动,更具体、丰富。

当然,这种联系一定要符合稿件材料的原型,千万不要牵强附会,更不能南辕北辙。因此,播音员的生活要丰富多彩,视野要开阔,多到广大人民群众中去,使情景再现建立在深厚的生活根基上。播音员应该走出播音室,深入生活,甚至“游山玩水”。至于观摩电影、戏剧、音乐、戏曲等艺术,就更不用说了。

第三,情景再现要以情为主,情景交融。情景再现的核心是情。如果只是“景”在脑海里浮现,根本没有情感体验,那么“景”再清晰具体、活跃真切,也不顶用,不能给有声语言任何活力。景的再现是为了引发感情,在情景再现的过程中,不怕景的模糊,就怕情的淡漠。

情景再现,在备稿时和播出时既有联系又有区别。备稿和播出是两个环节,但都以稿件为依据,受宣传目的引导和制约。不过,在具体过程中,也存在明显不同。备稿时,情景再现的展开可以非常细致,在引发感情的细节上既可以心驰神往,又可以反复体味;播出时,播音员必须一句接一句地播下去,不能出现停滞感和重复感。正因为没有时间、没有条件把备稿时细微的情景再现完全展示出来，所以播音中只要使情景稍稍显露，引起相应的感情，就可以达到我们的目的。这不是要求低了，相反，恰恰是要求高了。因为感情的调动不容易，细致展开情景再现尚可调动，粗略展开情景再现当然困难些。这里，备稿的重要性就更突出了。深入备稿，使思想感情的运动状态比较扎实、稳定，可以较稳固地存储在记忆里，在播出时，文字语言的刺激会立刻引起连锁反应，情景再现的展开便会十分顺利。

值得注意的是，景的模糊并不意味着人物形象的暗淡、事件进程的匆忙。相反，人物的特点，事件的发生、发展，还应相当充分。不过，这种充分不是“景”中所现，而是我们具体感受体验的精确。因此，一定要通过景的再现唤起具体感受，引发思想感情，这就是情景再现“以情为主”的含义。

不过，我们丝毫没有轻视“景”的意思。事实上，稿件材料中的“景”是“情”的导火索，我们的要求是触景生情，寓情于景，情景交融。

第三节　内在语

内在语是帮助播音员把稿件变成自己要说的话，使感情处于运动状态的重要方法，对播音的表达有直接引发和深化含意的作用。

一、什么是内在语

内在语，就是稿件文字语言不便表露、不能表露，或没有完全显露出来的语句关系和语句本质。

在播音稿件中，我们所要把握的内在语多属于“没有完全显露出来的语句关系和语句本质”这种情况，因为稿件的文字语言总是比生活中的口头语言精练、简洁。从稿件语句的逻辑链条来看，不要说段落层次间常常没有明显的承上启下的文字，就是句子、小层次之间也往往省却衔接转换的关联词，这就需要播音员从全篇的角度，分析段落、层次、语句间的内在联系，体会其间的起承转合，播出文章的逻辑关系来。如这样一句话：长而空不好，短而空好吗？也不好。要播出文字的含意，需要播音员补充一定的关联词。这句话的实质是说“短而空也不好”，作者为了论述有力，采用设问的修辞方法，这样给人印象深刻，行文也比较活泼。我们把它变成自己的话的时候，可以在“长而空不好”之后设内在语“那么”，找到设问的感觉，与听众交流的感觉，可使语气发生变化，自然地引出“短而空好吗？”的问题，引起听众注意，给听众片刻思考时间，再以“很显然”为内在语，引出“也不好”的结论，语气十分肯定，这句话就播活了。这就是内在语帮我们显露出语句之间的关系，有助于听众理解，引起他们的思索和共鸣。

我们再从语句的思想感情容量上看，也比文字表面深广得多，丰富得多，播音员应深入体验，挖掘出语句的本质，为准确、鲜明、生动的表达服务。拿这样一句话来看：这事你不说，他不知道。把这句话放在不同的语言环境中，字面虽然一样，含意却可能有多种区别。可能是“叮嘱”——“你不要告诉他”，这中间又有分寸程度的细小差别，如关心地叮嘱，小心地叮嘱，神秘地叮嘱，等等。这句话的含意也可能是“恳求”——“他受不了这样的打击”，还可能是“恐吓、利诱”——“就看你的了！”，又也许是“责怪”——“准是你说了”。到底这句话感情态度的本质是什么，就需要我们在具体的语言环境中来准确地把握。

播音绝不能就稿论稿，停留在文字表面的播读上，一定要努力挖掘文字背后更深刻的含意并准确把握鲜明的语句关系。这样，我们播音就不是面对一个个孤立的方块字，一句句静止的语句，明晰、准确的内在语会激活我们的有声语言，使我们切实把稿件内容变为自己要说的话，传达给听众。可见，运用好内在语对播音语言表达的连贯完整、深刻鲜明，提供了充实的内心依据。不过，内在语并不在播音员的有声语言中出现，它是播音员的心理活动，是一种意念，即思维与感情运动的反映，它对有声语言的表达起引发、深化的作用。

二、内在语的作用

内在语的作用有两大方面：揭示语句本质和语言链条。

（一）揭示语句本质

语句本质，就是语句的内在含义、感情态度。揭示语句的本质，可以使有声语言深刻丰富，耐人寻味，对表达起深化含义的作用。

揭示语句本质，首先要根据具体的语言目的判断具体的态度分寸。表面文字与其本质含义往往有程度的区别甚至本质的差异，需要我们深入挖掘，准确把握。

如连队故事《偏食袋》一稿中，新战士看到连长“四十米内，左右开弓，弹无虚发”的过硬本领，对连长发出由衷的赞叹，连长的两次回答都用了同样的一句话：“没啥，咱连的老同志都会！”现将原文节录如下：

蓦地，我恍然大悟了，这不正是连长的“偏食袋”吗？我情不自禁地喊：“连长，您这一手真绝呀！”连长转过脸来笑了笑，说：“没啥，咱连的老同志都会！”

我跑过去捡起手榴弹，哎呀！怎么这样沉？原来弹柄是铁的，那周围已经磨出了亮光，我钦佩地说：“连长，您这个‘偏食袋’的办法想得真妙！”连长还是笑了笑："没啥，咱连的老同志都会！"

"没啥，咱连的老同志都会！"这两句话，从字面上看，一字不差，标点都一样，如果我们不深入挖掘其中的含义，只一般地当作连长的谦虚来对待，就未免太肤浅。我们试从这两句话的具体语言环境、语言目的和语言对象来揭示它们具体的语言本质。

第一个"没啥，咱连的老同志都会！"是直接回答新战士对自己的夸奖，确实是连长的谦虚，这时两人的距离很近，内在语可以表述为"这不值得一提"。如果用这样的内在语来引发，表达时，音量不要大，吐字力度不要太强，语流较快，音高较低，整个语势较平缓，这样处理能比较准确形象地传达出连长谦虚的态度。

第二次的回答，是针对新战士夸"偏食袋"这种练武精神和办法的。连长从新战士激动的心情中看到他好学上进的积极因素，同样是回答"没啥，咱连的老同志都会！"这里就不仅仅是谦虚，更包含着对新战士的鼓励，具体的语句目的与前一句不同，内在语可以表述为："你也试试这个办法！"把握了这样的语句本质，引发出来的语气表现形式就不一样了，语气爽朗，有鼓动性，在声音形式上音量较大，吐字力度较强，还可以在短短的语句中有意安排停顿和重音，如强调"老同志"，并在其后有个小小的顿挫，似连长满含希望地看着新战士，句尾可以稍扬起来，缓收，给人语已尽、意未穷的感受，播音员亦可在内心体验："怎么样？你也干起来吧？"这种启发、鼓励的含义。深入、准确地把握内在语才能挖掘文字的本质，揭示其深层次的内涵。

此外，我们还要注意语句本质与文字表面有同向、异向之分。

在大多数情况下，文字语言与其内在含义本质上是一致的，也就是同向的。如"不能再吃大锅饭了！"内在语是"太对了"，是同向的，语气十分中肯。若内在语是"不见得"，这样就成否定、怀疑的意思，是异向的，表达出来就与语句本质相悖谬。在播音中一定要在深入理解的基础上把握内在语，防止判断评价出现偏差或谬误。有些文章存在异向的内在语，多出现在评论、杂文中驳斥性、否定性、讽刺性的语句中。如"美国法院要我们接受他的裁定"这句话的内在语可表述为"这是不可能的"，否定的态度很鲜明，绝不可持客观的态度。

我们要认识内在语对播音表达的指导意义：揭示语句本质，把握明晰、准确、态度鲜明的内在语，对语气的体现有直接影响。为了说明这个道理，我们从通讯《亲如一家的两家人》一稿中摘出一句话，请大家练习和比较。

这哪是我的孙子，是我邻居的孩子啊！

如果孤立地从文字表面看，就是解释：这不是自己家的孩子，内在语是"你弄错了"，表达出来，语气冷漠、平淡。我们把这句话放在稿件的语言环境中，就不难透过字面体验到说话人对邻居的感激、赞扬之情，内在语是："我的邻居可好哪！"要是把内在语换成"简直是胡闹！"那样引发出来的就会是气愤斥责和辩驳的语气。

由此我们可以看出，内在语与语气有着十分密切的关系，内在语在指导和引发有声语言方面有着特殊作用。正因为如此，就要求我们在对稿件深入理解和具体感受上下功夫，准确揭示语句的本质。

(二)揭示语言链条

揭示语言链条是内在语的第二个作用。语言链条，简单地说，就是语句之间的逻辑关系，看它们是怎样衔接成一个整体的。揭示语言链条就是搞清楚全篇语句之间、小层次之间、段落层次之间的内在联系，使我们获得或并列、或递进、或因果、或转折、或分合等情况的逻辑，从而明了文章上下衔接、前后照应的承续关系，接着以内在语的形式把我们理解感受到的逻辑关系显示和引发出来。这样运用内在语的衔接转换作用，可以帮助我们把稿件播得文气贯通，增强有声语言的活力。

我们以例稿《民生实事莫沉迷于“数字突破”》中的第四自然段为例，看看怎样设计段落、小层次乃至语句间承续衔接的内在语，从而把该篇评论的说理性较好地表达出来。

①失真失准、缺少认同的“数字突破”，是“造”出来的，也是“逼”出来的。②造，因为数字就是成绩，就是亮点。③“人有多大胆地有多大产”，注了水的数字更加光鲜，更加引人关注。④逼，因为数字就是指标，就是考核。⑤一些部门习惯于“年初简单压指标、年末向下要数字”，在乎的是数字的“大与小”，而不是“真与假”。

这一自然段语句间的起承转合关系是这样的：①是本自然段的总起句，开门见山地提出分论点，认为“失真失准、缺少认同”的“数字突破”来源于“造”和“逼”；②③④⑤句围绕论点展开论述，与①句是总分关系，分别论述了这些失真的数字为何被“造”，又因何被“逼”，语言辛辣，凝练生动，一针见血。基于这些认识和感受，对于这一段语言链条的内在语可以这样设计：

①(说到这些)失真失准、缺少认同的“数字突破”，是“造”出来的，也是“逼”出来的。②(为什么要)造，因为数字就是成绩，就是亮点。③(就像大跃进时期浮夸风的那句——)“人有多大胆地有多大产”，(当时的风气不正是这样吗?)注了水的数字更加光鲜，更加引人关注。④(再说到如何被)逼，(还不是)因为数字就是指标，就是考核(造成的?)。⑤(正因如此，)一些部门习惯于“年初简单压指标、年末向下要数字”，(他们其实)在乎的是数字的“大与小”，而不是“真与假”(真是令人堪忧啊)。

用这些内在语把这一段文字在播音员内心串起来，语言就鲜活多了，播起来逻辑清晰，衔接转换自然，语言一气呵成，把话说到听众心里去了。

内在语揭示语言链条时，既可以用“因为”“所以”“虽然”“但是”等关联词，也可用简洁的短语使上下文自然衔接起来。总之，我们要学会运用适当的内在语开好头，过渡好上下句、前后段，清晰准确、连贯完整地播好每一篇稿件。

三、内在语的把握

从孤立的语句中寻觅到的内在语具有不稳定性，因为它是随着语句目的、语言环境变化的。内在语是对全篇稿件理解和感受的集中概括，它离不开宣传目的的统帅。可以说，稿件的宣传目的就是稿件的内在语，它落实在语句的主次关系上，通过揭示语言本质和语言链条的作用，从语气上表现出来，鲜明地突出宣传目的，具有明确的针对性。

拿例稿《民生实事莫沉迷于“数字突破”》来分析，全文共六个自然段：第一、二自然段选取当下家庭医生签约率高、人们却没享受到其服务的热点现象，以点带面地提出文章论点——民生实事沉迷于“数字突破”，难以给群众带来实在的获得感；第三自然段生动列举了生活中一系列与实际有误差的“数字突破”现象，揭露人为制造的“数字突破”乱象着实令公众反感忧虑；第四自然段分析论述了失真失准、缺少认同的“数字突破”的实际由来；第五自然段则论述了以现实为基、实干而成的“数字突破”应具备的特性和获得的正确途径；第六自然段鲜明地指出对掺水“数字突破”行为的批评以及省领导对脱贫攻坚工作、落实民生实事工作方法的正确指示。这篇评论针对经济数据“过度耀眼”的问题，尖锐地指出地方政府为彰显民生政绩而沉迷于“数字突破”的乱象，是给地方政府的一剂清醒针。评论表面批评的是家庭医生的“签约率跃进”，更深层次则是对“数字政绩”的批判。文章契合中央防止“数字脱贫”、杜绝“层层加码”的精神，因此才能够在基层引发强烈反响，这是全篇评论的宣传目的，也是全篇的内在语。家庭医生签约服务、统计空气质量优良天数和房价指数……这些具体的政策和做法原本是一项项暖人心、接地气的惠民工程，只不过在各地区推进过程中“变了味儿”。要让人民感受到这些政策的好处和重要意义，同时也要考虑到本篇评论的针对性，即对“数字政绩”的批判，这样的内在语体现在语气上，就不能自上到下满是一团和气，也不能置戾气于满篇，而应以人民的利益角度出发，站在国家惠民工程和一系列利好政策的立场上，发现问题、指出问题，为人民发声，客观公正；指出问题和作出批评时，语气的分量和色彩上也要注意把握，如例稿中第三自然段提到因客观因素造成的“数字误差”，公众依然是持以可接受的态度；而人为制造的“数字突破”，就会令公众反感。这两种情况要注意加以区分。在评论最后，作者不仅指出了什么样的数字突破才是符合人民期待、真实可信的，同时引用省领导的工作指示再次强调核心观点——民生实事不能沉迷于“数字突破”，从而收束全篇，观点深刻、见解独到，给人以信心和希望。如果认为内在语与宣传目的无关，不是站在稿件的角度来挖掘内在语，就会出现主次不清、语气感情色彩不对、语气分寸不恰当、基调不贴切等问题，影响宣传效果。

例稿：评论

民生实事莫沉迷于“数字突破”

“近半居民已有家庭医生”“重点人群家庭医生签约率已达70%”……最近，不少省市有关家庭医生的好消息让人倍感振奋。然而，有人也发出质疑之声：为何家庭医生签约率如此之高，自己却没享受到家庭医生服务？南京一家媒体23日的报道解开了这个谜团：一个医生往往要完成几千个居民的签约，目前所谓签约率只是一个数字概念，实质内容非常有限。

推进家庭医生签约服务，是一件惠民实事。去年6月，国务院医改办、国家卫生计生委等6部门就此联合制定指导意见，提出了具体要求。随后，全国各地闻令而行，努力推进，这项工作已经取得不少成效，很多地方取得“突破性”进展。不过，在肯定成绩的同时，听听公众的切身感受，看看媒体的深入调查，我们也要警醒——有些“突破”恐怕只是“数字突破”。如果数字失准、失真，一些关于民生实事的“数字突破”即使看起来再美，也难以给群众带来实实在在的获得感。

这个问题，很有普遍性。近年来，从就业率到人均年收入，从房价指数到空气质量优良天数……不少地方政府公布的民生数字，与老百姓的切身感受有着较大落差。因此，有人开玩笑自己“被就业”，也有人感慨自己“收入拉了大家后腿”。诚然，数据统计的天然缺陷，比如统计方法、统计口径的问题，平均数掩盖大多数、抽象数字难以反映具体诉求等问题，使“数字突破”难免有“误差”。但公众对民生实事上的“数字突破”缺少认同，绝不是“误差”造成的。对客观因素导致的“误差”，公众可以接受。公众反感和忧虑的，是人为制造的“数字突破”以及对“数字突破”的自娱自乐。

失真失准、缺少认同的“数字突破”，是“造”出来的，也是“逼”出来的。造，因为数字就是成绩，就是亮点。“人有多大胆地有多大产”，注了水的数字更加光鲜，更加引人关注。逼，因为数字就是指标，就是考核。一些部门习惯于“年初简单压指标、年末向下要数字”，在乎的是数字的“大与小”，而不是“真与假”。

关乎民生实事的每个数字，都应是沉甸甸的。须知，数字是干出来的，不是造出来的，也不是规划出来的。数字会说话。它说出的，不仅是工作成绩，也是工作作风。看“数字突破”，我们既关注它的“量”，也关注它的“质”；既听提供者的“一家之言”，也听参与者的“众家之言”。以现实为基、因实干而成的“数字突破”，尊重规律、经得起检验的“数字突破”，才是更真实可信、真切可感的成绩，才是更有含金量、更造福群众的成绩。尤其是民生领域的一些新探索、新改革，要循序渐进做“加法”，切不可患上“数字焦躁症”，追求所谓“乘数效应”“几何级增长”。

做好民生实事，切莫追求掺水的所谓“数字突破”。对此，省领导提出了明确要求。在部署脱贫攻坚任务时，省委书记李强就强调，要防止“两种倾向”：一种是数字脱贫。不能搞“垒大户”“堆盆景”，更不能在数字上“注水”，贫困户“假脱贫”“被脱贫”。一种是超越实际。要从实际出发，不要层层加码，不要搞到力所不及、力不从心。唯有坚持这样的“数字观”“政绩观”，“突破”才能不只停留在统计报表上，各项民生实事才能真正落在地上，办在群众的心上。

第四节 对象感

听众是我们的宣传对象，播音员在播音中必须在“目中无人”的条件下，努力做到“心中有人”，也就是要对听众进行具体设想，从感觉上把握听众的存在，时时与宣传对象有思想感情的交流、呼应，这就是对象感。

为什么要有对象感？

我们的播音是把稿件播送出去给听众听的，只有为听众着想，不忘听众，才能吸引人、感动人。对象感，并不是只要开口播就能体现出来的，有的人播音能牢牢地抓住听众从头听到尾，而有的人播音却让人听着走神或生厌。由于播音的工作环境特殊，坐在播音室，面对话筒容易产生“目中无人”的心理状态，如果再不注意获得对象感，就很容易变成自言自语，所以我们要千方百计调动起积极、热情的心理状态，努力做到“心中有人”。

对象感是激发播讲愿望的需要，我们宣传的内容正是听众非常关心、急于知道的，一想到他们在听，播音员就要产生“一吐为快”的热情。

那么缺乏对象感的播音会是怎样的呢？

缺乏对象感的播音就好似学校里学生念书式地朗读，字与字、句与句之间等距离拉开，节奏不变，一个字一个字地往外蹦，我们称之为“念”。还有的人坐在话筒前像自言自语，自己说给自己听，或者好像对空发言，所有这些都是听众不欢迎的，是缺乏对象感的反映，在播音中应当摒弃。

富有对象感的播音应该是在任何时刻都不要忘记，我们的播音是向人民群众进行宣传的，我们每一次播音都有不少听众在专注地倾听。我们宣传的内容是他们非常关心，急于知道的。我们应该努力宣传好，使听众愿意接受。如果我们不了解他们，不为他们着想，播得不清楚、不完整、不准确、不鲜明，他们就听不明白，甚至不愿意听。因此，我们在备稿时、在播音中应该时刻感觉到他们的存在，处处为他们着想，我们感觉到他们的确在听、在想，并且随着播音内容的发展，随着播音员思想感情的运动，产生思想感情的共鸣。对象感正是被播音员用来作为使思想感情处于运动状态的一种手段。

怎样才能获得对象感呢?

生活中,交谈的双方如果兴致勃勃,一方特别想听下去,另一方讲得才会津津有味。若是听的人敷衍,不感兴趣,那么说的人也会因扫兴而失去说下去的欲望,“讲话要看对象”对宣传工作者就更为重要。毛主席说“宣传工作一定要宣传得好,使人愿意接受”,宣传工作不能不看对象。

播音员尤其要注意这一点,要使你的宣传有的放矢,就必须研究对象——听众,要对听众进行设想。

一、对听众进行设想

对听众进行设想,这实属某种联想和想象,如听众是在什么环境、什么气氛中收听的,收听对象的情绪、愿望、要求、情趣等心理方面、素养方面的情况是怎样的,这些都在估量研究之列。同时也要设想听众的年龄、性别、职业、人数等,只有做了这些分析与估量,才算把握了具体对象的特点,也才能使播音更有的放矢。

对听众进行具体设想,不是漫无边际地瞎想,而是要有所依据地分析、估量与设想。这可以从两方面把握:一是依据节目的范围,二是依据稿件的主题、目的。当然,这两方面都是在理解、感受稿件的基础上进行的。下面分别加以阐述:

(一)依据节目范围对听众进行具体设想

以新闻节目为例,一般新闻节目在听众的设想上可以比其他节目广泛些,但也要对听众进行“面”上的分析和估量。例如:《新闻和报纸摘要》的听众是全国人民和各级干部。他们的年龄、职业不同,各自收听的目的不同,但有一点相同,即都关心国家大事,希望早一些知道新的消息、新的动态、新的政策精神。每天清晨,有多少人在锻炼中、在上班途中收听着早报摘,他们关注着党中央各项方针政策的具体措施。根据设想听众的心理特征就可以调整我们的播音节奏,将节目播得更振奋些,与清晨忙碌的节奏合拍,稍稍快一些,起调可以比其他新闻稍高昂一些。

又如《各地人民广播电台联播》的听众也是以全国人民为对象,在这个前提下,它的听众与“报摘”又有所不同,这个节目多为县以下农村基层干部和群众服务,内容也与“报摘”有所区别。播该节目要考虑到县以下农村基层干部、群众的接受能力,可以比“报摘”播音的速度稍慢一点,尤其是播到基层群众的反映要求时,播得可以更亲切些,让听众感到他们与我们息息相通。

而《空中之友》节目是对台湾地区听众广播的,他们与大陆隔海相望,对祖国不够了解,所以我们向他们介绍祖国的经济建设、人民生活,帮助他们寻找亲人,回答他们提出的问题时，采取的播音方式也与其他节目不同。对他们宣传不能太直露目的，而应在客观中暗含倾向性，恰似说者无心、听者有意，可借题发挥，恰到好处。《空中之友》的节目主持人以固定的个人身份出现在听众面前，一对一交流居多，播讲时要注意诱导，避免任何强加的痕迹。含蓄真切地交流，用商量探讨的口吻去播，才容易被特定对象所接受，因为这样播音与听众的距离感缩短了。

而《青年之友》节目的主要对象是国内青年，属于思想教育性节目，就不适宜采用播读方式。稿件从编排上就要注意联系青年的思想实际，具有青年的显著特点。要播好这样的节目，就要对青年听众进行设想，要了解青年。无论是播青年敏感的信仰问题、伦理道德、人生、爱好，还是谈美、谈文学、谈历史地理等，都要站在青年的位置上，推心置腹地说心里话，以关心、理解、信任、帮助的态度去宣传，才能拉近与青年朋友的距离。从播音风格上也更趋于热情亲切，用娓娓谈心式的播音来突出青年之友的“友”字。

其他还有不少节目，听众具有广泛性，比如体育节目、生活节目等，遇到这类节目在设想听众时，可以依据具体稿件，在主题、目的上开掘。

（二）依据主题、目的对听众进行设想

以“Never Stop the Beat（节奏当道）”为口号，主打欧美流行音乐文化的中国国际广播电台 HIT FM，主要目标受众为都市白领、年轻潮人及在华外籍人士。其早高峰时段的谈话类节目 *Hit Morning Show* 则由该台中英双语主持人 Mike D 和 Valen 搭档主持，两位主持人以鲜活生动的中英双语解读当下欧美娱乐、音乐领域的前沿动态，结合北京生活文化现象，为早高峰出行人群提供最新路况。节目直播时段为早高峰，恰为交通最拥堵时段，此刻在路上的私家车主听众群内心难免焦灼，因此，HIT FM 在该时段音乐比重较大，主打动感前卫的 Billboard Hot 100 以及 UK Official Charts 榜单上最热新歌，穿插富有个性的 *HITFM Countdown* 线性节目和时尚资讯，加上阳光爽朗、幽默风趣的主持人与听众进行实时新媒体互动，营造了轻松愉悦的收听氛围，让听众“堵车不堵心”。此外，为了契合类型化广播模式统一的播出调性和气质，该频率主持群基本上语速较快，语言量小，运用个性化的表达和语料配合着动感的垫乐、轮盘式的编排，带给时下热爱国际流行音乐文化的年轻听众一场酣畅淋漓的收听体验，时刻体现着“节奏当道”的频率意志。

再如广西广播电视台经济广播 FM970 女主播电台的一档广播纪实专题线性节目《产房》，这档节目主要的收听群体是准妈妈、年轻母亲和小夫妻。当下，随着二孩政策放开，许多家庭都开始计划迎接第二个宝宝的到来。当然也有很多初为人母的妈妈，或怀揣着对新生命的期待，或面临某些家庭矛盾陷入无奈，更有一些在生育恢复期患上产后抑郁症……对此，970 女主播电台特地研发了这样一档广播纪实专题节目，去记录她们生产前后的点点滴滴。为了做好这个节目，该电台与各大医院妇产科深度合作，联合爱心企业，派出已初为人母的Apple女主播去跟踪采访、主持，并前往医院跟专业医护人员学习交流，多次“蹲点”病房和产房，与新妈妈们及其亲朋好友沟通谈心，同时联系专业心理咨询师和心理医生，结合自身做母亲的经历和体验，为准妈妈和新妈妈们提供心理疏导，沟通双方家庭理念，为她们带来别样的心灵能量。担任这档节目的女主播要具备细致、强大的同理心，用理解、关爱、帮助的态度去播音，这样才能更有效地抚慰目标听众的心灵，同时也能够凸显970女主播电台“爱美丽、更懂你”的广播品牌调性。

二、要感觉到听众的存在和反应，才能构成“交流”

要获得对象感，关键在于“感”。这种“感”和我们说的“交流”，都是就播音员的自我感觉而言的，所以我们把“交流”两个字打上引号，实为借用。

要做到与听众“交流”，就要从自我感觉上时时处处感到听众的存在和反应，并从语气上与听众的这些反应相呼应。

为了便于体会，可以练习小品《打电话》。先两个人打，然后再练习一个人打，这样练习后会发现，两个人打电话比一个人打电话要好交流，一个人打电话，要么不像真的，要么就交流不起来。如果小品成功，就会让人以为他是真的在打电话。一个人打电话的小品成功的诀窍在于，首先打电话的人要想象出：是什么人在什么情况下打来电话，我怎么接，对方说什么话，甚至对方说话时的语气、神情，打电话的人都好似感觉到了。只有展开丰富的想象，才能让人感觉打电话的一方确实是在与另一方通话，换句话说，只有与想象的对方“交流”起来，才能让人感到真实可信。

播音与上面的小品有相通之处，这就是：播者得对听众一方进行想象、设想，得真的感觉到对方的存在、反应。听众哪些地方点头表示明白，哪些地方表示没听懂，哪儿会喜悦等，播音员必须依据稿件想象、估计出来，并在播音过程中与这种情绪相呼应。只有当你感觉到听众的存在、反应时，才能使播音起承转合很丰富、很活跃、有根有据。如果你播的时候脑中没有展开想象，没有感觉到听众的存在和反应，那么播音尽管表面上“热情积极”，但因没有具体对象，就变得像对空发言或自言自语。可见要想取得好的宣传效果，必须想方设法赢得听众的认可。这就要抓住听众的注意力，和听众自然交流起来，并针对听众的收听心理，有目的、有感受、绘声绘色地讲给他们听，你和听众之间在思想感情上有给予、有接收、有呼应，确实感觉到听众在听、在想，并且随着内容的发展，随着播音思想感情的运动，产生思想感情的共鸣，似乎感觉到听众的喜悦、愤怒、悲痛、欢乐等各种反应，而这些反应又引起你更强烈的播讲愿望，激发着你更饱满的感情，于是对象感就更强了。你感觉到和听众之间已经建立起互相激励、互相鼓舞的无形的“默契”，用这些设想来弥补播音时“目中无人”、无法接收听者直接反应的缺陷，这样自我感觉上有了与听众的“交流”，客观上才能与听众产生思想感情的交流。

三、努力熟知、了解听众

毛泽东同志指出：“我们和无论什么人做朋友，如果不懂得彼此的心，不知道彼此心里想些什么东西，能够做知心朋友么？做宣传工作的人，对于自己的宣传对象没有调查，没有研究，没有分析，乱讲一顿，是万万不行的。”我们的知心朋友越多、对他们了解得越广泛、越深入，我们越能了解更多人的更具体的需要。我们应尽可能多地熟知各种对象的情况，一想起他们的音容笑貌、举止神态就有历历在目之感，以便迅捷、清晰地感觉到播到这里他们会这样反应，播到那里他们又会那样反应……这就要求播音员尽量扩大生活领域，并且深入下去，了解各种人，熟悉各种人，了解各种事情，熟悉各种事情。同更多的人交知心朋友，在设想具体对象时，才能更切合稿件的内容和形式，更好地达到播讲目的。有的播音员生活圈子狭小，既不注意观察，也不注意积累，设想具体对象时总是千人一面，千人一心，受到很大局限。我们播送的稿件涉及各行各业、各个阶层，要把千百万听众吸引到收音机旁来，就要设想与稿件要求一致的各种各样的具体对象。

有人说，无论什么稿件都设想一种具体对象，如设想为自己的亲人，就会使播音亲切，其实这是不对的。这样设想对象，表面上似乎属于熟悉的范围，实际上除了给自己一种笼统的亲近感之外，别无他获，而且往往会脱离稿件要求，偏离播讲目的。目前在播音界有些人“为亲切而亲切”，追求“轻、柔、甜、美”“低声下气”，这不过是对听众的愚弄，对某些低级趣味的迎合，“亲切”不是“亲昵”，设想具体对象不是为了向听众邀宠讨好。

另外，同一篇稿件，不同的播音员完全可以设想出不同的具体对象，这是因为稿件本身在对象选择上有一定的范围，而每个播音员有自己的经历，有自己的知心朋友，有自己独特感受的领域。因此要从自己记忆中选取设想适当的具体对象，不必从某一固定观念出发或盲从。

在有条件的情况下要尽可能深入群众，不能深入时，弥补的办法之一就是要重视听众来信和征求听众意见。

吴冷西曾经指出：“听众工作是十分重要的工作，是加强宣传针对性的基础，也是改进各方面工作的基础，来信是送上门的良师益友。”

例如，山东武城县袁胜新来信说：我们很喜欢听《综合节目》，播音员×××有声有色的动听语调，讲得动人心弦，引人入胜，这不但使我们听得入耳，记得住，更重要的是鼓舞了我们单位广大干部职工。自收听这个节目以来，模范典型事例不断出现，有的主动下乡送货，有的拾金不昧……

再如安徽一听众来信说：我给贵台的个别播音员同志提点意见，有的播音员故意怪腔怪调，模仿华语广播的声调，使用气声，这种播音风气有点不好，我们中国电台应有自己的纯正声音……

这一封封充满友情的来信对激发我们的播讲愿望是很有帮助的，它们从各方面促使我们加强责任心，干好本职工作，做听众的知心朋友。

四、对象感在话筒前的把握

(一)对象感要贯穿始终

有的人在播音时，对象感不能贯穿始终，总处于时有时无的状态：刚呼台号“各位听众”时，还能感觉到听众的存在，播着播着就忘记听众的反应，话也不再对着听众说，而变成自己嘀咕，直到稿件上再次出现与听众呼应的语句时才又想起听众。这样的播音会出现不完整、断线的毛病，从听众角度来看，肯定会走神，听不进去。

播音中出现对象感时有时无的现象，多是因为对内容驾驭得不好，才顾此失彼，顾了内容，忘了听众。如果对稿件吃透，化稿件的话为自己想说的话，那么播到与听众直接呼应的话语时就会说得由衷自然，听众也会感到亲切爱听。而播到与听众呼应不是那么明显的地方，双方的感应虽不如直接呼应时反应得强烈，但稿件内容又把播与听双方紧紧吸引住，随着画面的展开，情感的抒发，就把听众也带入其中。播与听双方感情有给予、有接受，所以都不会觉得彼此的情感联系有什么松脱。因此，只有稿件驾驭得好，才能使对象感贯穿始终。对象感在稿件的表达过程中，允许时隐时现，也可时强时弱，但绝不允许时有时无。

对象感的时强时弱要因对象的不同、节目的不同而有所不同。比如同是宣传党的农村经济政策，在专题节目里播和在“报摘”中播，播读的方式与听众的呼应就要有区别。在专题中播，可以更亲切、通俗，像唠家常，感觉着农民听众的反应去说，放慢速度，让其记住，照着去做；而“报摘”节目里讲政策针对的面更广，更带有指导性，说得可以更笼统一些。

又比如对学龄前儿童广播与对成年人广播就有所不同，对小听众的呼应更要频繁些，甚至小听众的形象都应在播音员的脑海中清晰地呈现出来。播时加强重音，便于为小朋友所明白接受。而对成年人播讲，因为听众的接受水平不同，所以播讲也可以随之调整变化，与听众呼应的方式就与对小听众有所区别，对听众形象的设想也可以不似前者那么清晰。

(二)具体对象的稳定

设想对象，就某一篇稿件来说应该是稳定的、统一的，不应该播这一段设想对这些人播，而播到那一段又改变原来设想的对象。但具体对象的稳定，毫不排斥设想的具体对象以外的人听。许多成年人也喜欢听少儿节目就说明这个问题。所以具体设想对象，不但不会局限听众的范围，反而会以播音的具体鲜明感通着更多听众的美感享受。

设想对象通常情况下应以少数人为宜，面对一两个、三五个人播，因为一般的收听环境多是在家里。

（三）其他

另外，与听众要建立正确的关系，就要以诚相见、平等待人。包括对儿萱广播也应如此，不能用哄孩子的口吻，要做听众的知心朋友。

对象感使我们播音更有的放矢，亲切自然。但注意：在播音前、备稿中就要完成对具体听众的设想、估量，播音中就不要一味去追求对象的清晰度了。话筒前只要牢牢把握住“目中无人，心中有人”，就会收到感染人的效果。

我们在分析理解稿件的基础上，又讲了情景再现、内在语和对象感。它们是使播音员思想感情处于运动状态的三种重要方法。

如果说情景再现能够帮助播音员产生具体真切的形象感受，从而引起内心情感的波澜，那么内在语更主要的是在把握语言本质和语句链条中加强播音员的逻辑思路。二者相辅相成，引起播音员积极的思维活动，使稿件中的文字变得具体可感，亲切自然，播音员的态度、感情顿时也鲜明饱满。这时，对象感的大致确定，进一步帮助播音员找到播音时积极活跃的心理状态，有的放矢地向听众传达，同时，在播音员对想象中的听众不断给予、呼应、交流的过程中，情景再现和内在语又使播音员的传达更清晰、更生动、更准确。这就是从备稿到播音整个创作过程中，播音员应有的正确的思想感情运动状态，它随着内容的发展而变化，同时又被宣传目的所制约。这种正确的思想感情运动状态是播音的灵魂，为有声语言的表达技巧提供了内心依据。

我们在前面简要阐述播音的正确创作道路时，已经谈到理解与表达的关系，感情与技巧的关系，这是坚持正确创作道路的重要问题。

播音员的再创造劳动，最终体现在把文字稿件转化为有声语言上。它把文字的视觉形态转化为声音的听觉形态，在这个再创造的过程中，需要有对文字稿件的认识，还需要有将其转化为有声语言这种听觉形式的构思和传达。而有声语言的表达技巧，就为这种构思和传达提供了重要的、必不可少的方法。语言表达的技巧虽然纷繁复杂，却也有一定规律可循。下面我们就从“停连”“重音”“语气”“节奏”等四个方面进行讲授，最后再讲一讲实际传达时的话筒前状态问题。

第五节　停连与重音

一、停连

我们日常生活中说话，总会有声音的暂时中断和续连。因为从生理上讲，人既不可能一口气不停地讲完一大段话，也没有必要一字一词都停下来换口气再说；从心理角度讲，我们说话都有一定的意思，为了使自己的意思表达得更清楚，就要将某些词语适当地加以区分组合。这就需要中断某些词语或把某些词语连起来说。例如：

佳佳对蓉蓉不好。

我们的意思是想说："佳佳对待蓉蓉不好。"那么要想使人明确这个意思，在说这句话时，我们就需要在"佳佳"一词之后稍停一下，然后再把"对""蓉蓉""不好"几个词连起来说。否则，如果每字一停或每字都一样地相连，听起来意思就模糊不清。甚至如果把"佳佳""对"连起来说，然后稍停一下，再把"蓉蓉""不好"连在一起说，结果就会使人听成"佳佳做得对，而蓉蓉表现不好"。

可见，说话中声音的停连不仅是人们的生理需要，更是表情达意的需要。

播音有声语言是建立在生活语言基础上的，并且要比生活语言更讲究达意的准确和明晰。因此，播音员必须学会运用停连组织语句，区分意思。这是进行播音再创造活动的一项语言基本功，是播音员借以表情达意的语言技巧之一。

（一）停连和停连的作用

顾名思义，停连就是指停顿和连接。如果给停连下一个定义，可以说：在播音有声语言的语流中，那些为表情达意所需要的声音的中断和休止就是停顿；那些声音不中断、不休止，特别是文字稿件上有标点符号而在播音中却不需要中断、休止的地方就是连接。

停连是播音语言表达的一种技巧，它是为表达思想感情服务的。

停连的作用可以表现在许多方面，有的组织区分，使语意明晰；有的转折呼应，使逻辑严密；有的强调重点，使目的鲜明；有的并列分合，使内容完整；有的体现思考，使传情更加生动；有的令人想象，创造幽远意境。

当然，停连常常是和其他技巧一起服务于表达的。它与重音等技巧相比，最主要的作用是使语言意思更清楚。也就是说，停连主要是解决播音时怎样断连词句、组织好语言意思的表达问题。因此，学习和运用停连技巧，一定要建立在正确理解、感受稿件的基础上，否则何断何连就没有根据，语言意思也就无法表达清楚。

（二）确定停连的位置

要想运用停连为表达思想感情服务，首先必须找准停连的位置。例如某地有这样一条标语：

过路人等不得在此穿行。

假如我们读的时候这样停连：过路人∧等不得在此穿行。那么听者会怎样理解呢？是不是会听成“过路的人，如果等不及，就可以从这里穿行”呢？当然这句话的本意是“过路的人和车辆等，一律不准从这里穿行”。那么表达这个意思时，我们就需要这样停连：过路人等∧不得在此穿行。

可见，一句话因停连位置不同，表达出来的意思也会不同。因此，准确选定停连的位置，是我们掌握这种技巧的首要问题。

怎样确定停连的位置呢？我们认为可以酌情从以下四个方面入手：

1. 准确理解语句

任何一句话都有特定的含义。在播音语言表达中，由于停连位置选择不当而造成表意错误的，往往首先是播音员对稿件语句的理解有问题。例如：

哥白尼认为，日月星辰绕地球转动这种学说是错误的。

播这句话的时候，假如我们对哥白尼和他所主张的“日心说”不了解，对他否定“地心说”的立场和观点也不清楚，那么，就很可能出现这样的停连处理：“哥白尼认为∧日月星辰绕地球转动∧这种学说是错误的。”结果给听者留下的意思是：哥白尼的学说是错误的，他认为日月星辰是绕地球转动的。这样一来，哥白尼就成了“地心说”的倡导者，语句的本意被播音歪曲了，哥白尼的理论也被否定了。

造成这类停连错误的原因，主要是播音员没有理解语句的真正意思。因此，要想恰当地选定停连位置，准确表意，首先要正确理解语句，因为这是关系表意正确与否的大问题。

2. 正确分析语句结构

在理解语句的基础上，有时还可能出现因停连不当使意思表达得不清楚的情况。比如：

二十二点三十分，播送长诗《祖国，我爱你》的下半部分。

这是电台节目预告中常见的一种语句类型。它的意思我们一看便知，在理解上一般不会发生什么问题。但是播的时候，有的同志竟会出现这样的停连处理：二十二点三十分∧播送长诗∧祖国∧我爱你的下半部分。这样一来，就使听者感到迷惑了，怎么诗的名字会是“爱祖国的下半部分”呢？

显然，这样的停连位置不妥。它的错误主要是破坏了正常的句子结构。我们不妨分析一下：这句话中没有主语，“二十二点三十分”是时间状语，“播送”是动词谓语，“下半部分”是宾语。宾语前的“长诗《祖国，我爱你》”是定语，其中“长诗”与“《祖国，我爱你》”是同位语（同指一个事物）。如果我们在“祖国”之后停顿时间稍长，而后又把“我爱你的下半部分”连起来说，就会使正常的句子结构被破坏，造成定语的前一半内容成为定语的全部内容，而定语的后一半内容又与宾语混为一谈，这就出现表达意思模糊的问题。

因此，在理解书面语言的意思之后，特别是对那些容易看懂而不易让人听明白的长句子，播音员在播前有必要分析一下句子结构。一般情况下，句子中各成分的内部应少停或不停，句子中各成分之间则可以作顿挫，使语言意思明晰。例如上述例句，我们就可以这样停连：二十二点三十分∧播送长诗——《祖国，我爱你》的下半部分。

当然，有的语句中句子成分内部结构相当复杂，不能统统连上，有的句子成分之间也不一定都要断开。这些都要根据具体情况作灵活而恰当的处理。总之，切不可破坏词语之间的正常关系，随便搭配句子中的词语。

3. 恰当体会情景神态

有些语句，按一般的词语关系来确定停连位置仅仅可以使语意清楚、不发生错误，而不能使语句中所蕴含的生动、丰富的情景神态得以充分表达。比如：

张大娘好像认不出他了，眯缝着眼睛边打量边试探着问：“你是王福吧？”

张大娘的问话从意思上看我们不难理解，她是问此人是不是王福。从问话的句子结构来分析，主、谓、宾都很容易分清，是个很简单的句子。单从这两方面来考虑，整个句子都连也不会错，每个句子成分之间都停一下也不是不可以。但是这样停连，不能把老人问话时的样子和心理状态表现出来。如果我们细心地体会一下老人问话时的情景神态，并且据此去选择停连位置，那么我们就会发现：在“你是”之后有必要做个停顿，这样，老人边思考、判断，边问话的心理过程和表情神态就容易表现出来，而其他词语之间则可以连接。如此停连，不仅使意思清楚，而且更生动形象。当然，如果在“你”之后停，其他地方都连，也是可以的。总之要有利于表达感情。再如：

高家凯眼睛睁不开了，声音微弱地说：“不……，留……下，我……有用……”

这句断断续续的话，是高家凯身负重伤之后对战友说的，他要留下两颗手榴弹，准备与敌人做最后拼杀。由于人物语言是在特殊生理状态下说出的，我们播时也要把“微弱”“艰难”的神态表现出来，但同时更要表现他那至死不忘杀敌、置个人安危于不顾，去争取整个战斗胜利的坚定信念和顽强精神。因此，在这句中选择停连位置，既要适当表现出人物断断续续的特殊状态，又不必过分追求生命垂危的语言外形，而应以表现人物此时的心情为主。具体来讲，“不”之后必须停，“下”之后也必须停。因为这两处如果连了，就会使意思不清楚，而其他词语间则可酌情断连。比如：

不∧留……下∧我……有用

综上两例，我们可以明确：在为表达情景神态而设置停连时，要以不影响语意清楚为前提，再以传“神”恰当为目标。语意不清楚，传“神”也就不可能恰当，但语意清楚并不能代替传“神”。

4. **合理处置标点符号**

稿件上有许多标点符号，这是作者为了让人看得更明白而使用的。播音员在备稿时，可以借助标点符号来帮助自己理解稿件意思，甚至在播音时，标点符号也仍然是播音员选择停连位置和把握停连时间的重要提示和参考。但是，播音是有声语言的创作活动，播音员切不可完全被书面语言中的标点符号所束缚。有声语言的停连，不能机械地按照书面上的标点符号来确定，否则反而会将稿件内容播得散乱、呆板，失去有声语言的活力。

在播音中，播音员要按照自己对稿件内容的理解，合理处置标点符号。在有标点符号的地方，我们可以根据需要适当连接；在没有标点符号的地方，我们根据需要也可以刻意停顿。例如：

福建省厦门市今天举行民族英雄郑成功纪念像奠基典礼。

这句话中没有标点符号，但是我们播的时候，却至少有两处要小停顿：一处是“厦门市”之后，一处是“举行”之后。因为不这样，听众就不易听清楚：在什么地点、什么时间、发生了什么事情。再如：

秦京输油管道，是大庆至秦皇岛输油管道的延伸工程。它经过河北省、天津市、北京市所属的十三个县市，穿越河流、铁路和公路一百多处，全长三百五十公里。

这段话中的三个顿号之处，我们在播的时候需要把它们连接起来，因为如果见顿号就停顿，往往会使内容变得零乱。

有些同志以为播音就是照本宣科，“书面上有标点就停一下，书面上无标点就连起来读”，如果按这种方法去读出“秦京输油管道”那段话，听众至少有两处就可能会误解：(1)把一省两市所包含的一共十三个县市，误听为除河北省和天津市以外，还有北京市所属的十三个县市；(2)把穿越河流、铁路和公路一共一百多处，误听为除了穿越河流之外，单是穿越铁路和公路就有一百多处。这样一来，就不仅使人听得很别扭，而且也影响新闻的真实性。因此，单纯按标点符号来确定停连是不行的。必须依据理解，对标点符号进行合理的处置。例如，对上述这段话的播读应该这样处理：

秦京输油管道∧是大庆至秦皇岛输油管道的延伸工程∧它经过∧河北省天津市北京市所属的十三个县市∧穿越河流铁路和公路一百多处∧全长三百五十公里。

综上所言，播音中确定停连位置，常常要打破稿件标点符号的限制。书面标点符号只是我们理解稿件时的重要参考，而在有声语言的创作中，何停何连要根据我们对稿件的正确理解来确定。

(三)把握停连的方式

在停连位置确定之后，我们还不能忽视停连的处理方式。因为任何一件事情，当我们决定去干以后，还必须考虑和讲究干的方法。不明确停连的位置，就无从谈处理的方式；不讲究停连的处理方式，即使位置准确，也不能保证表达效果的准确性。例如：

我抬起头来∧透过天边的风雨∧透过无边的黑暗∧我仿佛看见了一条光明大路∧这条路∧一直通向遥远的陕北。

这段话中的停连位置我们都确定了。但是，是不是在播的时候所有地方都一样停呢？显然不行。停顿时，要讲究时间的长短，停前声音的扬落，气息状态的强弱等；连接时，要讲究语流的急缓、曲直等。

下面简单介绍几种常见的停连方式：

1. 落停

落停一般用在一个完整的意思讲完之后(带回味性的意思除外)。它的特点是：(1)停顿时间较长；(2)停时声止气也尽(“气也尽”是指声音停止的时候，感觉气也正好用完，没有过多余存，并不是指生理上的停止呼吸)；(3)句尾声音顺势而落，停住。

例如“秦京输油管道”那条消息的结尾，就可以采用这种方式。

2. 扬停

扬停一般用在句中无标点符号之处，或一个意思没有说完而中间又需要停顿的地方。它的特点是：(1)停顿时间较短(有时仅仅是一挫而已)；(2)停时声停气未尽(有时甚至虽停却不换气）；（3）停之前的声音稍上扬或是平拉开。例如：

××人民广播电台，现在播送∧×××气象台∧今天上午十点发布的天气预报。

这段话中可以有几处停顿，其中如"气象台"之后的小停顿就可以采用扬停的方式。

3. 直连

直连一般用于有标点符号而内容又联系较紧密的地方。它的特点是：顺势连带，不露接点。例如：

听了他的话，我快走几步，紧紧地跟着他，但是不一会儿，我又落下了一大段。

这段话中"快走几步"与"紧紧地跟着"之间要连一下，连的时候就可以采用直连的方式。

4. 曲连

曲连一般用于标点符号两边既需要连接又需要有所区分的地方，特别是一连串的顿号相间，或者是排比句式之类的连接点。它的特点是：连环相接、连而不断、悠荡向前。例如：

北京、天津、上海、武汉、长沙等地也都下了雨。

这句话中的顿号之处需要连接一下，因为都停会显得语意零碎，但如果直连又会使五个地名没有区分。采取曲连的方式正好可以恰当表达。

采用曲连方式的时候，可以把接点前的那个字音拖长一点儿滑向接点后的那个字。当然，任何方法的掌握都需要我们在实践中反复体会摸索才能运用自如。

以上我们仅简要地介绍四种停连方式，这里有两点需要说明：

第一，停连方式是多种多样的，不仅仅有这四种。

第二，上述四种停连方式并不可以生搬硬套地使用在任何语句上。

停连方式的选用，不管是以上四种还是其他任何一种，都需要依具体语言环境中的具体语句情况而定，而运用时必须遵从的总原则，就是张颂教授在《朗读学》一书中所指出的：按文意、合文气、顺文势。

二、重音

任何人在表达自己的思想时都有明显的或潜在的目的。在两个以上的词语搭配成的句子里，总有最能表明自己说话目的的词语，需要我们在说话时加以强调。例如最简单的一句话：

我去。

假如我们是在回答别人的问话，当人家问“谁去”的时候，我们回答时强调的是“我”，因为这时需要告诉人家去的人是“谁”。当人家问“你去吗”时，我们的回答就不必强调“我”，而要强调“去”，因为人家问的就是你（答话人），这里不存在其他人去不去的问题，此时我们就要告诉人家自己是否“去”。再如：

我国的石油已经基本自给。

说这句话时，如果我们强调“我国”，那是在和“别国”比较；如果我们强调“石油”，那是在和“粮食”之类的“别物”作比；如果我们强调“已经”，那是说“不是即将”；如果我们强调“基本”，那是说“还不能完全”；如果我们强调“自给”；那是说“可以不依赖于进口了”。

总之，说同一句话时我们的语言目的不同，所强调的词语也就不同。那么反过来说，说话时强调的词语不同，表达出来的语言目的也就会不一样。因此，要想把自己的语言目的表达准确、鲜明，就不能不注意研究“哪些词语该强调”“怎样强调才好”这样一些问题，也就是我们要讲的“重音”问题。

（一）重音的作用

在播音中，我们所说的重音是就语句而言的。词和词组内部的轻读、重读叫轻重格式，段落和全篇的重要句子或层次叫重点。语句重音，就是指那些最能体现语句目的，而在播音中需要着意强调的词或词组。它解决的是播音中语句内部各词或词组之间的主次关系问题。

在有声语言的表达中，重音的作用是很大的。例如：

中央广播电视总台自成立以来，按照“台网并重、先网后台”思路，持续推动“三台三网”加速融合，实现了 1＋1＋1＞3 的传播效果。

这句话的目的是说中央广播电视总台成立后，按照正确的工作思路，加速了融媒体产品的生产，提升优化了传播效果。假如我们不有所强调，就会使人听不出媒体融合工作思路已从相“加”阶段迈向相“融”阶段的逻辑关系。只有当我们正确地选定重音——“并”“先”“后”，并且分别使用恰当的声音形式去强调之后，这句话的语言目的才能突出地显露出来。

由此可见，重音不仅能和停连一起使语意清楚准确，而且能使语句目的更突出、逻辑关系更严密、感情色彩更鲜明。重音是播音中不容忽视的重要表达技巧。

（二）如何选择重音

重音对于播音语言表达十分重要，那么怎样选择应该强调的词或词组——重音呢？

在正确理解语句意思的基础上，根据重音的主要作用，我们推出三条选择重音的标准供大家参考：

重音应该是突出语句目的的中心词；

重音应该是体现逻辑关系的对应词；

重音应该是点染感情色彩的关键词。

下面就从这三个方面谈谈语句重音的选择方法：

1. 突出语句目的的中心词

这类词是指那些在语句中占主导地位和最能揭示语句本质意义的词或词组。它们是准确、鲜明地传达语句目的的核心。

（1）陈述事实的主要词语

有些语句的目的是传达清楚事实。在这类语句中，交代人物、时间、地点和事件概况的主要词语就是突出语句目的的中心词。例如：

天津市宝坻县一位叫陈光兴的农民，最近从农村来到天津市科技情报所，要求查阅有关葱蒜种植方面的科技资料。

这句话中的主、谓、宾语是陈述事实的主要词语。我们只要强调“农民”“要求查阅”“科技资料”这三个词语，这句话所要讲的基本事实就清楚了。再如：

从昨夜23时起，黑龙江省西部地区发生了历史上罕见的春季暴风雪。

这句话中，“昨夜23时”“黑龙江省西部地区”这些交代时间、地点的状语，也是叙述事实不可缺少的词语。因为如果只强调“暴风雪”，事实还是不能传达清楚。时间和地点对交代清楚这一事实有重要意义。

以上两例说明交代时间、地点、人物、事件概况的词语，常常是陈述事实的主要词语。但在这类以说清事实为主要目的的语句中，这些词语又不见得都有必要强调，而是要看它们对说清事实有无影响。前例中的时间、地点对说清事实没有什么影响，我们就没有强调；后例中没有人物，动词谓语“发生了”也与说清事实没有什么影响，我们也无须强调。

（2）起说明、修饰、限制作用的主要词语

有些语句的目的除了叙述事实以外，更重要的是为了强调事件的性质、特点等。

在这类语句中，那些与语句目的最直接相关的说明、修饰、限制性的词语，也是突出语句目的的中心词。例如：

就在掩护华侨撤离之际，蛟龙突击队收到中国人质被恐怖分子劫持的消息，众人深感责任重大，义无反顾地再度展开紧急营救行动。

这句话除了要展现蛟龙突击队冲锋陷阵的英勇精神之外，更要赞颂蛟龙突击队面对又一突发危机时义不容辞、重任在肩、一刻不可耽搁的英雄主义情怀。因此，”义无反顾地”“再度”“紧急”也应该是突出语句目的的中心词。

再如前文提到的“黑龙江发生春季暴风雪”一句，其中“春季”虽只是“暴风雪”的限制词，但它与语句目的有最直接、重要的关系，因为它道出了事件的严重性。试想，黑龙江如果在“冬季”发生暴风雪，就并不罕见，况且人们已有御寒的准备，恰恰是在“春季”发生暴风雪，这才显出严重性，才使这句话的语言目的得以突出，并使下文的“抗灾措施”具有切实的意义。

当然，说明、修饰、限制性的词语并不一定都需要强调，我们强调的是那些与突出语句目的有最直接关系的主要词语。

（3）表示判断的主要词语

有些语句的目的主要是表明肯定或否定的态度。那么这类语句中的判断或起判断作用的词语，也可以成为突出语句目的的中心词。例如：

加快推进媒体融合向纵深发展，没有学界专家的积极参与行不行呢？不行。

这里的“不行”一词，就是表示判断的主要词语。它否定前文的假设，肯定学界专家的重要作用。强调“不行”一词，正是在突出语句目的。

（4）反语中的主要词语

有些语句的真正目的恰与文字表面的意思相反。播这类语句时，往往要在某些关键词语上体现出反义来，才能突出语句的真正目的。例如：

侵略者挑起了战火，还念念有词地叫喊：“我们在努力追求和平的目标。”

这句话中引用了侵略者的话，但语句的真正目的却恰恰是为了揭露他们好战和侵略的本质。理解之后我们可以看到，本质目的与表面说法相矛盾的焦点在“和平”一词上，抓住这一中心词加以着意强调，就会使侵略者的说法不攻自破，进而突出整个语句的真正目的。

（5）主要的数量词

有些语句中的数量词与语句目的有直接关系，这类词语也可以作为重音。例如：

都一年了，你才明白这个道理。

这句话的目的是嫌时间太久了，能够突出这一目的的中心词是“年”，强调这个量词就可以突出语句目的。如果把这句话改成：

才一年，你就明白了这个道理。

那么语句目的就不同了。它表示称赞，意思是说“这么短的时间里你就明白了”。能够突出时间短的中心词是“一”这个数量词，强调“一”，就能突出这句话的目的。

另外，在用数量对比来说明问题的语句中，数量词更是需要强调的中心词。例如：

轻纺工业品在出口中的比重，从百分之二十六点九提高到百分之四十六点九。

这句话是通过数量对比来报告工作成绩的。其中的原“百分比”和提高后的“百分比”都是需要强调的，而后一个“百分比”中的“四”更需要突出。因为它是区别于原“百分比”的最能体现成就的数字。

强调数量词语时，一般若突出数词则可以言其小、少、短；若突出量词则可以使人觉得大、多、长。这种带有规律性的现象，尤其值得我们注意。

2.体现逻辑关系的对应词

这类词是指那些具有转折、呼应、对比、并列、递进等作用的词语，它们是语句目的实现过程中的重要逻辑线索。

(1)线索性的重复出现的词语

有些稿件中常使用首尾呼应或反复提示一个线索的手法。

例如，《小橘灯》中先后两次重复出现的“我们大家”“都好了”，就是线索性的重复词语，它们的重复出现起到呼应作用，又有令人回味的新意，使全篇的逻辑联系自然而又严密。我们在播音时对这种词语就要分别给予强调。

(2)相区别而不相重复的词语

在复句中常常有明显的或潜在的逻辑关系。除关联词(“不但……而且”“虽然……但是”“因为……所以”等)以外，真正能体现复句逻辑关系的往往是那些相区别而不相重复的词语。它们是相关联内容的实质，也是我们所要强调的体现逻辑关系的对应词。例如：

我们要改变文艺界的作风，首先要改变干部作风，改变干部作风首先要改变领导干部的作风，改变领导干部的作风首先从我们几个人改变。

这是一个递进关系的复句。它没有使用一般的关联词，而是在回环重复之中一次次地推出新的意思，最终说出这句话的核心——“要改变文艺界的作风”首先要从主要领导者“改变”。这就是此句的根本目的。

从这一例句我们看到，这类语句必须显示出逻辑关系才能达到目的。如果我们反复强调“作风”“改变”之类的重复词语，就会使语意模糊，逻辑混乱。只有强调“干部”“领导干部”“我们几个人”这些非重复而有区别的词语，才能显示出层层递进的逻辑线索，突出最根本的语句目的。

在带有对比、并列、转折、呼应关系的语句中，对应词常常也是由那些相区别而不相重复的词语来担当的。例如前文提到过的“旧社会把人变成鬼，新社会把鬼变成人”之类的语句也是如此。

3. **点染感情色彩的关键词**

这类词是指那些对显露丰富的感情色彩、情景，烘托气氛等有重要作用的比喻、象声以及其他形容性的词或词组。它们可以使特定环境中的语言目的生动形象地突出出来。

(1)比喻性词语

有些语句中常用打比方的手法来叙述抽象的或难以理解的事物和道理，这样可以使人听来通俗易懂、生动形象，这类比喻词也可以成为重音。例如：

那小河亮晶晶的就像镜子一样。

这句话中的“镜子”是个比喻，它形象地突出了“小河”的样子，使“亮晶晶”的形容更具体了。这也正达到本句的目的——向人们描述“小河”的样子。与此同时，这一比喻之中也显示了“很喜欢”的感情色彩。因此把“镜子”作为重音来强调，在这句中是比较恰当的。例如：

他对这一切毫不在意，把它们当作蛛丝一样轻轻抹去，只是在万分必要时才予以答复。

这句话中“蛛丝”是个比喻，通过强调这一词可以表现出“他”对“它们”的轻蔑，形象而通俗地表明语句目的——赞扬马克思那种不计个人、无所畏惧的革命精神。例如：

会场里响起了雷鸣般的掌声。

“雷鸣”也是个比喻。这句话的目的除了让人知道会场里响起了“掌声”这一事实之外，更主要的是让人感受到一种热烈的气氛。我们强调“雷鸣”一词，就恰好烘托出这种气氛。

(2)象声词

有些语句中常常用象声词来突出人物或事物的情状，表达某种感情。这种象声词在一定的语句中也可以成为重音。例如：

轰隆一声巨响，敌人的碉堡飞上了天。

这句话中“轰隆”一词是象声词，它不仅是本句要表达的直接事实（其他词语都是说明和解释它的），而且也是这句话中点染感情色彩的关键词语。它不仅能使人闻其声进而知其事，而且可以通过播者的语气给人以“胜利的欣喜”“杀敌的痛快”等感受。因此，这一象声词应该成为本句的重音。

还有些象声词，对于表现语句的内在含义有重要作用。例如《草地夜行》的最后一段第一句：

风，呼呼地刮着。雨，哗哗地下着。黑暗笼罩着大地。

这是在借景抒情。它表现了红军老战士牺牲之后，小战士沉痛的心情。因此，“呼呼”和“哗哗”这两个象声词，在这里都有深刻的寓意。我们强调这两个词，可以点染出全句的感情色彩，把小战士的内心思想感情与客观环境一同表达出来。

以上我们从三个方面谈了语句重音的选择。这三条标准只是给大家提供一些选定重音的途径，望读者不要机械套用。

选定重音的总原则是：以能否突出语言目的为首要标准，综合考虑逻辑关系和感情表达的需要，有利则取，不利则舍。

（三）如何强调重音

选定重音之后，并不一定就能恰当地表达出语句目的。如果方法不恰当，也会影响表情达意的准确性，使传达效果不佳甚至相反。比如：

你好！

假如这是一句回答别人问候的话。人家问候说“你好”，我们也相应地回敬这样一句。这时可以把“你”作为重音。但是如果在强调这个重音时分寸不当，过分加重，结果反倒会使人觉得有讽刺、谴责或者轻蔑的意味，这样一来反而违背了自己原来的语言目的。

可见，不讲究方法是不行的。

有人曾把重音只理解为“加重声音”，这是错误的。突出和强调一个词或词组，绝不仅仅是靠加重声音，还有许多方法可供使用。

下面就简单介绍几种常见的强调重音的方法。

1. 强弱法

这是一种用声音的轻重、高低变化来强调重音的方法。例如：

朱建华今天下午跳过两米三八的高度，再一次打破了男子跳高世界纪录。

这句话中“朱建华”“今天下午”“两米三八”“再”都是要强调的重音。我们可以用音高来强调人名，用加重来强调时间，再用音高来强调运动成绩——“两米三八”和事件意义——“再”。这样就使得全句几处重音都能有所强调，而又使强调的分量有区别。再如：

江姐吃了一惊：布告上怎么会出现他的名字？

这句话中“他”是我们要强调的重音之一。但由于这句话是心理活动，自己又身处敌占区，“江姐”虽大为吃惊，却不能失声表露出来。因此，在这一特定语言环境中强调这个重音，就可以采取语气加强，而声音轻、低的处理方法。

可见，重音不光可以用强和高的声音来强调，强中见弱，高中显低也不失为有效的方法。

2. **快慢法**

这是一种用声音的急缓、长短、顿连等变化来强调重音的方法。例如：

这就是朝鲜战场上一次最壮烈的战斗——松鼓峰战斗。

这句话中“松鼓峰”是重音之一。为了使这一战斗的名称给人留下更深的印象，也是出于对这场战斗怀有的特殊感情，我们在强调这一重音时，可以采取放慢语流的速度，适当延长每一字的声音或者在每个字之间稍加顿挫的方法。

另外，用短促、加快、紧连的方法也可以突出重音。比如表示否定态度时所强调的重音“不能”“不对”等，一般“不”字的声音都比较短促，并且与下一个音“能”“对”要紧紧相连。

3. **虚实法**

这是一种通过声音的虚实变化来强调重音的方法。例如：

这张照片的主人已经不在人间了，照片本身也在一场浩劫中化成了灰烬，但是当时的情景，却永远留在我和妻子的心里。

这句话中的“永远”是重音之一。为了表达深切缅怀的心情，我们可以适当采用虚声来强调这个重音，使这种深沉的感情和坚强的决心得以充分展现。

以上我们简单介绍了几种强调重音的方法。这些方法仅仅是常见的和一般的方法。事实上强调重音的方法是多种多样的，我们不可能在此一一列举。同时，在实际播音中，强调重音的方法往往是综合使用的，我们讲解时却只能分而论之。

总之，所谓强调重音、突出重音，都是在对比之中实现的。有时是“水涨船高”，有时是“此消彼长”。但不管怎样，任何时候都是有强才显弱，有快才显慢，有虚才显实。至此我们便可以指出，尽管强调重音的方法尽管是多样的，但总体要求只有十六个字：加强对比、协调适当、讲究变化、切忌呆板。选用方法时要从三个方面去考虑：(1)要能准确体现语句目的；(2)要依据思想感情的运动；(3)要符合语流变化的需要。

第六节　语气和节奏

在解决了停连、重音的问题之后，还有两项重要的工作要做，那就是语气和节奏的处理。同停连、重音一样，语气和节奏也是语言表达中重要的技巧。

在日常生活中，这句话怎么说，那句话怎么说，人们很少去琢磨它，一般情况下，心里怎么想的，口中就怎么说出来，但播音不是日常生活的谈话。播音要在有限的时间里表达出一定的内容、一定的思想感情，让我们的听众听得明白，受到启发和感染，那是无论如何也不能随随便便去说的。如果我们不认真琢磨每一句话，而是随心所欲地播出去，那么我们的播音将达不到准确、鲜明、生动的要求。

为了具体说明怎样琢磨播音的语气和节奏，怎样正确地运用语气和节奏，我们先分别来谈，然后再总结一下停连、重音、语气和节奏这四种技巧的关系。

一、语气

我们所说的语气，既不是日常生活中人的自然语气，也不是电影、话剧里角色的语气，更不是评书、相声中所使用的语气，而是播音语气。这一点是首先要明确的。广播电视宣传中的播音语气，既有语气的一般意义，又有自己的特点。

播音语气，是指在一定的具体思想感情支配下具体语句的声音形式。由于全篇稿件和整个思想感情的运动状态的要求，以及各个语句的本质不同、语言环境不同，每一个语句必然呈现出“这一句”的具体感情色彩和分量，并且表现为千差万别的声音形式。因此，在谈到运用语气技巧的时候，我们一定要把握三个相辅相成的环节，那就是：

(一)受一定的具体思想感情支配

可以说，没有具体思想感情的语言是不存在的，但在播音中，特别是在播送别人写的稿件时，容易发生思想感情贫乏的情况，好像稿子已经写好，思想感情已经蕴含在里边儿，不再需要我们赋予什么思想感情了。有的播音员甚至认为，一切赋予稿件的具体思想感情都是外加的、多余的、画蛇添足的。殊不知，稿件中的具体思想感情是通过文字语言体现出来的，是诉诸视觉的，可以在阅读中反复体味。而有声语言中的思想感情，就必须靠播音员的再创作体现出来。语气的技巧如果离开具体思想感情的支配，就会像断线的风筝，飘忽不定。

(二)以具体语句为范围

语气，是以具体语句为范围的。这意思是说，它既不是以字、词为单位，也不是以词组为单位，更不是以层次、全篇为单位。只有紧紧抓住语句这个单位，才可以在运用语气技巧时避免对细枝末节的纠缠，防止空泛笼统。

在播音中，往往有见字生情的现象，那是因为以字、词为单位，就陷入细节，看不到一整句话思想感情的核心。还有语句空洞的情况，那是因为以层次、全篇为单位了。以层次、全篇为单位，就失去了“这一句”的个性，忽略了“这一句”同“那一句”的具体差别，很容易使各句一个样。

当然，以语句为单位，并不是不管字、词的含义，也不是不管一句话同上下文的关系。恰恰相反，正因为是以语句为单位，才会在全句的整体上把握字词的地位和作用，使每一个字词各得其所。正因为是以语句为单位，才会在“这一句”上下功夫，找到这一句与上一句、下一句的联系与区别。

(三)化为某种声音形式

有了具体的思想感情作为依据，有了“这一句”完整的独立意思，就为有声语言打下了坚实基础，这时的声音形式就有可能比较完美了，但这丝毫不意味着声音形式不重要。因为语气这个技巧不是隐藏于内心的东西，它应该裸露在声音上，一说到语气，必须抓住声音形式不放，推敲它，研究它，使它真正起到表情达意、言志传神的作用。

这里的声音形式并不像有些人说的那样，是什么由低到高、由高到低等简单的直线变化，它应该包括音色、音高、音强、音长等多层次、多侧面的变化，它应该是立体的。

总之，只有将这三方面结合为一体，语气的技巧才能在播音中充分发挥出来，才不会无所适从或随心所欲。

在具体语句的范围里，语气的感情色彩和分量是“这一句”的灵魂。语气的感情色彩是指这句话中所包含的是非和爱憎等。是非，是指对不对，好不好，是肯定还是否定，是褒义还是贬义；爱憎，是指我们从具体语句中油然而生的不同的感情，如喜、怒、哀、恶、爱、欲、惧等。是非和爱憎，只是一个大体的范围，有了这个大体的范围，我们才可以使语气的色彩尽可能地贴切，避免笼统、单一。例如：

> 俗话说：受恩容易知恩难，知恩容易感恩难，感恩容易报恩难。

这句话表面上看很浅显，一般人都知道它的意思。但是在《两袋玉米面 报恩半世纪》这篇通讯中，却不能轻轻带过，因为它起着开门见山地引出郝向荣同志常怀感恩之心这一情节的作用。因此，这段话起头几句内容让人联想到当下“好人难做”“白眼狼”“升米恩，斗米仇”这样的社会痛点，而以这样的联想带来的感受去播这句话，对语气的把握就不能是笑眯眯的、兴味盎然的。

在和田，有一位七旬老人，为了报答 20 公斤玉米面的恩情，47 年无悔付出，用行动诠释了“滴水之恩当涌泉相报”的意义。

这段话紧接上句，尽管上句中我们容易将表达内容与当下一些不太好的社会现象产生联想，但这句话的出现立马将人们的思考方向转移至对郝向荣的赞扬和褒奖上。对比前一句引发的社会共鸣，我们的感受应以“这是不应该的”为基础，采取不赞成的态度，语气色彩是“憎恶”的，但融入浓厚的“惋惜”之情，因为我们不应嘲讽憎恶这样的同志，而是恨铁不成钢，并努力用郝向荣同志的事迹教育他们，使他们恢复和谐社会的信念。接着，“在和田”这句话一转，我们对郝向荣热情赞扬，充满了敬爱之情。到“滴水之恩当涌泉相报”，语气中的赞扬色彩要表露得真挚、深情。

语气的色彩是十分丰富的，有时多种多样的感情融合在一起，在语气中多层次地显露出来。这多种多样的感情肯定有主次之分，或以爱为主，渗入喜、悲等；或以恶为主，渗入怒、惧等；或以欲为主，渗入喜、怒等。如果仅从概念出发，“这一句是喜悦的”“这一句是悲痛的”，就会导致语气干巴，甚至言不由衷、虚假生硬。

语气本身还有分量上的变化，这同样也是十分丰富的。所谓分量，是说“这一句”所包含的是非和爱憎的程度。同样是喜悦，有的地方是极为喜悦，有的地方只是比较喜悦；同样是愤怒，有的地方是十分愤怒，有的地方是稍有怒意等。就一句话来看，我们用什么语气表达它的分量，一定要仔细琢磨。

如例稿第一句，分量就不能轻，轻了就无法表达当下社会存在“不懂感恩”的现象，但也不能太重了，太重了显得这样的社会现象是普遍的，容易以偏概全，而在语气上产生强压式批评的效果。因此，这一句的第一句分量应该是中度稍轻，既不是轻度分量，也不是重度分量，而随后语气的分量逐渐由中度到重度。

为了更好地驾驭语气技巧，我们从使用有声语言的实际出发，提出“语势”的概念。语势指有声语言的发展趋向和“这一句”声音流动的态势。如例稿中的第二句，前一部分承上句，向稍低、稍轻的方向发展，中间部分又渐起，为下一句呈现较高、较重的态势做好准备。

我们说“趋向”和“态势”而不说“调势”或“样式”，是因为我们考虑到播音是在使用有声语言、基本上不是分析有声语言的现实。使用有声语言，是在出口之前，首先有一个随思想感情运动的、对具体语句的把握，然后根据语言环境和语意要求去驾驭声音形式，这种情况不允许也没有必要对声音形式本身进行固定的、唯此为佳的分析。而对有声语言的现实进行分析就不同，那是对已经出口的话的声音形式给以测定。这个问题十分重要，不这样考虑，就会把使用有声语言的特殊性抹杀掉，不利于对语势的理解和驾驭。

语势变化必须建立在主次关系上，建立在感情色彩和分量上。而语气的感情色彩和分量，又融合在词组、句子、段落的主次关系中，显露出丰富的、有层次的变化来。我们看例稿《两袋玉米面　报恩半世纪》里的这一自然段：

那时郝向荣每月工资41.07元，妻子在乡上当老师，每个月工资只有28.6元，却用2年时间攒钱为喀迪尔家花150元买了1匹马，后来又花200元买了1头牛。∧一家人省吃俭用、过紧日子，又攒下650元为喀迪尔家买了52只羊，帮助发展养殖业，还将自家的10亩西瓜地无偿赠与喀迪尔家耕种，希望能改善喀迪尔家的经济状况。

这一段中，第一句承上段，由“宁可让自己和家人苦一点，也要帮喀迪尔家买下地干活的马和牛”转折而来，具体点染郝向荣的感恩之情，由对自身生活的困境转为不遗余力地帮助喀迪尔一家，其中饱含对郝向荣的敬佩。“郝向荣每月工资41.07元”“妻子每月工资28.6元”“用2年时间”等数字足以体现郝向荣竭尽全力的感恩之心，在播音时我们应感同身受，加以强调。第二句在第一句基础之上对郝向荣不遗余力的帮扶决心进行了更为深入的体现，从内容上看和上一句无差别，处理起来容易无色彩、无分量，然而从内容细微之处着手便能了解这句其实更进一层表现出郝向荣报恩的决心，展现了郝向荣崇高的精神境界，在语气上，赞扬的色彩要更加明显。

语势不应该有固定的模式。它是一个流动的、灵活的概念。在一句一句的话中，声音形式强弱、高低、快慢的变化，气息深浅、多少、快慢的变化，口腔状态松紧、开闭、前后的变化，几乎同时进行。这些变化，很难在瞬间照顾周全，播音员必须用思想感情的运动状态给以支持，加以统率。所以我们说“语无定势”，意思就是说语势没有公式，不能到处套用，而要靠我们驾驭有声语言的功力。

二、节奏

节奏是有声语言运动的一种形式。在播音中，节奏是由全篇稿件生发出来的、播音员思想感情的波澜起伏所造成的抑扬顿挫、轻重缓急的声音形式的回环往复。

这里有两个问题要明确：一个问题是，节奏不能和语气混淆，语气以语句为单位，节奏以全篇为单位；另一个问题是，节奏一定要有某种声音形式的回环往复，而不是毫无规律可循的各种声音形式的拼合。下面我们就这两个概念性问题加以说明。

节奏是指全篇稿件的声音形式，而不是一个句子、一个层次的声音形式。这一点一定要明确。打个比方说，敲钟有各种敲法。一声钟响，我们听不出“节奏”，只能判断其轻重、长短，犹如“语气”。如果是好多声钟响，我们不但能听出每一声的轻重长短，还能听出是紧张的（类似“鬼子进村了”），还是舒缓的（类似“悠扬的钟声”），那就属于节奏了。当然，节奏不是空的，它必须体现在一声一声的钟声里。在播音时，这种区分很有必要，因为我们既要播好每一句的语气，又要把握好全篇的节奏；既要在节奏上有统观全局的能力，又要有驾驭每一句语气，使之体现全篇基调的能力，二者缺一不可。

我们说节奏的概念里，核心问题是声音形式的回环往复，播音员在回环往复中表现出声音形式的规律性。那么，回环往复到底是什么样子呢？具体到稿件中怎样把握呢？还是以例稿《两袋玉米面 报恩半世纪》来说明。

这篇例稿歌颂了郝向荣同志为了报答 20 公斤玉米面的恩情，47 年无悔付出，用自己的实际行动报答喀迪尔的宝贵精神，鼓舞人们像郝向荣那样常怀感恩之心、懂得知恩图报，基调是褒奖赞扬、坚毅质朴的。在节奏上，一定要把握两条平行线：一条是郝向荣自身家庭的困境和对女儿的陪护不足，另一条是郝向荣不遗余力报恩喀迪尔一家。这两条平行线以后者为主线，以前者为辅线。主线体现出郝向荣的崇高品质和我们对他长达半世纪无悔付出的赞扬。主线在全篇的一次显露，就是节奏的一个回环，主线的不断显露，造成了声音形式的回环往复。

主线显露的过程，包括三个环节：前后的转换、语气的色彩和分量、语势的变化。每一次显露都包含这三个环节，回环往复即这三个环节相似、相近声音形式的不断呈现。如下列各处：

俗话说：受恩容易知恩难，知恩容易感恩难，感恩容易报恩难。在和田，有一位七旬老人，为了报答 20 公斤玉米面的恩情，47 年无悔付出，用行动诠释了“滴水之恩当涌泉相报”的意义。

……

知恩就要报恩，郝向荣把感恩之情化为行动。在粮食短缺的情况下，自己家人吃玉米面，将省出的白面、大米送到喀迪尔家。

……

郝向荣暗下决心，宁可让自己和家人苦一点，也要帮喀迪尔家买下地干活的马和牛。

……

俗话说：善始容易，善终难。但郝向荣为了兑现对喀迪尔的承诺，近半个世纪以来，对阿卜拉的照顾甚至超过对自己的儿女。

这几处都有转换，基本上都属于由抑到扬的转换；转换前的语气大都是平实、客观的色彩，转换后的语气大都是肯定、赞扬的色彩，而且分量均比转换前重；前面的语势较轻缓、较低沉，后面的语势较昂扬、较舒展。全篇中，所有这类语气、语势，组成热情赞扬、坚毅质朴的语言样式的回环往复，从而形成了这篇稿件凝重型的节奏。

就节奏类型看，大概可以分成六类：高亢型、紧张型、轻快型、低沉型、舒缓型、凝重型。这六类在不同的稿件中有不同的结合，但这种结合并不并列，而是以某种类型为主，以其他类型渗入为辅，既有节奏的具体性又有节奏的丰富性。

在节奏的类型上，有两种情况要尽力避免。一种情况是把节奏看作单一性的东西，比如稿件节奏主要是凝重型，从稿件的第一句到最后一句，句句都向凝重型靠拢，唯恐有一句脱离了凝重型。这种单一性的认识，必然使我们的播音单调呆板、语气僵化，特别是由于拘泥于声音形式上的某种定型，造成思想感情运动状态的固化，失去活力。另一种情况是把节奏看作拼凑起来的东西，东一榔头西一棒槌，句、段、篇之间的逻辑关系、色彩搭配起伏变化，貌似活泼，但却没有主线，没有回环往复，像个大杂烩。这就会使稿件基调紊乱，语气含混，思想感情的运动状态或失去控制，或变得虚假。

为了更好地驾驭节奏，我们常常使用一些行之有效的方法，使我们的播音既有思想感情运动状态的内心依据，又能显示出声音形式的层次序列。下面我们简单谈一下运用节奏的方法。

（一）欲扬先抑，欲抑先扬

《两袋玉米面 报恩半世纪》这篇通讯里，很多地方都是“欲扬先抑”的，在播音中也可以为适应稿件内容，采用这种方法。如第一自然段，以“在和田”为转折，前面是“抑”，后面是“扬”。

欲扬先抑和欲抑先扬简单一点说就是：要想使这一部分突出，就要使前一部分削弱，突出的方法既可以是较重、较高、较慢的声音形式，也可以是较轻、较低、较快的声音形式。为了使“47 年无悔付出，用行动诠释了滴水之恩当涌泉相报……”突出，为了显示赞扬、肯定、坚毅的色彩，既要用较重、较高、较慢的声音形式表达，又要从“俗话说……”起，用较轻、较低、较快的声音形式表达。如果从一开始就用较重、较高、较慢的声音形式表达，那后面就无法突出了。

可以看出，欲扬先抑、欲抑先扬，也包括欲快先慢、欲慢先快、欲重先轻、欲轻先重等，这里就不详谈了。

（二）加强对比，控纵自如

节奏的运用是十分丰富的，它表现在回环往复的不同类型上，也表现在音高、音强、音长、音色的不同对比上，更表现在随着思想感情的运动，声音形式的控制、纵放的自如上。还以第一段为例，如果我们在“而有的人”之前以很低、很轻、很快的声音形式表达，之后又以很高、很重、很慢的声音形式表达，这一段无疑就成了两张皮，前后脱节，起伏无据，只会使人感到做作，甚至莫名其妙。因此，我们要加强对比，却不能使对比生硬。

控制，是说该平淡处少添色彩，该削弱处清楚带过；纵放，是说浓烈处不可冷漠，该突出处大胆抒发。不论控纵，都应从容自如，毫无拘谨做作之态。

三、停连、重音、语气、节奏的关系

停连、重音、语气、节奏，是我们播音语言表达思想感情的基本技巧。这四种基本技巧既有区别又相互联系。

播音一般是把整篇稿件播送出去，给人以完整印象的。即使是再短的稿件，也只能一句一句地说，不可能同时说出。这正是播音的特点所在，它不同于戏剧、电影等综合艺术的表现样式。由此可以看出，播音是语句表达循序渐进的过程，是语气的时间推进过程。

我们说，语句是表达的基本单位，并不是意味着我们只管句子不顾全篇。相反，我们一定要立足全篇，立足于各语句之间的内在联系，深入感受每一语句的内涵、色彩和分量，特别要抓住重点语句。只有这样，才能使停连、重音融入语流之中，贯通于语气之内。而节奏，也就在重点语气的回环往复之中自然显露出来。

在播音中，重点要抓语气的表达，用语气带动重音，用语气统领停连，用语气显露节奏，这是播音实践中的重要经验。当前，我们播音中的明显弱点是语气不够准确、鲜明、生动，腔调固定、语气技巧贫乏。有些基层播音员，有丰富的生活经验，思想感情也十分充实，对党的方针政策的理解也比较深刻，唯独在表达方面，总被某些框架束缚着手脚。比如“句句得像中央台”“句句得感情饱满”“句句得有气势”，问题几乎都出现在语气无个性、无色彩上。

要想提高播音质量，不在语气上下功夫是不行的。在语气上下功夫，就要熟练运用这四种基本技巧，而不要顾此失彼。有些同志习惯于只在稿件上画停连、重音，以为有这两种技巧就够了，就能应付播音了，这是不对的。因为停连、重音失去了语气的带动、依托，就会僵硬，失去语言的活力。语气的色彩、分量、语势是不容易在稿件上标出来的，却十分重要。可以说，停连、重音虽然可以根据所标符号播讲，显得容易掌握，但是如果不用语气带动那是播不好的。语气就更需要内心的充实和运用得熟练，临时抱佛脚是无济于事的，这也是我们特别强调语气重要性的一个原因。重视语气技巧的训练和运用，将使我们的播音更上一层楼。

例稿:通讯

两袋玉米面 报恩半世纪

俗话说:受恩容易知恩难,知恩容易感恩难,感恩容易报恩难。在和田,有一位七旬老人,为了报答20公斤玉米面的恩情,47年无悔付出,用行动诠释了“滴水之恩当涌泉相报”的意义。

陷入困境村民伸援手

1970年3月底,立春已近2个月,但冬姑娘依然恋恋不舍,不愿离去。一天傍晚,皮山县国营牧场干部郝向荣刚回到家中,与怀有身孕的妻子和3个子女一起坐在火炉旁烤火,就听到一阵急促的敲门声。

还没等郝向荣的妻子回过神,郝向荣就被冲进来的几个人带走了。由于事发突然,又不知郝向荣何时能回来,没过几天,郝向荣的妻子和3个孩子就断粮了,生活陷入困境。在那个年代,各家口粮都很紧张。就在这时,邻村乔达乡巴什拉克比纳木村的磨面匠喀迪尔·卓亚知道郝向荣家的情况后,先后节省出20公斤玉米,磨成玉米面分两次给郝向荣家送去,解决了他妻儿的燃眉之急。而喀迪尔自己家也有7个正在长身体的孩子需要粮食,还有1个出生不久嗷嗷待哺的孩子。

35天后,事情有了转机。因事实不清,证据不足,郝向荣被无罪释放,并且恢复了干部身份。得知喀迪尔在家中极度困难时毫不犹豫施以援手,郝向荣深受感动,将这份恩情铭记在心,回报在行动上。

感恩于心报恩于行

1956年,14岁的郝向荣和母亲从河南老家来到新疆,与当时在皮山县桑株乡担任公安大队大队长的父亲团聚。1958年,根据组织安排,郝向荣进入皮山县乔达乡国营牧场工作。由于工作表现出色,他很快被提任为副场长,不久后又被提任为场长。父母看到他的工作成绩很欣慰,退休后放心地回了河南老家,把郝向荣留在了皮山。

郝向荣早已把皮山当作第二故乡,把周围的乡亲视为自己的亲人,互敬互爱地在一起工作、生活。“大家都很友好、各民族之间都很团结,可能也正因为如此,喀迪尔愿意帮助我的家人。”郝向荣回忆说。在喀迪尔帮助郝向荣的家人前,他们之间并不太熟悉。

知恩就要报恩,郝向荣把感恩之情化为行动。在粮食短缺的情况下,自己家人吃玉米面,将省出的白面、大米送到喀迪尔家。

郝向荣了解到喀迪尔家有21口人,但老的老、小的小,家中缺乏劳动力,干农活完全靠人工,耕种17亩地十分辛苦。郝向荣暗下决心,宁可让自己和家人苦一点,也要帮喀迪尔家买下地干活的马和牛。

那时郝向荣每月工资41.07元,妻子在乡上当老师,每个月工资只有28.6元,却用2年时间攒钱为喀迪尔家花150元买了1匹马，后来又花200元买了1头牛。一家人省吃俭用、过紧日子，又攒下650元为喀迪尔家买了52只羊，帮助发展养殖业，还将自家的10亩西瓜地无偿赠与喀迪尔家耕种，希望能改善喀迪尔家的经济状况。

1974年6月，喀迪尔的妻子因病去世。同年9月，喀迪尔又身患重病。郝向荣将喀迪尔接到家中，并带喀迪尔就医，悉心照顾喀迪尔的生活起居，9天后，喀迪尔的病就康复了。

可没想到，喀迪尔回到家2个月后却传出噩耗，赶巴扎时喀迪尔从乘坐的马车上摔下来，生命垂危。郝向荣得知消息后，第一时间赶到喀迪尔家。在弥留之际，喀迪尔拉着郝向荣的手，请郝向荣帮助照顾当年只有4岁的小儿子阿卜拉·喀迪尔。郝向荣含泪答应了喀迪尔的托付，并承诺会把阿卜拉当成亲儿子一样对待。

为承诺坚守近半个世纪

俗话说：善始容易，善终难。但郝向荣为了兑现对喀迪尔的承诺，近半个世纪以来，对阿卜拉的照顾甚至超过对自己的儿女。

喀迪尔去世后，他的7个孩子生活都能自立，只有小儿子阿卜拉寄养在喀迪尔的弟弟家中。尽管阿卜拉没有和郝向荣在一起生活，但郝向荣一有时间就会去看望阿卜拉，有好吃的、好玩的不是拿回家，而是直接拿去给阿卜拉。

郝向荣经常忙于工作，又一心照顾阿卜拉，相反却很少有时间照顾自己的4个孩子。那时妻子工作也忙，夫妻俩一商量，便狠心将大女儿送回河南老家寄养。

提起往事，郝向荣心里至今还满是愧疚。“我对妻子和子女亏欠太多，当年把大女儿送回河南老家时，由于大女儿从小在新疆长大，不会说河南方言，父母又不在身边，常受同学欺负。5年后，家里条件稍好一些了，我们又把大女儿接回身边，可发现，大女儿和我们的感情疏远了。在学校她说着一口河南方言，其他同学听不懂，也不愿意和她玩……”说着说着，郝向荣哽咽了。

“不过让我欣慰的是，阿卜拉现在生活上不算富裕，但他是一个老实本分、让我放心的好孩子。”

郝向荣的子女成年后，先后去了和田市工作。2000年，郝向荣退休后，儿女们想将郝向荣接到和田市养老，都被拒绝了，他在为阿卜拉的终身大事操着心。2001年，郝向荣和妻子代表阿卜拉的父母到皮山姑娘努尔妮萨·阿不杜卡迪尔家提亲，并为阿卜拉操办了热闹的婚礼。那之后，郝向荣和妻子才搬到了和田市的子女身边。

但郝向荣一刻都没有忘记照顾阿卜拉的承诺，阿卜拉有什么事也会第一时间想到找郝向荣。只要阿卜拉开口，郝向荣都会尽快从200公里外的和田市赶到村里给阿卜拉送钱、送物，分忧解难。

2006年，郝向荣因患直肠癌在乌鲁木齐治疗，住院期间接到阿卜拉的电话说需要树苗，郝向荣马上联系自己的大女儿给阿卜拉送去了树苗，并一再嘱咐女儿不要把自己的病情告诉阿卜拉。

2015 年 7 月，皮山发生了 6.5 级地震，阿卜拉家的房子在震中变成一片瓦砾，只能借住在邻居家的旧房子里。2017 年，自治区党委宣传部驻巴什拉克比纳木村工作队为解决无房户的现实困难，为阿卜拉申请到了富民安居房的建房指标。阿卜拉喜极而泣，但又为交不上6 000元的建房押金而发愁。郝向荣得知此事后，帮阿卜拉交了押金，不久他们一家人就住上了新房。

“我父母去世后，郝叔叔就是我的依靠。40 多年来，我习惯了有事就找他，没少给他添麻烦。他为我花的钱算都算不清，他对我比对他亲生子女都好。”说起郝向荣，阿卜拉的话语里充满深深的感激。

在父亲的影响下，郝向荣的子女也和阿卜拉亲如兄弟姐妹，感情很融洽。

如今，郝向荣的大女儿郝俊莲也已退休，一有时间就会叫上丈夫开车带郝向荣回村里看望阿卜拉。

“小时候不明白父亲为什么会为了照顾一个没有血缘关系的孩子，将自己的亲生女儿送回老家寄养，这在我成长历程造成不小的心理伤害。但逐渐受父亲的言传身教影响，让我明白了父亲是一个知恩图报、言而有信的人。他也在用实际行动践行民族团结，父亲是我们全家的榜样和骄傲。”郝俊莲告诉记者，她早已对儿时的经历释然了，父亲带给子女的是宝贵的精神财富。

第七节　话筒前状态

话筒前播出是播音工作中的最后一环，是整个播音创作的关键。可以说，话筒前状态正确与否是播音成败攸关的问题。所以播音员在话筒前应该怎样工作，怎样才能有一个正确的播音状态，是极为重要的问题。

有的人认为，稿件准备得没问题，到话筒前肯定没问题。这种说法不对。因为准备好了以后还有一个创作状态的问题，不是说准备好了稿子就一定能播好。往往有这种情况：播音员稿件准备得还好，从理解、感受到表达等都花了很大气力，一到话筒前却脑子空空，只能干巴巴地出声念字，没有表情达意的积极主动状态，甚至错得一塌糊涂。在这种情况下有的人认为：“稿子不能多看，看的遍数越多越播不好，看一遍就播反而更好。”我们说是有这种情况，有时时间紧，来不及多看就得播出，这时由于怕出错，播时思想比较集中，播出来效果还可以，其实这从另一个角度证明了话筒前状态的重要性。但是这绝不能说明备稿不重要，相反，如果我们有了过硬的备稿功夫，到话筒前再有一个好的状态，那不就锦上添花了吗？

一个好的话筒前状态，可以使你充分准备的稿件得到发挥，感情、声音、气息运用自如，既能避免出错，又能应付紧急情况。

那么，在话筒前怎样才能有一个好状态呢？这个问题不是用某个概念就能说明的。因为它涉及的问题很多，如话筒前工作的原则、要求和方法，播音员的政治觉悟、业务思想、业务水平，工作环境和条件等。这里只谈一般的问题。

一、播前准备

进播音室前要做好充分的准备，最重要的当然是分析理解稿件，但也还要做一些具体细致的技术性工作。

（一）弄清字、词、术语、典故

对于字、词、术语、典故，不懂就要问或自己查，绝不能想当然地播出去。特别是对生字要注音。为什么这个问题还要在这里提出来呢？因为这是我们常见的但又不能引起注意的普遍问题。需要提醒的是，有的人注上音还读错，这是对拼音不熟造成的，要注意多练、练好。还有，如果自己对这个生字能记住，那就根据自己的情况来定，一般标个声调就可以了。这样能起一个提示作用，不容易播错。

（二）不清楚的字要描清楚

稿件中字迹比较潦草、看不清楚的，备稿时要描清楚，否则到关键时刻容易出错。例如有一位同志一次在播天气预报时，里面有这样几个字“零下 7℃”。其中，“7”字写得像“干”字。由于播之前没有描清楚，到话筒前直播时重复几遍才读下来，影响很不好。所以遇到这种情况，一定要描清楚字，做好充分准备。

（三）备稿后抓紧时间上口试播

备稿后要上口试播，特别是绕口的字句要读熟。据中央人民广播电台的老播音员讲，国家领导人出国访问之前，播音部常常把访问国家的领导人人名和地名等整理出来贴在墙上，播音员都要上口熟读，这样如果遇到时间紧的情况，尽管看得少，也能流利地播出。

我们基层台、站的稿子，有时可能是播音员自己写的，内容都是自己熟悉的，但也不能因此而不备稿。因为这里还有一个再创造的问题。我们播音不但要自己懂，还要传达给听众，这就有“怎么播”的问题。所以不管是谁写的稿子，播音员都要认真上口试播。如果是两个人一起完成的节目，还要两个人一起试播。从内容、情绪到用声都要配合好，要注意是两个人在共同完成一次节目。

(四)弄清楚稿件的顺序

因为没有弄清楚稿件顺序而出差错的大有人在。有的人把稿子的顺序播颠倒了,结果录完后还得重新改,如果时间紧或直播遇到这种情况就难以挽救。有的人甚至都播到一半了才发现稿件页数接不上,丢在办公室一张。所以,播音员在播之前一定要检查稿件顺序。

(五)话筒前活动声音

播音员如果早晨起来后练声了,话筒前就根据自己的情况,把播讲愿望调动起来就可以了。如果没有练声,备稿后有时间或稿件没发之前就要活动一下。可以先扩胸,活动一下身体。然后,由低到高,由弱到强地发 i、ɑ 等单元音。再做一做口部操,活动咬字器官。还可以读一读报纸,练一练小段子或小诗等,把自己的嗓子练开,不要一到话筒前痰就上来了,或出来的声音还处于睡眠状态,特别是午休后播音更要注意这个问题。总之,一定要使自己的状态符合播音要求。

以上事项都注意以后,播音员到话筒前还要注意什么问题呢?下面是我们这一讲重点要强调的问题。

二、话筒前应有的状态

(一)调动思想感情

每个人的情况不一样,有的人往话筒前一坐就有强烈的播讲愿望,而有的人在话筒前思想空白,心理反应不积极,这就需要调动自己的感情,使之运动起来。怎样调动呢?可以回忆一下稿件内容,想一想稿件的针对性;也可以播一播开头、结尾或感受较深的一段,激发自己的播讲愿望。总之,不论使用哪一种形式,只要使思想感情运动起来就行。

还有人讲,看第一遍时有播讲愿望,再细看时这感觉就慢慢没有了。在这种情况下,我们要时刻注意自己不是普通的读者,我们的目的是教育和感染听众,进行再创作。所以我们一定要抓住第一印象,但再细看时不要仅停留在第一遍的基础上,而是要深化第一印象,每看一遍都要有新的东西留在脑子里,直到稿件播出。

(二)进入内容、精神集中

进录音室一定要精神集中,精神不集中根本无法播好稿件。从报题目开始,播音员就要有一种积极状态,就要全神贯注。反对浅入,就事论事,失去宣传目的这个纲。例如,一个简单的呼号也有目的性,不能只是高音大嗓呼出了事,而应唤起人们注意,我们这里是什么台，现在开始播什么节目。只有引起听众注意，才能达到播音呼号的目的。

但也要注意，不要感情泛滥，失去分寸感。要按稿件规定的情景贯穿下来，不要离开根本内容，悲喜要适度，播到感动的时候即使想大哭一场，也要控制感情去播。要时刻不忘宣传目的，保持意识清醒，时刻审慎自己，按规定的情景调整自己的感情和表达的方式。收、放、转变等要控制住，使之自然地流露。

事实上，“走神儿”的情况是常见的，这是生理现象。我们要求，一旦走神儿应立即收回。有经验的播音员总是用自己的意志杜绝它，排除它，一走神儿马上能够控制自己，迅速将状态拉回到稿件中来。

（三）话筒前抓稿件的轮廓、感受

我们要求话筒前抓稿件的轮廓、感受，要与备稿时精细的分析、细致的设想区别开。虽然两者都是跟着内容走，但在把握上并不完全一样。如情景再现，在备稿时过程可以很细致，情景再现的时间也可以较长。稿件中的一两句话，我们可以想象很多场面，为的是在我们头脑里留下深刻的印象、生动的情景。但是在话筒前播音，只要唤起备稿时的感觉，引起思想感情的运动就可以了。有时甚至可以一闪即逝，而不用再把备稿时那么细致、那么长时间的情景一一再现，因为这样就不符合话筒前的要求了。如：

马车上坐着六个小孩儿，惊马拖着这辆大车往前狂奔。再往前就是一条很宽的深沟，如不赶快拦住，就有车毁人亡的危险。怎么办？大车离宽沟越来越近了，三十米！二十米！十米！……

我们播这一段时，在备稿时可以根据上下文设想一下当时的情景：孩子们在车上，有的吓呆了，有的哭喊着，过路的人又怎样，等等。整个氛围是处于极度紧张和惊险之中。但我们在话筒前播时就不用把备稿时设想的情景一一再现，而只要抓住“惊险”这个中心，把它表达出来即可。绝不能播到“马车上坐着六个小孩儿”时，想象每个小孩儿的具体表情、神态等，这就不符合内容的需要了。为了表达时主线清楚，我们要求分析的时候要细，综合的时候要全面，落实到表达上要准确。

（四）肌肉松弛、气息自如

在话筒前过分紧张，失去自如性就束缚了创造性，所以在话筒前要做到声清气爽，身体各部分的肌肉尤其是发音器官要适当放松，这样有利于声音气息的运用自如。要做到这一点，首先要找一个合适的调子。一般是“一锤定音”，一开口起的头，就应该既符合稿件基调的要求，又符合自己声音的基本条件。如果没起好头，气提声高，越播越紧，就要进行调节。这种调节是随内容的变化，播音员主动、积极地进行适当调节。松肩、松胸、松腿、长出一口气等，可适当帮助调节僵持、紧张的状态。同时，播音员要以情带声、全神贯注到稿件内容中去，减少精神上的紧张。

总之应做到：气托声、声传情，放得开、收得拢，既有控制性，又存自如性。

三、话筒前应注意的问题

（一）摆好话筒的位置

摆好话筒的位置，直接关系到声音效果。播音员录之前要试一试音量，要求口直对话筒，不要低头口对桌子。两个人对播时话筒可放在中间，也可稍偏于音量小者。

（二）姿势体态要正

有的人播音时有很多怪毛病：摇头抖腿、扬臂挥拳、捂耳托腮等。有的人因为边播边打拍子，说出来的语言比较格式化。当然，我们这里并不是说绝对不能有一点儿动作，少量的手势和表情如果能帮助我们抒发感情是允许的，但一定要是不自觉带出的，是下意识的。

话筒前的姿势一般要求是：身坐正、腰要直，但不是僵直，而是自然状，有支持力。一般坐在椅子的前端，不要坐满，上身稍前倾，两肩放松。

（三）两个人对播时要互相支持，互相配合

两个人对播时不要做小动作，也不要出杂音，分散搭档的注意力。两个人要互相给予精神上的支持。一个人播完后稍往旁边侧一下，让对方离话筒近些，要时刻想到是两个人在共同完成一组节目。

有的人在搭档播时，自己睡觉。更有甚者，不但睡着还打呼噜。这在话筒前是绝不允许的。

（四）“改缺点”不可成为播音目的

我们在理解稿件、表达感情、运用气息时，总会有这样那样的缺点在播音中表现出来。这当中有的缺点我们自己了解，有的不了解，但不论是新缺点还是老缺点，纠正起来都需要时间。有的错误要经过相当一段时间才能改正，有的好习惯也得长时间培养才能在话筒前自如地体现出来。但是，我们来到话筒前就如同进入“战场”，要全力以赴完成党的“战斗任务”，不是为了改播音中的缺点。如果“改缺点”成了目的，那么稿件的宣传目的就容易被忽视。抱着“改缺点”的目的播音，不管你自己有没有意识到，

注意力都会转移，这是捡了芝麻，丢了西瓜。即使能改一些，也不是立刻有效的，甚至可能给宣传造成损失。

在这里顺便提一点，有些地方台、站的播音员，平时不好意思讲普通话，怕别人说他是“播音腔”。到话筒前才说普通话，这很不好。由于平时不习惯讲，到话筒前才讲，不管你讲得怎样标准，也直接影响你的状态。因为这时你只注意读音的标准，而内容和感情很难顾得上，必然影响内容的表达。

（五）气可鼓不可泄

到话筒前不能有气馁的思想，要有坚定的信心，一定要播好。在我们实际工作中，常常遇到急稿，不但没有时间仔细地分析，甚至连草草地看一遍也不可能。在这种情况下，播音员要集中全部注意力，保持冷静沉着的态度，播慢一点，好让自己在播稿时有可能看到下面几行。富有经验的播音员一般是边看、边想、边说。眼睛看得快，一句话说到中间时，眼睛已看到后半句，同时记在脑子里，嘴上接着说后半句，而眼睛又看下一句。所以，不管在什么情况下，要有勇气，错了就不要再想它，更正后把它抛开，继续播音，气可鼓不可泄。

另外，如果是录音播出的稿件也不能放松思想，要用直播的状态，尽量不停机或少停机。不要借助这个好条件，认为不用认真备稿，中间停两次机没关系。而是再生的稿子也要有播熟稿子的勇气和信心，再熟的稿子也要像播生稿那样认真，做到生而不涩，熟而不油，心口如一，严肃认真地播出。

总之，话筒前这个岗位，要求我们有很强的适应力。因为我们播的稿件不但内容广、形式多，而且时间紧，不容我们慢条斯理，消极拖拉，所以我们话筒前的状态不但要好，而且基本功要非常过硬。只有这样，我们才能很好地完成任务，同新闻工作高效率、高质量的要求相符合。

第四章　播音文体理论

第一节　新闻播音

本章所讲的“新闻”，不是泛指新闻体裁的稿件，而是专指新闻体裁中的“消息”稿件。

党的十一届三中全会以来，我国政治、经济形势的发展一日千里。举国上下全面改革，更加快了物质文明和精神文明建设的步伐。国际政治、经济形势和科学技术的发展也迅速多变。因此，信息的及时反映和传播已成为我国社会之急需。新闻广播篇幅短、容量大，内容丰富、报道面宽，时效性强，能及时反映天下大事、经济形势、社会动态以及自然现象等，而且不受距离和听众文化水平的限制，因而在宣传中是反映和传播信息的重要手段之一。所以掌握新闻播音的技能和理论，提高新闻播音的质量，加快新闻播音改革的步伐，是每一个播音员光荣而又艰巨的任务。

一、新闻稿件的特点

关于新闻稿件的特点，说法不尽相同。然而以下几点，诸家的看法却较为一致，即真实、新鲜、重要、迅速、短小精悍。

（一）真实

新闻是新近发生的事实的报道。

新闻是用事实说话的，所报道的事实必须准确、真实，具有说服力，对社会生活起指导作用，这是我们研究新闻播音特点和规律所必须了解和掌握的一个根本出发点。

（二）新鲜

这里所说的“新”，既包括新近发生的事件（即平时所说的时间新），也包括尽管不是新近发生，但却是过去所不被人知、第一次报道出来的事件（即平时所说的内容新）。既包括新的事件，也包括新的观点、新的见解、新的意见、新的精神（即平时所说的思想新、角度新）。

总之，新闻稿件如果不“新”，就势必削弱新闻影响和指导舆论的力量。

（三）重要

新闻所报道的事实，不但必须是真实的、新鲜的，而且必须是重要的，是大多数人所关心或应该关心的、有利于推动社会进步的事实。播音员也必须从这些方面去分析每一条新闻，掂出其分量，掌握合适的分寸。

（四）迅速

新闻的力量，一方面取决于新闻事实，另一方面则取决于传播的速度，这二者缺一不可。新鲜的事实，如果不及时地、迅速地传播出去，也不能充分地发挥宣传作用。

迅速这一特点，对我们的新闻播音有很大的影响。第一，它要求新闻播音的节奏要反映出“快讯”“快报”的特点，节奏要明快。第二，新闻传播得越快，意味着播音员准备稿件的时间越短。这就不能不对播音员的日常积累（即广义备稿）、掌握稿件的功力、语言表达的功力等提出更高、更严格的要求。第三，它要求播音员必须掌握在话筒前直播的技能。

（五）短小精悍

为了把新闻事实用最快的速度传播出去，要求新闻在写作上用尽可能简短的篇幅，用最精练、准确的语言，概括和提炼事件的全貌和精髓。如何从短小的篇幅中掂出新闻事实的分量？如何使新闻播音既节奏明快又让听众听得清楚？如何做到新闻篇幅虽然短小，播音却打动人心，给人留下深刻的印象？这些就是播音员在实践和理论上必须探讨和解决的重大课题。

二、新闻稿件的准备

由于新闻稿件的篇幅不长，一些播音员认为它们很容易掌握，其实不然。一组新闻稿件，少则几条，多则十几条，上至天文、下至地理，政治、经济、科技、教育、文化、艺术、体育、卫生……各个领域无所不包，无所不及，而且所报道的事实都是很重要的有着典型意义的事件，指导性很强。但是稿件准备的时间却相当紧迫，不难想象，这个难度是很大的。播音员拿到稿件以后，如果不动员自己的全部力量，抓紧时间全力以赴地积极准备，想使一组新闻节目的播出取得圆满的效果，是不大可能的。

新闻稿件的准备和播音基础中所谈的“备稿六步”是一致的，这里不一一赘述。然而新闻稿件的准备又有自身的特殊要求，下面就此做些说明。

（一）搞清内容

新闻用事实说话。一组新闻节目所报道的事实涉及的领域很广，我们可能经常遇到不熟悉的专业性很强的名词、术语，难认的人名、地名以及较长、较复杂的句子等。不把事实搞清楚，不把内容搞明白，不把句子的意思理解透彻，播音员的播音就成了念自己所不懂的字或句子。这种念新闻或者唱新闻，无疑是新闻播音的失败，而且很容易出现事实性差错。更重要的是，播音员对新闻所报道的内容究竟是怎么回事还搞不清楚，就更谈不上进一步的分析、理解和感受了。

（二）把握结构

新闻稿件篇幅不长，但结构严谨又有自己的特点，播音员必须熟练地掌握这种结构。

新闻稿件一般由导语、主体、结尾和背景材料四部分组成。比如《江西 5 年近 300 万人脱贫》这条新闻的第一自然段是导语，第二自然段是主体，第三自然段是背景材料，第四自然段是结尾。但是，在实际中，有的新闻没有背景材料，有的新闻只有导语和主体，还有的新闻没有明显的导语（在这种类型的新闻稿件中，第一个小层次实际上就相当于导语）。因此，我们在分析稿件结构层次时，必须具体问题具体分析。

1. 认真分析导语，抓住中心思想或主要内容

导语或是概括全文的中心思想，或是以极其精练的语言概括全文的主要内容，或是提出这条新闻所要报道的主要问题。它在整个新闻中起着提纲挈领的作用。我们要在把握每条新闻总体内容的基础上，对导语认真加以分析。比如，《江西 5 年近 300 万人脱贫》这条新闻的导语，就鲜明地揭示了新闻的主题；《世界首例珍稀黑叶猴龙凤胎在广州诞生》这条新闻的导语，极其简练地概括了全文的主要内容；而《云南普洱现珍稀竹节虫滇叶 形似“树叶”》这条新闻的导语，不仅概括了事件的主要内容，而且集中体现出这条新闻的色彩——趣味性。如果我们认真地分析导语，掂出它的分量，抓住它的特点，就会发现导语对提起整条新闻的“神”，抓住内容发展的线索起着极其重要的作用。比如《江西 5 年近 300 万人脱贫》，人们看了导语以后就会很自然地提出这样的问题：他们采取了什么措施？达到什么程度？接下来的目标是什么？这条新闻从主体到结尾正是沿着这条线索叙述的。再如《世界首例珍稀黑叶猴龙凤胎在广州诞生》，人们看了导语以后就会迫切地想知道黑叶猴的主要分布区域以及生存现状，这条新闻的下文就回答了这些问题。

2. 梳理新闻主体和导语的内在联系，划分主体层次，理清发展脉络

江西5年近300万人脱贫

新华社南昌3月10日电　革命老区江西是脱贫攻坚的主战场。据江西省扶贫办消息，5年多来，江西省近300万人脱贫。

井冈山在全国率先脱贫摘帽；推行村干部与能人带头领办、村党员主动参与、村民自愿参与、贫困群众统筹参与的“两领办三参与”产业扶贫机制……近年来，在脱贫攻坚的实践中，江西省从实际出发，积极探索脱贫攻坚的新模式、新平台、新机制，走出了经济欠发达地区脱贫攻坚补短板和促长效同步推进的新路子。

据悉，江西建档立卡的贫困人口从2013年末的346万人减至目前的50.9万人，贫困发生率从9.2%下降至1.38%。近几年，江西有8个贫困县脱贫摘帽，10个贫困县达到脱贫摘帽条件，2 671个贫困村退出贫困序列。

今年，江西省将努力实现40万贫困人口脱贫、387个贫困村退出贫困序列、6个国定贫困县和1个省定贫困县摘帽的目标。

这条新闻的第一自然段是导语，第二自然段是主体，第三自然段是背景资料，第四自然段是结尾。导语简明地概括了这条新闻的主题，即江西作为革命老区是脱贫攻坚的主战场，5年来实现300多万人脱贫(取得成绩)；主体中以井冈山为例，叙述江西省在脱贫工作中采取的相关措施(具体措施)；背景资料具体介绍了近年来江西在脱贫工作中取得的显著成效(具体成效)，结尾简练地报道了江西省在接下来的一年中要达到的脱贫目标(近期目标)。因此，这条新闻从头至尾就可以概括成：取得成绩—具体措施—具体成效—近期目标。

云南普洱现珍稀竹节虫滇叶 形似“树叶”

中新网昆明5月24日电　24日，一只长相独特、外形极度酷似树叶的昆虫滇叶出现在云南普洱小熊猫庄园。该虫近10厘米长、5厘米宽，是极为珍稀罕见的竹节虫品种。

据发现滇叶的昆明游客蒋先生介绍，当时他正在酒店房间午休，只听见在同屋酒店阳台玩耍的儿子突然兴奋地喊他。他起身走到阳台，只见一片绿色“树叶”掉落在木条板上，并未留意，准备转身进屋继续休息的他再次被儿子叫住。

蒋先生再一细看，才发现这片“树叶”并不简单，竟然还有头有脚，枝节分明，在地上来回爬动。近10厘米长、5厘米宽的虫体上面有着非常清晰

的“叶片脉络”，正面看上去像树叶的灰白色“背面”，虫体翻转时看到的绿色又不一样，似树叶的翠绿“正面”。单看虫身部分几乎与绿树叶无异，活脱脱一片“会走路的树叶”。而且这只“叶子虫”的翅部是由上下两片“叶子”组成的，下面的“树叶脉络”明显更粗壮许多，是虫的身子部分。另外，这只虫子的手脚极为独特，酷似被残食的不规则叶片，与平常见到的虫类大不相同。

经普洱国家公园管理局专家介绍，这只外形酷似树叶的虫子是极为罕见的滇叶，是一种珍稀的竹节虫品种，现只能在少数一些地方才能看到。因国内目前没有对该昆虫的研究和保护，所以大众对其知之甚少。滇叶的外形与新鲜绿树叶高度相似，称得上是自然界的高级别“伪装大师”，若静止不动的话，滇叶几乎没有被发现的可能。但即便伪装能力如此强大，滇叶的数量也极为稀少，十分罕见。最终，这个“不速之客”被普洱小熊猫庄园的工作人员放归自然。

据了解，普洱小熊猫庄园位于北回归线最大的绿洲上，紧邻云南普洱太阳河国家公园，原始森林茂密，动植物种类极为丰富。

这条新闻的第二、三、四自然段是主体，讲述滇叶被发现的过程和最终归宿，可以分为三大层次：第二自然段记录事件当事人蒋先生初次发现“树叶”，但并未在意，为第一大层次。第三自然段记录蒋先生定睛细看后发现“树叶”的异样，并对“树叶”进行详细描述，为第二大层次。在第二大层次中又可以划分为两个小层次：(1)蒋先生定睛细看发现异样；(2)描述“树叶”的细节，与真正树叶的相似之处以及与其他昆虫的不同之处。第四自然段讲述相关专家现身说法，科学解释，最终将滇叶放回自然，为第三大层次。第三大层次的五句话可以划分为三个小层次：(1)相关专家解释谜题并介绍滇叶鲜为人知的原因；(2)即便滇叶伪装能力高超，但数量依然极为稀少；(3)最终，相关工作人员将其放归自然。

这条新闻从导语至结尾可以概括为：

报道的主要事件(导语)

初次发现“树叶”——不以为然 }发现过程
定睛细看发现异样——好奇 }

“树叶”的细节描述——悬念十足

专家解释谜题——破除悬念 }谜题揭晓
滇叶虽有伪装能力但数量依然稀少——应被保护 }

放归自然——最终归宿

独特地理位置造就了生物多样性(结尾)

通过以上两个例子可以看到，层次的划分使得新闻的结构、内容发展的脉络，清楚地展现在我们的面前。从每层意思中提炼出来的简短的话，实际上是这条新闻发展的内在语，是我们在话筒前的“播音提纲”。在这条闻中我们概括出的“发现过程”“谜题揭晓”“最终归宿”，实际上就是这条新闻的感情运动线。不难看出，新闻的篇幅虽短，但认真地分析结构也很重要。那种认为新闻短，没有必要进行分析的看法，实在是不可取的。

新闻结构分析要注意以下几点：

第一，层次划分的位置要准确，否则就会出现逻辑混乱的后果。

第二，概括语言要准确。“播音提纲”如果不能准确地概括每一个层次的大意，同样会使我们的语言逻辑混乱。

第三，概括语言要精练。每一个层次的大意概括都是内容的提纯，而不是复述，否则就不能称其为“提纲”了。何况新闻稿件的准备时间短，不允许我们一板一眼、长篇大论地分析，所以播音员必须能极其迅速、准确而又简要地抓住稿件内容的发展脉络。

（三）明确针对性和播讲目的

不了解一篇稿件是针对什么情况而发的，那么就不可能真正明确这篇稿件的播讲目的。如果说明确针对性是各种文体稿件播音前准备都必须解决的重要问题，那么新闻稿件的播前准备不仅更为重要，而且也是其特点和难点。说是其特点，是因为新闻播音的一大特点就是“新鲜感人”。如果连一条新闻针对什么情况而发都不清楚，那么它的新鲜之处和为什么新鲜的问题就不能解决。说是其难点，是因为一组新闻的内容庞杂，针对性各异，稿件准备的时间又短，所以要准确而又鲜明地抓住每条新闻的针对性，就比其他类型稿件的难度大。因此，明确针对性是关系到新闻播音成败的核心问题。

首先要搞清楚这条新闻宣传什么新的思想、观点或政策精神，即“备稿六步”中所讲的“上情”。比如，《江西省5年近300万人脱贫》这条新闻，就体现了党的十九大以来，党和国家将脱贫攻坚战作为决胜全面建成小康社会必须打赢的三大攻坚战之一的决心。

其次，要搞清楚这个新的思想、观点或政策精神是针对什么情况发的，即“备稿六步”中所讲的“下情”。为此，除了要分清主流和支流外，还要从一个事件的纵向和横向关系上进行分析。以这条新闻为例，我们就应该了解以习近平同志为核心的党中央在十八大以来对于脱贫攻坚所采取的重大部署和安排，取得了什么成绩，还存在什么问题，党的十九大后对于脱贫攻坚提出了什么样的期许，以及“十三五”期间，我国脱贫攻坚的目标是什么，等等。只有这样才能明确这篇稿件的针对性，从而理解江西省这个做法的实际意义。比如《新闻联播》2018年12月8日播出的消息：

广西:科技成果助推现代特色农业

习近平总书记在广西考察时指出,要“加强农业科技创新和推广,培养造就新型农民队伍,把现代特色农业这篇文章做好”。一年来,广西积极搭建现代农业的发展平台,加强农业科技成果的应用,给广西农业注入了新的强劲动力。

眼下,在广西已经不是香蕉上市的旺季,但在崇左的这片香蕉林里还是一片繁忙的景象。因为错峰上市,这里香蕉的价格上涨了近四成,农场主陈伟光告诉记者,能有这样的收成,多亏了一款“种田神器”。

陈伟光所说的“那边的大数据”学名叫“智能水肥一体化管理系统”,它的后台远在100公里外的南宁,却可以对崇左的这片香蕉地提出精细化的管理建议。每一块土地里的作物长势如何、土壤的信息在这里一目了然,氮磷钾等微量元素一天该补充多少,后台也算得一清二楚。果农只需要点点手机里的App,就能根据提示,一键完成浇水施肥等操作。去年习近平总书记考察广西时,科技创业者温标堂为总书记展示了这款智能产品,让他印象深刻的是,总书记最关心的就是这样的产品能否让农民获得实实在在的实惠。

农场主陈伟光给记者算了一笔账,去年,他的农场成本下降20%。

随着广西农业产业科技服务支撑体系的不断完善,今天,像这样的各类“神器”正在广西不断涌现。这是水稻智能化播种平台,一分钟就能完成一亩田播种的全部工序,是人工作业的80倍。这个浪漫的灯光秀其实是在给火龙果补光,可以增加它的产量,调节产期。

有了“种田神器”,种田比以前“神气”多了,现在在广西越来越多的年轻人愿意投身乡村成为新一代农民。这是广西农业农村厅和广西大学等单位共同举办的最新一期现代青年农场主培训的现场,大家在这里学营销、学电商、了解大数据的应用。两年来,参加培训的年轻人已经超过1 200人。

如今,广西的甘蔗、蚕茧、茉莉花、火龙果等产量位居全国第一。蔗糖、畜禽、速丰林成为千亿元产业。农业总产值从1958年的18.6亿元增加到2017年的4 743亿元。已建成现代特色农业示范区(园、点)7 539个,位居全国前列。

为了明确这篇新闻的针对性,我们不仅要了解有关省份的农村体制改革、农业生产发展情况,特别是习近平总书记2017年在广西考察时对农业生产发展提出的要求,以及近年来广西在提升农业生产中提出的改革措施和政策支持这个“上情”,而且还要了解十九大以来党中央在农村农业发展方面制定的相关政策,不同省份在面对现代农业发展与特色农业发展时所采取的相关措施。只有把这个横向关系搞清楚,才能抓住其针对性，明确播讲目的。

在分析新闻稿件"上情"和"下情"的时候，切忌空泛地戴"大帽子"，不顾稿件的具体内容，一见讲成绩，就是"形势大好""党的政策的胜利"等。我们应该熟知党的路线、方针、政策和形势发展的总体情况，但就一篇稿件来讲，我们更要了解这篇稿件反映总体形势中的哪一具体的侧面，宣传或体现党的哪一项具体政策。只有这样，稿件的针对性和播讲目的才能落到具体实处，不同的新闻才能各有各的特点，各有各的精彩。比如《广西：科技成果助推现代特色农业》这条新闻，如果毫不考虑地把"上情"说成"党的改革政策的伟大胜利"，"下情"是"我国农业发展形势一片大好"，而对广西作为民族地区、革命老区的历史背景缺乏了解，对广西对现代农业发展本身的有利条件和不利因素不加以分析，显然是不行的。

新闻稿件的写作和播出，都有一定的社会背景和宣传目的。然而就针对性来讲，某些新闻从内容本身看，不见得有鲜明的政治含义。比如《世界首例珍稀黑叶猴龙凤胎在广州诞生》这条新闻：

本报讯　世界首例珍稀黑叶猴龙凤胎5月13日与游客见面，而当天正是母亲节。黑叶猴是国家一级保护动物，野外数量比大熊猫还要少，有"猴界大熊猫"之称，这对龙凤胎上月在广州长隆野生动物世界诞生。

据长隆动物专家陈思明介绍，黑叶猴分布于中国的重庆、广西、贵州、四川到越南东北部地区，主要生活在热带、亚热带阔叶林中，树栖生活。由于热带原始森林面积的缩小，栖息环境受到严重威胁，20世纪70年代，中国云南地区的野外黑叶猴几乎绝迹，2012年黑叶猴被列入《世界自然保护联盟》（IUCN）濒危物种红色名录。黑叶猴野外寿命1—12岁，4—5岁性成熟，每胎1仔，极少产2仔，这次在长隆诞生的黑叶猴龙凤胎乃世界首例。

再比如《免疫细胞或是对付高血压的关键》这条新闻：

科技日报北京1月22日电（记者刘霞）　据英国爱丁堡大学官网近日消息，该校科学家公布的一项新研究表明，免疫系统中一种特殊的白细胞——巨噬细胞可能是治疗高血压的关键，这一发现有望改善现有治疗高血压的方法。

巨噬细胞是人体免疫系统的核心。在最新研究中，科学家们发现了这种免疫细胞的一项新功能：它会寻找并"蚕食"一种名为内皮素的强效激素分子。通过监测和调节内皮素在血液中的浓度，巨噬细胞可以帮助血管保持舒张，从而显著降低血压。

动物实验显示，降低巨噬细胞的浓度会让高盐饮食小鼠的血压升高；而当巨噬细胞的浓度恢复到正常时，血压也恢复正常。在内皮素系统缺乏和药物诱导罹患高血压的小鼠身上进行同样的实验，也得到了同样的结果。

这份刊登在《欧洲心脏病学杂志》上的报告还显示，在服用治疗免疫系统疾病药物的患者中，那些服用了会导致巨噬细胞浓度降低药物的患者与服用其他药物的患者相比，血压明显更高。

报告作者之一、爱丁堡大学教授马修·贝利说，这一发现能帮助研究人员进一步了解导致高血压的风险因素，从而有助于开发更好的药物和疗法。团队下一步将进行人体试验，研究巨噬细胞如何影响高血压人群。

高血压是引发心脏病、肾病和中风等危及生命疾病的主要原因，英国有约1 200万人饱受高血压的折磨。

从内容上看，这两条新闻的知识性、趣味性很强，没有什么政治色彩。在分析的时候没有必要硬往政治上拉。但是这样的新闻放在一组新闻节目中播出时，播音员仍然应从政策的高度，从宣传中心和宣传口径的高度给它们应有的分寸和分量。比如在一组新闻中，《江西 5 年近 300 万人脱贫》是第一条，《云南普洱现珍稀竹节虫滇叶 形似“树叶”》是第二条，《广西：科技成果助推现代特色农业》是第三条，《世界首例珍稀黑叶猴龙凤胎在广州诞生》是第四条，《免疫细胞或是对付高血压的关键》是第五条，那么这组新闻从内容上就可以分为三部分：第一部分是关于扶贫事业的，第二部分是关于农业生产的，第三部分是关于科技的。这三部分反映了我国社会三方面的情况以及党的有关政策执行情况。经过这样的分析，不同的新闻稿件才能从政策的高度组成一组完整的新闻节目，才能从不同侧面反映出我们祖国百业俱兴、蒸蒸日上的时代气息。

（四）抓住每条新闻的新鲜之处

明确新闻稿件的针对性，为解决稿件的新鲜问题提供了先决条件，但不等于就抓住了新鲜点。我们要对稿件的内容做进一步的具体分析，看一看这条新闻究竟“新”在何处，是时间新、内容新，还是思想新、角度新。比如《广西：科技成果助推现代特色农业》这条新闻，它体现了习总书记到广西考察时对当地农业的期许，但这不是它的新鲜点。它的新鲜之处在于讲述广西通过科技发展现代农业的成功经验，反映出西部地区只要能够顺应时代潮流，转变思维，积极探索科技创新与产业结合，就能够实现产业创新和经济发展的双赢。过去的新闻，报道广西作为革命老区，尤其是百色一带因特殊的地质地貌制约农业发展的消息居多，这条消息却报道广西在发展现代农业上的新气象，这就不能不令人感到新鲜和振奋，而这正是习总书记对广西的期许。再比如，《江西 5 年近 300 万人脱贫》的新鲜之处是江西省政府在扶贫领域采取的有效措施和政策扶持带来的实际成果；《云南普洱现珍稀竹节虫滇叶 形似“树叶”》的新鲜点不在于滇叶被发现的过程，也不是有关滇叶形态的描述，而是人们缺乏对它的认知和保护，呼吁人们对珍稀动植物加强保护。

只有准确抓住每条新闻的新鲜点之后，才能正确地安排重点，确定基调，解决好表达问题。

总之，所谓新鲜感，就是要使听众感觉到播音员报道的是他们关心或感兴趣的最近发生的新鲜事。

播音员分析新闻稿件，不仅要明确它们的指导性和鼓舞性，而且要切身理解和感受它们对人民和现实生活的激励和指导是多么及时。对一些科技成果和重大发明，不仅要明确它们的重要性，而且要切身地理解和感受它们解决了哪些问题；对一些趣事、趣闻，不仅要明白其人、其物、其事是怎么回事，而且要切身地感受它们的新鲜性和趣味性，对稿件的结构、文字，不仅要从逻辑上进行把握，而且要抓住其特点和色彩。只有这样，我们才能从理性到感性、从内容到形式获得新鲜感、激起感情的波澜，引发出强烈的播讲愿望。

三、新闻稿件的表达

新闻播音的特点是“用事实说话、新鲜感人”，新闻稿件表达的设计及有声语言的体现，必须紧紧围绕这个特点进行。

（一）新闻播音的基本要求

1. 态度鲜明

新闻是用事实说话的。

我们的新闻报道的是全国人民在以习近平同志为核心的党中央领导下为实现“两个一百年”奋斗目标、为决胜全面建成小康社会、夺取新时代中国特色社会主义伟大胜利、实现中华民族伟大复兴的中国梦、实现人民对美好生活的向往不懈奋斗的事实。

对这样的现实，不同的人抱有不同的态度，广大人民为我们的成就高兴，而敌对分子对我们的成就是仇恨的、反对的。播音员是党的宣传员，我们要站在党和人民的立场，宣传报道全国人民在以习近平同志为核心的党中央领导下为实现“两个一百年”奋斗目标、为决胜全面建成小康社会、夺取新时代中国特色社会主义伟大胜利、实现中华民族伟大复兴的中国梦、实现人民对美好生活的向往不懈奋斗的事实。对于这一点，播音员必须确认无疑。

一些同志，甚至一些播音员同志，把新闻播音必须态度鲜明和“文革”时期新闻播音的“高、平、空”“冷、僵、远”的畸形状况混为一谈，认为只要态度鲜明，就会使我们的新闻播音不亲切、与听众距离远，其实这是一种误解。我们的人民广播自从诞生以来，爱人民之所爱，恨人民之所恨，准确地传播党的声音，真实地报道人民的业绩，受到党的赞许和肯定，得到广大人民的承认，并已成为我们播音界的优良传统。“文革”期间的新闻报道违背了马克思列宁主义、毛泽东思想的基本原则，混淆了是非界限不能反映广大人民群众的意愿和心声，人民群众当然感到“不亲切”。这一特殊的历史现象绝不能成为否定人民广播优良传统的依据。

个别同志认为，虚声柔气、有甜软之感的语言方式才是亲切的，这是片面的看法。我们认为，这只是播音亲切感的一种表达方式，而不是全部。试想，我们的播音如果从“高、平、空”这个极端一下子都转到“轻、柔、甜”的另一极端，岂不是矫枉过正？再者，新闻播音的内容形式各异、色彩万千，如国庆游行的场面宏伟壮观，与歹徒斗争的报道尖锐激烈，体育竞赛的消息扣人心弦，生产捷报则鼓舞人心……这一切，难道都可以用“轻、柔、甜”的声音来播报吗？坏人在为非作歹，报道这样的事情怎么能“亲”？人民与大自然搏斗，为实现中华民族伟大复兴的中国梦而不懈奋斗，报道这样的事情又怎么能“甜”？

站在党和人民大众的立场，运用我们一切有声语言的创作手段，准确而自如地体现事实本身的运动节奏和感情色彩，才是我们新闻播音语言真正的亲切感，而其核心就是爱憎分明的态度。

2. **叙事清楚**

播音是一瞬即逝的听觉艺术。看报纸，一遍没看明白还可以再看，理解得不深还可以再读。播音却没有这种可能，它要求播音员一遍就要使听众不仅了解稿件的内容，还要领会稿件的思想感情。新闻稿件篇幅短小，一条新闻没播清楚就使听众少了解一件国内外大事，所以叙事清楚这一点，对新闻播音尤为重要，它是播好新闻最起码的要求。

播好新闻导语，是叙事清楚的基础。导语要播得鲜明、醒目、吸引人。所谓鲜明、醒目，就是要把一条新闻的“意”和“情”概括地、集中地体现出来，要语意准确，中心突出，就像报纸上新闻的标题一样，给人留下鲜明而又深刻的印象；所谓吸引人，就是要使听众听到导语后一下子被吸引住，并且迫切地想听下去。

导语和主体之间，相对来讲要有一个较长的停顿。这个停顿不仅出于新闻结构的需要（利用停顿把导语和主体分开，使之层次分明），而且给予听众回味导语的时间以及让听众做好收听下文的心理准备。这个停顿绝不是声音的中断、感情的空白，而是导语和主体之间的内在联系，以内在语作为过渡的桥梁，是播音员和听众之间思想感情交流的必需。比如，《江西 5 年近 300 万人脱贫》的新闻，播音员鲜明、醒目地播完导语之后，听众马上就会出现这样的思想活动：“好，江西省脱贫决心坚定！不过这个数字是不是真的呀？江西省是怎么做到的？”——“噢！原来江西省为扶贫做了很多细致的工作，采取了很多有效的政策措施。”后者就是播音员依据听众的思维活动在播主体之前的内在语。在内在语的引导下播出主体的第一句，语气就是合适的，导语、主体之间的停顿就不会给人感情、语气中断的感觉。新闻的主体要播得深入细致、语气连贯、层次分明。

所谓深入细致，是指主体部分在导语内容的基础上，进一步做较为详细、深入的报道和叙述，这就必须明确主体和导语的联系。比如《云南普洱现珍稀竹节虫滇叶 形似“树叶”》这条新闻，主体部分的第一段和第二段是对导语中“一只长相独特、外形极度酷似树叶”这句话的具体阐述，第三段是对导语中“珍稀罕见的竹节虫品种”的具体阐述，第四段是对导语中“出现在云南普洱小熊猫庄园”的具体阐述。

所谓语气连贯、层次分明，是讲不要播下句时撇开上一句，播到下一个层次又不顾上一个层次。构成一个层次的语句，要围绕这个层次的中心组织起来，使语气前后照应，互相关联。切勿见到句号，语气就给人以结束之感，下一句一开始，马上就给人重新开头的感觉。这样播音，播出的不是完整的意思，而是一堆互相无关的句子。我们以《云南普洱现珍稀竹节虫滇叶 形似“树叶”》这条新闻的倒数第二自然段为例，试做如下分析：

经普洱国家公园管理局专家介绍（略一顿，句尾不能落下），这只外形酷似树叶的虫子是极为罕见的滇叶（这里语气不能断，需要和下一句连接，是对滇叶的进一步解释），是一种珍稀的竹节虫品种，现只能在少数一些地方才能看到（略一停）。因国内没有对该昆虫的研究和保护（不换气，和下一句是因果关系），所以大众对其知之甚少（略一停）。滇叶的外形与新鲜绿树叶高度相似（不换气），称得上是自然界的高级别“伪装大师”（略一顿，意味深长），若静止不动的话（语气不能断），几乎没有被发现的可能（这里的句号可处理成逗号）。但即便伪装能力如此强大（语气上扬），滇叶的数量也极为稀少（语气不能断），十分罕见（语气当中带有惋惜之情）。最终（略一顿，呈现结果，带有一定的戏剧感），这个“不速之客”被普洱小熊猫庄园的工作人员放归自然（语气收住，感情色彩是褒扬的）。

这个层次的中心是“谜题揭晓”“最终归宿”。这个层次的语句里面顿号、逗号和句号很多。从上面的安排设计可以看出，语气停连的处理不以标点符号为标准，而是以各个句子在反映这个层次的中心思想上的作用和相互关系为依据决定的。同样，一个层次结束，语气虽应有“结束”感，却不能给人以“终了”感，这一层的“结”，要给下一层的“起”造势，准确地把握向下转折的恰当的内在语。这里就不详述了。无论是播导语还是播主体，都要求重音位置高度准确和语气停连处理恰当。而在新闻播音中，这两点的难度是较大的。因为新闻稿件的篇幅虽短，句子却往往较长，而且书面语言也较多，这一点必须引起我们的注意。

3. 分寸适度

一般来说，新闻稿件的政策性、指导性很强。这就要求播音员有较高的政策水平和较强的政治敏锐性，从政策、宣传口径的角度去把握稿件，使组成新闻节目的各条新闻的分寸、分量适度。这里不做详细的叙述。

4. 要有过硬的用气发声基本功

新闻稿件篇幅短、书面语言较多，长句和复杂句也较多，加之新闻播音语言节奏明快，这就要求播音员有较强的气息控制能力，吐字要干净利落。只有这样才能做到播短句时气不散；播长句时气不断，字字入耳而不失自然。

（二）新闻播音的语言特点——朴实、明快、清晰、流畅

1. 语言朴实

新闻的根本特点之一就是用事实说话，失去这一点，就失去了新闻的信誉，就失去了新闻的价值。我们必须明确：听众听我们的新闻播音，不是为了欣赏艺术，而是想从中了解国内外新近发生的大事。

新闻播音以叙述性的语言为主，感情真挚含蓄，语调平稳自然，不宜大起大落，不宜采用渲染或艺术夸张的表现手法，力求客观地反映事实的本来面目，给人以真实可信之感。当然，这不是说新闻播音语言就是干干巴巴、平平淡淡的，我们的生活是丰富多彩的，我们所报道的事实，各有各的特点，各有各的色彩，我们要通过自己的语言把它们如实体现出来。报道生产成绩应该欢欣喜悦，使人从中受到鼓舞；揭露不正之风应该严肃中肯，使人从中受到教育。不顾事实本身的具体特点，一律板着面孔念稿和新闻播音语言的朴实毫无共同之处。

2. 节奏明快

新闻播音要播得紧凑、干净、利落，节奏要明朗畅快、起伏得当。声音不应单调呆板、松松散散、拖腔甩调。播音员也不能用气息僵持、提高调门、加快速度的办法代替新闻播音明快的节奏。

3. 吐字清晰

新闻稿件篇幅短，长句、难句多，书面语言多，而节奏又较为明快，如果吐字发音的基本功不扎实，唇舌无力，吐字含混，势必对新闻的“叙事清楚”和“节奏明快”产生极为不利的影响。

新闻播音语言要求吐字清晰，不意味咬字过“死”。咬字过“死”会使听众感到见“字”不见“意”，让人费解，是不可取的。

吐字能否清晰，要看播音员平时是否坚持基本功训练。平时不注意基本功训练，到新闻播音时才注意咬字是不行的，因为这会使播音员的注意力由“内容”转移到“字”上，这违背了播音创作原则。

4. 语言流畅

这是指在语言规范、语法准确基础上的自然流畅。

新闻稿件的长句，拗口的人名、地名、术语、数字……都较常见。平时我们要加强练习，提高我们对这些难点的驾驭能力。否则，一条新闻出现几处这样的难点，播音员又无驾驭能力，就会出现念字念稿的现象。这无疑会影响播出的效果。

（三）搭档在话筒前的配合

1. 要注意一组新闻节目的完整性和协调性

在播音开始之前，要了解对方稿件的内容，两个人要明确，哪几条新闻报道是同一个中心的问题或报道同一类型的问题，双方要互相呼应；从第几条转入另一方面的问题，播这条的同志要注意情绪的转换；哪些新闻给的分量应该重些，哪些新闻虽然趣味感很浓，但应注意分寸适度，等等。只有搭档之间对一组新闻的内容有了全面了解，播音时才能互相呼应、配合默契，为一组新闻完整协调的播出打下坚实的基础。

从声音的高低强弱、语言特性的不同这方面讲（如一个同志习惯于读得快，另一同志则读得较慢），双方要互相照顾，力争做到不仅播出的内容、情感协调，而且声音形式和语言形式也既各有特点又和谐一致，切不可“各唱各的调”。

台号和结束语也是新闻节目的一部分，所以播音员从呼台号起至播完结束语止，感情和精神状态都要始终如一。切不可在呼台号时漫不经心，进入内容时才逐渐进入这组新闻的播出状态，或是整个新闻两个人的状态和配合都很好，但到播结束语的时候，情绪忽然低下来。这些都会破坏一组新闻节目播出的完整性。

2. 要互相支持照顾对方

个人情绪和个人意气不许带进播音室。一进入播音室，就意味着两个人要对这次新闻节目的播出共同负责。播音员不应有不良的习惯，如怪姿势、怪动作，非坐在哪一边不可，否则就不能播，等等。对方播的时候，一定要静静地坐在一旁，不许干扰对方。不是极为特殊的情况，两个人要一起在播音室完成这次节目的播出任务，不可进进出出，以保证一组新闻节目播出的和谐统一。

四、结束语

新闻节目是广播宣传的主干，不仅内容多，而且难度大。为了保证新闻节目的播出质量，平时我们就必须注意培养自己的工作素质，加强对政策和时事的学习，深入生活，观察、分析和了解社会，增强我们新闻工作者敏锐的政治嗅觉，努力掌握各种技能，加强基本功训练，并不断研究和总结经验。只有这样，我们才能跟上改革的步伐，跟上时代的步伐，继承人民广播的优良传统，开创新闻播音的新局面。

第二节　通讯播音

通讯，是一种以详细记叙的手法，具体、形象、生动地报道新闻事实的体裁。通讯播音，是广播宣传中播音员播送通讯稿件的业务。

通讯是新闻报道的基本体裁，在广播电台的新闻节目和各种专题节目里播出量很大，因此，通讯播音是播音员的基本业务内容。通讯很适合反映时代涌现的新人、新事、新思想、新经验、新风貌，为听众详细、深入地提供信息，帮助听众生动形象地交流情况、增长知识、开阔眼界。通讯以动人心魄的感染力量，在广大听众中发挥着思想政治方面的宣传作用，是听众喜闻乐见的一种形式。在教育和鼓舞全党、全军、全国各族人民进行社会主义物质文明建设和精神文明建设中，通讯有着其他文体不可替代的优势。因此，作为一个播音员应该认真学习和研究通讯播音的规律，掌握好通讯播音的技能。

稿件是播音创作的依据。通讯播音的特点是：准确、鲜明、生动、感人。

准确——包括清楚、准确两层要求。

通讯是一种新闻报道体裁，我们播通讯，首先必须把事实表述清楚、连贯、完整，使听众对事情的来龙去脉有个清晰的印象。其次，还要播准确：字面上要播准确（不能出现事实性差错）、感情分寸要准确、描绘形象要准确、主题表达要准确、政策分寸要准确，等等。

鲜明——指感情饱满、态度鲜明。

通讯播音要求播音员善于从稿件内容出发，联系个人实际，联系社会实际，主动接受稿件的宣传教育，提高自己的思想境界，引发自己的真情实感。播音员只有情真意切，态度鲜明，才能将通讯播得生动、感人。

生动——指表达方法形象、生动。

形象、生动，是通讯报道事实、表现主题的重要手段，因此通讯播音要求播音员除了具备深刻的理解力，还必须具备灵敏的感受能力和形象、生动地表述事物的能力。

感人——是指通讯播音要力求感动人心。

怎样才能播好通讯呢？要播好通讯，必须遵循播音创作的基本原则和方法，坚持“备稿六步”，获取话筒前积极的创作状态，抓好播前、播中、播后三个环节，即播前认真备稿，话筒前积极发挥，播后认真总结经验教训。同时还要根据通讯体裁的需要，注意以下问题。

一、理顺思路播清楚

通讯播音的任务是为听众报道事实，以事明理。因此，准备通讯稿件和准备新闻稿件一样，首先要弄清事实。

通讯报道里涉及的时间、地点、人名、头衔、单位、数量、专业名词、术语、引语等，都必须看准、看明白再说，不能播错。不懂、不明确的地方，要勤查工具书、查资料，勤问编辑、记者，问熟悉情况的同志。坚决反对图省事、顾面子，不懂装懂，连蒙带混。播音员应努力避免事实性差错，维护报道的真实性、严肃性。

一篇通讯要想说清一件事，起码要说清这么几个问题：什么时间（何时）？什么地点（何地）？什么人（何人）？什么事（何事）？事情的原因、经过、结果如何？而通讯一般篇幅较长，结构较复杂。同时，通讯里有叙述，还有一个个场面、细节描绘穿插，播音员要弄清事实，播清楚有一定困难。

首先，我们要注意从全篇着眼弄清事实。

通讯由很多句、很多段按照一定思路、布局有机地组织在一起。分析通讯时，若离开对全篇的把握，把注意力放到一段一段的话上，就不容易把事实弄清楚。如通讯《相亲》中，“姑娘袁月琴，听了这番话，趁空偷看了一眼小伙子，这小伙子身板又健壮又敦实，是个挺好的人哩”。单从这段话看，好像姑娘对锁龙很满意，但从全篇看，这样体会就不准确。这段话实际上是这篇通讯描述矛盾转折的关键一笔，反映姑娘在相亲没相中的情况下，看了小伙子的行为，听了小伙子一席话，深受感动，这时有点动心。

其次，要想从全篇着眼弄清事实，就要注意了解稿件的结构，摸清作者的思路，根据作者的思路理顺自己播音的思路。

通讯的结构方法最灵活，可以说一篇一个样，但归纳起来还是有规律可循的。这里给大家介绍一下通讯中常见的结构方式，供分析稿件时参考。

通讯一般由标题、开头、展开部分、结尾四个环节组成。

通讯常见的结构方式有：

时间顺序——按时间的先后顺序组织内容。这其中有顺叙情况，如从过去说到现在，按照时间顺序从事情的发生、发展说到结束。还有倒叙、插叙等。

空间顺序——按空间变换的顺序组织内容。如从远处往近处说，从低处往高处说，从外往里说，或依据这些完全相反的顺序说等。

逻辑顺序——按叙述事情的逻辑顺序组织内容。如按并列、对比、递进、因果、主次、点面等关系组织内容，或按先总括后展开、先展开后总括、先总括后展开而后又总括等方式组织全篇。

当然，还有很多通讯是按叙事的起承转合方式写，或按“悬念——交底”的方式写。

篇幅较短的通讯结构比较简单，篇幅较长的通讯结构比较复杂。有的通讯从全篇着眼是按逻辑顺序结构，但其间又穿插时间顺序或空间顺序线，这时，就要抓住统帅全篇的主要结构，同时注意其他结构线的发展变化。

以上介绍的是通讯常见的结构方式。播音员要弄清事实、播清楚，必须联系通讯常见的结构方式，对具体稿件进行具体分析，看看要播的通讯具体是按什么结构、按怎样的思路写的。如通讯《相亲》虽然有个按时间顺序叙事的结构线，但从全篇着眼，基本属于"悬念——交底"的结构方式。

相　亲

①在咱们农村里，青年人找对象、谈恋爱，总要先见见面，相互看看人品，看看家庭情况，用老年人的话来说，这叫作"相亲"。

②有人说：相亲相亲，相中了是亲，相不中呢，就白费心。我今天说的故事，是一对没有相中的青年人，后来却偏偏有情，结成了良缘。

③金坛县唐王公社有个唐王大队。大队里有个青年人，名叫宋锁龙。宋锁龙原来在部队上当兵，人家给他在家乡介绍一门亲事。去年正月里，趁着他回家看望父母的空，姑娘决定上门来相亲。

④正月十六日这天，宋锁龙一家人一大早就起来了，又是准备饭，又是准备菜，左右的邻居也陪着高兴。

⑤到了十点多钟，相亲的人到了，姑娘是跟父亲一起来的。姑娘名叫袁月琴，二十五岁，是个高中毕业生，长得细眉大眼，端端正正，举止稳重，着实不错，只是不知道对宋锁龙家有啥看法。这父女俩在草屋里打量了一番，只见草屋里有一张半旧的四脚床，一张饭桌，几只凳子，除了这就只有几件农具了。再看草屋的外面，四周砖没有一块，瓦没有一片，相亲的父女俩，脸色变了，大家的心里也揪得挺紧。给姑娘的父亲递香烟，他不接；鸡蛋茶端到父女俩面前，也不沾。父女俩二话没说，站起来，留也留不住，拉也拉不回，就这么走了。一打听，说是到两里路以外的街上吃午饭去了。不用说，这门亲事没相中，要吹啦。宋锁龙家的锅上，做好的葱花鱼、红烧肉、油爆鸡蛋，热气也散了。

⑥宋锁龙的爸爸脾气暴，受不了这冷场面，一肚子的火气直往上冒，把碗筷甩得叮叮响。宋锁龙呢？像有一盆冷水浇心，闷着头，一声也不吭。

⑦下午三点钟，袁月琴和她的父亲，在街上吃了饭，来到了汽车站，照常搭汽车往回走。姑娘的父亲正要掏钱买车票，有人就把两张车票递到他的手里。他一看，正是他们没有相中的小伙子宋锁龙。他说什么也不肯接。宋锁龙对父女俩说："大叔，婚姻大事，慎重地选择是对的。有的人因为结不成亲家，就会成冤家对头，我们可不能那样做。您相不中，这没啥关系，我们还有正常的同志关系呢。今天，你们父女俩是为了我，才到这里来的，情理上，我应该这样做。你路上走好。"宋锁龙说完这些话，递过两

张车票，便回头走了。姑娘袁月琴听了这番话，趁空偷看了一眼小伙子，这小伙子身板又健壮又敦实，是个挺好的人哩。

⑧汽车开动了，姑娘的心里也像开汽车。她想着这小伙子刚才说的那些朴实的话，想着小伙子那张诚实的脸，心里老是不平静。袁月琴听到过，也亲眼看到过，社会上确实有些人，一旦婚事谈不成就自暴自弃，有的还不择手段地谩骂、侮辱对方，甚至结下冤仇。而今天这个小伙子，却不是这号人。姑娘不由问自己："世上有什么能比得上一颗美好的心呢？"她抬头看看旁边的父亲，他手里正捏着两张车票，也不知在想什么。

⑨过了几天，宋锁龙要提前回部队了。他三哥生病，在县人民医院住院，临走前一天的晚上，他到医院里去看三哥。弟兄俩正说着话，病房的门开了，一个姑娘站在门口。宋锁龙抬头一看，见是袁月琴，觉得挺奇怪，她怎么会在这儿？便上前问道："你？怎么在这儿……"姑娘说："我来……，来玩玩的。"姑娘倚着门框，垂着头，脸上还有汗珠。原来，她听说宋锁龙今天到医院来了，特地跑了十里路从家里赶来的。

⑩夜深了，两个人慢慢向城外走，姑娘扭着辫子，几次想说什么，可又没张口。宋锁龙呢？心里在呼呼地跳，也不知道该说什么好。俩人走一段路，锁龙要回头了，月琴姑娘才开口说："我离家还有七八里路，你送我一段吧？"锁龙说："'我又不是你家的什么人，送你，像个啥呀？"姑娘抬起头，羞怯地说，"看你，还在记恨着我哪，给你赔礼还不行吗？"

⑩今年年初，宋锁龙退伍回到了家乡，小伙子前脚到家，姑娘后脚就来了。锁龙回来以后，一不找门路拉关系进工厂，二不讲条件伸手要照顾，一门心思参加农业生产劳动，天天起早摸黑，埋头苦干，月琴姑娘更加感到他是个好小伙子。这以后，姑娘每次到锁龙家，总要帮助他料理些事情。现在，锁龙和全家人经过辛勤劳动，积下了钱，已经盖起了四间新瓦房，还打了一些家具。月琴姑娘的父亲呢？也正在忙乎着，准备年底让女儿女婿成婚。前不久的一天，宋锁龙和袁月琴在一块说话，他问月琴："你说，你到底爱我的啥呀？"姑娘举起拳头，轻轻地落在锁龙厚实的胸脯上，说："爱啥，爱你的心呗！"

标题——《相亲》。

提出话题，引起听众兴趣。

开头——第①②自然段。

提出反常现象：一对没有相中的青年人，后来却偏偏有情，结成了良缘。引起悬念，加强听众的兴趣。

展开部分——第③至最后一个自然段"准备年底让女儿女婿成婚"。

交底：回答听众何时、何地、何人相亲，相亲经过、结果。特别要回答为什么这对相亲没相中的青年，后来能结成良缘。释去悬念，满足听众兴趣。

结尾——最后一个自然段的最后一个小层次。

交底：直接引用人物的话，从正面回答听众，为什么相亲没相中，后来却产生爱情。一是鲜明而有力地揭示全篇的最终悬念，同时点明主题，引导听众领悟故事的意义。

从全篇着眼弄清各部分之间的内在联系后，还应进一步弄清每部分内各层次之间的内在联系、段落与段落之间的内在联系，使稿件的每一部分都活跃在自己的思路上。比如我们分析一下通讯《相亲》展开部分，层次与层次间的联系：

起——第③自然段：相亲；

承——第④至第⑥自然段：没相中；

转——第⑦至第⑧自然段：动心；

　　　第⑨至第⑩自然段：有情；

合——第⑩自然段：结缘。

最后，分析结构之后，为了进一步弄清事实，我们还应该明确，不是所有事情都同等重要，我们应根据主题确定主次。

比如《相亲》中有好几个人物，围绕“相亲”产生的矛盾归纳一下：宋锁龙和他的父亲为一方，其中以刻画宋锁龙为主；袁月琴和她的父亲为一方，其中以刻画袁月琴为主。这样，播音员处理亲事没相中之后的一段“宋锁龙的爸爸脾气暴，受不了这冷场面，一肚子的火气直往上冒，把碗筷甩得叮叮响。宋锁龙呢？像有一盆冷水浇心，闷着头，一声也不吭”，就能注意以表现宋锁龙的心理活动为主。另外，这篇通讯主要是通过宋锁龙、袁月琴两个人对婚恋中矛盾的妥善处理，歌颂当今农村青年在婚恋问题上展现出的新气象。表面上看直接描写宋锁龙的笔墨没有袁月琴多，如果不根据主题确定主次，就容易不自觉地把重点放到袁月琴身上，湮没宋锁龙的形象。通讯中人物主次关系不分明，就容易干扰主题的表现。

同样道理，《相亲》的几个场面、细节描绘中，也有主有次。其中第⑦自然段宋锁龙车站送票这个场面就是最主要的场面。这个场面充分地表现出宋锁龙的宽阔胸怀和高尚情操，直接表现主题；同时又是推动情节发展，为下一步展现袁月琴的精神面貌铺下的关键一笔。全篇最后一个自然段的最后一个小层次——锁龙和月琴的对话，这个细节又是比较重要的细节，有点明主题的作用。

通讯除了有主要人物、主要场面以外，还有些表现主题的重点语句，像车站里宋锁龙对父女俩说的话以及对宋锁龙退伍回乡后表现的概括叙述等。

分析结构，理顺思路，从主题出发，确定主次之后，就为我们的表达创造了条件。我们恰当运用重音、停连、语气、节奏等多种手段，就可以把事实报道清楚、连贯、完整。

二、想象、感受、播生动

怎样使我们的通讯播音形象、生动，有感染力？

（一）心里有形象

播音员要能够把通讯里写的情景形象、生动地描摹给听众，首先就要能够根据稿件文字的描绘，听到、看到、感觉到稿件中发生的一切是什么样儿的，特别是作者为了表现主题浓墨重彩、精心描绘的重点人物、景物、场面、细节，要真切感受到。心里有了活脱脱的人物、事物、景物，有了事物发生、发展、变化的生动过程，我们才有内心依据将它们形象地表达出来，引起听众的形象感受。

怎样才能使稿件内容在我们心里形象、生动起来？第一，备稿时要尽量多联想自己听到、见到的，和稿件内容类似的人物、事物、情景，充实我们对稿件的体会。第二，在稿件描述的引导下，展开积极的想象活动，潜心进入稿件描绘的情景中，使自己有身临其境之感。

通讯播音中的想象、联想活动是播音再创造的需要，也是再创造活动的一部分，因此与生活中的想象、联想有很多不一样的地方需要引起我们的注意：首先，要从稿件内容出发展开想象、联想，不要枝蔓横生，胡思乱想；其次，要根据对稿件主题、播出目的的理解，不断校正、深化自己的想象、联想；然后，充分的想象、联想活动，不仅使我们获得生动的形象感受，而且使我们的思想感情伴随想象中人物、事物的发展变化而运动、激越起来；最后，想象活动要具体。比如"夜深了……"夜深了是什么样的？在不同的情况下会有不同的情绪体验。可以是公安人员和敌人斗争的紧张的夜；可以是知识分子为祖国，辛勤工作建设攻关的夜；可以是失去亲人，凄凉的夜，等等。通讯《相亲》中的"夜深了……"是一对年轻人经历了一段波折，萌动起爱情的神秘的夜。再比如关于宋锁龙家的形象"只见草屋里有一张半旧的四脚床，一张饭桌，几只凳子，除了这就只有几件农具了"，出现在《相亲》的具体环境中，在月琴父女的眼里就是一个穷的形象、穷的含义。这也正是这门亲事告吹的原因。想象越具体、越清晰，领会稿件越深、越有独见之处，越能激起我们鲜明、强烈的思想感情运动。

（二）心底起涟漪

通讯内容本身一般都很吸引人、很感动人。播音员看通讯稿件首先要像一个热心的读者，积极接受作者的感应，在心底掀起兴致、情感的涟漪。

大家知道，涟漪就是水面被风吹起的波纹，风大波纹大，风小波纹小。看通讯稿件，稿件的情绪、情感像风，我们的心像江水，接受稿件情绪、情感之风的吹拂，涌动起相应的波纹甚至浪涛。若稿件吹起情感的劲风，而我们的心像冰块、像玻璃，对感情反应不大，甚至无反应，就不行。我们内心的感情机器都发动不起来，怎么谈支配我们的语言，千方百计感染听众，唤起听众的思想感情共鸣呢？下面我们就以《相亲》为例具体谈谈。

如联系社会背景来看《相亲》这个故事。婚姻是青年的大事，在农村也是整个家庭的大事，就因为穷，宋锁龙——一个好端端的小伙子，人家硬是没相中（多么不公平呀！），而且相亲的人饭不吃、茶不喝，二话没说站起就走了（这样的打击多沉重啊！）。宋锁龙，一个普通的战士，一个来自农村的兵，竟能克制自己的痛苦，从狭窄的思想境界中自拔，意识到同志关系的宝贵，毅然赶到车站，替月琴父女买了车票，送别他们。今年年初，宋锁龙退伍回到家乡，一不找门路拉关系进工厂，二不讲条件要照顾，一门心思参加农业生产劳动（这是多么宽阔的胸怀啊！从他身上，我们看到了青年人崭新的精神风貌，看到了祖国的希望！）。而社会上有些人，婚事谈不成就自暴自弃，或谩骂、侮辱对方，甚至结下仇怨。相比之下，宋锁龙的思想和行为更显得难能可贵。只有这样，主动从故事情节和播出背景中获取情绪体验，才能感染听众。

不仅相亲这件事感动人，这篇通讯的写法也很生动。例如《相亲》的题目就起得挺有意思，一看题目你不禁猜想：相亲，谁相亲呀？怎么相的？相中了没有？再往下看，开头更有趣，说故事中要讲一对"没有相中的青年人，后来却偏偏有情，结成了良缘"。这一来兴趣更浓，追根究底往下看。当看到结尾"你说，你到底爱我的啥呀？""爱啥？爱你的心呗！"时，读者生动地感悟出这个小故事的含义。播音员只有这样积极地接受作者的诱示，引起一股新鲜劲儿，并且保持住这种情绪记忆，才能在播音时想方设法引起听众的兴趣，吸引听众听进去。

（三）形象生动的表达方法

当我们从各方面对稿件有充分理解、感受之后，我们便有了播音创作的内心依据。这时就需要研究表达方法，讲求表达技巧，争取最好的宣传报道效果。

1. 播好标题、开头、展开部分和结尾

第一，先声夺人，播好标题和开头。

广播是给人听的。你前几句播得抓不住人，听众觉着没意思，把收音机一关，你就白播了。因此播音员要有吸引听众收听的意识，先声夺人，一张嘴报题目就把听众拽住，让他想听、爱听，非听完不可。

通讯作者和我们一样也有吸引人的动机，所以通讯标题、开头一般都写得很新颖，都有吸引人的诀窍，这为播音创造了条件。如《谁是最可爱的人》《我要立大功》《病房静悄悄……》《黄山天下奇》《大老齐成了香饽饽》《为了周总理的嘱托》《一个真正的共产党员》《取信于民》等。标题和内容、主题有密切联系，有的直接揭示主题，有的间接喻示主题。从写稿的角度看，标题的形式不同，有疑问式、祈使式、感叹式、陈述式等。

虽然标题的感情色彩不同、感情分量不同，标题的风格也不一样，但精彩的标题都“有哲理、有情趣、能够激发人们的感情”，唤起人们的想象。要播好标题就要注意从以上方面分析、体会标题的特点。

当然，标题播得再生动，也只是一句话的力量。开头要紧扣标题，在听众心里引起兴趣，把听众的好奇心、期待感再往前推进一步，把听众的胃口高高吊起，然后引出正文。

开头播不好的原因有很多，其中主要是忽略开头的作用。要播好开头可按以下两步进行：第一步，分析开头，分析开头吸引人的特点是什么；分析开头和标题怎么衔接，开头又怎样引起下文；分析开头和主题的关系。第二步，抓住开头吸引人的特点，表达时把这个特点表现出来。如通讯《相亲》的开头，接过标题引出话题，先卖一个关子，提出一个反常的问题吸引读者的关注：一对没有相中的年轻人后来偏偏有情，结成了良缘。播音时就要抓住这个反常现象，在语气和语言的强调上采用大胆夸张的手法，激发听众兴趣，造成悬念效果。

第二，生动、完满地播好展开部分。

播好通讯的标题和开头，在意念中引起听众的收听兴趣、期待感，实际上也就把自己往下播的劲头调动起来，为播好展开部分打下了良好的基础。

要生动、完满地播好展开部分需要注意：通讯的展开部分总是对着标题、开头劈开的楔口叙述的。当我们在播标题、开头的语气中引起听众某个方向上的兴趣、猜测之后，展开部分就有责任通过具体事实的描述，形象生动、完整透彻地回答标题、开头引出的问题，使听众的兴趣得到满足。

如通讯《相亲》：

标题的语气引人猜测：谁相亲？怎么相的？相亲的结果怎样？

开头的语气引人产生的进一步联想是：这两个青年人是谁呀？为什么相亲没相中？既然没相中，后来怎么结成了良缘？

展开部分正是对着这些问题一个一个往下写的。我们播展开部分就要针对听众的期待回答问题，归并好层次，先精练地提炼出层次大意作为答案，然后形象生动地、完满透彻地回答听众。如：

第一层（第③自然段）：相亲。

第二层（第④至第⑥自然段）：没相中。

第三层（第⑦至第⑩自然段）：有情。（其中又可按事物发展分为两层：第⑦至⑧自然段：动心；第⑨至⑩自然段：有情）

第四层（第⑩自然段，到“准备年底让女儿女婿成婚”）：结缘。

在展开部分，有些话和场面对回答清楚听众的问题、释去悬念是很重要的，播音员要抓住，有意识地播鲜明。如第二层有两个小场面：第一个场面，播音员要描绘出一个

“穷”的形象，并过渡到第二个场面，逐步描绘出相不中的原因、相不中的结果。展开部分第二层、第三层，在鲜明的对比中展现宋锁龙的优秀品质，是表现主题的重点层次，也是听众最关心的环节所在，负责回答听众为什么没相中却能有情结成良缘。这部分必须播得形象入神，其中宋锁龙的话要播得既醒目，又得体，全篇就立住了。如果抓不住这些重要的话、重要场面，播不鲜明，就容易给听众造成标题、开头引出问题，后边没有回答的感觉。若有些话和场面抓住了，播出来了，有的没抓住，播得不鲜明，又容易给听众造成前面引出问题，后面有的回答了，有的没有回答的感觉。这两种情况都说明展开部分没播好。

标题、开头引起听众兴趣、悬念，展开部分回答听众悬念、满足听众兴趣，都是通讯播音的一种技巧。根据稿件需要运用好这种技巧，能使播音员产生具体的对象感，引起积极而具体的与听众思想感情的交流，促使通讯播音穿线、抱团、感情连贯、生动有力地表现主题。

第三，画龙点睛，播好结尾。

通讯结尾，有的是全篇最后一个层次或最后一个段落，还有的甚至就是最后一句话。不管结尾文字多少，在播音员心里都应占有一个环节的重要分量，认真对待，不能因其短而忽视它，一带而过，这样客观上容易给听众造成虎头蛇尾或草草收场的不良印象。

结尾是全篇报道的结束，又常常是升华主题，点明播出目的的重要部分。播送结尾要注意点题鲜明，方法含蓄。

如通讯《相亲》的结尾，“前不久的一天，宋锁龙和袁月琴在一块说话，他问月琴：‘你说，你到底爱我的啥呀？’姑娘举起拳头，轻轻地落在锁龙厚实的胸脯上，说：‘爱啥，爱你的心呗！’”按我国人民的传统习惯，心就代表思想、品德。月琴爱他的心就是爱他的好思想，所以“心”是点明主题的关键字，也是正面回答听众疑问（为什么没相中却能有情结成良缘）的关键字。播时要强调充分，给人留下鲜明的印象。但又不能为了点题而点题，更不能为了点题鲜明、回复问题鲜明，就播得直、白、露。根据这个结尾的写法，我们要注意把这句点题的话藏在这对年轻人说情话的语言环境里，藏在情话中，由月琴很自然地说出来，就显得得体而生动，点题鲜明而含蓄。

2. 运用语气，区别叙述、描绘、议论、抒情四种基本写法

通讯都比较口语化，播送通讯不能念稿，一念就容易死板。要把稿件变成自己要说的话。播音员备完稿不妨把稿子先放下，把内容在心里捋顺，然后设想听众就在你眼前，放下稿子好好跟他叙讲这件事。一遍没说好，再多说几遍。话说熟了，播起来就敢动情地讲；话说熟了，就能够克服捏着嗓子、一板一眼地播音，克服念稿的毛病，断连自然，挥洒自如。有些播音员重音多、断句碎，全篇轻重缓急、抑扬顿挫处理得都很平均，这就违反了日常生活语言的规律。要播好通讯，平时就要注意勤观察、多模仿，从生活语言中汲取营养，再试试从放下稿子说通讯开始练习。

以上是从“说”的角度谈播通讯要注意的语气问题。

与消息、评论相比，通讯表现方法最丰富，既有叙述、描绘，又有议论、抒情。这就要求播音员善于运用语气，准确地进行叙述、描绘、议论和抒情。

有的播音员不注意根据稿件需要发挥好语气的作用。这样即使理解、体会了稿件，也常因手段贫乏、力不从心，播不出东西来。最常见的是以叙述代替描绘，甚至代替议论、抒情，一叙到底，只发挥叙述的作用，这就限制了语言的表现力，限制了思想感情的充分表达，使许多优美、生动的细节，感人肺腑的议论、抒情，都湮没在单调呆板的语气形式之中。因此，我们应当注意：

第一，不同语气有不同的功能。

叙述——叙述语气的功能是向听众交代事情的时间、地点、人物、前因后果、来龙去脉；叙述语气还负责把人物、事实的大概情况、总体情况告诉听众，把分散的内容归纳起来，有层次、有联系地讲给听众。叙述是通讯播音的基本语气。

叙述语气的特点：概括而不空泛，感情不苍白。如果把整篇通讯比作一串珍珠项链，描绘的一个个场面、细节像大大小小的珍珠，叙述则像连线，线穿着珠。另外，随着思想感情的运动变化，叙述部分也有轻重缓急、抑扬顿挫的变化，但变化幅度比描绘、抒情部分小些、更加平稳些，叙述是贯穿全篇的基线。叙述又可分为概括叙述和详细叙述。

描绘——描绘的功能是绘声绘色地形象描写、刻画人物、事物、景物等，出神入化地再现具体形象，使听众如闻其声、如见其人、如临其境。描绘是通讯播音表现主题、实现播出目的的特殊语气，是区别于消息、评论播音的特殊语气。一篇通讯播完，听众不可能记住播音的每句话，但会记住几个触动人心的场面或细节，通讯的作用也就算发挥出来了。

如以下三个段落就要分别采用概括叙述、具体叙述，描绘，层层表现马金锁“宁愿自己多受累，就是千辛万苦也不让一个孩子失学”的思想行为：

马金锁爬山蹚水，走村串户，书堂大队的山山岭岭，沟沟壑壑，都有他的脚印。早上他踏着晨露，走啊；夜晚，他伴着月光，走啊。三十二个村落，他都走遍了。一百四十二户社员的孩子，都分门别类地记在他的小本子上面了。书堂学校办起了早班、午班、晚班，为一些在山上放牧的孩子，办起放牧班，一时不能上学的孩子，马金锁就上门去教。（概括叙述）

官石垴生产队李大娘，有重男轻女思想。大女儿苹凡十二岁了还没上学。马金锁上门教李苹凡，还认真地做李大娘的思想工作。从学校到李大娘家，要过八条沟，翻七道岭，可金锁总是按时间去，一年四季从不间断。（具体叙述）

隆冬的一天，钻山风卷着鹅毛雪，呼啸着，铺天盖地。李大娘一家守着火堆，惦记着马金锁："马老师今天不会来了吧？"正说着，门外传来一阵熟悉的脚步声。

"李大娘，李大娘！"

"噢，是马老师来了！"

马金锁像雪人一样站在门口。李大娘赶紧把金锁让进屋，拍着他身上的雪，看着他冻得发紫的脸膛，不由得两行热泪夺眶而出："金锁，为了俺闺女学文化，俺家的门槛都让你踢破了，我们咋感谢你呢？"（描绘）

后面两段对一人一事的具体叙述和描绘，充实了我们对第一段概括叙述部分内容的体会。根据后边描述的生动的一人一事，我们可以想象出第一段里包含着多少这样生动具体的事实啊！播音时，我们要做到概括叙述语气概括而不空洞，句句有内容、有感受。

议论——议论的主要任务是在不发议论不能尽兴的情况下，直接说出主观感受，议论是由通讯里讲的具体事件而引发的。议论以思想流露的形式点明事件的意义，深化主题，一般是实现播出目的的重点部分。

抒情——抒情是由通讯内容激发起来的感情的迅速升腾，在不吐不快的情况下，一种酣畅的抒发。抒情也可以说是对内容的一种形象化议论。抒情要以感情流露的方式感染听众，引导听众感情深化。

第二，语气作用不同，对叙述、描绘、议论、抒情的要求相对也不同。简单概括如下：

叙要清楚——叙述部分要清楚、连贯、完整。

描要形象——描绘要形象、具体、生动。

议要鲜明——议论要拿出态度来，鲜明有度。

抒要真情——抒情要有感而发，是由衷之情。

叙述、描绘、议论、抒情在通讯播音中要运用自如，过渡、转换自然。何时叙述、何时描绘、何时议论、何时抒情，不是由播音员主观思想决定的，而要依据稿件表现手法的转换而转换。

3. 解放思想，调动多种表现手段

通讯情节起伏跌宕，感情变化幅度或汹涌澎湃，或低回婉转……因此播音员应根据内容需要，解放思想，大胆调动多种表现手段。

除了前面已经介绍过的内外部技巧外，下面再着重谈几个问题。

第一，通讯播音用声变化形式多，变化幅度大，常以大幅度对比变化辅助其他语言技巧，展现特定的形象，表达思想感情。声音有大小、明暗、虚实、高低的对比变化。如

《相亲》，人物的话和叙述部分用实声，人物内心活动用虚一点、小一点的声音表现，对比之下，人物心理活动的神采就容易展现出来。又如，“就在这个时候，他的女儿从大雨中冲进家门，上气不接下气地说：‘俺马老师，他……他被水冲走了，牺牲了……”①好比巨雷轰顶，王庆一下瘫倒在门槛上，人们泣不成声。②“马老师，马老师！”③“雨中的黄昏，整个山坳里都飘荡着这揪心的呼唤……”我们来研究已经标明的①②③处用声方面的处理技巧。①处用声实而低，节奏缓慢。②处用虚声、大声、高声、暗声相结合的形式处理，“马老师，马老师！”每个字字头加重，音节拉开，如“马”延长一拍，“老”延长一拍，“师”延长两拍，呈“马——老——师——！”状。这样处理可以启发听众想象山坳里旷远的、飘荡的、焦急的寻觅者形象。另外，“马老师，马老师”处理成两种不同音色的呼唤，前一声“马老师”用声低些，发音靠后些，后一声“马老师”用声高些、发音靠前些，这样处理从听觉上给人造成这样一种感受：“整个山坳里都飘荡着这揪心的呼唤”。第③处又接近第①处的用声状态：实而低，心理停顿增加，节奏更加迟滞。当然也可以有其他设计和表现方法。总之，播这一段如果不大胆运用声音的对比变化辅助其他语言表达手段，就不大容易把此情此景表现充分。

第二，通讯播音用气形式变化丰富。我们可以利用吸气的深浅、呼气的强弱，呼吸的快慢变化，腹肌的弹动，气流经过口腔、鼻腔的擦音等多种多样的呼吸形式、呼吸现象，辅助声音表现一些特定形象、气氛、感情色彩。如通讯《相亲》里医院那段对话的描写，姑娘说：“我来……来玩玩的。”表现姑娘的语言形象时，吸气要浅而少，小点声，刻画出姑娘羞怯、尴尬的神情，令听众产生可爱、同情之感。借助腹肌一个弹动动作，急张嘴吸气造成气流经过口腔的擦音“哈——”，可以辅助声音表现极度惊愕的神情；微开口吸气，气流经过上下齿缝造成的轻微擦音“咝——”，可以辅助声音表现犹豫或思考的神情，等等。

第三，吐字发音方法的变化运用，也是使通讯播音形象生动的表现手段之一。消息、评论播音要求字正腔圆。通讯播音有时要字正腔圆，有时则要利用吐字的刚柔对比，口腔控制的松紧对比，唇形的圆扁对比，音节的长短对比，发音位置的前后对比等，辅助其他表达手段传情达意。如通讯《相亲》，袁月琴说的话，吐字就要轻柔一点，发音偏高一点，咬字位置稍前一点；宋锁龙说的话，吐字就要稍直一点、刚硬一点，发音偏低一点，咬字位置稍后一点。这样处理后，两个人物的语言形象就较容易区别出来。如通讯《活在人们心里的马老师》，田岑义说的话，发音偏低，发声稍靠后，声音暗，吐字时口腔控制较松懒（但仍必须让人听清说话的内容），语句中心理停顿较多，节奏迟缓“马老师，∧不是不叫上，∧咱有难处啊！∧你看这……”最后的“这”字可扬起，刚发出声母“zh”就急收住，塑造一个男子汉心情烦闷、欲言又止的形象。而马金锁的语言则和他形成多方面对比，在对比中，两个人物才形象可感。

第四，借助面部表情、动作，辅助语言传神。以语言表达感情只是人的表情方式之一,通常称为言语表情。实际上在正常情况下,人处在某种情绪、某种情感状态时,他的言语表情、面部表情、动作表情及其身体内部机制会产生一系列反应。很多成语反映出这种现象,如:捶胸顿足、咬牙切齿、目瞪口呆、面红耳赤、心惊肉跳、毛骨悚然、心平气和等。所以当我们进入创作状态时,不仅言语表情很丰富,还会不由自主地产生面部表情、动作表情和机体内部一系列反应。播音员主要依靠言语表情工作,所以应该注意以言语表情为主,但同时也要注意感情调动起来之后的面部表情、手势、动作等对言语表情起的辅助作用或强化作用,使我们的言语表情更准确、更充分、更细腻。

当然,有声语言是播音员和听众交流思想感情的唯一手段,忽略语言在广播中的作用,在话筒前一味讲求表情动作,不仅无助于言语表情,还会适得其反。因此,我们在借助表情、动作辅助语言传神时,必须适度。

4. 通讯播音形象描绘人物、事物时,应注意的其他问题

第一,抓住描绘对象的特点展开描绘。

通讯播音的重要特点是要善于描述,而描述切忌谨毛失貌,即只注意在琐碎的细节上下功夫,而丢掉整体的精神面貌。通讯播音自始至终都要牢牢抓住描绘对象的主要特征进行描述。如报道钱塘江大潮,就要抓住钱塘江大潮惊心动魄、雄浑壮观的特点进行描述;描绘卢沟晓月的景色,就要抓住它清新、宁静的美的特点进行描述。描写《相亲》中的宋锁龙,就要抓住他外貌特征身板健壮、个头敦实,性格特征为人憨厚、朴实,特别要抓住这个人物的思想特征,即这个人物的"魂"进行描述:来自农村的战士,受过部队教育,有思想、有志向、心胸宽阔,是个品德高尚的好小伙子。

抓住特点后,具体描绘时要注意:形象前后要统一、稳定,自始至终保持其特点。如宋锁龙,前边是穷人家孩子,中间变成文弱书生,最后又变成一个愣头愣脑的小伙子形象。这样就是形象刻画不准确、特点不突出、形象不稳定,使这个形象在听众心里"立不住",这样就达不到生动感人的目的。

通讯还常常通过声音形象、动作、行为来描绘人物、景色、环境等,这时我们的描绘要和人物行为、景物动态特点一致。如"'哗——哗——'松涛声传过来了,又传过去了"。本来是表现宁静气氛中所蕴含的勃然生机,应该声音轻一点,节奏舒缓点,把每个字拉开来说。"哗——""哗——"两字若节奏轻快地连着说,声音很实,前重后轻,松涛的声响就会被描绘成在大盆里撩水的形象。"松涛声传过来了,又传过去了。"若播得节奏很快,声音很实,那么风吹松林的形象就会描绘成摇芭蕉扇的形象。"眼看李朝要被卷走,马金锁翻身抓住李朝,用尽全身力气,向岸边猛推。"播时若全身不帮助用劲,"抓""推"两字若吐字没力度、柔出,那么马金锁舍己救人的英勇行为就出不来,抓和推给人留下的印象,就会变得像抓花生、推茶杯那样轻松的动作形象。这样的描绘显然与人物的行为特征、事物的动态特征相去甚远。

第二，语言色彩要鲜明

全篇有总基调，重点场面、细节又有具体的感情色彩和分量。《相亲》中，锁龙全家迎接姑娘来相亲那一段，语言色彩明朗，节奏轻快，喜气盈盈；后边一段，月琴父女俩屋里屋外一打量，什么都没有，就是一个“穷”字，于是茶不喝、饭不吃、站起脚走了。这段描绘语言色彩则渐低沉、忧郁，节奏渐沉缓。这两段语言感情色彩对比鲜明，才能使听众对锁龙的处境、思想情绪的变化体会深刻。两段感情色彩差不多，必然使人感到锁龙没什么头脑，或感到他对这门亲事无所谓，姑娘要来相亲了他不喜，亲事吹了也不忧，如果这样，后边他赶到车站，买车票送别父女俩的行为就失去衬托，也就显不出有什么特殊意义。

即使在同一感情色彩的笼罩下，随着内容发展，感情的分量还会发生不同程度的变化。我们的语言色彩必须随之有层次地变化才行。如：

> 姑娘叫袁月琴……着实不错，只是不知道对宋锁龙家有啥看法。这父女俩在草屋里打量了一番……相亲的父女俩，脸色变了，大家的心也揪得挺紧。给姑娘的父亲递香烟，他不接……热气也散了。宋锁龙的爸爸脾气暴……宋锁龙呢？像有一盆冷水浇心，闷着头，一声不吭。

这一场面总体笼罩着低沉、忧郁的气氛，而低沉、忧郁的程度不是始终一样的，而是步步加重。仔细分析可以感觉到，有由轻到重四个层次的变化：第一层，在喜的气氛尾部，开始出现忧的不和谐音；第二层，忧；第三层，低沉、深忧；第四层，由深忧到烦闷。

第三，把握特点，处理人物形象。

在通讯播音中常遇到引用人物的话、人物内心活动、人物间的对话来刻画人物，表现主题。我们应该掌握描绘人物语言形象的特点。

首先要体会人物思想、性格特征、语言目的、语言环境、人物的心情，以及人物的性别、年龄、职业等特征。如果是人物间的对话，还要注意把握人物间的关系，注意对话中人物各自的情绪变化。

人物的话、人物的内心活动、人物间的对话往往是刻画人物最形象、表现人物最深刻的部分。人物的话不能“念”出来，而要“说”出来。人物内心活动的描绘，一般用声不宜太实、太大、太响亮，同时要注意表现人物心理活动的特点：是怀疑，是惊叹，是分析、判断，是思念、追悔，还是祝愿、向往等。人物间的对话，不仅要“说”出来，人物的语言形象还要区分开，各人有各人的思想、情绪、性格、年龄、性别、职业、身份等特征；同时，还要让人物交流起来，让人物对起话来。注意人物的语气别太相近，别串味，比如袁月琴说的话和宋锁龙说的话分不出来，就不好了。

为了勾勒人物语言形象，把人物区别开，就要抓住人物特点，采用声音的高低，咬字的前后，吐字的松紧、刚柔，唇形的圆扁，节奏、语气、语言色彩的对比等方法，帮助我们更好地描绘人物语言形象。

语言形象要鲜明，全在于区别之中抓特点，表现适度，最忌千人一面。

我们注意表现人物的语言形象，但是不是就是扮演呢？不是。通讯中一个场面里，人物只有三两句话，没法演。播音员抓住人物特点，把人物的神情、思想勾勒出来，给听众留有发挥想象的余地即可。把握不好这个分寸，追求太像反而容易弄巧成拙。

表现人物的语言形象必须注意刻画人物的思想感情、语言目的，因为我们之所以详细描绘人物这段话、这段对话，就是因为这些话最能直接反映人物的思想，最能表现主题。其他方面表现得很好，唯独对人物思想感情没摸透、语言目的含糊，这个场面、细节描绘就会显得花里胡哨，不能说明问题，人物也“立不住”。但若只注意把人物语言的思想意义表述清楚，不注意描绘人物的语言形象，又会失去形象感人的力量。当然，通讯中有时也为了说明一个问题，只引用人物的一句话，这句话没有具体环境、背景，这时可以不必完全展开人物语言形象，把这句话穿插到前后的叙述中去就可以了。

以上我们根据通讯特点，重点谈了播清楚、播生动两个问题，感人心者莫先乎于情。播音员对稿件有兴趣、有感情，比任何播音技巧都重要，对通讯播音尤为重要。优秀播音员都非常重视感情在通讯播音中的作用，他们说，播通讯要有激情，“要动真的！”但是感情这东西不是想让它有就有，想让它强烈就强烈的，善于调动感情是通讯播音的重要一环。

最后说明一点，通讯按内容划分为六大类，即人物通讯、事件通讯、概貌通讯（风光通讯）、经验通讯（工作通讯）、综合通讯、新闻小故事。每类通讯都有各自的表达特点，由于篇幅所限，这里就不广泛涉及。这里主要以《相亲》这个新闻小故事为例，介绍通讯播音的一般规律。通讯的写法非常灵活，要播好通讯，只满足于掌握一般规律是不够的，还要根据每篇通讯的具体内容和写作特点进行具体的再创作。

第三节　评论播音

我们这里所说的评论，是议论文的总称。它是广播中常见的文体形式。评论涉及社会生活的各个领域，在广播宣传中占有重要位置。我们应将评论播音视为播音员的基本技能之一，学会掌握和运用它，更好地为党的宣传事业服务。

一、评论文章的准备

和播出其他文体一样，对评论文章也需要深入、细致地分析理解，但因评论文章一般是向人们讲述一个道理、宣传一种观点，在写作手法上是以议论为主，具备逻辑严密、观点明确等特点，这就要求我们必须对文章的主题、结构、逻辑关系、宣传目的等十分明确，为有声语言的表达提供充分的依据。

分析评论文章，一般要做好以下几方面的工作。

（一）抓准主题

主题就是一篇评论文章的观点、论点，是作者对所论述问题的基本主张、看法。因为它是一篇评论文章的中心，所以又叫“中心论点”。一篇评论文章只能有一个中心论点，文章中的一切论述都围绕中心论点展开。因此，我们拿到一篇评论文章后，首先就要抓住中心论点这个纲。

怎样抓住主题呢？这就要从观点的表述形式入手。观点的表述形式有两种情况：一种是全文只有一个论点，文章中所有的分析、论述都是围绕这个论点进行的；另一种情况是论述的问题较为复杂，文章中出现两个以上的论点。除中心论点外，其他论点叫分论点。分论点是围绕中心论点设立的多种观点，是为中心论点服务的。

第一种情况比较好办，找到论点便找到了中心论点。第二种情况稍显复杂，必须先找出文章中所有论点，然后再在这些论点中相互比较，看各个论点是为哪一个论点服务的，这个被服务的论点就是中心论点。这样就抓住了主题。

例如《抓紧医治“胀肚子”病》一文中共有四个论点：(1)商品流通中的“蓄水池”容量有限，超过限度有害；(2)目前商品流通中存在“胀肚子”的问题；(3)“胀肚子”的原因不全在商业部门本身；(4)对当前的“胀肚子”病要抓紧医治。这四个论点中，前三个论点显然是为第四个论点服务的，因此，第四个论点是中心论点，前三个论点都是分论点。

在找论点时要注意，尽管大多数评论文章的论点是用文字直接表达的，但也有评论文章的论点不是直接表达的，而是渗透在文章的某一部分或全文中。遇到这种情况，我们就要认真阅读文章，反复领会文章的意义，然后自己去提炼、归纳。

（二）划分层次

评论播音要求做到层次清楚，这就要对文章的结构层次进行分析。评论文章的层次划分、归并方法和播音基础理论中介绍的方法是一致的，这里不再赘述。

我们可将《抓紧医治“胀肚子”病》划分、归并成以下四个层次：第一层，一至三自然段；第二层，第四自然段；第三层，第五自然段；第四层，第六自然段。

为了便于初学评论播音的读者掌握评论文章的层次划分方法，这里简要地介绍一下评论文章的一般结构。

每一篇评论文章的结构虽不尽相同，但总体可以分为“总——分”式、“分——总”式、“总——分——总”式几种。“总——分”式结构是先提出中心论点，再分层论述；

"分——总"式结构是先分层论述，再得出结论，即中心论点；"总——分——总"式结构是先提出中心论点，再分层论述，最后得出结论，这种结构形式一般在篇幅较长的评论文章中出现。

以上介绍的是评论文章的一般结构，是就大多数评论文章的结构而言，并不是一成不变的。大家在分析评论文章的层次、结构时，切不可将其看得太死板，应对具体文章做具体分析。

（三）弄清逻辑关系

1. 为什么要弄清逻辑关系

首先，我们分析文章的逻辑关系要以文章的思想内容为基础，经过对文章逻辑关系的具体分析，可以加深对文章思想内容的理解。

其次，弄清文章的逻辑关系可以为有声语言表达提供充实的依据，使我们的播音具有逻辑力量。正如斯坦尼斯拉夫斯基所说的，"语言的力量在于逻辑和顺序"。

2. 怎样分析逻辑关系

评论文章逻辑关系的分析一般要注意分论点之间的关系以及论点与论据之间的关系。

分论点之间的关系有并列关系、递进关系、接续关系。并列关系，各部分论点平等并列，无主无从，前后顺序不十分严格，属于这种逻辑关系的文章，表达时要在分论点和论据内部下功夫，切忌平铺直叙；递进关系，每后一部分都比前一部分有更进一层的意思，各分论点之间有严格的逻辑次序，对于这类文章，在表达时要注意后一部分语气的分量要比前一部分重，这样才能把道理讲得步步深入；接续关系，每后一部分与前一部分都有某种内在的逻辑关系，但它不像并列关系那样独立，又不像递进关系那样有严密逻辑。

《抓紧医治"胀肚子"病》一文，分论点的关系属于递进关系。

论点和论据的关系在评论文章的写作上，一般已注意到二者的紧密结合。播音员拿到评论文章后，要弄清哪些是论点，哪些是论据以及它们是怎样论证的。只有这些都弄清楚，才谈得上表达清楚。

如《抓紧医治"胀肚子"病》第一、二自然段是类比论证，以江河需要蓄水池类比商品流通也要有"蓄水池"，第三自然段用连锁推理的方法写出分论点，这三个自然段都是为论述这个分论点服务的，是它的论据。第四自然段提出问题，第五自然段亮出分论点后，用事实来论证这个论点，逻辑关系与上一自然段是递进关系。最后用归纳推理的方法得出结论。

在播音中，要遵循这样的分析方法，要为有声语言表达服务，不能分析是分析，播音是播音，毫不相干。但是分析时要沿着文章的思维过程去体验，切不可为分析而分析，甚至分析得太死、太细，把文章的每一句话都标出它们的逻辑关系，这样反而过犹不及。

二、评论文章的表达

在这部分，我们来探讨一些有关评论播音在语言表达上的技术问题。这里先强调一个前提，即我们是在对稿件深入理解并产生强烈的播讲愿望的基础上研究表达技术问题的。前面讲的分析理解文章，既是了解文章内容的过程，又是激发播讲愿望的过程。如果分析理解没有引起播讲愿望，那么分析理解便失去了意义。托尔斯泰曾说过："只有当您感到心中有一种完全新的、重要的自己明白而人们还不理解的内容的时候，当必须表现这一内容的要求不能使你安静的时候，才好写作。"托尔斯泰所指的虽是写作，但我们的评论播音又何尝不是这样呢？

评论文章具备观点明确、论理充分、逻辑严密等特点，我们在播音时要牢牢抓住并体现这些特点，在语言表达上要做到：观点明确、逻辑严密。

（一）观点明确

观点明确包括两个方面：一是全文的态度、倾向要十分明确，播音时，要求播音员的态度感情与文章相吻合，并将其准确地表达出来；二是论点部分要强调得鲜明得当。这里面有一个方法问题。

中心论点在文章中起着纲领作用，播音时要运用一切技巧、方法强调、突出它，以便给听众留下深刻、鲜明的印象。中心论点的强调方法是多种多样的，既可以上扬突出，又可以下抑加重，要根据内容选择。一般来说，中心论点在文章开头部分的，为了一开始就给听众以鲜明的印象，可以采用上扬突出的方法；中心论点在文章结尾部分的，可以采用下抑加重的方法，给人以水到渠成、深切自然之感。如在播完《抓紧医治"胀肚子"病》第五自然段后，应做一较大停顿，而后以深沉、肯定的语气播读中心论点。

分论点的强调要注意和中心论点区别开，不要把分论点和中心论点等同起来，甚至分论点强调得比中心论点还突出。这样，听众就不易听出哪个是中心论点。

以上所讲的只是诸多强调方法中的几种，大家在播音实践中切不可千篇一律，要根据文章的具体内容灵活运用。或放慢速度，或变化语势等，关键是要根据内容既有所区别、有所对比，又衔接自然、语气贯穿，这样才能做到观点明确。

（二）逻辑严密

评论文章是逻辑思维的产物，具有清晰的说理性。要播好一篇评论，除了做到"观点明确"以外，还必须在有声语言上下功夫，播出文章具有无可辩驳的逻辑力量。

初学评论播音的同志往往不清楚什么是有声语言的逻辑力量以及怎样做到逻辑严密。我们通常所说的有声语言的逻辑力量是指文章中思想间的有机联系通过有声语言准确再现出来，它包括层次和论证两方面。播音中要做到逻辑严密，就必须注意这些，达到层次清楚、论证有力。

1. **层次清楚**

评论文章在写作上的特点是条理清晰、井然有序，在播音时也要做到层次清楚。所谓层次，包括大层次、小层次、句子三方面。层次清楚主要是靠停顿和语气的转换来实现的。

这里，我们以《抓紧医治"胀肚子"病》第五自然段和第六自然段来说明大层次的转换。为了能让听众比较清楚地听出这一层次，当播至第五自然段结尾时，语势要降下来，给人以结束感，以示这一层意思的结束，做一大停顿之后，以高于上段句尾的语势播第六自然段的开头。这样既便于内容的准确表达，又可以使听众清楚地听出层次。

当然，语势不是固定不变的，还要以逻辑关系为依据。这里举的例子只是常见的一种语势。

在一个大层次中还要注意分清小层次，小层次与大层次的转换和停顿要有所区别。一般来说，小层次语势的转换幅度比大层次小，停顿时间也比大层次短。如果大、小层次的停顿、转换都一样，那么听众就听不出层次，也就更谈不上层次清楚了。

另外，段落内句子的关系也要表达清楚。这就需要我们很好地组织句子，在句子的处理上下功夫。播音员虽是一句句地播，但要让听众听的却不是一句句的话，而是完整的意思。中国古语有"炼句不如炼意"之说，评论播音的组织句子也要以"意"为主。这就是以论点为中心，从全篇着眼，从句子上入手，为论点服务，而绝不是单指某个句子处理得好。如《抓紧医治"胀肚子"病》第五自然段，在分析"胀肚子"的原因时举了三个例子，前两个例子说明原因不在商业部门本身，第三个例子讲造成这种情况商业部门也有一定的责任。在播这三个句子时，就不能处理得一样，前两句应衔接紧凑，语气连贯，在"这些问题单靠商业部门解决不了"后适当停顿，再播第三句，以示区别，这样才能将这三句的关系播清楚。

初学评论播音的同志会遇到这种情况：某一句乃至某些句子单独听都处理得不错，但从整体上听，却不能为论点服务，显得支离破碎。这种情况必须克服。

如果注意到上述三方面问题并能恰当地运用停顿和语气转换，那么就基本能做到层次清楚。

2. **论证有力**

播音中的论证有力，是评论播音逻辑严密的又一组成部分，它需要准确地表达出论点和论据的关系。

评论文章在写作上一般都已注意到论点和论据的紧密结合。不论是归纳论证、演绎论证，还是例证法、反证法等，它们的根本都是摆事实、讲道理。我们在播音中就要紧紧抓住这一点，在讲道理上下功夫，形成有声语言的逻辑力量，用“这种逻辑力量紧紧抓住听众，一步一步地感染听众”（斯大林语）。

播音中的讲道理要遵循逻辑语言表达的基本规律。如“三段论”一般强调结论；因果关系一般强调“果”；递进关系一般强调后面的分句。除此以外，还要注意文章在论证过程中包含着什么样的感情色彩，这种感情色彩决定讲道理过程中语言表达技巧的运用。

三、评论播音应注意的问题

（一）结合实际、针对性强

结合实际是指结合社会实际。评论文章都是围绕党的方针、政策，联系实际进行议论说理的。播音员结合社会实际不仅可以加深对文章精神实质的理解，而且可以比较深切地知道为什么要发表这篇文章，要解决什么问题。这样宣传目的明确了，播音的针对性加强了，播音才能有的放矢。

结合实际要恰当，要选择与所播文章有某种内在联系的、具有典型意义的材料，不要离文万里、漫无边际。

播音员结合实际可以借鉴自己身边发生的、与所播文章相类似的事。因为我们播出的评论文章所涉及的范围很广，单从地理上讲，就有本地的、外地的，中国的、外国的。播音员对所播文章涉及的事物不可能都亲自去了解，这就要靠播音员平时的观察、积累。因此，播音员要播好评论文章，不但要认真学习，领会党的方针、政策，还要做善于观察生活、分析生活的有心人。

（二）态度明确、寓情于理

评论是直接表明观点的，在写作上它的态度就是直接、鲜明的，赞成什么、反对什么跃然纸上。这里所说的态度明确就是要求播音员把稿件的态度通过有声语言准确、鲜明地传达给听众，使听众从中受到感染、启示。

首先，态度要肯定。由于评论文章是直接表态的，因此，播音员的态度就不可犹豫、含糊，而要肯定、果断。

其次，分寸要恰当。由于评论文章所论述的问题千差万别，态度也不可能千篇一律，因此，播音员的态度就要注意分寸火候，要符合稿件原意及政策界限。赞扬的要注意赞扬的程度，批评的要注意批评的分寸，不可过度。

评论文章主要以鲜明的针对性、严密的逻辑性去说服人、教育人，但并不等于评论播音就可以没有感情。好的评论文章在观点明确、逻辑严密的同时，也伴有强烈的感情色彩，这样才能既说服人又感染人。因此，我们在播音中不仅要“晓之以理”，还要“动之以情”。

另外，播评论文章还要特别注意不可端起架子，以势压人，要持和听众平等的态度，循循善诱，以理服人。

（三）逻辑、重音相辅相成

逻辑与重音的关系是相辅相成的。文章的逻辑决定重音的位置，而重音的位置是否准确又影响到文章的逻辑是否表达得清晰。

评论播音对重音的要求主要是重音位置的准确性。如“每一个中国人都应该为‘四化’贡献力量，我们也不例外”，这是一个省略了小前提的“三段论”，重音应确定在结论上，即“我们也不例外”，这样，语言目的就明确了。如果重音确定为“为‘四化’贡献力量”，语言目的就不明确。

如果层次间的重音不协调，就会影响文章的逻辑关系，我们以《抓紧医治“胀肚子”病》第四、五自然段来说明。第四自然段第一句“目前商品流通中，从批发到零售，像‘胀肚子’的不少”。这一句提出“胀肚子”的问题，重音应确定为“胀肚子”。第五自然段从第一句“‘胀肚子’的原因在哪里呢?”就进入分析“胀肚子”的原因阶段了，重音应确定为“原因”。如果还确定为“胀肚子”，逻辑就混乱了，这样会给人以上下文脱节、前言不搭后语之感。因此，我们在评论播音中，要特别注意重音的确定。

评论文章重音的表达，一般以语气重读为主，要确切、扎实，不用或少用轻读、夸张等手法，这是由评论文章的严肃性、说理性、概括性等特点决定的。

（四）讲道理时变化节奏控纵有节

评论文章的讲道理决定了播音员的创作必须以“我有理”为基础。如果说播音任务对于播音员是“要我播”，那么通过对文章的理解、感受而产生强烈的播讲愿望后，这种“要我播”就会转变成“我要播”。这样一来，播音员的创作就是主观能动的，有人把它称为“进攻型创作”，这是很有道理的。这种“进攻型创作”使评论播音形成紧凑、有力的节奏。但这是就一般情况而言的，在播不同文章时，节奏往往也不同。如驳论文章，节奏较为紧凑、有力；一些部署任务、交代方法的重要会议，节奏较为凝重、舒缓；庆祝某项工作取得成绩或某个会议的召开、闭幕的评论，节奏较为明朗、高亢。即使是播同一篇评论，节奏也应有所变化，但要注意控纵有节。

评论文章的“讲道理”以及广播瞬间即逝的特点，决定了播音速度不能过快，应尽可能给听众回味、思考的余地。即使是紧凑、有力的节奏，播音速度也不能太快，可以采用“紧拉慢唱”“内紧外松”的方法，这样才能加深听众的印象。另外，为了便于听众思考，在不影响逻辑关系的基础上，可适当多安排些停顿。

第四节　文艺播音

文艺播音是一种把文艺广播稿变成有声语言的再创造。文艺广播稿件形式多样，常见的有串联词、解说词（各种剪辑、实况、广播剧等的混播解说词）、评介稿（有关文艺人物、作品、知识的介绍，其中包含一定的议论，但不是文艺评论）。串联词和解说词有句无段或有段无章，不能离开节目录音素材独立存在；评介稿虽有录音素材的配合，但文学本身能够自成章节，独立存在。本节所涉及的仅是串联词、解说词、评介稿的播音，不包括文学作品朗读、文艺动态报道和文艺评论。

文艺播音和其他播音一样，都离不开从内容出发这一基本原则，离不开以宣传目的为纲，离不开语言表达的一般规律，离不开话筒前的全神贯注等这些播音创作都必须遵循的共性要求。但是，文艺广播稿件有其独特之处，依附于稿件的文艺播音也因此具有一定的个性特征。

一、文艺广播稿件的准备

（一）感受理解原作，掌握基本艺术形式

文艺广播节目的原作泛指将要播放和介绍的文艺作品本身，原作和广播稿合二为一构成新的文艺广播节目。播音员对原作的内容、主题、艺术形式、风格特色的了解，是理解广播稿件的基础。特别是解说类稿件，倘若离开原作，播音员便寸步难行，无从下手。

对原作内容梗概的了解不难，只要认真阅读、观摩或听录音、看材料、向人请教，就可以心中有数。对原作主题的挖掘却需要动番脑筋，需要我们对作品产生的时代背景、作者的思想、作品的艺术倾向、作品中描写的典型环境和人物的典型性格，都要有所了解，了解程度越深，对主题的概括就会越准确。

了解原作内容，概括原作主题的过程，不是纯理性的分析，而是边理解、边感受，理解制约着感受，感受加深着理解。只有当我们获取了这种比字面上的理解更丰富的感受之后，内心才能真正充实饱满。

播音员接触的文艺作品五花八门，不同艺术形式的不同表现手段作用于我们的感官，使我们获得感受的形式不同。例如，同是表现“大年三十晚上，北风吼叫，漫天大雪，杨白劳挑着一副豆腐挑子回来了……”我们从文字描写中、乐器演奏中或舞蹈表演中获取的感受，尽管本质是一致的，但获得感受的形式却不相同，它们分别和文学语

言、旋律、舞蹈分不开。为此，播音员应熟悉要介绍的作品的表现手段，要具备基本的知识，并且能从感性上接受它，进而引起一定程度的情绪反应。为了适应工作需要，播音员起码得掌握几种最常见的艺术形式的基本知识，如话剧、电影、京剧、交响乐等。另外，播音员还要培养广泛的兴趣爱好，利用一切机会多看、多听、多问，积累较多的感性材料和有关知识，不断提高艺术鉴赏水平。那种仅从个人爱好出发，偏废某方面的做法，于播音工作是无益的。

(二)明确文艺广播的任务，把握编辑意图

文艺广播的任务是进行思想教育、传播知识和提供文化娱乐。

为了更好地完成文艺广播的任务，编辑站在党的政策和文艺方针的高度，根据具体作品的情况、广播的特点和播出时间的限制选择播出内容，并对录音素材进行加工制作和编排组合。指导这种选择加工、编排的思想，我们称之为编辑意图。

文艺广播节目内容古今中外俱全，形式变化多端、重播率高、使用时间长、编辑意图较复杂。面对这样的情况，播音员要想把握编辑意图，往往须从“为什么能播?”“为什么现在播?”“为何这样加工?”“为何这样组合?”几个具体问题分析入手。

在把握编辑意图、明确宣传目的的过程中，我们一方面不断修正和加深对原作的认识；一方面获取新的启示，赋予原作更积极、更现实的生命，这样便能进一步深化感情，激发强烈的播讲愿望，避免老生常谈。

把握编辑意图、明确宣传目的的意义，不仅仅在于它们能激发播讲愿望，还在于它们是“怎样播”(播音四要素之一)的归宿，其对基调的确定、感情分寸的掌握乃至重音的选择、语气的转换等，都能动地起着指导、制约作用，使节目成为语言目的明确、协调一致的统一体。

(三)充分运用形象思维揭示主题，调动情感

文学艺术是一种特殊的意识形态，它必须通过具体概括来反映客观世界的本质。文学艺术作品通过调动读者、观众的形象思维来发挥作用，好的文艺作品之所以感人，不是由于它有多少抽象高深的议论，而是由于它给予不具形的思想感情以“优美、正确、鲜明的形象”(高尔基语)。这就是艺术的感染力。文艺广播正是努力协助原作增强这种感染力。由此可见，形象思维在文艺广播稿件的理解过程中，起着特殊的认识作用。播音员只有掌握大量的形象材料，充分运用形象思维，才能实现情景再现，才能准确地揭示作品的主题，才能使思想感情运动起来。

文艺播音创作中的形象思维活动应比日常生活中的形象思维活动更有目的、更有计划、更积极。文学艺术作品是以塑造典型环境中的典型特征为目的的，所以我们在准备文艺稿件时，要紧紧围绕典型特征去组织记忆、进行联想和展开想象。只有紧紧

抓住典型特征，舍弃非典型的部分，才能将众多人物形象和画面有条有理、形象鲜明地再现在脑海里。这正是话筒前形象感召之即来的必备条件。

当然，我们强调形象思维在文艺播音中的重要性，不是排斥逻辑思维的作用，因为逻辑思维对作品的主题挖掘、形象概括、艺术构思等起着指导和制约作用。

二、文艺广播稿件表达方面的问题

（一）热情的介绍者

文艺广播稿件大多是对文艺作品、艺术家、文艺知识的介绍、解释和说明。所以无论是播评介稿，还是播解说词、串联词，播音员都要以一个热情介绍者的身份出现。这和朗诵文学作品、扮演某个角色、报告新闻、发布评论都不大相同。

不同的身份使播音员的创作心理状态不同。热情介绍者的创作心理状态可以说是“我想给你介绍他（它）”。创作心理状态直接影响创作活动的特色。对于一个初学者来说，明确身份仅仅是开始，只有在实践中借助于多方面的感受、体会，把握住那种特有的心理状态之后，才算真正解决了身份问题。哪些方面的感受体会有利于播音员把握热情的介绍者的心理状态呢？

下面将一个播音员的正确心理状态分析一下：

我来转播戏剧学校学生演出的京剧《霸王别姬》。他们演的这出戏，我已看过三遍，遍遍让人激动，这样一出难度大的戏，他们演得如此成功使我喜出望外，我国古老的京剧艺术后继有人呢！我真想让更多的人，尤其是那些戏迷们，马上也知道这一成功，分享我的快乐。

戏开始了，我立即被吸引进去了……虞姬的愁闷和绝望深深地感染着我，不觉心中也有些压抑，可是我并没有忘记那些在剧场外坐在收音机旁的朋友们，他们在等待着我的帮助。于是我尽力把台上人物的动作描绘给他们：虞姬扶大王进内帐去了。这边几个巡夜的楚兵，提着灯笼，懒懒散散地走过帐前。（过门音乐起）虞姬从内帐缓缓地走了出来。（过门完虞姬唱）一阵凄凉掠过我的心头，于是我带着这股“凉”意，把虞姬的唱词，插空儿念给场外的听戏人，让他们听得更真切些：“看大王在帐中和衣睡稳，我这里出帐外且散愁情，轻移步走上前荒郊站定，猛抬头见碧落月色清明。”

…………

就这样，戏在台上演着；观众和听众在我旁边和收音机前全神贯注地看着、听着；我坐在观众席边缘的工作桌前转播着。我眼不离戏、心跟着戏却又想着听众，声音不干扰观众地说着……说着……

分析“我”的心理状态，可把综合性的感受体会分解开来，归纳为三个方面。

第一，“我”和戏的关系：由于对这出戏的了解喜爱，产生推荐、介绍的积极愿望，这种愿望使“我”的语言表达充满生气和兴致。

另外，“我”在戏中人物感情的推动下，产生相应的感情运动，这种运动方式是“我”特有的，不能由戏中人物取代。例如，“我”理解虞姬的愁闷和绝望，但并没有变成虞姬在那里感叹（扮演），也没有成为虞姬的代言人，在那里替她抒怀（朗诵），“我”仅仅是向听众介绍她的情感。

此关系处理不好时，播音常常出现两种倾向：一种是模拟被介绍者的感情，使语言表达近似朗诵或扮演，使听众感到播音员与整个节目格格不入；另一种是播音员的感情没有被推动起来，游离于被介绍者的感情之外，使语言表达过于客观冷淡，不但不能提起听众的收听兴致，反而败兴。

第二，“我”和听众的关系：“我”的听众为了消遣或求知来收听这个节目。他们对这场演出有浓厚的兴趣，希望依靠“我”的帮助，“看”完这场演出。面对这样的听众，“我”时刻不会忘记他们，心中有助人为乐的热情，没有表现自己的杂念。另外，“我”不愿去干扰他们，也不想强加什么东西给他们。

此关系掌握不好时，播音最易出现的问题就是陷入自我陶醉或自我表现。

第三，“我”是戏和听众的媒介，“我”居于戏和听众之间。“我”虽然在不断地用自己的态度、自己的解释影响着听众，却丝毫不打扰他们全神贯注地“看”戏，反而帮助他们“看”得更好。“我”这个媒介作用若发挥得好，可以使听众离不开“我”，但又不让他们明显地感到“我”的存在。

在创作中产生的感受，实际上是不可能按照上面写的一、二、三机械地分开的，而且也不是这三条就能概述得全的。以上分析是为了把热情的介绍者的心理状态剖析得清晰些，便于初学者逐步体会、掌握。

在把握了热情的介绍者的创作心理状态的基础上，我们有必要把感情和身份的辩证关系也搞清楚，以免引起创作思想上的混乱。

感情和身份是两个概念，不可混淆等同，不应认为感情处理得浓些或淡些就是身份不当。感情色彩处理得浓与淡，是个人表现手法上的特点，播者和听众各有所好，只要是浓而不夺（不夺戏）、淡而不离（不离戏），就能被广大听众所接受。

感情和身份的关系应该是辩证的：身份直接影响感情的运动方式和特点；感情处理不当，也易造成身份的不妥。播音员要具体问题具体分析，找出问题的症结所在，不能什么问题都以“身份不当”来解释。

热情介绍者的身份并不意味着播音员在播任何文艺稿件时，都用一种固定不变的、笼统的心理感觉。同身份在表达不同类型稿件时，应有细微的心理差异。只有充分、灵活地把握细微变化的心理感觉，才算将热情介绍者的身份具体落到了表达的实处，才能进而谈及表达方面的技能性问题。

（二）和录音素材的配合

在解决了身份问题之后，我们来研究表达上的技能性问题。文艺广播节目是一种综合性听觉艺术，它包含的各种音响，无论是播音员的话，还是录音素材中的语言、音乐、效果，都是互相配合、和谐一致、浑然一体的。对于文艺播音来说，播音员的话怎样和录音素材配合，是一项非常重要的技能。

1. 基调统一，变化一致

在文艺广播节目里，播音员的话和录音素材都是表现手段，它们不论以哪种方式配合，都得统一在"这一个"节目里。这种统一既包含基调的同一性，也包含体现这同一基调的变化一致性。

如播送一组悼念周总理的歌曲：串联词和歌曲要统一在"悼念"的基调内，但"悼念"基调不是一成不变的悲哀框式，几首歌曲按编辑构思排列，形成"悲—愤—化为力量"的色彩变化。播音员在播承上启下的串联词时，就要主动使语言色彩同歌曲的色彩变化一致，在变化中形成"悼念"基调。比如在播放完《献给敬爱的周总理》这首抒发深切怀念之情的女声独唱后，紧接着播放义愤填膺的男声独唱《扬眉剑出鞘》。播音员的话"刚才大家听到的是女声独唱《献给敬爱的周总理》，下面请听根据天安门诗抄谱曲的男高音独唱《扬眉剑出鞘》"，就要体现这种感情上的变化。处理具体语气时，还要注意既不破坏歌曲《献给敬爱的周总理》的尾声情绪、气氛，又要自然地向下一首歌曲的情绪过渡，使之和《扬眉剑出鞘》的前奏相协调。

基调统一，变化一致，是播音员的话和录音素材配合方面最基本的要求，只有在达到这项要求之后，我们才能继续探讨细致、具体的和谐问题。

2. 有主有从，有机结合

在一个节目里，播音员的话和录音素材作为表现手段互相关联，具有不可分的统一性，它们有主有从、相辅相成，有机结合在一起。不同的主从关系，要求播音员所起的作用不同，由此确定的语气也不同。

以播音员的话为主时，播音员要起到主讲的作用，运用多种语言表达技巧，把要叙述、分析、描写的全部表达出来。录音素材只起烘托、陪衬、证实等辅助作用。评介类稿件大部分就是以播音员的话为主的，如介绍民族乐器"箫"。关于箫的构造、音色特征、来历和传说等，几乎全部要播音员绘声绘色地描述出来，其中播放用的箫吹奏的乐曲和话中衬托的配乐，仅起证实、烘托作用。对插放和配乐的乐曲的选择、复制、加工，主要是文艺编辑的工作，但是播音员若对它们有所了解，便能诱发更丰富的情感，潜移默化地影响语气、节奏等，使语言更生动，使播音员的话和录音素材的配合更为融洽。

以录音素材为主时，播音员仅起串联或解说的作用，播音员的话从属于录音素材，为其铺垫引路或是解释、说明，语气、节奏可较为平淡、和缓，只要能适应录音素材情绪的变化即可。串联类和解说类大部分就是以录音素材为主的。

在混播时，播音员更要把握一种“撤到戏后面去”的感觉，使自己的解说完全从属于录音素材，渗透其中发挥辅助作用。如“刘秀英跌跌撞撞地从厨房里出来，她无声地走到梅林身旁，紧紧地抱住她”（话剧《于无声处》剪辑）。播音员配合录音素材中跌跌撞撞的音响、轻轻的抽泣声和角色的对白，以同情的口吻点清刘秀英的动作就可以了，完全没有必要再去另行描绘刘的动作，抒发刘的内心矛盾。恰如其分的铺垫和解释，能起到画龙点睛的作用。

在以录音素材为主要表现手段的情况下，播音员的话到底是铺垫引路，还是解释说明，可以区分得更细些。一般来说，播音员的话若先于录音素材，起铺垫引路的作用；后于录音素材，起解释说明的作用，语气处理也因此而异。所以录制文艺节目，往往需要编辑、播音员、录音员事先统一设计，使播音员的话和录音素材的结合更趋完美。

文艺节目从总体来讲，是以一种手段为主，其他手段为辅的。但是在局部（某个段落或句）时常出现主从的转换。播音员必须对录音素材的情况做细致、具体的分析，做到“它主我从，它弱我补；它从我主，它强我辅”，使语气灵活变化，避免僵化。

总之，有主有从，有机结合，这项要求的实质就是播音员要根据具体情况具体分析，从而确定贴切的语气，使自己的话和录音素材配合默契，组成一个有生气的整体。

3. 和谐完美，提供美的享受

播音中往往出现这种情况：单独听播音员的录音，基调、语言色彩都还可以，可是与录音素材合成到一起，效果就差多了。这是什么原因呢？除了复制合成的技术性问题以外，播音员的某些处理手法和录音素材不和谐是一项重要原因，所以在进行具体处理时要特别注意以下两点：

第一，节奏协调。这不是要求播音员的话一定要和录音素材节拍完全一致，那是不可能的，也是无益的。所谓节奏协调，就是要求播音员在对录音素材的节奏准确、具体感受的基础上，选取适当的语言表达样式，并能随时在高低、强弱、松紧、快慢等方面为适应录音素材的变化而变化。节奏协调，可以使播音员的话很自然地与录音素材融为一体，相映生辉，从而有利于形式的完美、内容的深化和听众情感的诱发；节奏不协调，轻则影响节目的形式美，重则直接对听众形成干扰。

第二，避免闯进闯出。播音员的话在和录音素材的衔接、重叠处，怎样处理才能使交错的痕迹不至于过重，影响整体美呢？

首先，播音员的话头要顺着录音素材的音尾顺势推进来，话尾要牵着录音素材的音头拉出去。正是这种感觉影响着语言的特色。

其次，混播时，播音员的话和录音素材都要在混入和撤出时进行一番调节，正如两块木条镶在一起，彼此取斜削薄，才能互相插入，成为一体。播音员要特别注意开头第一、二个字和结尾最后一、二个字的控制，忌讳齐头齐脑地闯进闯出。

例如：歌曲《大海一样的深情》之后，插入介绍"《大海一样的深情》是一首抒情歌曲，它以深沉柔美的曲调……"这段介绍的开始，要在歌曲的袅袅余音中，轻轻地顺势推进，不能歌曲一完，便以开口大的"大海"二字强音领先，"破门而入"，那样会立即驱散听众心头徐徐缠绕的余音，使意境消失，终止美的享受。

总之，我们必须认真对待类似的细致、具体的处理手法问题。这类问题处理得好，可以使整个节目成为一个隽永和谐的艺术整体；处理不好，可能使整个节目的艺术水平降低，不能给听众提供更多美的享受。

（三）用语言的形象感传"神"

文艺作品主要是通过塑造形象来抒发思想感情的，如果播音员的语言不能诱使听众"看见"形象，就不能表达出任何思想感情，这样的语言会很快从听众的意识中滑过去。所以表达出语言的形象感是文艺播音必备的语言技能。

获得丰富的内心视象是语言具有形象感的前提，但不等于有了内心视象，就一定能有形象化的有声语言。语言形象感的技能性训练是不容忽视的。

介绍者的语言怎样才能传达出形象呢？我们认为只要能传出"神"和对具体形态有些喻示，听众就可以依赖自己的生活经历，通过想象，"看见"形象。所谓传"神"，就是通过多变的语气、节奏和轻度的声音对比、气息变化，体现出形象的性格特征和彼时彼地的情感特征。

播音员不宜运用声音装饰，但可以使用适度的声音色彩对比，对时间、地点、形态、动作等有些喻示，配合语气、节奏气息的变化，加深形象的特征。举一个简单的例子：

从草丛里跳出一个大眼睛的……

这句话如果处理成节奏紧张，"从草丛里"的语气是阴森森的，"跳出一个"念得又重又拙，"大眼睛"三个字说得极度夸张并咬死……那么跳出来的就是一个老妖怪；如果处理成节奏轻快，"从草丛里"的语气是明朗的，"跳出一个"念得轻巧有弹性，"大眼睛"三个字说得稍有夸大而灵巧……那么跳出来的就是一只梅花鹿。

这个例子说明，只要传"神"，就可以引导听众想象出具体的情景和形象。

我们还要特别提醒大家在播文艺稿件时，必须十分注重术语的形象感。文艺稿件尤其是评介类稿件中，经常出现大量的术语，而术语对播音员来说，往往比较生疏，因此很容易将它们作为一般概念而忽略，但恰恰是这些术语，在此类艺术形式中是最精辟、最形象、最能表明情感的。

以上谈及文艺播音从理解到表达诸多方面的一些特点。本来这些特点概括得就不够全面，而且为叙述方便，又把不能分割的理解和表达完全分成两部分讲了。为避免重复，有些问题在其中一部分里谈了，另一部分就没有再从另一角度触及。希望读者不要把这些规律“生吞活剥”地搬进播音中，而要结合自己的实践体会，全面理解，融会贯通，消化后，将其营养输送到播音实际中。

第五节　对话播音

对话是通过两个或两个以上特定人物的交谈来进行宣传的。它富有浓厚的生活气息，就像我们平时拉家常那样，听起来十分亲切自然。对话的语言通俗易懂，可以把较难懂的科学知识和较深奥的道理，用深入浅出的方式透彻地讲明白。另外，对话稿件中听众难懂或不容易记的地方，播音员还可以重复、解释、说明，弥补广播一听而过、转瞬即逝的不足，更有助于听众收听、思考和记忆，能收到比较好的宣传效果。

在广播中，阐述党的方针政策、讲解科学知识、介绍工作经验、漫谈思想问题等内容都经常采用这种形式。下面我们就谈一谈对话播音的一些基本规律。

一、抓住特点、共同备稿

（一）揣摩人物，设定身份

对话稿件的播音，不是两个播音员“轮流播”，而是两个特定人物的交谈。对话中，播音员的身份是编辑根据稿件内容假设的具有某种特定身份的人物。如《怎样预防痢疾》中的魏小英、陈大爷，《父母不要干涉儿女的婚姻》中的管得宽、老嫂子等。即便没有具体人物，只有“甲、乙”或“男、女”之分的稿件，也是根据内容需要确定人物身份的。因此，播音员在备稿时，就要对稿件中的人物进行必要的设计，搞清他们之间的关系。

例如《怎样预防痢疾》中，我们可以把大爷设计为一位60多岁、身体健壮、性格豪爽、助人为乐的农村老大爷。小英设计为20多岁、性格开朗、待人热情、有一定医疗水平、对工作很负责任的医生。大爷、小英同住一个村，彼此很了解，平时来往也比较多，大爷很喜欢小英，小英对大爷也很尊重和信赖。这样的人物设计，就为双方亲切自然的谈话提供了适当的条件。

可是，在我们接触的大量稿件中，有许多没有明确人物身份的，只有“甲、乙”或“男、女”。这就需要我们在体会编辑意图、分析理解稿件内容的基础上，对人物进行设计，如《喝茶好处多》这篇稿件。

甲：哎，中国人喜欢喝茶，这在世界上都是很出名的。人们都说茶叶有很多营养成分，还说有很好的药用价值，真是这样吗？

乙：确实是这样。说起来小小一片茶叶，里面含有的东西可多了……

这篇对话无明确的人物身份，我们可根据内容把甲设计为一位中年妇女，文化水平不高，但有接受新事物的能力，她平时对什么事情都很留心，喜欢打破砂锅问到底，而且她很喜欢喝茶，但喝茶有什么好处，她并不太了解。最近常听人们议论喝茶的好处，她就非常想问个究竟。恰巧邻居张老师——乙，正坐在那儿边喝茶，边乘凉，于是，甲便走过去交谈。张老师40多岁，知识面很广，也很健谈。他看甲诚恳地提出喝茶有什么好处这个问题，便热情地进行解答。

如果不是从稿件内容和现实生活考虑，把甲设计为一名中学生，就不太合适。因为一般中学生不太喜欢喝茶，不太关心"茶的学问"，这样就难于激发强烈的播讲愿望。所以我们在准备对话稿件时，必须以稿件为依据，以现实生活为基础，对稿件中的特定人物进行深入细致的揣摩，设计出适合稿件内容的人物。

（二）设计语言环境

语言环境，是指对话的双方是在什么环境、什么条件下进行交谈的。如：

吃过晚饭以后，医生魏小英来到陈大爷家。

这短短的一句话，清楚地交代了谈话的时间、地点和语言环境。

这是在晚饭后，天刚刚黑，小英请大爷帮忙搞宣传工作。对话的开始是在大爷的家门口，"陈大爷在家吗？"小英在门外喊，这时播音员的声音要略大一些，稍偏离话筒，有一种真实感。接着，"在家"，是礼貌性的回答，"小英子啊，快进来歇着"，这中间要有一种真的看见的感觉——是小英来了。然后就可以设想为两人坐下来面对面交谈了。

还有的对话是设计为边走、边看、边谈的。如《花样翻新的电视机》这篇对话引语中写道"电器工程师王琳和女儿小雁兴致勃勃地走进展览大厅，父女俩边看边聊"。在展厅里，女儿对什么都感到新奇，看得很快，走得也快，父亲跟随其后。他们看见什么谈什么，他们谈话的位置不总在一个地方，有时远些，"爸爸快来看呀，"逐步又近了些，"您看这台电视机只有火柴盒这么一丁点儿"。随着两个人谈话时距离的改变，也要注意交谈时声音和语气的变化。

另外，还有一些对话是没有明确交代语言环境的，对话一开始就直接提出问题。对于这样的稿件，也要根据稿件的具体内容，设计相应的语言环境。

（三）依据话题，划分层次

对话在备稿时还要注意：稿件层次的划分与其他文体不同。一般稿件都是以自然段来划分层次的，可对话是按双方交谈的话题来划分的。不一定一个人讲完话就构成一个层次，很多情况下层次的转换是在一个人讲话当中完成的。如《怎样预防痢疾》：

魏小英：陈大爷在家吗？

陈大爷：在家！小英子啊，快进来歇着。白天干了一天活儿，晚上又忙着张罗防病治病的事，成天没闲着的工夫。英子，你这又是打哪儿来呀？

魏小英：我刚从合作医疗站来，我们大家商量发动群众预防痢疾的事。

陈大爷：夏天预防痢疾那可是个重要的事儿，得了这个病，不光是人受罪，还不能干活，眼下活茬挺忙的。咱队今年夏收增产了，争取秋庄稼再来个大丰收，为国家多做贡献。社员们身强力壮，人人都能出满勤，那可是个大好事。你们预防痢疾病啊，我是举双手赞成。

魏小英：陈大爷！您对我们的工作一向是大力支持的，这回也少不了麻烦您。

陈大爷：哪儿的话，有事你尽管说。

魏小英：我听奶奶说，解放前，咱这村里害过痢疾的人还不少呐！

陈大爷：可不是，那年头，缺吃少穿，庄稼人哪顾得上什么讲卫生。如今，党和政府关心咱劳动人民的身体健康，大搞群众性的爱国卫生运动，还向大伙讲卫生知识，让大伙儿懂得防病治病的道理。

魏小英：大爷，您说得对。今儿个就是想请您帮助我跟大伙儿说说预防痢疾的知识。

这段话从开头到“大爷，您说得对”，是必要的开场白，是一个层次。从“今儿个，我就是想请您帮助我跟大伙儿说说预防痢疾的知识”，转入下一个层次，开始进入正题，谈痢疾的危害和怎样预防痢疾。又如：

陈大爷：哎呀，要是喝了这井里的生水，可就有得病的危险呀！

魏小英：是呀。还有，咱们种的菜不是用大粪施肥吗？如果大粪沤的时间不长，里面就难免有痢疾杆菌，用这些粪来浇瓜果蔬菜，就会把痢疾杆菌散布到瓜果蔬菜上去。所以咱们生吃的时候要是洗不干净，就很容易得痢疾。

这一小层次的转换也是在一个人的讲话当中完成的。“是呀”是前面层次的结束，是讲痢疾杆菌通过水传染的问题。“还有”是下一个问题的开始，讲痢疾杆菌通过菜传染的问题。

我们要掌握全篇稿件的脉络，弄清稿件层次，就要抓住双方交谈的话题，稿件中先谈什么，后谈什么，问题与问题之间有什么联系，谈的问题搞清楚了，层次的划分也就准确了。

我们为什么要强调共同备稿呢？这是因为对话是两个或两个以上的人共同再创造。对话双方必须一起分析、商量，统一对稿件的理解。如果对话双方不共同备稿，而是按照自己的理解去播，不但对不起来，还会出笑话。比如：人物设计不一致。小英把大爷设计为一位身体健康的老大爷，而大爷却把自己设计为一位老病号，小英是医生常来给他看病，关系很好，这似乎也有道理。可是由于两个人设计的不一致，播起来，一方朝气蓬勃，一方唉声叹气，这就无法"对"到一块去。

以上谈了对话稿件的准备，那么怎样播好对话呢？

二、掌握特点、共同创作

通过我们对稿件的分析理解可以认识到：对话应尽量避免使用书面语言，而要用相对自然的口语，因此，播音员的播音语言应"像说话"。

对话是双方用交谈的方式来说明一个问题或一件事的，交谈自然要有思想感情上的交流。所以交谈的双方要有感情，语气要呼应，能"对"起来。

对话是特定人物的话。因此，播音员还要"像"那个特定人物。下面根据对话的特点，谈谈播好对话的一些基本要求。

（一）像说话

对话是以双方交谈的形式进行的，所以，语言应该接近生活语言——像说话，而不是"对播或对念"。然而，我们平时讲话传达的是自己的思想，表达的是自己的感情，是自然的谈话。播对话，说的是稿件的内容，表达的是稿件的思想，要按照稿件上规定的话来说。加之播音员在某种程度上形成的播音腔，对话就不容易那么自然。

第一，要像说话，首先要弄懂自己的话——稿件内容。一件事，如果自己不懂，就无法给别人讲得清楚。同样，一篇对话自己不明白，对内容很生疏，拿起来就念，结结巴巴，不但内容讲不明白，而且更谈不上自如、流畅地说了。所以，要像说话，首先就要弄懂自己要说的话，把稿件内容变成"我"的，对稿件中不明白、有疑问的地方要弄清楚。只有对稿件内容有一定的驾驭能力，才能把话说得自如。

第二，要像说话，还要掌握生活语言规律。生活中的语言很生动、很丰富。在我们的日常生活中，每个人讲话时语言都是按照自然的语势发展变化的。如在高兴、心急时，说话的节奏就会快点，声音自然就会高点；痛苦、颓丧、心情不愉快时，节奏就会慢点，声音也会低点。当想让对方记住自己的话时，人们往往用加重语气或放慢速度的方式来表达。当形容一件东西很美很大时，人们又往往用夸张的方式来表达，等等。这些都是生活中表达思想感情的基本规律，要掌握这些规律，播音员平时生活中就要注意观察、模仿、总结。

第三，要像说话，还要注意说的技巧。播对话除了掌握一般内外部技巧外，还可采用小停顿、句尾上扬和句尾拖长等表达方法。

在我们接触的大量稿件中，由于内容的不同，人物性格、年龄、地位的不同以及人物思想感情的变化，表达方法也就多种多样，对话中人物的话，一般比较简短，好掌握。可也有一些较长的话，说起来比较困难，如《怎样预防痢疾》中：

魏小英：今儿个，我就是想请您帮助我和大伙说说预防痢疾的知识。

处理这句话时，应既不破坏语义，又显得从容灵活，但要注意顿挫不露痕迹，保证句子的连贯完整。又如：

魏小英：这种细菌和别的细菌不一样，叫痢疾杆菌。

在这里可采用句尾上扬的处理方法，来表达小英年轻、开朗的性格和她对大爷讲话时的认真态度。

在对话中，还可采用一种拖长音的表达方法。如：

魏小英：痢疾杆菌放出的毒素，还能跑进大肠的血管……

魏小英：还有第五……

以上这些具体表达方法，如果在其他文体中运用，会显得不规整，但由于对话的语言是特定人物的话，是特定人物在边听、边思索的过程中说出的话，所以可以这样处理。

第四，要像说话，还有一点值得重视——感觉，就是说播音员要获得一种真实的自我感觉。如《什么叫珍珠茶》：

甲：你看，这茶叶一粒一粒的，又圆又亮，多像珍珠呀，所以，叫珍珠茶。

乙：噢，真像，珍珠茶。

双方在说这段话的时候，播音员要感觉好像把茶叶放在手心上欣赏似的，一边观察，一边说。如果没有这种“欣赏”的感觉，而是照字念字，就不像“说”。又如《怎样预防痢疾》：

魏小英：我听奶奶说，解放前咱这村里害过痢疾的人还不少呐！

这句话是小英边回忆边说出来的，播音员说的时候要有回忆的感觉。

我们强调播对话要像日常讲话那样自如，但完全像日常生活中的讲话也不行，对话语言和日常生活语言相比，要求是既要像日常生活语言那样自如流畅，又要高于日常生活语言。做到吐字更清楚，态度更鲜明，表情达意更准确，没有语病及赘语。

（二）“对”起来

“对”起来，这是播好对话的中心环节。对话是两个或两个以上的人共同谈一个问题或一件事，采用交谈的方式来进行宣传，所以对话的成功，光有一个人的努力是不行的，对话的双方要态度积极，配合默契。

第一，对话要“对”起来，先要明确交流形式。工作中，其他稿件的播音都是播音员与设想中的听众直接交流，从而达到宣传目的。而对话是通过搭档之间的直接交流来达到与听众间接交流的目的，这种交流形式与戏剧的交流形式很相似。“在演出中，直接跟观众交流是不行的，不过间接交流是必要的。我们在舞台上交流的困难和特点就在于我们跟搭档的交流和跟观众的交流是同时进行的。跟前者是直接地、自觉地进行，跟后者则是通过搭档间接地、不自觉地进行。”①

这段话对于我们明确交流形式很有指导意义。对话中和对方的直接交流是我们研究“对”起来的关键。话不能一会儿向搭档讲，一会儿又向听众讲，谈话的对象始终是自己的搭档。比如稿件中较难懂或不易记住的地方，我们在备稿时就要考虑到如何给搭档讲清楚，怎样让他记住等，听众可以从搭档之间认真、耐心、生动、有趣的谈话中受益。

第二，明确了交流形式以后，就要考虑怎样交流的问题。听、想、说是对话所特有的交流过程，播对话一定要掌握这一规律。

听、想、说——播音时，必须认真听对方在讲什么，同时，随着对方所说的内容进行思考，把思考后的认识和感情上的变化——同意还是反对，明白了还是有疑问，自己有什么新的看法和认识等，按稿件规定的语言作出积极的反应，如《怎样预防痢疾》中：

> 陈大爷：哪几件事？你快跟我说说。
>
> 魏小英：第一，要早发现病人，早报告，早治疗。一发现谁拉痢疾，就马上报告，防止传染更多的人。第二，搞好环境卫生……第三……第四……

这一段是全篇稿件的重点所在。

陈大爷是小英宣传的第一个对象，陈大爷能否听明白、记住，对小英下一步的预防工作关系很大。所以，小英耐心认真地给大爷解释。当小英讲到第三个问题时，大爷也有同感，加深了对搞好环境卫生的认识，顺口说出：“对，这些事都很重要，要让大伙都注意才行。”当小英说到要防止传染的时候，大爷也积极地提出预防措施：“那病人用过的东西也该消消毒吧！”大爷不但在认真地听，而且在积极地思考，当小英讲了重点预防的常识以后，生怕大爷年纪大了记不住，又追问一句：“这几件事儿，您都听明白了

---

① 斯坦尼斯拉夫斯基．演员自我修养[M]．林陵，等译．北京：中国电影出版社，2006：379.

吗?”大爷高兴地回答:“听明白了。”小英听着大爷的复述,心想:“大爷说的话对不对呢?”当大爷清楚地讲完四点以后,小英看大爷那种认真的态度很高兴,接着补充一句说:“对,还有第五……”总之,对方讲话自己要认真听,边听边思考,并作出相应的回答,这样两个人的思想感情才能交流起来。

第三,对话要“对”起来,还应注意双方要强调的语句重音必须准确一致。在其他稿件中,如有一个重音不准,还可以用全篇来补救,但在对话中,如有一个重音不准,不光影响内容表达,而且也“对”不起来。如《怎样预防痢疾》中:

魏小英:……就会引起全身中毒。

陈大爷:全身中毒是什么样呀?

小英的重音强调“全身”是讲痢疾危害的程度,大爷的话要附和上,往一块谈,同样也应强调“全身”。如果不是这样,小英强调全身,大爷却强调中毒,可后面交谈的又不是“中毒是什么样”的问题,对话就会脱节。所以,如果大爷的重音和小英的不一致,话就无法往一块说。

第四,对话要“对”起来,双方的情绪也要协调。一方冷,一方热;一方积极,一方不积极,都“对”不起来。双方必须对所讲的内容都有浓厚的兴趣,有强烈的播讲愿望,有感情上的来往,有情绪上的呼应,才能协调,才能“对”起来。

(三)人物像

对话中的播音员都是以稿件中规定的人物身份出现的,要让听众从双方的声音和语气中感觉到是两个特定人物在交谈,而不是两个播音员在对播。

目前,关于对话中的人物能不能扮演这个问题,人们有不同的看法。扮演,本是戏剧表演的提法,我们这样谈也未尝不可,但要搞清楚戏剧扮演与对话中扮演的异同。首先,对话稿件不是剧本,没有给我们提供太多扮演的条件。其次,播对话与演戏目的不同。演戏必须在典型环境中塑造典型人物,而对话不是为了塑造人物,而是借助于特定人物的交谈,把稿件内容讲得更准确、鲜明、生动,更容易被听众接受,交谈只是为了达到宣传目的的手段。因此,演戏是艺术活动,对话播音则属于新闻工作范畴。另外,由于对话没有塑造典型人物的条件,所以稿件从准备到播出,时间比排戏所用的时间短得多。

怎样才能使对话中的人物播得像呢?

对话中人物像不像,只能从交谈的语气和声音上来检验。对于播音员来讲,声音是内心活动的外壳。要像,就要把握一种正确的创作心理状态,还要寻求一种准确的语言表达方法,这就是重神似、求声似。

要想做到神似,首先自己心里要有那个特定人物,就是我设计的人物是什么样的,此刻,我就是那个特定人物。例如我是小英,我的心理状态是:“我希望大爷明天同我一起去宣传预防痢疾的常识，今天晚上，我要先把预防痢疾的知识给大爷讲明白，我要告诉他，什么是细菌性痢疾，什么是中毒性痢疾，最关键的是让他记住怎样预防痢疾。”此时，我站在大爷的家门口问：“陈大爷在家吗？”

大爷一听是小英来了，赶快让她进屋，请她坐下，就是在这样的心理状态支配下，俩人开始亲切自然地交谈起来。而且，自始至终都要感觉到我是小英，是在和大爷谈话。

播音员有了充实的内心感受之后，还要用准确的表现方法把它体现出来。所以，还要求声似。

求声似，就要研究不同的人、不同的年龄、不同的性格气质、不同的职业、不同的语言特点。如《怎样预防痢疾》中的小英，稿件中设定她是个20多岁、性格开朗、热情的农村姑娘。那么她的语言表现形式就不会是吞吞吐吐的，而应该热情大方，声音也较为明朗。如果特定人物是一位老大娘呢？情况就不一样了。我们可以设计老大娘60多岁，年纪大但人不糊涂，关心集体、待人热情，她讲话的节奏就应该慢些，声音也可以低些。

对话中的人物是类型化的人物，而不是个性化的人物，这一点也要明确。如话剧《茶馆》中的三个老头，分别代表三个不同身份。不同性格的人物出现在舞台上行为各异、个性鲜明，给人留下了深刻的印象，这是戏剧的需要。而对话中的人物只要求让听众从你的声音和语气中感到是老大爷就可以了。

为了在播对话时捕捉到准确的人物特点，我们要注意观察生活，分析模仿不同人物的不同表达方式，摄取生活中的一个个镜头，存入我们记忆的仓库，一旦需要，信手拈来，使之神情毕现。

第六节　知识性节目播音

知识性节目播音有着重要地位，无此不足以形成文体播音的鼎足之势。为什么这样说？一是因为报告最新消息、传播科学知识、丰富文化生活是广播三位一体的重要职能；二是因为文体分为记叙、论说、说明三大类，广播节目常用的消息、通讯、评论可分别归入记叙文和论说文，而知识性节目的稿件多属于说明文，这三大类缺一不可。

一、知识性节目的准备

（一）把握稿件说明的事物的基本特征

知识性节目以传播知识为直接的、唯一的目的，以说明为主要手段，对事物的性质、特点、成因、功用等作出科学的解释。它的内容涉及人类在改造世界的实践中所获得的一切认识和经验，从尖端科技技术到日常衣食住行，从卫星上天到冬贮大白菜。天文、地理，农业、工业，动物、植物……都以各种角度连续不断地在各种知识性节目里得到反映。

面对一篇知识性节目的稿件，最基本的准备工作是把稿件说明的事物的基本特征弄清楚。一般来说，一篇稿件说明一件事物，把这一事物的基本特征说清楚了，听众对于这一事物也就了解了。如果抓不住事物的基本特征，即使对该事物的次要特征说明得再详细，也不能使听众对该事物有正确的认识。例如《中国石拱桥》这篇文章，谈到卢沟桥、赵州桥，谈到我国劳动人民的创造才能，还谈到新中国成立后我国桥梁建筑事业的飞跃发展。全篇谈的都是桥，但作者的意图是说明石拱桥建筑的基本特征。我们只有把握好文中介绍的石拱桥的基本特征，才能把作者的意图表现出来。

要想抓住稿件说明的事物的基本特征，就得在理解上下功夫。对于要向听众讲解的东西，自己要先懂，如果对稿件中谈到的事物一知半解，就抓不住事物的基本特征。当然，知识性节目涉及的内容极其丰富广泛，播音员不可能全懂，但我们应当尽量去学，尽量弄懂，不能做一个行家，也要做一个杂家。这里特别要强调广义备稿与狭义备稿的结合，系统地学习某一种科学知识，平时看一些科普报刊，对播音来说都是广义备稿，一次播音前的狭义备稿对以后的播音来说，也是广义备稿。有了广义备稿的积累，播音员就比较容易在知识的联系和对比中把握住一篇稿件中说明的事物的基本特征。

（二）领会编辑意图，使播出目的具体化

总的来说，知识性节目的目的都是传播知识，就一篇稿件来看，为什么此时播而彼时不播？为什么播这一篇而不播那一篇？这就有个编辑意图在里边。领会编辑意图，可以使播音的目的具体化。只有具体的目的才能唤起播音员热切的播讲愿望，使播音员进入话筒前良好的创作状态。

要想正确地领会编辑意图，功夫得下在稿外。就稿论稿，理解必定是肤浅的，目的性必定是空泛的。要善于运用联系的方法和整体的观念，从稿件与外界事物的关系上，得出为什么播的结论。

知识性节目是非新闻性的，它不像新闻那样直接与形势、政策有关，但作为广播节目的重要组成部分，它与广播的主体——新闻性节目有密切的联系。知识性节目可以用提供背景知识、资料的方法使听众加深对党的方针政策的理解和对形势的认识，以此加强新闻性节目的感染力和影响力。在洛杉矶奥运会期间，知识性节目配合新闻性节目播发大量有关我国奥运的背景知识和资料，使听众加深了对我国体育事业所取得的成就的认识，增强了民族自豪感，激发了爱国热情。当新闻节目报告某地发生农药中毒事件的消息后，知识性节目就可以播发怎样预防农药中毒的稿件。播音员拿到这

样的稿件，应当立刻联想到新闻报道的事实，领会编辑的意图是提醒更多的农民谨防中毒，教给他们具体的方法，讲明其中的科学道理。如果播音员没有这种职业敏感，就是不称职的。

季节和时令是影响知识性节目播出的重要因素，与季节和时令相关的稿件内容往往与人民群众的生产、生活密切相关。例如：

水稻的秧苗一般长到四五片叶的时候就可以插秧。插秧要先整好稻田，宁可田等秧，不叫秧等田。秧苗要新鲜，最好随拔随插。一般插秧不宜太深，只要插牢插稳，不致被风吹倒，随水浮起就行。

在插秧季节播这篇稿件，播音员应产生一种不能错过时机播出稿件的愿望："现在向大家介绍科学的插秧方法，正是好时候！"如果不联系季节和时令，只想到"促进生产"这个目的，那就太笼统了。在知识性节目里，节日前夕，往往要介绍节日的由来；秋冬更换季节的时候，往往要谈谈预防感冒；谈雪花的形成，一般是在严冬；而谈啤酒的妙用，则很可能是在盛夏。播音员拿到这样的稿件，应当自然而然地联想到季节、时令的因素。

一项科技成果的发明会带来相应的普及宣传，知识性节目常常播发相关稿件。在成功发射运载火箭之后，我们播出关于运载火箭的知识；随着电子工业的发展，我们介绍电子计算机的功用与原理。稿件与现实之间的内在联系是显而易见的。

播音员对编辑的意图，只要可能，就应多方面地联想。例如，在介绍毛料服装的洗涤与收藏方法时，我们可以想到季节——现在是收藏毛料服装的时候了；也可以想到经济生活的形势——现在穿毛料服装的人越来越多了，我们的节目可以教会更多的人洗涤和收藏衣物的方法。当然，多想不是瞎想，有的稿件内容与现实联系不那么紧密，我们也不必太牵强。

（三）设想收听对象，明确自己与听众的关系

知识性节目不但有各种各样的内容，而且有各种各样的听众，我们的每次节目、每篇稿件不可能有普遍适应性，这就有必要设计特定的收听对象。对象的设想，一要多层次，二要具体。

所谓多层次，就是从稿件的内容和形式出发，考虑到听众的年龄特点、文化程度、工作性质等因素，设想出相应的听众群。假如稿件内容专业性比较强，概念、术语比较多，我们可以设想是播给专业工作者听的；假如稿件写得通俗易懂，内容与群众的生产生活密切相关，我们可以设想是播给一般听众听的，等等。

所谓具体，就是说我们不能满足于只设想听众的层次，还应设想出活生生的、个体的特点。比如播一篇谈怎样度过更年期的稿件，光想着播给所有处于更年期的人听，

还是不能获得具体的对象感。如果设想讲给一位熟识的大妈听，她正处于更年期，又缺少这方面的知识，现在很想了解了解，那么我们的对象感就会扎实得多，播音就会有的放矢。

知彼更要知己。在知识性节目播音中，播音员确定了收听对象，那么自己处于一个什么位置？应当与听众建立什么样的关系呢？如果播音员把自己完全等同于听众，就会降低广播节目的引导、教育作用；如果采取居高临下的态度，就会违背人民广播的宗旨。因此，播音员对听众既要如知心朋友般平易近人、体贴入微，又有教师般的循循善诱、诲人不倦，应当以平等的态度、“为您服务”的感情来传播听众未知而欲知的知识，满足听众的求知欲，帮助和引导他们成为知识丰富的人。

二、知识性节目的表达

研究一种文体的播音，不能离开文体本身的特点和播音基础理论的指导。在这一节里，我们将遵循这样的研究原则，探讨知识性节目播音的语言特点和表达方法。

（一）知识性节目播音的语言特点

第一，以说明为主。知识性节目往往兼用几种表达方式，其中以说明为主。说明性语言不是为了描述具体生动的形象，表达某种思想感情，也不是为了论证事物，表达某种思想观点，而是为了说明人们在工农业生产过程中和科学技术研究过程中总结出来的理性认识——事物的特征、本质及其规律性。因此，语言的运用从整体上、从重点上都应当以说明为主。

强调以说明为主，并不是不顾及其他表达手法。正确地、灵活地掌握多种表达手法，恰恰可以更好地达到说明的目的。下面的这一段文字就运用了多种表达手法。

> 各位听众，今天是端午节，在这个时间里，我们向您介绍端午节的来历。
>
> 大约两千二百多年前的一个农历五月初五，有个面容憔悴的老人，一边踱步，一边低吟着愤怒的诗句。他来到湘江支流汨罗江边，抱起一块石头，纵身跃入江里。这个人，就是我国文学史上第一个伟大诗人——屈原。屈原生活于战国时期的楚国。当时，七国争雄，奸臣为虐，他的政治主张无法实现，爱国理想归于破灭，于是满怀对楚国人民的爱投入汨罗江。
>
> 人们为了纪念他，把五月初五这一天定为端午节，每年的这一天都要包粽子。据说是当初汨罗江人民为纪念屈原，把粽子投进江里喂鱼。人们认为鱼吃饱了，就不会去吃屈原的尸体。南方各地，每年的这天还要举行划龙船比赛，表示搭救屈原的意思。

这篇文章开始是对屈原形象的描绘，对历史事实的叙述占了很大篇幅，播音员应当给予足够的注意。但从全文看，它是为说明端午节来历这个目的服务的，描绘、叙述本身并不是目的，因此，色彩和分量的掌握要适度，只要表现出对屈原崇敬和怀念的心情就够了。播音员不必着力描绘出屈原投江的画面来，那样就干扰知识性节目的目的了。

第二，客观确切。知识性节目的内容多是阐释科学知识、社会常识，在这样的稿件中，“说明一种道理，作者的态度是非常冷静的。道理本该怎样，作者把它说清楚了就算完事，其间掺不进个人的感情呀、绘声绘色的描摹呀这一套”。（叶圣陶《文章例话》）作者是这样的，播音员在话筒前播音也是这样的。说明任何一种科学知识，都必须有高度的科学性，不管是自然科学还是社会科学，不管是具体事物还是抽象事物，我们对其进行说明时都必须报以科学的、客观的、实事求是的态度，不带有个人强烈的感情色彩，要忠于稿件，有一分表达一分，不外加什么东西。当然，客观是相对而言的，在播音中，我们对听众依然要抱有亲切热情的态度，绝非解说任何事物都须排除主观感情和倾向。客观这一特点，是从绝大多数知识性节目的稿件中，在与其他文体播音特点的比较中表现出来的，不能把它理解成板起面孔说话，那就把客观与冷漠混同起来了。

确切，是说播音员在知识性节目中要用最适当的语言技巧恰如其分地表达稿件的内容，一是一、二是二，不歪曲，不走样儿。我们看下面这段稿子，播音员应如何运用重音确切表达。

> 种子发芽的外界条件是水分、温度和空气，干燥的种子处于休眠状态，必须有一定的水分，适当的温度和足够的空气，才能恢复生命活力。

文中标下圆点的字是我们确定的重音，为什么这样表达呢？因为种子发芽还有种子本身的生命力是一内部条件，如果这里不把“外部条件”作为重音来处理，条件的范围就不明确。“水分”“温度”“空气”三个外部条件缺一不可，因此作为并列重音。这三个外界条件各有限制，把“一定的”“适当的”“足够的”作为重音，就可以说明不同种子在发芽时对水分、温度和空气的要求不同，这是一种约略的说法，播音时应表现出确切的分寸。

第三，平实舒展。知识性节目播音不尚华丽，不求夸张，不事渲染，朴实自然。播音员运用自如声区播音，无须大起大落，声音状态保持稳定，同时应注意根据内容调整变化。语言具有口语的特点，娓娓而谈、平易亲切。节奏一般比较舒展，徐疾抑扬的变化幅度不大，舒而不散、平而不板，给人一种从容感。

虽然知识性节目的绝大多数稿件都是平实的写法，但也不乏用文学手法写成的稿件，内容生动活泼、趣味盎然。这时，播音员也应运用相应的有声语言表达方法来表达，使播音与稿件的风格相一致，不能给自己定一个框架，用固定的方式去表现不同的形式和内容。要正确理解知识性与趣味性的关系：在知识性节目里，稿件的趣味性是为更好地说明知识服务的，要善于运用不同的表达方式来吸引听众接受知识，而不能望字生情，喧宾夺主，更不能借此表演技巧，哗众取宠。下面这段文字就用了文学手法。

天上的云，真是千姿百态，变化无常。它们有的像羽毛，轻轻地飘在空中；有的像鱼鳞，一片片整整齐齐地排列着；有的像羊群，来来去去；有的像一床大棉被，满满地盖住了天空……它们有时把天空点缀得很美丽，有时又把天空笼罩得很阴森。刚才还是白云朵朵，阳光灿烂；一霎间却又是乌云密布，大雨倾盆。云就像是天气的“招牌”，天上挂什么云，就将出现什么样的天气。

这是《看云识天气》的第一段。有的播音员也许一看到这样优美的文字就不顾下文、不顾全篇、没有控制地抒起情来。这样一来，到文章的主要部分，即具体说明怎样看云识天气时，就很不协调，很不搭调儿了。不仅节目的目的没有达到，而且给人不伦不类的感觉。在语言的分寸程度上，“过”不好，“不及”也不好，只有适度，才能给人以美感。

（二）知识性节目播音的表达方法

知识性节目的特点决定了播音的语言特点，但文字的特点并不能直接变成有声语言的特点，这二者之间的桥梁，就是播音的表达方法。知识性节目播音的特点是通过具体的表达方法来体现的。

播音的表达方法与稿件的写作方法紧密地联系在一起。对播音员来说，稿件采用一种方法，就是向有声语言表达提出了一个课题。那么，我们如何回答知识性节目给播音表达提出的课题呢？

播知识性节目时，常用下定义的方法来说明事物。这在科技节目中最为常见，如：

食物就是一种能够构成躯体和供应能量的物质。

叶绿体吸收了太阳的光能，就把二氧化碳和水合成为含有高能的有机物质，同时释放出废气——氧，由气孔排出。这就是光合作用。

未来学，简单来说，就是预测社会与科学技术的发展变化，研究科学技术的进步与人类社会相互影响、相互关系的一门综合性学科。

定义的特点是简明、周密、概括，用简要的语言揭示事物的本质。由于定义的语言极为精练，而内涵丰富，听众往往要听得很清楚、很完整，才能领会，而广播的声音转瞬即逝，容不得反复听，反复琢磨。所以，播音员在播定义的时候，必须用放慢、加重等方法加以强调，引起听众注意，必要时还应当重复。定义的方法是属于种差，说明种差的语言往往很长，也就是说，定义经常是一个有很多修饰成分的长句子。因此，停连的运用十分重要。停连准确，可以鲜明地表示出逻辑关系；停连不当，则可能歪曲原义。比如，在“未来学”这一定义中，在“相互影响、相互关系”的顿号处就不宜停顿而应有一个连接，在“相互关系”之后，则要有一个停顿。运用停连时，不能拘泥于句子的标点符号，而要看文章意义。

由于定义的概括性，播音员对事物就不能说得太具体、详尽、透彻，还要运用其他方法加以细致地说明，举例就是常用的方法。举例，即选取某种事物、现象中最有代表性的实例，用以说明这种事物、现象的共同点、共同规律。这是一种通过个别认识一般的方法，使说明的内容具体化，更容易被听众理解。例子往往作为一种补充跟在定义和一般道理之后，播音时应注意它们的相互关系，在表达上加以区别。下面这段文章就是定义和举例结合的写法。

把绿色植物的幼嫩的茎、叶等直接耕翻入土，或者先经发酵再施入田中，都能增加土壤的肥力。这些绿色植物的茎、叶等就叫作绿肥。例如天然生长的野草、水草，人工栽培的紫云英、苜蓿等，都可以作绿肥。

在播这段文字时，我们的语言应当显示出差别，从定义到举例，应当有一个由紧到松的转变，在气息、声音和语气上，都有一个“下台阶”的感觉，由郑重严谨变得轻松自然。

文章在说明一般道理之后，经常举例进一步说明。在举例之前，播音员如果设计一下内在语，可以增强例子的说明效果。如：

蜜蜂有一种奇妙的本领，它飞到很远的地方采蜜，能够认识路回到窝里。曾经有人从蜂窝里取出一些蜜蜂，做上记号装在盒子里，带到一二十里以外放出去，后来有些蜜蜂飞回盒子里，有些蜜蜂在空中转了一两个圈以后，竟一直飞回窝了。

在播完蜜蜂“能够认识路回到窝里”之后，播音员可以运用这样一些内在语：“怎么，你不相信吗？那么请听——”“怎么知道蜜蜂有这种本领的？听我来告诉你一个实例吧。”这样的内在语有助于播音员紧紧地把例子和前边的概括说明结合起来，使说明具体可感。

对比方法在知识性节目的播音中应用广泛，对比可以突出不同事物的差异性，从而使听众对事物的特点有更加鲜明的印象和更加深刻的认识。请看《看云识天气》中的一段：

虹在东方，就有雷无雨，虹在西方，将会有大雨……朝霞在西，表明阴雨天在向我们进袭；晚霞在东，表示最近几天是天气晴朗，所以有“朝霞不出门，晚霞行千里”的谚语。

在播这一段时，如果不运用对比性重音，是不可能把虹、霞与天气的关系说清楚的。

语气上也有对比，如：

> 玉米钻心虫吃玉米的嫩叶、雄花和雌花，还钻进玉米秆子和棒子里去大吃。小虫吃胖了，玉米受伤了。

“小虫吃胖了，玉米受伤了”，两个短句的语气显然要对比。至于节奏，更是在抑扬顿挫的对比中显现的。

为了引起听众注意，引导听众思考，知识性节目里经常运用设问的方法。比如有的稿件这样以设问开头：

> 怎样预防霜冻呢？常用的有三种方法：一种叫熏烟法，一种叫灌水法，还有一种叫覆盖法。

这样的设问句要播得醒目而不突兀，要自然地为下面的说明做一个铺垫，起一个引导作用。虽然是自问自答，却不能自言自语，心里有听众，才能引起听众的注意。提问不但可以用在文章的开头，也可以用在文章的中间，这类问句大都是承接上文，开启下文的。如：

> 我们知道，玉米是一种耐旱的作物，大豆是喜爱湿润的作物，实行间作以后，旱年可以多收玉米，涝年可以多收大豆，那么，两种作物在一块地里生长，会不会争肥料呢？不会的，它们所需要的养分不一样，一般来说，玉米需要氮肥比较多，大豆需要磷、钾、钙肥较多，因此，它们种在一块可以互相调剂，不会争肥料。

这类设问反映作者的思路，也引导听众的思路，要顺着上文的说明，以设问作为链环，自然地引出下文：玉米和大豆间作有利于作物吸收水分，水分和肥料是作物生长的重要条件，缺一不可，因此，自然地引出两种作物争不争肥料的问题，这时提问是有启发性的。在提问以后，播下文之前，先要有适当的停顿，给听众一个思索的时间，然后再播出下文。匆忙地、自顾自地问完就说，不仅不自然，还影响听众对内容的理解。

知识性节目常常借助数字来说明事物，数字看来似乎枯燥烦琐，实际上有时比文字更有说服力，因此，播音员应当重视数字的表达。播读数字，首先要准确。下面这篇稿件就是用数字来说明问题的。

> 太阳这个巨大的炽热球体，每秒钟可放射出3 800万亿亿千瓦的能量，照射到地球上空的虽只有其中的20亿分之一，但其能量已达190万亿千瓦了。如果再除去大气的反射和吸收，到达地球表面的太阳能以40%计算，地球上

所得到的太阳能也高达70多万亿千瓦，这个数量相当于现今世界上全部发电站发出的能量总和的几万倍。而地球表面十天内接收到的太阳能，相当于世界各地储藏煤矿的总发热量。

在这段文字中，有确数、有约数，还有分量、百分比和倍数，十分复杂，播读时应适当放慢速度，小心谨慎，失之毫厘，谬以千里，有一点疏忽都会影响听众对知识的理解。像农药的配方、技术参数等重要数字，要放慢或重复说，让听众能够记下来。

播读数字，还要注意对比。下面这篇稿件就要运用递进的语势把数词和量词的对比意义表现出来。

德国的一位教授不久前宣读了一份令人惊奇的资料：在一百万人中，每五十人就有一人死于飞机失事；每四到五天，就有一人死于酗酒；每二到三天就有一人死于车祸；每二到三小时就有一人死于吸烟。由此可见，吸烟是最大的冒险。

最后谈一谈知识性节目播音中把握整体结构的问题。各种表达方法的运用都不是僵死的、固定的，如果孤立地、机械地使用某种方法，那么给听众留下的只能是由只言片语组成的支离破碎的印象。播音员只有灵活运用各种表达方法，将它们统一于稿件的整体结构之中，才能把稿件的整体面貌传达给听众。在这儿，我们可以看出播音员把握稿件结构的重要性。

为了说明事物的来龙去脉、前因后果，有的稿件是按事物的空间位置结构写的，有的是按事物的时间顺序写的，有的是按主次关系写的，有的是按事物的逻辑关系写的，还有的是几种结构方式的综合，无论哪种结构，都反映出事物的内在关系。播音员对整体结构把握得好，可以播得有条有理、主次分明，把握不好，就会眉目不清、含混一片。在节目开始，播音员播第一句时，心中对下文、对全篇都应是有数的。心中有数，语言才能有序，一五一十，款款道来，把一个具有完整性和条理性的作品奉献给听众。

第七节　主持人节目播音

主持人节目给传统的播音提出了新的课题，它突破了播音创作只是念别人稿件的旧有的局限，扩大了播音创作范围，使播音员打开眼界，增强了创造力。因此，研究主持人节目播音中的规律性问题，是丰富和发展播音理论，使播音走向更广阔道路的迫切需要。

一、什么是主持人节目

（一）主持人节目的几种形式

主持人节目形式受到体制、编播人员素质和节目内容等条件的制约，在实践中，我国广播工作者依据不同的条件采取不同的主持人节目形式。目前，我国主持人节目形式大体上有以下三种。

1. 采、编、播合一

节目由一位集采访、编辑、播音于一身的人主持，他通晓整个节目的各个环节，是节目的核心和代表，他有节目意图的决定权和对材料的取舍权，在节目中起主导作用。这类节目内容和形式结合紧密，主持人意图表现得比较准确、直接，听起来有和谐感和整体感。这类节目目前还不多，一方面是由于体制造成的采、编、播分离，另一方面是由于缺少具有采、编、播全面才能的主持人。但实践已经表明，采、编、播合一是主持人节目高级的、理想的形式，用发展的眼光看，这种形式会越来越多，代表主持人节目的发展方向。

2. 采、编、播合作

这类节目，记者、编辑、播音员分工合作。播音员参与部分采编工作，熟悉节目意图，是以主持人身份出现的。编辑编写稿件在语言表达方法上要符合主持人的特点，主持人可以在不违背节目意图的前提下对稿件进行修改润色，但他不是节目的核心人物，在节目中起决定作用的是编辑。这类节目在各级台、站大量存在，它的优点是记者、编辑、播音员可以各自扬长避短。但如配合不好，有可能出现这样的问题：编辑的稿件不符合主持人的特点，主持人的语言不能准确、完满地表达编辑的意图。这类节目形式会长期与采、编、播合一的节目形式并存。

3. 采、编、播分离

播音员不参与采编，对节目的整体面貌不甚清楚，只是以主持人的名义固定地主持某一个节目。这种形式很容易造成编播脱节，真正的主持人——编辑与形式上的主持人——播音员之间的想法难以完全达到一致，还是两张皮。作为一种暂时的、过渡的形式，它必然随着广播体制的改革和编播人员素质的提高，向采、编、播合一或合作的主持人形式靠拢。

（二）主持人节目三要素

真实，真实有两方面的含义：一是节目由真实的人物主持，二是他告诉听众的是真实的事实。人物不能角色化，事实来不得艺术虚构，人是确有其名的人，事是实实在在的事，主持人以自己真实的面目与听众交流。主持人节目真实，才能与听众建立起确切、直接的交流，才能使听众产生亲切感和信任感，从而建立起主持人与听众的感情联系，增强节目的宣传效果。

广播对话节目中的“老张”“小李”“赵医生”“陈大娘”等都是根据题材和内容的需要虚构的人物，他们在对话中谈的事实虽然是真实的，但有的情节是虚构的，因此，“对话”广播不属于主持人节目。

固定，所谓固定是指主持人节目名称、节目播出时间和节目主持人是固定的。

节目的名称和播出时间固定，便于听众收听，使听众对节目产生亲切感，逐渐和节目交上朋友，从而形成固定的听众群。

在固定的节目里，节目主持人一经确立，就应固定不变，这既有利于主持人与听众建立稳定的感情联系，也有利于主持人逐渐形成符合节目要求的个性。节目主持人变动频繁不利于听众对主持人产生老熟人和知心朋友的感情，也不利于听众对节目产生信任感。节目需要换主持人或增减主持人，都要向听众说明，这是节目主持人固定性的要求，也是尊重听众的表现。

需要指出的是，某些由专人串联的临时性节目不属于主持人节目，偶尔在节目中露面的编辑、记者也不属于节目主持人。

主持，节目主持人要起主持作用，他是前台的代表、后台的核心，是节目的指挥者、设计者和组织者。他不仅对一篇稿件、一次节目、一个环节负责，而且对这个节目的每次播出都要通盘考虑，负责到底。他把节目的主旨融于选题、采访、编辑、播音、制作等节目生产的全过程，以第一人称“我”直接与听众交谈，以有声语言形式与听众见面，对整个节目有一种主导和驾驭能力。

真实、固定、主持这三者是主持人节目不可缺少的要素，一个节目只要具备这三要素，我们就可以认定它是主持人节目。在对三要素进行分析的基础上，我们在这里引用老广播工作者于礼厚同志对节目主持人、主持人节目的概括，使大家对其有更清晰的认识：“在广播或电视中，出场为听众、观众主持固定节目的人，叫作节目主持人。由固定的真实人物为听众或观众主持固定的节目，叫作主持人节目。”

二、节目主持人与播音员的心理差别

在上一节的分析中，我们看到，主持人节目与其他广播节目样式有许多不同的特点，节目主持人与播音员也有许多不同之处。一般意义上的播音员是指在广播电视中，以文字稿件为依据、以有声语言为手段进行宣传的专业人员。由于播音员与节目主持人的创作依据、创作身份、与听众的关系、与节目的关系有所不同，于是造成不同的心理状态。播音员初次担任节目主持人，往往遇到这样的情况：坐在话筒前“找不着调儿”,不明确自己在节目中的位置,不习惯这种播音方式,很茫然,很别扭,对一个完整的节目有难以驾驭之感。这种心理上的不适应要经过一番调整才能改变,而调整的基础就是对节目主持人与播音员的心理差别有一个明确的认识,这种差别表现在对自己、对听众、对稿件、对节目的四种关系上。

(一)对自身的认识、把握不同

节目主持人在话筒前是以“我”的面目出现的,虽然他的身后有新闻机关和节目集体,但在话筒前,他是以个人的身份与听众交流的。节目主持人有较强的自我意识,在电台宣传方针的指导下,运用自己的思想和表达方式与听众交流,其心理状态是“我和听众讲话”。

播音员话筒前的身份是“转述者”,他表达的是别人采写的稿件中的思想,他的首要任务是忠实地表现稿件,在话筒前的心理状态是“我代表电台与听众讲话”。

(二)对象感的具体运用不同

节目主持人的对象感比较具体,一般不做“一对众”的设想,而把交流设想成“一对一”或者“一对几”,这种具体化的方法不仅使主持人避免了对象感的笼统和空泛,也使听众感觉主持人像对自己说话一样,从而缩短了彼此间的距离,容易产生亲近感。

播音员的对象感则呈现多样化的特点。依据节目内容和形式的不同,播音员可以作出与稿件内容相适应的种种设想,有时可以把听众设想成一两个人,有时也可以把听众设想为很多人。播音员作为转述者,从各个角度,以各种方式向听众传达记者、编辑的报道、意见和思想。播音员有时只要感觉到听众的存在,获得一种交流感就行了。像播送社论、公报、要闻这样一些具有普遍适应性的内容,如果播音员把对象设想成具体的一个人,那显然是不合适的。

(三)思维与有声语言转化方式不同

节目主持人参与采编,直接感受客观生活。因此,他的有声语言创作依据可以是文字稿件,也可以是腹稿;稿件可以是委托别人按照节目要求写的,也可以是自己写的。总之,节目主持人的有声语言创作主观能动性很强。这样,节目主持人把自己的思维转化成有声语言的方式相对来说比较直接。这种转化方式对节目主持人有两方面的要求:一是创造性思维能力强,二是语言修养好。节目主持人应当思维敏捷、逻辑严密、有条有理,语言准确清晰、出口成章,能够把自己明白的思想变成别人能明白的语言,使思维与有声语言紧密结合起来。

播音员的创作依据是他人编写的文字稿件,播音员通过文字稿件间接地感受客观生活。在文字稿件与播音员有声语言表达之间有一个过程,即播音员对稿件的理解感受。如果说节目主持人思维与有声语言的关系是两环结合的话，那么播音员思维与有声语言的关系就是三环结合：稿件作者的思维—播音员的思维—播音员的有声语言表达。播音基础理论强调中间一环的重要性，因为它是联系前后两个环节的桥梁。在整个播音创作过程中，播音员理解感受稿件占很大比重，从层次、主题、背景，到目的、重点、基调，经历了一个把完整的稿件“掰开揉碎”、反复揣摩的过程，播音员必须努力领会稿件作者的思想感情，把自己的思维纳入作者思维的轨道，最大限度地求得两者的一致。只有在这样高度一致的基础上，播音员才可能用有声语言忠实地表达稿件作者的思想感情。如果中间这一环处理不好，播音员就可能出现心不在焉、言不由衷、语言苍白的问题，使稿件的思想感情与有声语言脱节，就不能完美地实现思维与有声语言的转化。

（四）对节目整体的关心程度不同

节目主持人是固定的，他与节目有内在的牢固联系，他把所主持的节目看成是自己的节目，其着眼点是节目的整体面貌。节目主持人在播每一篇稿件，主持每一次节目时，都有整体的观念，了解这篇稿件、这次节目在节目整体面貌中的作用。

播音员由于工作的相对独立性和不固定性，往往把注意力放在自己播的一篇稿件和主持的一次节目上，与节目整体没有内在的牢固联系。因此，播音员不容易从节目的整体面貌上去把握每一次播音，缺少主人翁般的责任感，甚至把节目看成是“他们编辑部的节目”，由此导致创作态度消极、话筒前状态不稳定。当然，事物总是利弊相依、瑕瑜互见的，播音员对节目的不固定性也有一定的好处，就是可以让播音员得到全面的锻炼，适应各种各样的节目。

三、主持人节目播音的基本要求

（一）个性化

个性化是以“我”的身份主持节目的必然要求，是主持人节目的显著特点之一。既然主持人是以“我”这一个体身份与听众交流的，那么他就应具有一定的个性。没有个性化的形象，主持人节目及主持人在听众心目中就只能留下模糊笼统的印象，所谓主持人节目也就名存实亡。

节目主持人的个性主要是通过语言表达出来的，语言个性是节目主持人的生活经验、能力性格、年龄资历、文化修养、思考方式、审美趣味在语言中的综合体现，是主持人内在素质的流露。主持人运用自己独特的思维方式和表达方式，表现出不同的语言个性，形成不同的个性化形象，或温文尔雅，或热情风趣，或老成持重，或洒脱自如，等等。

在探索和形成个性化语言的过程中，主持人要注意以下几个问题。

第一，丢掉框框，讲自己的话。播音员担任节目主持人固然有语言上的优势，但也有语言上的劣势，这就是长期以来，有的播音员习惯以转述者的身份读别人的文章，虽然读得很流畅，却形成了缺少思想、缺少个性、缺少变化的“播音腔”。播音员担任节目主持人，有了讲自己的话的机会，反倒不会讲话了，这种现象是常见的。不突破“播音腔”的框子，就讲不出个性化的语言。为了适应主持人节目这种新形式，播音员应当去掉框框，提高把自己的思维变成有声语言的能力，用自己的独特方式表达思想感情，慢慢地就会形成语言表达的个性化。在这方面，我们可以通过训练来促进思维和语言的结合，例如，练习口头作文、现场报道、讲演等，先求说得出，再求说得好，开始可以磕磕绊绊，逐渐达到流畅自如，进而显示出自己的个性特点。

第二，反对模仿，突显自己的个性。个性是主持人节目的重要特征，正是这个特征，使得它在各种节目中显得格外突出，给人耳目一新、丰富多彩的感觉。但有一种现象值得注意：有的主持人不顾自身的条件，不管内容、对象的需要，盲目地模仿他所崇拜的主持人。这种模仿限制了主持人个性的发挥，发展下去，就可能在本来已很难改的“播音腔”之外，又加上“主持人腔”。生活中每个人的个性都不同，为什么不能在节目中表现出风貌各异的个性，而一定要走模仿的窄胡同呢？主持人被模仿束缚了手脚，就难以突显出自己的个性，主持人节目也就失去了它应有的魅力。

第三，认识播音员的个性与主持人的个性之间的关系。播音员的个性与节目主持人的个性既有联系，又有区别。两者的个性都是其内在素质的外在流露和表现，但播音员的个性建立在忠实于稿件个性的基础上，他必须首先体现出稿件的个性，仅能在有声语言形式上表现自己的个性；而主持人的个性则体现在内容和形式两方面，他不但有自己的语言，还有自己的思想。因此，节目主持人要有自己的个性，必须从节目的内容和形式两方面入手，从主题的确定、内容的编排到语言的表达都给予同样的重视。

第四，正确处理主持人的个性与节目整体的关系。主持人的语言个性和节目的个性要统一起来，两者相辅相成，这样，主持人节目就成功了一半。在一个节目组里，编辑记者采写稿件要考虑到主持人的语言表达习惯，出现在听众面前的有个性的主持人形象是主持人与节目集体共同创作的结果。主持人既是有具体思想感情的人，又是节目宗旨的体现者；既是“我”自己，又是新闻单位与节目集体的代表。

（二）谈话式

谈话式和宣读式、播讲式一样，是播音方式的一种，在不同的节目中，它们有不同的优势。主持人节目一般采用谈话式的播音方式，这种方式有如下特点。

1. 主持人与听众关系平等

节目主持人与听众的谈话是个人对个人、朋友对朋友的平等交流。谈到观点时，主持人不应用灌输式的、强加于人的、指示性的语言，而要用协商的、谦恭的语言。如避免用生硬的语气说“必须”“一定”等词语，而提倡用商量的语气说“您同不同意我的意见？”“您的看法呢？”，等等，采用这样的语言方式是为了让听众易于接受主持人的观点。主持人的观点是有说服力的，但讲观点时主持人的态度是平等、恭谦的，恭谦不是谦卑。主持人应当既自信又郑重地宣传自己的观点，不能像个没主意的人，让人感到浅薄；也不能像哄小孩子一样，让人觉得不尊重听众。

2. 主持人把听众当成亲密的朋友

主持人光做到与听众间的平等是不够的，主持人还要对听众怀有亲切友好的感情，态度要诚恳亲切、体贴入微、坦率热情。亲切之声是以内心对听众的亲切之情为依据的，不能设想一个冷漠的人能当好节目主持人，主持人应当首先是个热心人。

3. 谈话式要求口语化

既然是与一位亲密的朋友谈话，就应当真的用口语谈。口语通俗易懂、生动悦耳。口语化是广播对语言的基本要求，更是主持人节目对语言的基本要求。

我们主张主持人在节目里做到口语化，并不是把日常口语的自然形态照搬到广播节目里，而是对日常口语进行一番去粗取精的加工雕琢，使之适合广播节目的需要。主持人播音时应把自己日常口语中不准确、不规范、不通顺、不精练的杂质去掉，避免随意性，锤炼出适合在广播节目中出现的准确、鲜明、生动的口语。

口语与书面语在词语的选择、句式的运用上有些区别，比如口语多采用双音节词、短句子等。主持人只要平时注意学习，这方面的规律还是不难掌握的。口语也可以有文采、有哲理、有幽默感，活泼自然。

四、节目主持人的素养

主持人节目给播音员提出很多新要求，这种创造性很强的节目形式对播音员来说既是机遇，也是挑战。加强对播音员的培养、锻炼，使之具备主持人的素养，适应主持人节目的需要，已经成为当务之急。

节目主持人的素养应有这样几方面内容：

第一，节目主持人应有新闻工作者的气质和能力。主持人应对复杂的现实生活感觉敏锐，对党的路线、方针、政策领会深刻，对所报道的内容胸有成竹，对所要表达的观点深思熟虑，对节目所要达到的目的了如指掌。主持人应当善于采访、敏于思考、勤于写作、精于表达，是一个采、编、播样样通晓的全能广播新闻工作者。

播音员担任节目主持人，明显的欠缺之处就是采编能力差，这是编播分离、不常动笔造成的。播音员要深入生活，在新闻实践中培养新闻工作者的素质和能力。实践证明，经过一段时间的锻炼，播音员也能胜任采编工作。

第二，节目主持人应有组织领导能力。主持人熟知采、编、播各个环节，但他会编采，又不等同于一般的编辑记者，会播音，又不等同于一般的播音员。他是节目的主持人，是起组织、设计和指挥作用的核心人物。因此，他应当掌握管理知识，对外善于交际，有较强的社会活动能力，对内有用人之道，最大限度地发挥每个人的积极性，使一个节目班子团结一致，共同为一个目标努力奋斗。

第三，节目主持人语言基本功要强。节目主持人代表节目集体出场亮相，以声音形式传播思想内容。语音纯正悦耳、表达准确生动是对主持人的基本要求。那种认为主持人的语言要求比一般播音员低，是一种误解。实际上，主持人的语言是一种更需要基本功、更讲究表达技巧的语言。主持人的语言基本功好，能吸引听众，为节目增添光彩；相反，主持人的语言基本功差，就无法吸引听众，节目也随之逊色。如果我们的语言仅以让人听懂为满足，那标准太低，我们要追求的是语言的美。主持人的语言不仅包括录音室里的播音，还包括录音采访、现场报道等，主持人不仅要会有稿播音，还要能够胜任无稿播音。总之，主持人在各种情况下表达都应自如精当，有出口成章的本领。

第四，节目主持人应当博学多知。主持人节目的内容涉及面很广，节目主持人应建立相应的知识结构。比如，音乐节目的主持人不但要通晓音乐常识，还应知晓一定的文学、美学、艺术理论等；青年节目的主持人要熟知与青年相关的知识，如哲学、社会学，青年工作方针、青年心理学等。

主持人区别于播音员的重要一点就是，主持人在节目中有自己的思想、观点，而思想、观点的产生正是基于深厚的知识积累，没有丰富的知识，思想、观点就缺少深度。知识贫乏，人云亦云的主持人是不能在听众中树立起威信的。知识是发展的，现代社会的知识以极快的速度不断更新，主持人要注意学习最新的知识，以现代思维和方法主持节目，不断改革创新，用知识的泉水使自己主持的节目长盛不衰。

第五章　电视播音

第一节　电视播音概说

电视的影响从它问世以来与日俱增，它将数以万计的现代人吸引到它的面前，成为当代大众传播形式中的佼佼者之一。电视具有如下特点。

电视是以视觉为主的传播媒介，通过连续运动的屏幕画面传递一定的信息，它传递信息及时、迅速，具有强烈的真实感。

电视观众一般以家庭为单位。电视深入各个家庭内部，大大缩短了传播者与接收者之间的距离，因而易于使观众产生亲切感。

电视以屏幕画面为主要的传播方式，这赋予了电视节目丰富的内容，因而它拥有广泛的观众，雅俗共赏。

以上是电视的主要特点。如果认为电视仅凭借视觉传播就能具备真实感、亲切感并拥有广泛的观众，那就片面了，因为其中还缺少一个重要环节——电视播音。

本节将对电视播音的几种常见形式、工作程序和技术要求做些简单介绍，内容包括口播新闻、电视片配音、现场采访。

一、口播新闻

电视新闻节目一般由口播新闻与新闻电视片组成。口播新闻，就是播音员坐在播音室出画面播报新闻。

口播新闻又分为录像播出和直播。当前全国大多数电视台的新闻节目采用录像播出，仅有少数电视台直播。口播新闻的注意事项主要有：

(一)准备稿件

口播新闻的稿件准备与电台播音员的备稿六步相同，即划分层次、概括主题、弄清背景、明确目的、分清主次、把握基调。播音员应熟练掌握稿件内容，把握每条消息的新鲜点，各条消息在本次新闻节目中的分量以及消息之间的组合关系等（详见第四章“播音文体理论”中第一节“新闻播音”）。

除了一般广义备稿以外，电视新闻的准备工作还有其特殊性。比如：时间紧、时效性强。一篇稿子只能看一遍就要播出，在这种情况下，备稿六步是一瞬间就要抓住的，或是在阅读稿件时伴随而生的，这是一个熟能生巧的过程。从某种意义上来说，分析稿件的速度往往是衡量一名播音员成熟度的标准。

在有提示器的电视台，播音员应把稿件抄成一定的规格，贴在提示器的滚动带上，操纵开关，从头到尾核对一遍，以防抄写失误。

（二）热心为观众服务的真诚态度

真诚的态度来源于为人民服务的良好愿望和强烈的责任感，真诚的态度可以获得观众的信任和尊重。有些刚从事电视播音的同志容易产生两种不正确的心理：一种以为新闻播音就是要严肃，产生一种“高于观众”的错误心态，一播新闻就端着架子，一板一眼地宣读；另一种是错误地理解“热情”，过分表现自己，这也会干扰观众收看节目。

播音员的仪态不仅仅体现为服饰、化妆、仪表，更主要的是播音员的气质、风格。新闻节目中的播音员不是以“自我”形象出现在大众面前的，而是代表一个电视台、一个地区甚至一个国家，因此，屏幕形象应以端庄、大方、自然、舒展为主。当然，播音员有自己的思想、性格，有的稳重含蓄，有的活泼好动，有的热情开朗，有的幽默诙谐。一般来说，观众比较喜欢个性鲜明的播音风格。只有百花齐放、各具特色的播音才能活跃观众情绪，吸引各行各业、各年龄段的观众；播音员也只有发挥个人之所长，才能以独特的风格赢得观众的信任和赞誉。

（三）口播新闻的播讲方式

口播新闻通过声音、表情给观众清晰的印象、鲜明的态度。新闻绝大多数是纪实性的，播讲时一般采用讲述的方式。讲述一件事可用小实声，气息下沉，唇舌灵活有力，吐字“颗粒”饱满，不能“秃噜”。切忌为了追求亲切感，出现嗲声虚气、提气捏嗓子的做作的播音现象。报道涉及人民日常生活，写得又比较口语化的消息时，可采用交谈的方式，语言更松弛一些（松弛不是懈怠），使观众产生亲切感。对于重大新闻、公报、专论等，往往采用郑重严谨的播读方式。当然，播讲方式是灵活的，它要由具体的语气来体现，以稿件的内容和形式为依据。

（四）镜头前状态

电视播音员镜头前的创作状态，由播音员的心理状态、气息声音状态、与观众交流的面部表情、眼神等因素构成。

播音员应以平和、安适、端庄大方的仪态出现在屏幕上，积极明朗地向观众报告“所见所闻”。任何妨碍以真诚态度为观众服务的心理状态（诸如自我表现、因个人情绪分神、紧张等）都应排除在外。播音员的气息和声音应松弛自如，能够随情而动，因情而发，不僵硬、不懈怠，呼吸器官、发声器官均处于良好的工作状态。每一次播音都要充满自信，相信自己能够成功地完成。这自信心来源于强烈的职业责任感、良好的新闻工作者素质和丰富的知识储备，也来源于对稿件的精心准备以及为广大观众服务的满腔热情，当然还需要实践的锻炼、经验的积累，这样才能一坐到镜头前就精神振奋、情绪饱满、从容不迫地工作。

口播新闻是以面部表情、眼神来辅助声音传达内容的。表情的细微变化（如严肃、微笑）都应同稿件内容相吻合，它反映播音员具体的态度、感情，是传达稿件思想以及与观众交流的重要手段之一。在镜头前夸张表现情绪和表情呆板冷漠，同样都会令观众反感，是不可取的。口播新闻中播音员往往占屏幕画面的二分之一，这种构图本身就限制了播音员的形体动作，任何夸大的动作都会影响画面的稳定感。而且新闻内容也不需要播音员过分地高兴或悲伤，其面部表情应以平和为主。

眼睛是心灵的窗户。当播音员对稿件的内容有了深刻的理解和感受，在职业责任感的驱使下产生了强烈的播讲愿望时，这种热情、情感会全部从眼神中流露出来。播讲时，镜头就是观众，播音员要时时想着观众，注意与电视机前的观众“交流呼应”，目光平视镜头，仿佛那就是观众的眼睛。目光的交汇，就是心灵的交流，播音员要使观众感到你在望着他，并在跟他侃侃而谈，从而使其受到感染，引起其共鸣和兴趣。

播音员在拿稿子播讲时，要注意抬头。在抬头的一瞬间注视镜头，以增强对象感。一般说来，一句话或一个小层次抬一次头，有利于内容连贯。读到一句话中间，迅速扫一下结尾，抬起头来说完这句话，接着低头播下一句。或者播到句尾时，迅速扫一眼下句开头，播完前一句的句尾，抬头说下一句的开头。当然，这种低头、抬头并不要求一致，要以稿件内容而定。播评论或声明时，抬头停顿的时间较长；播通知或消息时可随意、轻松、自然，不必拘泥于一种形式。可以这么理解：抬头是一种标点符号，它有时表达语句转折，有时表达节奏。例如，我国外交部发表声明强烈谴责越南当局侵占我国南沙群岛岛礁的行径，声明说：“中国政府和人民对越南当局的所作所为表示极大的愤慨。”当读到“所作所为”时，眼睛的余光应已看到下文，这时可以抬起头来继续播“表示极大的愤慨”。顿住、停歇、抬头，然后继续。这时抬头播读内涵很多，郑重、庄严地表达了鲜明的立场。由于分析稿件时对稿子有印象，这样边播边抬头不难掌握。它既不用死记硬背，又没有间断与观众的交流，还给人以自然、稳重、潇洒的感觉。抬头要从容、自然、大方，切忌为抬头而抬头，匆匆忙忙抬一下，反而有点像“翻白眼”。有提示器的，不能依赖它全部照着读，那样势必造成目光呆滞、死盯一处的现象。看提示器时眼睛不是实焦，而是虚着，否则，呆滞的目光会破坏播音员整体的仪态。

（五）其他问题

1. 坐姿

坐姿直接影响播音员的发音和屏幕形象。正确的坐姿是：坐在椅子的前端，腰部自然挺直，胸放松、肩下垂，胳膊可自然弯曲平放在桌上，身子略向前倾，微收下颌，微收小腹。这种坐法可使气息通畅，姿势大方自然。

2. 灯光与机位

灯光是口播室里一个必不可少的条件。一般在口播室里灯光分为主光、辅助光、侧光、轮廓光、眼神光。适当利用灯光可以改变播音员脸型、美化图像使其有立体感。脸型较宽的人一般用主光（正面光）、辅助光，轮廓光俯射照在头部的后侧，使肩上有一轮廓，切忌两面用侧光。在景别不变的情况下，可以适当调整机位的高低。拍摄脸型宽的播音员时，机位要高、机身下倾，俯摄，光源也俯射，或者采用一侧光，用阴影使宽脸变窄；拍摄脸型窄的播音员时宜用平光，或两面同时用光，机位低且仰摄。灯光的选择、布置是多种多样的，要依演播室的大小、背景、播音员的脸型等具体情况而定，才能使灯光更好地起到美化画面的作用。

3. 直播

口播新闻有时需要直播。直播的工作程序与录像播出完全一样。只是录像是提前录制完毕，直播是在录制的同时播出。直播时播音员要掌握的要领主要有：

第一，切入画面。它指的是开始录制时播音员的图像进入画面的一瞬间。

播音员准备完毕，坐在镜头前，从镜头前侧方的监视器里看到自己的图像，自我检查一下，当播出的预备铃声一响，眼睛转向镜头，随时准备播出，用余光注意监视器。台标出现后当播音员看到自己的画像已切入画面时，停 3—5 秒，开始播报新闻："各位观众晚上好，今晚的新闻节目内容有……"

第二，播出时应全神贯注。播音员在准备稿件以及开始播音时，要全神贯注于稿件，摒弃一切与直播无关的念头。如果过于紧张，不妨试着默数一、二、三、四、五……因为紧张容易使播音思路紊乱，脑中枢不能支配语言表达。消除直播紧张感最关键的是熟悉稿件内容，只有心中有数、胸有成竹时，才能树立自信心。兴奋则是播音员在准备稿件过程中以及工作时的良好状态。兴奋在这里主要是指有强烈的播讲愿望和热情为观众服务的责任感。兴奋、从容是播音成功的前提。另外，与其他工作人员的良好合作对直播效果的影响也是不容忽视的。

二、电视片配音

电视片配音主要可分为新闻配音、专题配音、人物配音等。

（一）新闻配音

新闻节目除口播新闻以外还有一部分新闻片，例如：会议召开、科技发明、工厂产值翻番、农民养鸡致富、中国足球队进入决赛等。新闻片是声画结合的产物。它以画面为主，声音为辅，生动地向观众报道消息。新闻配音的意义在于对画面的背景和内容进行语言报道、解说、评论。一般来讲，新闻片配音可以从以下几方面入手。

1. 分析理解稿件内容

电台播新闻是一条新闻一气呵成的，而电视新闻要"等"画面。因此，就语言来说，它是不连贯的，依据新闻片的画面时播时停，时快时慢。由此可见，分清稿件层次很重要。在镜头与镜头转换之间要让观众听出转换语气，必须从分层次入手，用最精简的几个字或一个词概括层次。层次多、转换多，掌握层与层之间的关系不能忽视。

主题是一篇稿件的灵魂。新闻片的主题可以把一层又一层的小单位串在一起，形成一条新闻的主体。播音员要围绕主题分析重点层次、重点句子和重音。分清主次、挖掘主题不单单体现播音员的语文水平，而且与其文化修养、政治素质和理解力也密不可分。主题有起有伏，才能使播音生动感人。

另外，对于宣传目的的探索和播出背景的掌握，能够唤起播音员的创作热情和工作愿望，为与观众交流做好思想上和情绪上的准备。同时宣传目的、播出背景也是使每一被分割的小段始终与主题保持联系的一条线索。

2. 声画配合

新闻片画面与声音是一一对应的关系。声音是画面的补充和说明，因此声音必须和画面相伴随。播音员备稿时最好能看一遍画面，做到心中有数，配音时才不至于盲目、紧张。例如在报道某副总理会见××劳动模范时，一定要对人头。有些片子画面长、文字少，这时就要"等"画面。而有的片子画面短、文字多，就要加快播音速度。这样正式配音时就能避免因匆忙、慌张给工作带来的不利，使新闻片的节奏鲜明、声画配合默契，从而构成一个和谐的整体。

由于新闻片具有语言层次转换多、时快时慢、解说为辅的特点，决定了电视新闻配音的语言特色，即语气自然、语言流畅、气息下沉。配音速度快时口齿清楚，速度慢时舒缓自如，这就要求播者有扎实的语言发音基本功。"自然"并不意味着"懈怠"，"流畅"并不等于"秃噜"。只有吐字清晰、气息平稳，才能适应新闻片配音的需要，才能充分表现出新闻的个性。

(二)专题片配音

专题片内容广泛,文化生活、家庭之友、体育节目、人物专访、风景抒情等都属专题片之列。

1. 要点和程序

专题片制作精细、画面讲究。它要求解说、音乐、画面交相辉映,诸如文化生活里的古诗词赏析、名曲名画欣赏等,编辑制作节目时多在自己理解的基础上独具匠心,这对播音员提出了更高的要求(要理解作品、理解编辑的用心之处,要具备较高的艺术和文化修养等)。专题片配音的要点和工作程序如下。

(1)理解作品

配音是对作品的艺术再加工。深刻、透彻地理解稿件是艺术再加工成功的前提之一。

风景片、艺术欣赏作品都是感情凝聚的产物,"情"是它们的"魂"。播音员要以"魂"作依托,借助于想象、联想,点燃感情之火。播出前对文字稿消化得越细,越有利于播讲时情绪的把握。细致分析出感情的层次和作品的轻重缓急等,可使那种强烈的感情不空洞、有依托、落到实处。

(2)情景交融、声画并茂

分析了文字稿件之后要对画面。画面的色调,镜头的推、拉、摇、移,节奏的快、慢等,会刺激人的感官,进而使人产生一种激动、兴奋、热烈或沉重、伤感的情绪。文字稿与画面相对应,声音与流动的画面和跌宕起伏的音乐协调一致,就构成了作品的节奏。

专题片的音响、音乐效果起烘托、渲染气氛的作用。播音员配音前应与编辑、录音员商榷,听听音乐的旋律以及编辑的要求,如果自己有不同见解要提出来,这样便于理解稿件,达到声、画的和谐统一。

下面结合一些具体例子做说明。

这是一部围绕颐和园前世今生为主题创作的电视纪录片《颐和园》,在第二集《昆明有乾坤》中除了承续上集对清漪园无限风光的描绘以外,还对美好风景背后的古老传说、奇闻趣事以及未解之谜展开了叙述。开篇中以水为切入点,概述了山水相连、湖山相伴的清漪园风光,画面由点及面,缓慢推进。

今天的北京城依然保留着乾隆时期的这条水道,水道大部分狭窄而弯曲,最窄的地方仅容一船通过。在水道的尽头,一座拱桥映入眼帘,它就是清漪园的水上门户——绣漪桥。穿过绣漪桥,眼前豁然开朗,展现出昆明湖开阔的湖面,正是山重水复疑无路,柳暗花明又一村。放眼前方,就看到了十七孔桥白色的桥身,它连接着昆明湖上的南湖岛。透过十七孔桥的桥孔,可以看到湖东岸的一道石堤蜿蜒到远处的城关，龙船穿过十七孔桥向西掠过南湖岛之后，昆明湖和万寿山的全景就像一幅展开的画卷呈现在眼前，湖光山色一览无余。至此，清漪园山水一体的完整面貌才尽收眼底。

在这段解说词中，画面依次出现狭窄又幽静的水道、鹤立中央的水上拱桥、波光粼粼的湖面、湖光山色的全景。镜头缓慢地推进、横摇。在古风乐曲的衬托下，无论是实景拍摄还是通过三维模拟技术塑造的景物，画面的自然衔接为颐和园这座皇家园林注入了生命力。配音员用自己的声音去感染受众、抒发感情，点滴之间使颐和园的历史风貌深入人心，给人们意犹未尽之感。

这部作品在画面的构图上十分讲究，大场景的实景拍摄和航拍带来的视觉冲击、三维模拟技术的情景再现，充分还原了历史面貌，在古风乐曲的配合下让观众沉浸在“何处燕山最畅情，无双风月属昆明”的美好意境中。由此，整篇的基调应是舒缓、优雅、柔美的。

纪录片《风味人间》是由陈晓卿导演继“舌尖上的中国”系列后的又一力作，而这次的拍摄视角放眼全球，在全球背景下诠释中国美食的独特，探讨中国人与食物的关系，进而讲述中国故事，刻画中国人的性格。片中电影化的视觉效果被观众赞叹每帧画面都可用于手机屏保。导演使用远景、中景和近景，从宏观与微观展现中国美食和中国文化的大气磅礴与细致入微。

寒冷荒漠里也有美味，马肉是哈萨克牧民重要的越冬储备，化雪取水，准备腌制马肉，吾尔恩和妈妈特地从80公里外的定居点赶来。哈萨克的食谱中，马肉马肠占有特殊地位，牧民传统的保存方法，不经意将其塑造成美味，那是寒冷和时间对它的改变。马肉高蛋白低脂肪，用新鲜马肉炒制的库尔达克，牧民一年中只有一次吃到的机会。接下来，真正的美味才开始酝酿，马肋排，肥瘦相间，肉质最为细嫩，被慎重地穿进马肠中，在肠衣的保护下，制成哈萨克人重要宴席上的待客上品。

这是第一集《山海之间》中一段讲述哈萨克牧民的传统美食马肉马肠的解说词，没有华丽的文字，也没有复杂的制作过程，质朴的文字配合画面中对食材极为细致的拍摄以及对哈萨克牧民和睦家庭的刻画，不仅让食材充满诱惑力，也将哈萨克牧民的生活方式和习惯展露无遗，让人记忆犹新。配音员娓娓道来，不但没有喧宾夺主，反倒放大了画面所带来的视觉冲击力，将这部纪录片的最终诉求——反映人与自然的相处之道细致地展现在人们面前。

《如果国宝会说话》是一档以文物为主题展现中华文化的纪录片。这部纪录片的主创团队辗转国内近百家博物院，搜集了100件文物，每集用5分钟时间讲述一件文物背后的历史故事，以文物为载体，看中华文明的发展变迁，诠释中华文化的博大精深。这部纪录片篇幅看似短小，但与以往的文物纪录片不同的是，它抓住了年轻人碎片化的阅读习惯和快节奏的接受心理，更易于年轻群体对中国文化的普及与传承，将文化自信扎根于内心深处。

乍一看会觉得这是一只蹲着的狗，其实不是，它的名字是鸮尊。鸮，也就是我们俗称的猫头鹰。尊是古代的盛酒器。鸮尊，身高将近半米，头尾昂，面朝天，双翅并拢，尾巴垂到地面，和两只粗壮的腿构成了三个支撑点，稳稳地站立，通体遍布十几种形状各异的动物形象。外形从整体上看，有一种后世少见的扶摇直上的动感。鸮尊，被现在的年轻人美誉为最呆萌的青铜器。河南博物院根据鸮尊的形象，开发出了一系列相关的文创产品，深受大家喜爱。有网友调侃，早在三千多年前的商代，中国人就已经发明了"愤怒的小鸟"……在汉代，猫头鹰还被莫名强加上了"食母"的恶名。我们小时候也听过这些俗语："不怕夜猫子叫，就怕夜猫子笑。""猫头鹰的到来不是什么好事。"套用这几年很火的一首诗：你见或者不见我，我就在那里，不悲不喜。从高贵到不祥，再到呆萌，猫头鹰一直就是那个猫头鹰，但是人心变了好多回了。

在第 12 集中，重点介绍的是河南博物院文物——鸮尊，正是因为对受众群体接受习惯的精准分析，解说词极少出现冷门学术名词，语言通俗易懂。从叙事形式上来看，这段话也杜绝了奇幻的神秘色彩，反倒增添了许多诙谐幽默的表述方式。"呆萌"是时下热门的网络流行语，"愤怒的小鸟"是家喻户晓的手机游戏，"扶摇直上"是热播电视剧《扶摇》的宣传语，再汇集俗语和扎西拉姆·多多的热门情诗《班扎古鲁白玛的沉默》，可以说编导在捕获年轻受众群体上煞费苦心。这部纪录片的配音员在配音风格上也极力倾向青年人的收听习惯，在轻松、愉悦、诙谐有趣的同时又不失学理性，为传播效果增色不少。

纪录片《辉煌中国》中有这样一段解说词：

有一种速度叫中国救援，有一种感动叫祖国带我回家……有一种骄傲叫我是中国人，有一种幸运叫我是中国人，有一种安全感叫我是中国人。生活富裕、经济富足、国家富强，今天生活在世界任何一个地方，中国人都能感受到祖国的强大和希望。

这部纪录片讲述的是十八大以来，在以习近平同志为核心的党中央领导下，我国在各方面取得的显著成就，全面记录了作为中国人的骄傲和自信。这一段解说词在配音中的整体基调应该是热情洋溢的，有充满希望、积极向上的自豪之感。

《遇见行走的柠檬》是一部非常有意思的真人纪实类纪录片，片中以美食和旅行为主线，记录了来自中国香港的杨莹凤和美籍华人胡俊文这一对夫妻因为热爱柠檬而结缘，通过柠檬来讲述他们与中国甚至世界美食的故事。妻子杨莹凤从小在香港长大，中英双语沟通无障碍，丈夫胡俊文从小在洛杉矶长大，中文比较一般。片中穿插着双方中英双语的对话以及与拜访者的沟通交流，呈现出轻松、恬淡、亲切、温馨的氛围。配音解说的讲述感偏强。比如夫妻二人前往阿根廷图库曼是乘坐云中列车去的，在这一段解说词中，双方依次介绍置身其中的体验感，娓娓道来的讲述让人意犹未尽，加上画面中对于地貌、地形的呈现都用了航拍，具有极强的视觉感染力。

胡俊文：安第斯山脉将南美洲狭窄的西海岸和其他大陆地区分隔开来，形成一道天然的屏障。这条南美洲的脊梁为阿根廷北部的图库曼省成为柠檬之都创造了非常合适的条件。（英文）

杨莹凤：云中列车曾是当地人走出大山的唯一工具，现在就吸引了像我们这样的旅人。

胡俊文：云中列车所途经的是我们此次柠檬之旅海拔最高的地方，当然，这里太高了、太干了，不适合柠檬的种植，唯一合适的只有仙人掌。（英文）

杨莹凤：最终我们抵达了图库曼，这里可是阿根廷独立战争时的重要战场。

双方对话以及与拜访者的沟通多是自然流露，这部分在片中占比较大，也是推动叙事的重要组成部分。比如在四川安岳拜访柠檬宴宗师肖述明时，画面音都是现场交流的同期声，画面则集中在师傅对于柠香排骨的制作过程上。

杨莹凤、胡俊文：哇！

杨莹凤：最重要的就是柠檬汁了！

胡俊文：我相信那个柠檬汁很巧妙地替代了醋的作用。（英文）

杨莹凤：对。哇，好香哦！你会看到，好漂亮，已经上了那个糖的色，很漂亮。

中央电视台科教频道《真相》栏目中播放的引进自美国探索频道的荒野求生纪录片《原始求生记》，通过纪实的拍摄手法全程记录生存指导和荒野向导哈森·奥代尔前往世界上一些偏远的部落地区所经历的艰难险阻，从而了解当地人如何在这个星球上最恶劣的环境中生存了几千年。片子以哈森为第一人称叙述视角，因此配音员在对作品进行译制的过程中，对哈森本人要有一定的了解和认知。虽然没有办法直接与本人接触，但可以从原片中了解他的性格、声音，面对不同事物的态度等，更重要的是充分感受哈森在恶劣环境中解决问题的能力，进而更好地调动自己的情绪。

我要走乌里克路，这是穿越峡谷最危险的路线，很少有部落成员能做到，而我是头一个敢于尝试的外人。这条路要走四天，从山上开始，到峡谷里的拉拉穆里居住点结束，我预计在第四天中午抵达目的地，一路上会遍布大大小小的危险，拉拉穆里人很担心这条路上所有跑步者的人身安全。响尾蛇，我没看到它，但是我能听到它。这地方，尤其是气温升高时，到处都是响尾蛇。哦，天哪，看它的身体完美地和环境融为一体，它在吐芯子，在嗅空气，现在它锁定我了，通过我的体温锁定我，我要把这条毒蛇弄走。

在为这段纪录片配音时，配音员既要展现哈森勇于挑战的执着，也要展现哈森面对艰险的镇定淡然，而且还要在叙述过程中不时制造悬疑色彩。在对哈森现场独白的配音中，要感受哈森面对响尾蛇响声时的寻找感和紧张感，在口型、语气等方面都要相匹配。

由此可见，同属专题节目的作品，由于内容不同、形式各异，我们赋予它们的感情、语气、基调、节奏也各不相同，对每个作品的侧重也不一样，用声、发音位置也相应发生变化。

专题节目解说总体要求是起伏有序、刚柔兼备、生动形象、变化自如。具体到各种片子，应该有的坚实有力、气势磅礴，有的柔和细腻、古朴典雅，有的自然洒脱、生动活泼。播音员虚实结合、情真意切、绘声绘色、委婉动听的语言是艺术再创造的结晶，它启迪人们的思想，给观众带来美的享受。

2. **小专题片**

小专题片是介于专题片和新闻片之间的一种以报道事实为主的短片。它们常以连续节目的形式出现，每集时间大约为7—15分钟。由于拍摄简便、花费少、节约人力物力、报道及时等优点，颇受编辑和观众的青睐，成为电视节目中常见的一种形式，在各个地方电视台崭露头角。我们暂且称之为“小专题”。

小专题的语言绝大部分是新闻语言，用数字事实说明一些问题。而它的表现形式却与专题片一样，有音乐、音响相伴。

这种节目形式语言要自然，因为它们多是生活的写实，如《华西，你好》写一个村子的人如何度过一天。首先映入眼帘的是放在床头柜上的小闹钟，它嘀嘀嗒嗒地走着，华西人的一天开始了。早晨6点多钟，大人孩子都起床了，叠被、梳头。接着，孩子们去上学，青年去农田，留下老奶奶抱着胖孙子……全部都是生活的节奏、生活的语言，真实、平凡而又富有情趣。晚上，一家人围坐在一起看电视，享受天伦之乐。生活化的语言给人一种真实可信感，给人一种向上的力量，受到广大观众的欢迎。

(三)人物配音

由于客观条件的限制，人物同期声不能使用，所以电视片中常常要为人物配音。如电视片《歌满江南春》有一段话是朱逢博在船上与到江南采风的文艺工作者相遇时说的。在船上见面后，朱逢博向他们介绍了站在她身旁的施洪鄂，接着大家的话题转向江南民歌，朱逢博又向他们介绍了无锡小调的特色，等等。

虽然配音者没有接触过朱逢博本人，但从她的演唱风格、待人接物的表情和歌唱的音色中，不难感觉到她的音色一定是甜美、轻柔的，有时又略带些嗲气，从而抓住她的性格特征。当时剧中人物们在船上，眼观辽阔的水面，远眺绿色的山丘，兴致极高，满面春风，热情洋溢。把握住人物的这些个性特征，说出的话就与人物"贴切"了。

为人物配音，主要强调"神似"，尽量在神态、感情上下功夫；同时声音上力求与人物身份、年龄吻合，并不是只从声音的外形上去模仿。

又如电视小说《李三万》，讲的是党的富民政策使这个普通的农户家发生了巨大变化，成了远近闻名的"李三万"。儿媳在全家最能干，她在米棒机旁一干就是十几个小时，还挑水做饭，又兼家里的会计。她有这样一段话："要说苦，俺娘才最辛苦呢。她起早贪黑，都五十多岁的人了，这容易吗？俺娘说了，怕吃苦就过不上好日子。过去想苦还苦不成呢，那阵子从鸡屁股里抠个蛋还算是资本主义呢！现在再苦也没啥。"朴素的语言，泼辣、利索的性格，体现了新一代农民的特征。

电视小说中的这个人物是在米棒机旁边一边干活一边说话的，有时停下来擦把汗接着干。所以在给她配音时必须在"动"字上下功夫。动作和语言同时出现，听起来才能有动作感，活动时说话的重音、语调与安静地坐着说话完全不同，这一点在配音时要特别注意。不要用很规则的语势去配，可轻松一些，减少拘束感。

为人物配音时仅仅掌握语言技巧和人物的个性特征还不够，对口型也是人物配音的原则之一。配音句子的长短与画面中人物说话长短要基本一致。配音前可以根据解说词和台词把大致意思写下来，配音时依据人物的口型进行取舍。有时画面中的人物说话时间长，台词长度不够，可以适当加些语气词、连词延长。语气词要符合生活语言或是习惯用语，使用后能把破碎的句子连贯起来，使语言生动自然。但过多使用语气词也会给人一种拖沓、啰唆之感，所以在对口型的过程中要多实践、多探索，使语气词自然而出。

除了对口型外，每个人也要在实践中寻找适合自己的话筒位置，因为话筒位置对人的音色、音量所起的作用是不可忽视的。

三、现场采访

现场采访就是播音员走出播音室，到群众中，到工厂、农村、部队等各行各业采集消息、了解情况。这种采访使观众产生身临其境的感觉，仿佛他们并不是"旁观者"，而是事件的"参与者"。现场采访能使播音员亲眼见到、亲耳听到事件的真实情况，能激发播讲愿望，缩短与观众的距离。现场采访巧妙地运用现场效果、同期声、音响，能引发观众的共鸣和联想。

现场采访大致分为两大类:新闻采访和专题采访。

(一)新闻采访

在新闻采访中,播音员大多以记者的身份出现。基本要求是:举止大方、谈吐自然、有礼貌、仪态端庄。

电视台的采访任务往往来不及事先准备,有时采访小组只能在去采访的路途上交换意见,确定采访主题。采访小组大多由三人组成(摄影记者、灯光师和采访记者)。播音员担任采访者,除了要具备新闻记者的素质以外,还有几点特殊要求:第一,出口成章的口头表达能力,文思敏捷;第二,机智敏锐,有较强的应变能力;第三,迅速准确的现场观察能力;第四,较强的信息储存力,即记忆力。

播音员必须从一点一滴做起,逐步培养观察、分析问题的能力。要进行成熟、敏锐、出口成章的语言表达,首先要做充分的准备工作。

1. 备稿

这里所说的备稿,不仅仅是准备别人写好的稿件,更重要的是自己依据掌握的内容写采访提纲和打腹稿,也就是我们采访的主动性所在。

无论时间多么紧急,我们都要尽可能地了解被采访者的详细情况,诸如:年龄、性别、性格爱好、事迹等。如果是报道事件,可多了解与事件有关的各方面情况,然后对事件的重要环节有所准备,并根据已经掌握的情况加以取舍、选择,删掉次要的地方。把采访用笔记下来,写个提纲,在采访重点环节想好几段话以及问话的内容。

打腹稿就是把掌握的材料在心里过一遍,不用写在纸上。打腹稿首先要想好导语,反复默念几遍。采访时导语顺利,采访就有成功的希望了。打腹稿的特点是灵活机动,可以即兴发挥,这种方法一般被经验丰富的播音员、记者广泛使用。

无论是写提纲还是打腹稿,都是为了牢牢掌握采访的主动权,因为它是采访成功的重要保证。

2. 对话

采访的语言多为对话式,有问有答。在采访中,声音与画面的地位也有所改变,特别是人物专访的新闻片主要是用对话传达信息,画面降为次要地位。

对话的形式就是运用自然的、生活中的话语形式而又不陷入现实生活中那种蔓生枝节的杂乱的语言。对话来源于生活,它能提供信息、刻画人物性格、推进事件发展,同时它又是环境气氛的一部分。采访中如充分运用对话的特长,就能使气氛活跃,表达意思清楚、生动。然而采访也是一种艺术,它的对话语言是源于生活又高于生活的语言,它既要遵循自然谈话的方式,又要把日常用语提炼得更简练、更鲜明。

在采访过程中,说话要随和、有礼貌,不要以“提问、审问、调查”的口气采访别人。

可适当地加些“请”“请您”“可以吗?”之类的词，以表示尊敬、热情。

无论被采访的是群众，还是领导，只要他们在自己岗位上有所成绩，我们都要一视同仁。

在别人说话时，特别是当他说的时间较长的时候，插话很必要，但一定要“插”得恰当。一般在被采访者说的地方口音较重的时候重复一下，重点地方重复一遍。只有我们真听、真记，才能有感而发，真正与被采访者交流。

3. 即兴

新闻采访纪实性强。采访的是正在发生的事，没有人为摆布的痕迹。在事件发生的过程中，任何意外之事都可能出现。因此，播音员的应变能力和即兴发挥显得异常重要。

在采访时，如遇偶然事件要灵活应变，引导被采访者集中精力，共同完成采访任务。新闻是抢拍，最好一次拍摄成功。只有抢拍下来的新闻现场效果最佳，真实感最强。

例如，在采访镇江谏壁电厂工人从残奥会凯旋时，“我”和其他群众一样激动，兴致勃勃地站在火车站的月台迎候这些英雄。火车徐徐进站了，“我”分开人群走到运动员面前，他们有的挂着胳膊，有的拄双拐，神采奕奕。自我介绍后“我”首先询问了一些大家都很关心的事，如:“你取得了铁饼项目的好成绩有何感想？你是从什么时候开始锻炼的？……你的假肢比赛时痛吗?”我们边说边走，神态自然，“我”认真地、饶有兴趣地倾听他们热烈的议论，“我”想他们一定比身体健康的运动员取得好成绩更高兴，因为他们认识到了自己的力量。突然，停在站里的火车一声长鸣、震耳欲聋，“我”不知所措，终止了谈话。就这样即将结束的采访又得重新来一遍。第二遍，运动员体力不支，谈话精力分散，以至不能继续下去。我们只好来到候车室坐下来又开始第三遍。

这一采访任务如果由一名有经验的记者担任，或许一次就会成功。他可能不会受外界的影响，冷静地使采访顺利进行。新闻是纪实性节目，一遍采访是新闻，两遍、三遍采访就有人为雕琢的痕迹，新闻的真实性、新鲜感必遭破坏。

所谓即兴就是临场发挥，是在采访情况不断变化时记者的一种应变能力。有的被采访者不善于表达，这时，记者要耐心启发、提示；有的被采访者很能说，滔滔不绝，记者就要在适当的时候巧妙地打断，围绕采访目的提出下一个问题。如果被采访者讲得快且有地方口音，播音员要在重要的句子、词组上给大家重复一下，遇到某些专业术语，应请被采访者加以解释。

即兴发挥是建立在对事件背景的了解、对采访目的理解、熟悉事件的来龙去脉、具有娴熟的语言表达能力上的。采访时切忌拿着稿子看一下问一句，这样显得呆板、生硬。

即兴发挥的前提之一就是备稿，备稿是对话、即兴发挥的重要依据。

4. **其他**

新闻记者走到群众中间有利于与其交流。我们既是普通老百姓，与观众息息相通；又是党的宣传员，是党联系群众的纽带与桥梁。因此，对于服饰、化妆、言谈举止之类的所谓“小事”，不可忽视。

新闻记者的服装应以美观大方为准则，不要追求奇装异服。服装既能增添一个人的光彩，同时也会破坏一个人的形象。讲话应自然随意，但不要松懈，无所顾忌。既要彬彬有礼，又要落落大方。过多的手势、过分的表情都可能产生事与愿违的效果。

我们对待各行各业、各年龄段的人，说话的方式、语气都应有所不同，特别是对老一辈要格外尊敬。

新闻采访的化妆，越淡越好。因为新闻采访生活化极强，化妆容易与被采访者、观众产生隔阂。

新闻记者必须多实践，注意观察生活，学习生活化的语言，提高各方面修养，培养敏锐的观察能力和快速的应变能力。

(二)专题采访

专题采访与专题节目的拍摄、制作过程有关。地方电视台一般的专题片只用单机拍摄。编辑、摄影记者先去看场地，了解情况，制订拍摄计划，写出分镜头脚本。播音员要准确理解编辑意图，与编辑、摄影记者一起讨论计划，交换意见，密切配合。

1. **专题采访的特点和“我”的角色塑造**

专题采访与新闻采访的显著区别是：新闻采访时，播音员无论走到哪里，无论采访什么内容，都是以记者的身份出现的；专题采访时，播音员的身份要依据专题的栏目、内容形式的不同而有所变化。

如在《新春佳肴》专题片里，播音员应是一个热衷烹饪的人，可以设想是“家庭主妇”。

在少儿节目《睢宁——儿童画之乡》中有这样一段采访者的独白：“我怀着喜悦的好奇之心到睢宁县——被誉为儿童画之乡的地方采访。这里的孩子们热爱生活，热爱大自然，对艺术有强烈的追求，他们多次荣获国际儿童画比赛的金牌。(这里)向全国各艺术院校输送了一批批学生……”

显然，这个专题片的采访者是以“我”的身份出现的。这个“我”可以是慕名而至的美术工作者，也可以是关心少年儿童成长的教育界人士。孩子们是专题片的主角，“我”是配角。如果以播音员的身份出现，势必产生不协调、拘谨之感。

这个专题片的解说词是“我”在叙述，“我”在感慨：“在这个平凡的小镇上，孩子们虽然没有见过霓虹灯、立交桥，然而他们凭着对大自然的爱、对家乡的纯朴感情，描绘出一幅又一幅质朴雅趣的画。透过这些画我仿佛看到了孩子们那颗滚烫的心……”

在十几天的采访期间，“我”几乎寸步不离地跟孩子们在一起。去他们的家里、学校，跟孩子们一起爬山、写生。“我”由衷地喜爱这些纯朴的孩子。他们的画作《飞向月球》《武术比赛》《看看谁跑得快》《跟火箭比赛》《自画像》等，无一不体现出孩子们大胆新奇的想象力。这是孩子们智慧的结晶。

从以上例子可以看出，播音员充当不同的“角色”有利于采访、谈话，能调节节目气氛，特别是当我们放下播音员的架子走入“角色”时，被采访者及周围的群众就能打消对我们的顾虑，消除紧张状态。

2. **自信与交流**

自信来源于广博的知识，来源于对采访对象的了解以及对自己的正确认识。

专题节目内容广泛丰富，涉及各行各业、各种知识结构，因此，播音员应努力学习，争取掌握、了解尽可能多的知识。具体到节目时，应尽量了解专题内容、人物，做到胸有成竹。

了解采访对象，做好思想准备，这样有利于交流，因为它能避免盲目性。对被采访者了解增多，对他们的特点、爱好、成绩了如指掌，我们说起话来就会自如流畅、井井有条。被采访者有些问题只要一点到我们就明白了，交谈也更融洽。除此之外，我们还要注意被采访者的表情、情绪变化，把握采访的方式和分寸，同时还可以有意识地引导观众集中精力注意采访要强调的地方，达到自然生动的效果。

除了有丰富的社科知识外，播音员还要对自己有正确的认识。一个人往往能对别人作出正确的分析，而对自己的认识却总是片面的，这对工作十分不利。因此，我们要客观、准确地对自己的能力、所擅长的方面进行判断，增强自信心；要在采访中找准自己的位置，诚恳地与被采访者交朋友，只有真诚以待，别人才愿意与我们交流。

3. **其他**

采访是一项艰苦、细致的工作，它需要坚韧的毅力、吃苦耐劳的精神、一丝不苟的品质等。

在采访过程中要注意观察周围环境，说话举止要与环境相适应。谈话语言尽可能用短句，语言尽量生活化、形象生动。

如果在室内或较安静的地方采访，最好不拿话筒，话筒可以设在一个固定位置上，或是放在摄像机上用同期录音。因为在室内、安静场所一般是与一个人交谈，坐在沙发上或漫步在花园中，这时手拿话筒本身就显得比较特殊，被采访者可能分心留意话筒，不利于采访。当处在人群中或是被采访人数较多、每人都讲几句话的时候，可以手拿话筒。

专题中设想“我”在节目中的“身份”或充当的“角色”的目的在于让观众、被采访者忘记"我"本人,使他们关注节目、事件本身。"我"是穿针引线的,是为了让"主角"更充分地表现、唤起观众的情感活动和思索的,因此不能过分自我表现。

随着电视节目类型的不断丰富,观众对播音员提出了更高的要求。主持人节目的出现,给电视节目带来了新的活力,同时,它也给播音员提出了新的挑战。以前单一的"播讲式"表达,已经不能满足节目内容的需要和观众的要求了。因此,播音员必须在坚持正确的创作道路的前提下,努力开拓自己的播音创作途径,不辜负广大电视观众的期望。

另外,现场采访,特别是主持人节目,需要播音员有较好的写作功底,能编能播,知识广博。采、编、播合一是播音员努力的目标。我们必须从一点一滴做起,加强学习,努力掌握更多的创作方法来为各种类型的节目服务。

播音员要个性鲜明、有辨识度。电视节目朝着栏目化方向发展,作为一个栏目的主持人,一开始就要以自己的言谈举止吸引观众。因为每一个栏目都是定向的,是为一部分人服务的。如家庭服务类节目主持人一定要有亲和力,少儿类节目主持人可以比较活泼,等等。主持人要善于依据节目内容的特点形成自己的风格,从而使观众产生亲近感,这样有利于与观众交流。

主持人节目以它特有的魅力吸引着越来越多的观众。那么,是不是播音员都要成为节目主持人呢?不是。播音员之中只有一部分人要做节目主持人,大量的播音工作还要由播音员来承担。关于播音员与主持人的区别在前面已经提到,在此就不重复了。无论是主持人还是播音员,都要有意识地培养自己各方面的能力,努力探索,不断充实提高自己各方面的修养,形成鲜明的播音风格。

播音是语言的艺术。电视播音、电视节目的创作正在不断更新、不断完善。播音学与大众传播学、心理学有直接的联系,因此,播音员在加强自身学习之外,还要研究观众的心理,用科学方法提高我们的工作质量。

第二节　电视化妆

新闻工作者的形象,不同于电视剧中的角色形象、文艺性节目和晚会节目的报幕员形象以及特殊专题节目(如少年儿童节目等)主持人的形象。这里我们主要探讨电视播音员和一般节目主持人的化妆。新闻性节目的精髓在于一个"真"字,播音员在观众的心目中是一位真实的信息传递者,是生活中常见的"人"。因此,电视播音员的化妆虽属于"美容化妆"的范畴,却应避免矫揉造作和过分夸张,要与生活中人们常见、惯见的化妆相近。播音员和主持人是否被观众接受、受观众喜爱,常常取决于由播音员本人的外部形象和电视文化知识素养、气质、风度、个性等内在修养综合起来产生的

“美感”。有人期望通过化妆使自己变成另一个人，这是不现实的。化妆只能在人们本来面目的基础上运用手段加以调整和修补，发扬面部优点，掩盖面部缺陷。

化妆应成为电视播音员必备的美学修养的一部分。化妆是电视播音员应掌握的技能，但它不是其创造荧屏形象的唯一手段。

对电视播音员化妆的要求，可以归纳为：

清新大方、五官端正、轮廓鲜明，精心修饰而又不露修饰痕迹。

清新大方。由于播音员具有“新闻信息报告人”的身份，化妆要求清爽、新鲜；由于电视传播的社会性，为适应大多数观众的审美情趣，化妆要求落落大方。

五官端正。观众的审美要求播音员具有良好形象。就美术原理而言，人面部形象的美感在于：一是匀称、对称、协调，二是面部五官符合“黄金分割”“三庭五眼”的规律。

轮廓鲜明。电视播音员形象要适宜“上镜头”，这里需注意两个问题：一是整个面部轮廓和五官的轮廓要鲜明，二是面部轮廓的立体感要强。

播音员出镜需得体、自然，而要想达到这种经过提高的“自然”，需要运用化妆术精心修饰。

一、电视播音常用的化妆方法

电视播音常用的化妆方法有两种，即粉妆与油妆。这两种化妆方法只有所用材料的区别，无浓淡之分。人们习惯将油妆称为浓妆，将粉妆称为淡妆，这是错误的。播音员选用油妆还是粉妆，由播出节目的需要和播音员本人的先天条件来决定。无论油妆或粉妆都存在浓妆和淡妆之别，关键在于色彩的选择和协调。浓妆一般色彩反差较大，修饰意味较强、较夸张；淡妆一般色彩反差较小，协调性强，不是很夸张。

粉妆：一般指用市场上销售的日常化妆品，如粉底霜、营养霜、清洁霜、粉饼、腮红、眉笔、睫毛膏、眼影等这类粉质材料为主的化妆。它的优点是对皮肤的损害小，化妆较省时间；缺点是遮盖性及改善形象的效果一般，不经汗，易脱落。

油妆：指用油彩颜料等戏剧、电影化妆材料的化妆。它的优点是遮盖性及修饰性强，上妆后的稳定性好，不怕出汗；缺点是油彩颜料多含有毒物质，皮肤过敏者要慎用。

本人皮肤较好，面貌形象比较端正，不需作很多修饰的播音员，以及节目录制时间不长，可以选用粉妆；本人条件一般，需较多改变形象的播音员，以及在高温天气录制时间较长的节目，可以选用油妆。

粉状的化妆顺序如下：

(1)洗净脸，擦护肤霜：由下向上涂匀，然后用纸巾从上向下将多余的护庆霜沾去。

(2)用粉底霜、粉饼或腮红调整脸型。根据自己脸型的优缺点，用两三种深浅不同的粉底霜、粉饼或腮红来调整脸型。

(3)将白色或半透明的粉，均匀地扫在脸上，使粉底霜能较牢地附在皮肤上。

(4)画眉、眼。根据整体化妆要求修饰眉、眼。

(5)画唇。根据整体化妆考虑修饰嘴唇。

(6)整发型。

(7)着装。

油妆的化妆顺序如下:

(1)洗净脸,打底油。由下向上涂匀,整个面部都要涂到,以保护皮肤,用纸巾将多余的油从上向下沾去。底油过多易使定妆粉过厚,底油过少起不到保护皮肤的作用。

(2)用油彩调制适宜的底色、胭脂。根据本人肤色调制稍深于肤色的基本底色,根据调整脸型的需要在基本底色的基础上调深或调浅,用在面部适宜的位置,并在基本色的基础上调好面颊需要的颜色,用在面部适当的位置上。

(3)用定妆粉定妆,片刻之后用湿润的毛巾擦拭眉毛、嘴唇,以保证眉、唇化妆的光润感。

(4)画眉、眼。根据整个面部化妆的需要修饰眉毛、眼睛。

(5)画嘴唇。

(6)整发型。

(7)着装。

实际上,每个人的皮肤条件不同,有油性皮肤、干性皮肤与混合皮肤之分,应根据自己皮肤的情况选用化妆方式、化妆品。同时应指出的是:无论多么高级的化妆品,都可能含有对皮肤不利的化学物质。电视播音员不工作时不化妆,让皮肤得到充分休息和恢复是很必要的,这也是保持皮肤青春活力的重要方法。青春、健康本身就是美的。在卸妆之后,不妨做做皮肤按摩。

二、电视化妆的原则

一是“综合治理”原则。在考虑自己的妆容时,应认真地观察、分析自己面部的特征、优点及缺点,从整体效果来决定各部分化妆的方法,切忌只就某一局部考虑化妆问题。有人认为眼睛画大了就“显得精神”,于是拼命将眼睛画大而忽略了眼睛在自己脸上的位置和比例,结果看起来脸上只剩这双眼睛了;有人认为自己嘴太大,就拼命往小里画,而在一张宽额阔腮的大脸上画樱桃小口,效果如何,不言自明。因此,要综合考虑面部五官的协调性,不一定处处都画,有时根据需要只画一只眼、一边鼻梁、一边嘴角……只要将缺欠处补足即可。

在化妆时要考虑自己的气质、风度、个性,选择能更好地显示自己性格的化妆方案。如果本人气质比较端庄、沉静,化妆不宜过于俏丽;本人气质比较活泼、潇洒,化妆不宜过于呆板。总之,化妆要与本人的个性协调、统一。

二是研究色彩调配的基本知识,树立正确的色彩观。电视化妆在色彩的运用上,除了一般化妆要特别注意的色彩协调之外，还应注意屏幕色彩的特殊性。在彩色灯光下色彩的变化，化妆色彩与服装、背景色彩的协调，化妆给人的观感是否自然，很重要的一点在于色彩的选择。不同时代的人们对色彩的选择是不同的。目前流行的美容化妆色彩调配向两个方向发展：一派以追求自然美为目的，所选色彩以接近自然色彩的不饱和色（朦胧色）为主；一派以追求艳丽反差为目的，选用高纯度、高亮度、高反差色彩。新闻性节目的化妆应突出“真”，应选追求自然美的色彩，即不饱和色系列。虽然从观感上人们会觉得朦胧色太暗太沉，但实际化妆之后会很自然。以皮肤底色的选择为例，中国人是黄种人，大多数人肤色偏黄，而人们历来又认为“一白遮三丑”，因此一般人在选择调配基本肤色时，喜欢选择比自己肤色浅的粉底。这种选择使肤色深的人造成“戴面具”的效果，肤色较白的人在强光下显得苍白。色彩浮在面上，和脖子颜色有差别，从而产生虚假感。正确的选择是调制比自己实际肤色稍深的颜色，这在强光的屏幕上会给人一种真实的皮肤质感。

电视化妆既然重视自然美，那么除了色彩的选择外，化妆时各种色彩的过渡也要注意衔接自然，色彩过渡要柔和，要渐渐渲染、互相渗透、“天衣无缝”。

三、调整脸型和五官的分布

电视屏幕的特定比例与显像管的扫描以横线条为主，电视播音员的脸型以瘦长为好。人的脸型可分为八类，用汉字表示为：田、由、国、用、目、甲、风、申。仅就脸型而言，以甲字脸（俗称瓜子脸、鸭蛋脸）、目字脸、申字脸为好，其他脸型需用化妆和发型来调整。

（一）利用底色和修容粉调整脸型

基本肤色应选择比自己的自然肤色稍深暗些的色，可在手背或脸部不大显眼的部位试涂一下，看调得是否合适。调好基本肤色之后要再调出深两三度和浅两三度的色做调整脸型的备用色。基本肤色应大面积均匀地涂在裸露的皮肤上，包括面部、颈部、耳垂等，用手指或海绵薄薄地拍在皮肤上即可。而比基本肤色稍浅稍亮的色，一般用在需突出、扩大的部位上，如较凹的两颊、鼻梁，可适当地涂布；较短的鼻、下巴，可用线状涂布造成拉长的视觉效果。比基本肤色较深、较暗的色用在需掩饰、收缩的部位，如过分突出的颧骨、腮颊、下颌、额角等。修容粉的涂布对于视觉感受影响较大，要注意学会运用。一般来说，颊阔的人涂修容粉要相对集中些，呈上下走向线性涂布，能起到收窄阔颊的效果；颊窄的人涂修容粉要相对散漫些，呈片状涂布可使窄颊显得丰满；面颊比较平的人要用修容粉把颧部涂得突出些，以增强面颊的立体感。如果深浅两种色彩效果不理想，可选深浅不一的多种同类色逐层次涂布。如欲收腮角，可在耳下脖根处选用比基本底色颜色稍深的阴影粉，由外向内由深渐浅地涂布；再在面颊下侧用比第一种颜色稍浅、比基本肤色稍深的色彩，沿颞颥斜线再次由深渐浅由外向内地涂布；在唇鼻两侧则用基本肤色涂匀。这时需注意两点：一是欲产生立体感的色彩涂布应以素描原理为基础；二是选用多层次色彩时，色彩之间的过渡应该是逐渐渗透、渲染的，不应有明显的界限。

（二）调整五官分布以符合审美规律

从美术原理看，五官在脸上的分布以“黄金分割”或称“三庭五眼”的规律为好。（如图5-1所示）。

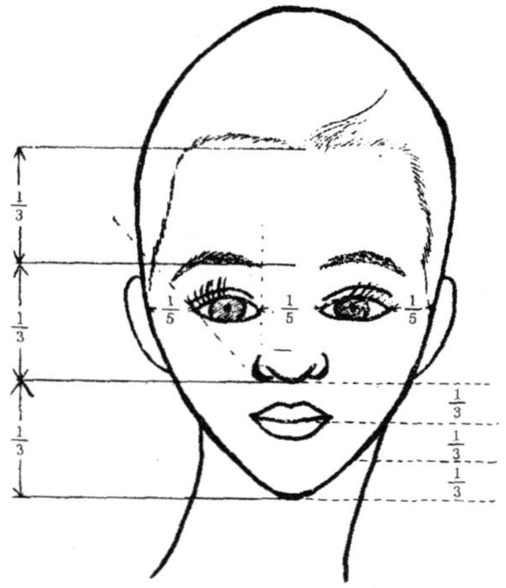

图5-1 “三庭五眼”

五官在面部的分布比例是三庭五眼：发际至眉心、眉心至鼻尖、鼻尖至下颏这三段应是等分的；两眼间距、眼至头边发际、每只眼的宽度应是相等的。多数人的五官都不能符合这个规律、也不严格对称。有的一只眼小些，有的一边嘴角高些，有的鼻梁不正，有的鼻子过长，有的下颏过短，有的五官都向鼻梁集中，有的鼻头过大或过小，有的眼间距过宽或过窄，有的眉眼间距过宽或过窄，等等。每个人应客观地认识自己五官分布的优点与缺欠，然后用化妆来弥补，使自己的五官分布接近于三庭五眼、黄金分割。电视化妆既然是为了让人看上去五官端正，就不必面面俱到，只要对不足部位进行修补即可。

四、眉毛、眼睛、鼻子、嘴唇的化妆方法

（一）眉毛的化妆

眉毛是黑色的，在脸上非常醒目、突出，因此，它的形状和画得如何，对整个妆的影响很大。眉型的选择要参考自己的气质、脸型和原有的眉型、眉骨弓的形状，但一定不可拘泥于原有的眉型，要在“综合治理”的原则下考虑适合自己的眉型。常见的各种眉型如图5-2所示。

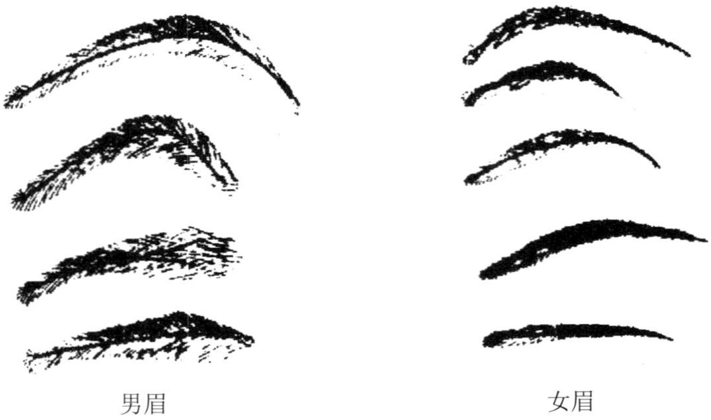

图 5-2　常见眉型

选择眉型的一般原则是：田字脸、国字脸、用字脸不宜选细长直眉型，因为这种眉在视觉上容易加强脸的横向长度感；目字脸、由字脸、申字脸不宜选过短、过弯的眉型，因为这种眉容易加强脸上部窄的视觉感受；男同志不宜选过于纤细的眉型，女同志不宜选过于粗犷的眉型。

在画眉的时候，要注意眉毛自然生长的特征和毛根的方向。从眉头至眉梢，毛发的生长如图 5-3 所示。

图 5-3　眉毛的生长

眉毛的自然形态是从头到梢由淡渐浓再渐淡的，有层次变化，不是一条墨黑的死板形状。在画眉时，无论用眉笔还是化妆笔都应该按照眉毛发根的生长方向一根一根地画，切不可图简便，一笔而过。用油彩画时，可先用不太浓的橄榄绿色一笔一笔画出需要的眉型，然后用黑色在需强调的部分加浓，形成眉头眉梢色彩较淡，眉中段三分之一较浓的符合自然形态的眉。这样画的眉也有立体感。用眉笔画时，可通过线条的疏密来体现浓淡立体层次感，在需强调的部位反复画两三次即可。若眉型基本尚好，只需在欠缺处补画几笔。

眉毛的合适长度一般是眉头与内眼角齐，眉梢以鼻窝到外眼角的延长线与眉的延长线相交为宜。参考图 5-1，鼻窝至外眼角和眉头到鼻窝如两条虚线所示。

(二)眼睛的化妆

眼睛是人们心灵的窗口，可见眼睛具有反映人的精神世界的重要作用。但也正因为如此，仅仅靠眼睛的外在妆饰是反映不出人的精、气、神的。电视播音员眼睛的化妆只能做到两点：一是通过眼睛的化妆使整个脸部协调，二是通过眼睛的化妆克服由于屏幕前强光而造成的眼睛轮廓不清的问题。

眼睛的化妆简单来说包括四个部分：上下眼线的画法、双眼皮的画法、眼影的运用、睫毛膏的运用。

眼线的画法可参考图 5-4：

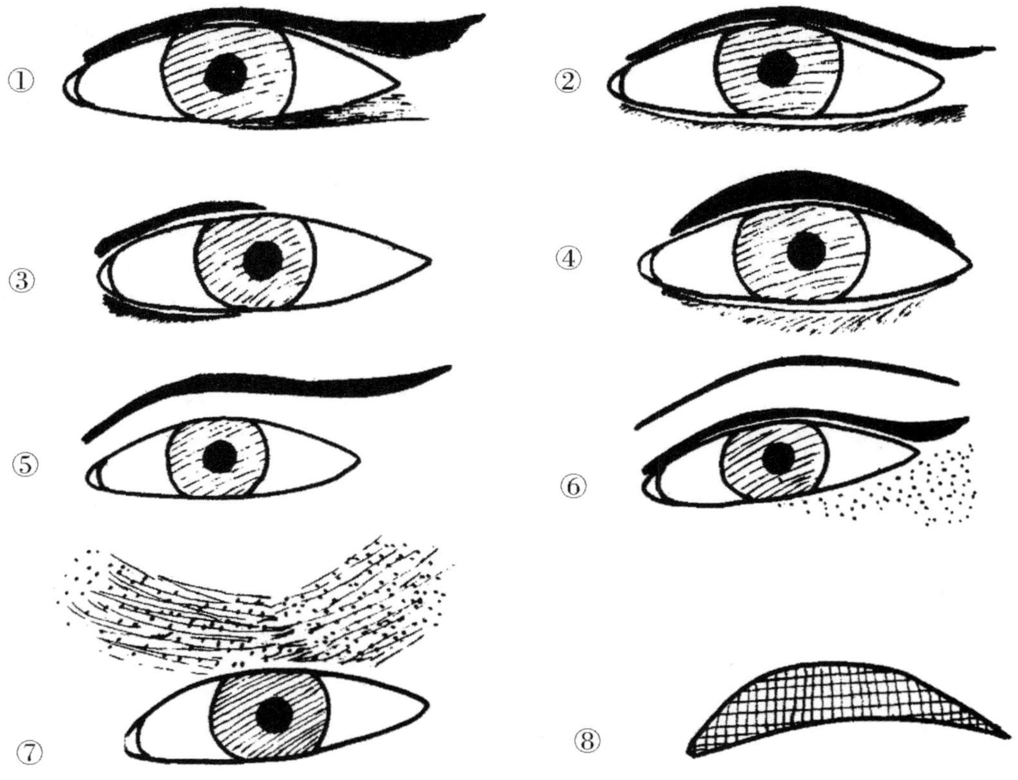

图 5-4 眼线的画法

①适用于外眼角下塌和两眼间距偏窄的人，此画法在视觉上会使人产生眼距加宽的感觉。

②这种画法可使眼睛显得大些。

③适用于两眼间距偏宽的人，此画法在视觉上会使人产生眼距变窄的感觉。

④这种画法可使眼睛看上去圆一些。

⑤是用化妆笔和眉笔画双眼皮的方法。

⑥是一般双眼皮的眼睛的眼线画法。用黑色在紧贴眼睫毛处画一细线，1～2毫米宽则可。画下眼线要慎重些，一般不用黑色而用深棕色、橄榄绿色自然地在外眼角下渐渐化开去与底色糅合较好。画下眼线切忌在外眼角处与上眼线末端汇合，那样太像熊猫的黑眼圈了。

目前人们公认双眼皮美，但从美容化妆的角度看，也得因人而异。如果将单眼皮改成双眼皮从整体化妆效果看更好，可以做割双眼皮的手术，一劳永逸。在化妆方法上，介绍两种方法：一是用笔画双眼皮，二是用粘贴法做双眼皮。

画双眼皮，是用橄榄绿油彩淡淡地在眼睑上画一条与眼裂平行的细线，如图5-4之⑤。若用眉笔画，则应选用较硬的眉笔，画出的线不可过于浓黑和过宽。

粘贴双眼皮可用“美目贴”或双眼皮胶水等。将美目贴剪成图5-4之⑧状贴在上眼睑，然后用棉签将眼皮挑松使“美目贴”的上缘在眼睑上嵌出皮褶来。“美目贴”的大小、宽窄依各人眼睛的情况而定，一般比将造成的双眼皮内叠的部分稍小些。用剪成楔状的美目贴还可解决两眼双眼皮褶不对称和外眼角下塌等问题。双眼皮胶水的用法类似。要注意的是，无论用“美目贴”还是用双眼皮胶水，都要和双眼皮自然融合。否则就“露馅”了。

眼影的运用可以改变眉眼间距的视觉效果。眼泡肿的人可用棕色或橄榄绿色在眼泡上淡淡地按“U”形走向涂布，使凸眼泡看上去稍平些。如图5-4之⑦所示。眉眼间距过窄、眼窝过深的人，可以用比肤色稍浅的淡棕黄、淡肉色涂布，产生眉眼间距拓宽、眼窝变平的效果。眉梢下塌者，可用偏亮的淡肉色在眉梢下作线状涂布来使眉梢上抬。眉眼间过于平板者，可选用两三种相互协调或映衬的颜色涂布，使眼盖产生立体感。比如，在近内眼角的鼻梁处用棕色，在近外眼角眉梢下用浅粉红色，在瞳仁之上用比肤色浅的棕黄色等。

中国人是黄种人，血管在黄皮肤下映出的颜色就接近橄榄绿色，将橄榄绿色作为面部皮肤阴影用，比较自然、真实。

对于相貌条件较好的播音员，也可用睫毛膏染上下眼睫毛，从而达到眼睛轮廓在屏幕上较清晰的效果。

（三）鼻子的化妆

鼻子是肉色的，在面部不太显眼，但它的高低、长短，鼻梁的宽窄，鼻头的形状和大小都能影响脸部的协调。化妆时可用两三个深浅不同的底色来改变鼻子的视觉效果。鼻子宽短者，可用明亮色在鼻梁上涂得窄一些，再用深暗色在鼻梁两边涂抹阴影，产生鼻子“长”了的效果；鼻梁塌者，可在内眼角和眉头下涂阴影，在眉眼之间涂布较明亮的底色，以突出鼻梁；鼻尖过长者，可用暗色在鼻尖涂布产生缩短的效果；鼻头宽大者，可以用暗色造成缩小的效果；鼻头过小者，可以用不同的阴影造成放大的效果，如图 5-5 所示。

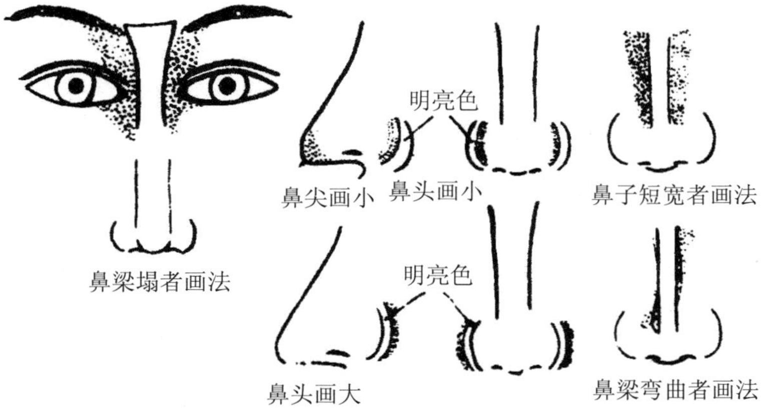

图 5-5　鼻子的画法

(四)唇的化妆

电视化妆要求播音员的唇型达到面部协调（唇裂长度、厚度参考前面五官黄金分割律）和唇型轮廓清晰的效果。可根据整体要求对唇型加以改善：或画大，或画小，或将撅唇化平，或将瘪唇画突出。唇型的变化，在于上唇与下唇曲线的走向、弯曲度以及嘴角的挑或撇，如图 5-6 所示。

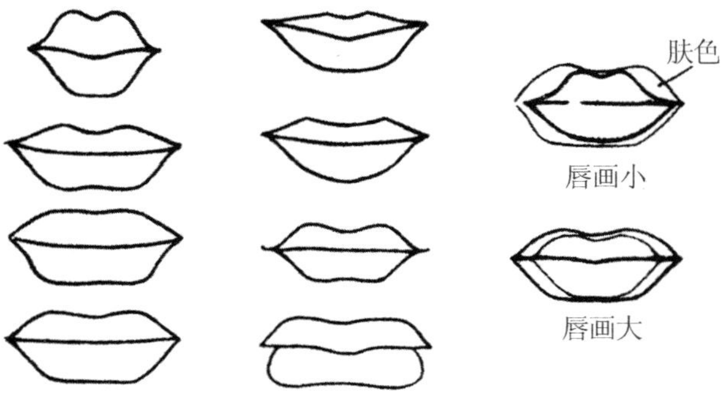

图 5-6　唇的画法

选好适当的唇型后，可先用基本底色将不符合既定唇型的多余部分遮盖住，然后用比基本唇色暗两三度的颜色细细勾勒出所需唇型，再用基本底色在范围内涂匀，最后用比皮肤底色稍亮些的淡肉色，在深色唇廓线外画一条细线。如果你细心观察一下生活中人们的唇，就会发现唇廓线外有一条皮肤变换线，是较明亮的。上唇色比下唇色稍深暗些，因下唇受光较多。对于唇色的选择要谨慎，电视传播系统对于红色和橘红色非常敏感，应用以棕红色为主的唇红，尽量减少红色的纯度和明亮度，以免唇在面部过于突兀。

五、化妆与服装、灯光的协调

电视播音员的面部化妆只是整个外部形象的一部分，除面部化妆自身的色彩要协调，妆容看着要干净、利落、清爽之外，面部化妆与服装的色彩也要协调，如穿紫红服装，化妆色彩要偏红些，若偏白、淡则显苍白；穿黑色服装，化妆色彩要稍明亮些，不宜过暗；穿奶白色服装，化妆色彩基调要淡些……服装色彩的选择也要适宜电视色彩还原的规律。例如，纯的蓝、绿、紫、红色要慎用；黑白两色反差过大亦应慎用，可用偏灰的黑和偏黄的白代替。由于电视特技的需要，“抠像”一般选用普蓝屏幕，所以不宜选用蓝色服装作为电视播出服。由于屏幕上光点易模糊，服装面料要选择不反光或反光弱的。另外，有暗亮点、暗亮条的面料，屏幕效果也不好。总体来说，电视出镜的服装色彩以选饱和程度小的中间色调为宜。

第六章　节目主持艺术

第一节　主持人节目

一、主持人节目发展的社会背景

主持人节目的出现和兴起，其根本原因是社会的进步和发展。我国主持人节目的兴起和发展，主要有以下三个方面的原因：

第一，最根本、最重要的莫过于改革开放政策的实施。十一届三中全会以后，改革开放政策使全国出现了思想解放、经济腾飞、科技发展的局面。这一深刻的变革无疑就是主持人节目出现的社会大背景，为广播电视节目的改革和发展提供了良好的契机。

第二，是广播电视改革的深入发展。多年来，我国的广播电视事业发生了可喜的变化，这些变化波及广播电视传播的各个层面，从传播观念到传播手段，从指导思想到具体的节目制作。比如传播功能方面，过去我们的广播电视传播功能较为单一，宣传功能、教育功能突出，现在则注意适应社会主义市场经济，适应大众需求，走“贴近群众、贴近实际、贴近生活”的与人民群众密切联系的新路，同时发挥曾被忽视的信息服务、娱乐欣赏等功能；传播方式方面，吸引受众参与，充分发挥现代广播电视传播中双向方面沟通的作用，赋予大众传播亲切、新颖、多元的特点。

第三，科学技术的进步为现代传播观念转化为事实提供了物质和技术保证。通讯事业的发展以及电子高新技术在广播电视节目制作中的应用，如现场报道、热线直播、卫星传输、数字技术等，使远在天边的人和事跃然眼前，且有“高保真”的效果。不仅使受众在“第一时间”获知正在发生的事情，缩小了人们交往的空间距离，而且能够让受众直接、同步地参与到节目播出中来，使传受之间实现双向交流甚至多向交流（热线直播中，听众与主持人、听众与听众的多向交流）。可以预见，科技的发展还将为主持人节目的发展和创新提供更多的物质保障和思路。此外，国际广播电视传媒的激烈竞争，卫星技术的跨国、跨洲传播，也激励着我们加快节目改革的步伐。

正是在这样的社会背景和科技条件下，立足于建设中国特色社会主义广播电视事业的根本任务，放眼世界和未来，借鉴国外主持人节目的发展，我国的主持人节目与节目主持人应运而生，大踏步地走到听众和观众面前，成为广播电视改革的重要成果之一。

二、主持人节目的界定

20世纪80年代初期，主持人节目这种形式一出现，就得到听众、观众的关注和喜爱，更为节目制作者所青睐。一时间，主持人节目在各地广播电视中迅速铺开。从广播到电视，从中央一级到地方省、市台甚至县级台、企业台，从较易于操作的服务性节目到相对复杂的综艺类、新闻类节目，都纷纷采取主持人节目这种形式。

主持人节目在我国的发展速度可以用“迅猛”二字来形容，许多广播电视节目纷纷打出“主持人节目”的旗号，出声露面的传播者都冠以“主持人”的头衔，告诉听众、观众“我是×××，这次节目由我来为您主持……”毋庸讳言，我们听到、看到的主持人节目有相当大的差异，主持人节目的发展是不平衡的，学界、业界对主持人节目本质特征的认识是模糊的。当时，理论研究者在主持人节目的界定上存在争论，有的从节目形式角度强调“第一人称”“固定栏目”，有的从语言样态上强调“谈话体”，有的要求主持人“采、编、播、控合一”，有的强调主持人在节目中的地位和作用，主持人节目的实践者对此也莫衷一是。但是，实践是检验真理的唯一标准，经过多年的发展，无论节目制作者还是广大受众，抑或理论研究者，通过对实践和理论的思索，能够对主持人节目在一些基本问题上达成共识。1999年9月，中国广播电视学会组织有关专家学者和第一线的主持人代表，针对实践中主持人业务与播音员、记者业务的交叉，提出了主持人节目的四条特征：

(1)传播者在节目中以主持人身份出现；

(2)体现出主持人在节目中的主导作用；

(3)语言表达方式以谈话体为主；

(4)具有直接的话语交流情态。

从一定意义上说，这个界定直接服务于主持作品的评选工作，它反映了主持人节目形式上的一般特征——主持人身份、人际交流特色的谈话体语言样态、与听众和观众的直接交流，更强调了主持人节目的本质特征——主持人在节目中的主导作用。

随着主持人节目形态的多样化发展，特别是直播型、谈话型节目的广泛应用，依据既定稿件单纯采用谈话体语言样态及简单串联式的主持，已不能很好满足工作的需要，也难以在节目中真正起到主导作用。主持人要在节目中发挥主导和驾驭作用，关键在于主持人要成为节目进程的“掌控者”，具体体现在主持人对节目的参与程度上。

有的主持人与节目处于“隔膜”状态，只是在最后阶段“出声露脸”；有的主持人只有“浅层次参与”，即主持人在采编过程中较为被动，提不出有价值的意见或建议，完全依赖别人拟定的问题出镜采访，虽然他也是以主持人身份出现的，也运用谈话体的口吻，但是对节目缺乏真正的投入、深刻的理解和整体的把握。据此，我们有理由说，主持人在节目中真正起到主导作用，是主持人节目的本质特征。主持人在节目中的“深层次参与”，应该说是我国节目主持人在相当长的时期内应该达到的理想的工作状态，因为它符合我国国情，符合广播电视节目制作实际。

三、主持人节目的传播特色

（一）个性化

第一，个性化是现代社会传播的必然趋势和主流。在当今信息爆炸、信息多元化的传播环境中，人们获取信息的渠道很多，思维活跃，视野开阔，越来越厌烦人云亦云的重复和板起面孔的说教，只有个性鲜明、独具魅力的传播才能在众多同类事物中脱颖而出，成为受众青睐和选择的对象。

第二，个性化侧重优化传播的手段，而非传播目的。试图以“个人化”代替“个性化”，“为个性而个性”，势必误入展现“小我”的泥沼。恣意妄为、孤芳自赏的“与众不同”，是不会被受众承认，更无法被接纳的，同时也有悖于中国广播电视工作根本属性。

第三，“代表先进文化的前进方向”，是衡量个性化分寸把握的根本标尺。主持人的语言传播从内容到形式必须经得起这把尺子的检验，任何离开这个标尺的所谓个性化，不管有怎样“轰动”的效应，都会混淆民众的视听，动摇群众的价值观，迷乱人们的审美，最终伤害人们的心灵，殃及民族文化和社会的发展。

第四，个性化是对栏目个性风格及传播对象的认识和遵从。与栏目风格融为一体，为受众认可接受的个性化，才可能真正发挥优化传播的作用。

第五，个性化是从人格出发而表现出来的创作个性。主持人个性化传播是指主持人的创作个性，是主持人自身声音形象等先天条件以及文化修养、生活阅历、人生感悟、性格能力等后天素养的综合表现，在传播中与栏目个性和受众审美完美契合。在这个前提下，个性化表现为独特的思维方式、独特的视角、独到的见解、独创的构思、独有的感受、独具特色的表达和气质形象。但是，没有高尚人格做后盾的所谓个性化可能恰是道德滑坡、趣味低下、平庸媚俗的“垃圾”。那些哗众取宠的“抖小机灵”“挠人脚心”的插科打诨、自我中心的“话篓子”，不是我们所期望的个性化。

总之，主持人应以朋友的身份及与大众建立平等的关系，以个性化的视角和个性化的叙述方式进行传播，才能给予受众新鲜感和吸引力。

(二)人格化

主持人在节目中的参与深度和作用决定了主持人节目传播的人格化特色。一方面，主持人大多直接参与节目的前期制作，与社会生活、群众，特别是与具体的栏目有着紧密而稳定的关系，因而使传播更具真实性和主动性；另一方面，主持人节目形态丰富多样，主持人起主导作用的直播节目或与观众互动的节目越来越多，实际上赋予了主持人在传播中一定的话语权和较多的创作空间，因此，主持人往往成为节目的品牌形象。俗话说，“路遥知马力，日久见人心”，透过节目中主持人的选题立意、文化品位、趣味格调，以及主持人对嘉宾、受众的态度、言谈话语、行为举止，都会使人们对主持人的价值取向、道德观念、人文素养、学识功底、思维方式、表达特点、语言习惯、兴趣爱好、审美情趣乃至脾气禀性有较多的、较深入的了解。总之，观众透过主持人节目对主持人的人格内涵(性格、气质、能力、道德品质等特征的总和)能够有较清晰的认识和评价。于是，受众会因为对主持人的信赖和喜爱而钟情于其所主持的节目，也就形成了“人托节目，节目托人”的良性循环。同样，受众也会因为对那些高傲冷漠或媚俗恶俗的主持人的反感，降低对该节目的兴趣，直至失去耐心。这种负面影响同栏证实了主持人节目具有人格化传播的特性。主持人节目真诚的、富于社会责任感的人格化传播，会有很强的感染力和引导作用。

(三)人际性

主持人节目大多采用人际传播与大众传播相结合的节目形态，把“面对面”的人际传播特色引入了大众传播。在主持人节目中，主持人一方面以“拟态性”人际传播的谈话方式面对受众(如演播室或新闻现场面对话筒、摄像机而面前没有受众的虚拟开场白或谈话感)；另一方面，现实的人际传播较多地出现在节目中(如演播室与嘉宾访谈、电话连线、主持人专访，综艺娱乐益智等节目中主持人与现场观众或打进热线的听众之间的互动交流，观众参与的谈话或咨询类节目等)，传受双方在一定程度上具有直接交流、即时反馈的交互传播模式的特点。与日常人际交流所不同的是，节目中人际交流的内容同时涉及以公开性和广泛性为特点的大众传播。正是这种人际性使得大众传播的单向传播模式有了交互传播的特色，双向沟通的作用。主持人节目这种传播形式要求主持人不仅要重视传播目的，更要重视传播效果。要考虑受众的需求、接受能力和习惯，增强传播的有效性。因此，正确地、自觉地发挥主持人节目的人际性传播特点，有利于缩短传受双方的心理距离，从而增强大众传播的亲切感和沟通性。

(四)参与性

在主持人节目中，受众参与程度日益加深。过去的传播理论也重视受众的参与，不过那时主要关注受众接受媒介传播时调动想象和情感的介入程度，强调的是“心理参与”和“现场参与感”，显然都徘徊在一种参与的“感觉”上。社会发展到今天，受众收看电视节目时，虽然这种“心理参与”和“现场参与感”还都是需要的，但仅仅是这些就不够了，受众要求“深度参与”，除了节目播出后打电话、写信表达自己对节目的意愿外，更希望直接参与到节目的制作播出中来，以兼有“传者”的双重身份出现在节目中。① 于是，传播者也积极运用受众参与这一形式改进和丰富节目形态，使受众在传播中具有平等感并更多地赋予他们参与的能动性。在参与型、互动型的主持人节目当中，受众能够与主持人或其他节目参与者进行直接交流，他们是节目的重要“构件”，有时甚至是节目的主体。主持人节目中的这种参与性，使受众在传播中享有一定的话语主动权和表达权，从而在一定程度上改变了受众只有决定是“中断”还是“继续”收看节目的实际上的被动地位。受众在主持人节目中能动地、平等地参与，极大地唤起了他们对媒体的热情，有一种“这是我们自己的节目”的亲近感，并能激发他们进一步参与，因而从整体上促进主持人节目收视率的提高。

四、主持人节目的主要节目形态

节目形态指节目的主要构成形式、方式及播出的状态，它不同于从节目内容、功能角度划分的节目类型（如新闻类、社教类、综艺类、体育类等），节目形态可以灵活地运用在各种类型的节目之中。从节目主持艺术的角度看，当前主持人节目使用频率较高的节目形态主要有：杂志型、专访型、讨论型、热线服务型，竞赛、游戏、益智型，这些节目形态还可以分为受众参与型和非参与型以及直播型、录播型等。

杂志型节目形态，即在固定的时间，采用杂志组合编排的方式，把若干不同内容、不同体裁、不同形式的节目单元（或称小栏目、子栏目）加以组合，由节目主持人把它们串联成一个有机的整体的节目样式。这种节目形态内容丰富、形式多样、安排灵活，可为受众提供多方面服务，打破了以往节目千篇一律的固定模式。20 世纪 80 年代中期，珠江经济台曾以“大时段、多主题、勤转换”的“主持人直播大板块节目”，在其特殊的地域环境及空中电波的“争夺战”中赢得了生存空间，其节目形态也为全国许多电台甚至电视台效仿。我们应当肯定“珠江模式”在节目改革中的积极作用，不过在后来的发展中，“大板块”节目形态主要用于节假日的特别节目，因为它更符合大多数人在休息日才会有的长时间的收听、收视行为。现在，板块结构的合理内核得到保留，发展演变为杂志型节目，由许多小栏目灵活组合，一般一次节目不超过一个小时。还有一个值得注意的现象是，眼下许多杂志型节目的小栏目的内容显现出内容主题的回归，而避免节目内容“天马行空”“东奔西突”的随意性，以真正满足受众的接受习惯，于是形

---

① 沙莲香. 传播学——以人为主体的图象世界之谜[M]. 北京：中国人民大学出版社，1990.

成了不同内容主题的节目与杂志型节目形态的嫁接。如：新闻类杂志型主持人节目、科技类杂志型主持人节目、读书类杂志型主持人节目、卫生健康类杂志型主持人节目、文艺类杂志型主持人节目，等等。这种节目内容与节目形态在深层次上的优化组合以及"大板块"节目的分流，无疑是节目改革深入发展过程中"自组织调节"的结果。

专访型节目形态，即由专题的或专门的采访谈话过程构成的节目。过去记者的采访录音录像大多只截取片段作为素材用在节目中，而在主持人的专访节目里，一方面，主持人直接进行专访，十分注意对内容深度、广度的开掘，使双方有真正的交流；另一方面，无论是新闻类、社教类、文艺类还是服务类主持人节目，也无论是广播主持人节目还是电视主持人节目，专访作为一种节目形态成为相当多主持人节目采用的传播方式。

讨论型节目形态，是指主持人组织打进热线的听众或引导、激发现场的观众，围绕大家共同关心的问题展开讨论的一种节目形态。谈话节目充分体现了受众的平等参与性和节目的多元开放性，参与者可以开诚布公、畅所欲言、各抒己见，结论是开放的，主持人驾驭整个讨论过程，以期达成社会较大范围的沟通、了解与理解。这种节目形态以其亲切平等、真实自然的特色，为人们提供了对公众问题、社会现象表达意愿的机会和平台，提供了向社会敞开心扉，寻求思想帮助与观念更新的场合及契机，加之节目制作经费不高，因此自然而然地为各种不同类型的主持人节目所青睐。如今，新闻评论节目、社教节目、体育节目、文化节目、青年节目甚至少儿节目，或者专门设有谈话栏目，如中央电视台的《实话实说》《艺术人生》《对话》，凤凰卫视的《锵锵三人行》，广东卫视的《财经郎眼》等，或者不定期地采用"你说、我说、大家说"讨论的节目形态。

热线服务型节目形态，主要是指广播电台开通听众热线，或电视台邀请观众到节目制作或演播现场，通过同步双向交流提供服务的节目形态。节目常常邀请相关领域的专家或职能部门的官员做嘉宾，也有些信息性服务是由主持人直接提供的。这种热线问答、面对面问答的方式，使得过去"广播对话"那种虚拟的间接交流成为实在的直接交流，使迟滞的反馈成为即时的反馈，它的针对性和便捷性能为广大群众提供多方面的服务，因此这种节目形态也成为很多主持人节目的选择。如在文化娱乐类节目里，有热线点歌、热线猜谜、热线游戏等服务；在公众服务性节目中，有医药咨询、政策咨询、法律咨询、房地产咨询、心理咨询、商品导购、问题投诉等服务。

竞赛、游戏、益智型节目形态，即主持人调度和激励受众以智能或体能、技能参与的节目。在这些主持人节目中，参与者动嘴、动手、动脑、动身，主持人穿针引线，与大家打成一片，其乐融融，节目富于知识性、趣味性、娱乐性和动作性。这样的节目形态也被"嫁接"到许多不同内容属性的主持人节目中，如面向中小学生的主持人节目《智力快车》；寓知识性、趣味性、欣赏性、参与性于一体的《东芝动物乐园》，让男女老幼都在欢乐中增长了有关动物的知识，树立了保护生态平衡的环保意识；近年来更有《开心辞典》《开门大吉》《天才知道》《一站到底》等节目活跃在屏幕上，它们把竞赛、游戏、益智的节目形态分别与经济类节目、社教类节目、综艺类节目、体育类节目嫁接在一起。主持人要善于活跃现场气氛、与参与者进行互动,以及把握游戏竞赛程序、规则乃至节奏。

受众参与型节目形态,是主持人节目主要的节目形态之一。根据受众参与的方式,同时综合考虑节目内容方面的归属,我们对受众参与的节目形态做进一步的划分:受众为咨询而参与的热线服务型,受众以言论来参与的讨论谈话型,受众以娱乐方式参与的竞赛、游戏、益智型,还有节目前或节目中的网络参与、电话参与、书信参与等形式。

直播型节目形态。现场直播的主持人节目,其魅力在于能够最真实、最准确、最丰富、最及时地反映事件发展的过程,它能够满足受众在第一时间获知新闻的心理需求,使受众获得现场参与感以及对传播真实性的审美追求。主持人在直播中是直接面对受众的信息传播者、报道组织者,也是面对受众的节目主导者、现场驾驭者,主持人一方面要按既定播出方案走,一方面要根据现场的变化即兴作出解说、评论,临时选择介绍资料,以及协调和补台,还要请直播室的嘉宾做即兴而又深入的访谈,因此主持人对节目必须深度参与,对报道(节目)意图、有关背景全局把握,对报道内容和程序"烂熟于心",还要有沉着冷静的心理素质,才能在主持中合理自如地调动素材及其他传播参与者,机敏果断地处置意外情况,使语言传达有条不紊、准确清晰,并与现场气氛、节奏吻合匹配。直播被越来越多地用于各类主持人节目,新闻评论类、综艺类、谈话类、游戏类等。总之,只要有需求,直播可以与任何节目类型、任何节目形态结合。

第二节　节目主持人

一、节目主持人的职业角色

主持人是广播电视媒体中直接面向受众,以有声语言为主要传播手段,集社会性和人际性于一身的、富于亲和力的传播者。这里有两层含义:第一,从根本属性说,主持人是党的宣传工作者、党的新闻工作者,是广播电视媒体中以有声语言(含体态语)进行传播的人,此其社会性;第二,从特殊性来说,主持人以受众信赖、喜爱的朋友身份和与受众平等的关系,以个性化、人格化及受众喜闻乐见的方式进行传播工作,是最具亲和力的传播者,此其人际性。

传播学认为,在人际传播中传播者传播内容的同时,也反映了传受之间的关系信息,即传受之间不同的社会角色和相互关系的亲疏度,这种亲疏度对传播内容有一定作用,能形成"自己人"效应。主持人在传播中以个人身份出现,吸纳人际传播的优势,采用个性化、人格化的传播方式,更多地考虑观众的需求和接受心理、接受习惯,努力真诚地贴近观众,使自己在观众中有更大的影响。但是我们必须明确,主持人的个性化不是传播的终极目的，而是实现传播目的的手段，主持人绝不同于追星族崇拜的“偶像”，更不是什么“大众情人”。清醒的主持人期望的不是激起受众对他们自身的“狂热”，而是让受众感受到“朋友”间的信赖感和亲和力，把受众的注意力和兴趣引向节目所传播的内容，最终优化传播的效果。

二、节目主持人的素质

节目主持人的素质是个老生常谈的话题，一个合格的节目主持人除了应具备一些共性的基本素质之外，不同类型的节目对主持人有不同的要求。如新闻评论节目的主持人、少儿节目主持人、体育节目主持人、科技节目主持人，他们的知识结构肯定有所侧重。这里，我们着重谈谈节目主持人应具备的基本素质。

（一）政治思想素质

良好的政治素养、扎实的政治理论水平、正确的政策观念；

高度的社会责任感、为听受众服务的热情；

良好的职业道德、集体意识、团队精神。

（二）文化素养

本科以上社会科学、自然科学、人文科学的知识结构；

继续学习的能力；

节目所要求的特定领域的学识；

正确的基本法律知识；

外语能力。

（三）业务素质

声音、吐字、普通话达标，较好的体貌条件；

良好的语言运用能力，包括文字能力、有声语言表达能力和即兴语言能力；

得体地运用自身非语言信息的能力，包括体态语、服饰、化妆等客体语言和空间语言；

了解广播电视传播规律、传播手段、表现手法等知识；

具有采访、编辑能力；

有受众意识和节目创新意识。

（四）心理素质

健康、向上的心理；

机敏沉着、积极镇定的控制能力和应变能力，乃至能“打硬仗”的精力、体力。

如今，主持人节目的发展越发显现出它的本质特征，节目的窄播化、受众需求的细分化，加快了主持人职业化、专业化的进程，而部分节目的制播分离，可能带来某些较具特色的主持人社会化的结果。总而言之，主持人节目发展需要大量复合型人才和具有人格魅力的个性化主持人。

三、主持人语言传播的区别性特征

一般来说，语言区别性特征应当从“语言组合”及“语言表达”两方面观察，这里我们首先着眼于主持人“语言组合”这个层面，“语言表达”留待以后的章节阐述。

主持人“集社会性与人际性于一身的、具有亲和力的传播者”的职业角色，在语言传播上表现为“四结合”的特点，即“传媒机构的视野”“专家的深度”“主持人独特的角度”和“百姓乐于接受的方式”四结合。

在语言内容方面，主持人应借助“传媒机构的视野”和“专家的深度”，为观众提供大量有深度的信息，从而符合电视传媒社会属性的根本要求，把握正确的舆论导向和文化品格；

在语言态度方面，主持人要以比一般观众“略高一筹”“领先半步”的平和心态与策略，面对受众进行传播；

在语言形式方面，同样的内容和意图要“换个说法”，以“主持人独特的角度”和“百姓乐于接受的方式”加以表述。

俄国哲学家、文学批评家别林斯基说过：“每个民族都有两种哲理：一类是学究式的、书本的、郑重其事的、节庆才有的；另一类是日常的、家庭的、习见的，这两种哲理通常在某种程度上彼此接近，只要谁想描写一个社会，他就必须认识这两种哲理，尤其是必须研究后一种。”主持人在节目中，不能图省事说官话、套话、空话，不能装腔作势说啰唆、淡而无味的话，更不能说假话。主持人要练就这样的语言能力：换个角度、方式说出与时代主旋律一致的话，风格既是日常的，又是个性化的，所要达到的语言目的是一样的。

中央电视台《焦点访谈》主持人敬一丹采访制作了一个题为《在沙漠边缘》的节目。片子通过触目惊心的画面，报道了我国西北地区土地荒漠化的严峻现实。采访快结束时，在一所农家小院里，敬一丹和一位妇女聊家常，问她怀里抱的孩子叫什么名字，回答是“沙沙”。敏感的敬一丹好像觉察到什么，忙问为什么起这个名字，这位母亲说：“因为出门是沙，进门还是沙。”紧跟着敬一丹又问站在旁边的邻家小姐姐的名字，得知叫“翠翠”，她心动了，她把这段看似“唠闲嗑”的细节用到节目里，然后面对观众说：

> 这个小姐姐名叫翠翠，沙窝里的孩子起出这样水灵灵、绿莹莹的名字，不是能看出乡亲们的盼头吗？

接着敬一丹略一侧身，指着大屏幕上随风翻飞的碧绿的杨树叶说：

> 在我即将完成这个节目时，特意编辑了这样一组画面放在结尾。这绿色，是我们一路采访时追寻的颜色，是西北沙漠大片灰黄基调上的亮色，也应该是伴随着沙沙、翠翠长大的颜色。一位摄影记者说，到西北沙漠画画，只需带两种颜料，带十管黄的，一管绿的就够了。我想，画今天的沙漠是这样，但愿画明天的沙漠时，多带几管绿颜色。

这番话落笔在颜色上，没有直接阐述土地荒漠化带来的危害，没有说政府“红头文件”上的官话，也没有号召人们该怎样做，但是听起来，却能让观众心动，因为话语里有深切的同情，有对现在的担忧，有对未来的美好憧憬，有主持人关注国家、关注老百姓命运的情怀，同时还有敬一丹朴素细腻而又淡雅、有韵味的语言特色。试想，如果主持人煞有介事地分析造成荒漠化的原因、论述荒漠化的后果、提出防治的措施，就像是一篇社论或者一份“红头文件”了，那节目就缺乏上述的人文关怀，难以吸引观众。“略高一筹”“换个说法”恰恰符合主持人“既是党的新闻工作者，又是受众喜闻乐见的朋友”这种传播者职业角色的特点。

四、主持人栏目形象

（一）主持人的栏目形象

“主持人形象”这个概念包括两层含义：广义的主持人形象泛指主持人在社会上的公众形象、群体形象，即我们前面讨论的主持人职业角色；狭义的主持人形象是指具体栏目中主持人的特点在受众心目中的综合印象，确切地说应称为“主持人的栏目形象”。

主持人的栏目形象是一个整体的概念，一方面，这个形象是受众由主持人的声音、相貌、体态等外在因素得到的直观的、感性的印象；另一方面，这些感性的外在形象又反映出主持人在精神道德、价值观念、学识修养、文化品位、审美情趣等方面深层的、内在的、理性的印象。在节目传播过程中，这两方面的印象交织在一起，形成一个主持人整体的综合形象。

主持人的栏目形象必定会融入栏目的特色，融入受众对主持人的“角色期待”。主持人在栏目中的形象不等同于生活中的“自我”，不是主持人自然状态的照搬和翻版，它凝聚着主持人对节目、对受众的理解以及对自身创作因素的调适，加上创作群体对主持人的“包装”，这样的主持人形象才能成为栏目形象的标志和符号，是节目品牌的形象代言人，让人们见到这个栏目就想到这位主持人，见到这位主持人就想到这个栏目，这才是理想的主持人栏目形象。

(二)主持人栏目形象定位

第一步,分析栏目。主持人栏目形象定位,首先要认识栏目的定位。栏目定位是指一个栏目有别于其他栏目的特质或价值,它包括栏目的内容、形式、风格、地位、质量、传播对象的类型。主持人不论是在哪个阶段进入栏目,无论是初创期、磨合期,还是成长期、稳定期,都应深入理解栏目从内容到形式的独特定位。值得注意的是,只是"了解"还不等于"理解",主持人必须清楚栏目的宗旨、内容范围、形式风格特点,尤其要注意到这一栏目与同类节目的区别。

第二步,分析传播对象。要熟悉栏目的服务对象,了解他们的心理和需求,即了解栏目对象的定位。

第三步,分析自我。根据栏目定位和对象定位进一步分析这个栏目需要主持人具有的特质,在这个基础上,完整地理解自我,主要考虑三点:第一,知识结构与积累;第二,思维及语言特点;第三,性格及形象气质等心理、生理特征。一般来说,主持人在选择栏目时,或栏目选择主持人时,都应实事求是、量才用人,要扬长避短,不宜圆凿方枘。当然,主持人原有的条件不大可能与栏目要求完全吻合,因此,需要主持人在基本符合的前提下,在屏幕外下功夫取长补短,向理想的栏目形象靠拢,在充分考虑栏目优势的前提下提高和升华自己,淡化和避免自己不合于栏目的特点或习惯,哪怕它是你的优点。有了这样紧密联系栏目和受众实际的理性分析,就能初步认识主持人的栏目形象定位。此外,主持人在栏目中的形象是经过"认位""定位"及磨合过程才能"到位",这个过程是动态的、发展的,随着节目的播出,主持人在大格局稳定的基础上总会有一些"微调",如此这般,主持人的语言、形象、气质诸方面才可能达到与栏目一致的风格,成为受众认可的栏目形象。

中央电视台国际部主持人王雪纯,前几年一直在主持《环球》和《正大综艺》两个栏目,后又主持了一个英语教学栏目《轻松音乐学英语》。这些栏目有大有小,有"带观众"的,有不"带观众"的,有在演播室主持的,也有到国外外景地主持的,还有与外国朋友共同主持的(如《轻松音乐学英语》),总之,全沾了"国际"二字。不过,难能可贵的是,王雪纯在几个"血缘"相近的栏目中能各得其所、游刃有余。王雪纯具有这几个栏目所需要的知识结构,而且她的外语很好,能直接用外语采访,能自如地用外语主持节目,这不仅仅为工作提供方便,更重要的是增加了她在观众心目中的分量和可信度。这不容易做到,若非有心人,若非潜质好,若非善调适,完全可能弄得面目全非或脱离栏目特色,只有一成不变的"自我",或曲解栏目特色像个"多面人"。

王雪纯在主持人定位上所下的功夫是值得学习的:她曾经在把握《环球》与《正大综艺》的"角色"差异时有过迷惘,但她没有"跟着感觉走",而是经过认真仔细的分析比较,首先摸清了两个栏目在内容、形式及风格上存在的不同,在此基础上通过语言和行为方式以及服装上的改变来达到不同的效果。同为国际性文化专题，在内容上，《环球》侧重于知识文化，《正大综艺》偏重风土人情；节目形式上，《环球》是杂志型栏目，《正大综艺》是融文化、知识、娱乐、竞猜于一体的参与性综合栏目，两个栏目一静一动，一个不带观众，一个带观众。王雪纯把《环球》的演播室想象成一个书房，在这个环境中，两位主持人把自己看过的有关国外历史、文化、科学、艺术等方面的电视作品，根据一定的想法组合起来，饶有趣味地介绍给观众朋友，她揣摩观众是以闲适而又充满兴味的心情来观赏这个栏目的，于是，努力营造一种灯光下“品茗欣赏”的氛围。主持《正大综艺》时，她把演播室当成一个大客厅，把现场观众看作盛情邀请来的客人，客人有浓浓的求知欲、好奇心，更有强烈的参与欲望，她便和男主持人一道把大家招呼好，让客人们“乘兴而来，尽兴而归”。

王雪纯挖掘自己性格特点的不同侧面、不同层次，她乐观开朗、禀性灵慧、聪颖可爱、活泼自然，同时她还有善思索、喜清静的一面。透过屏幕我们看到，王雪纯作为《环球》的主持人，具有开放的心态和现代的眼光，有较高的文化品位和鉴赏能力。与《正大综艺》相比，在《环球》中，她给灵气赋予了较多“静”的色彩，在聪颖里融进了“清雅”的气息，声音形式变化幅度不大但比较细腻，更适合《环球》栏目“书房”的氛围，更贴近“阅读”观赏的心理。作为《正大综艺》的主持人，她热情洋溢、清纯可爱、机智灵活、妙语连珠，声音体态更富于动感，与观众一道笑声不断，语势的跳跃和流动明快自然、合乎分寸。这就是王雪纯在《环球》和《正大综艺》两个栏目中既符合栏目特色又具有个性色彩的定位，对于她个人来说，则是既同一又有区别的定位。这里还必须提到主持人知识结构、业务能力、个性特征、人格魅力方面与栏目的契合：王雪纯十分敬业，屏幕下她像海绵吸水一样学习积累，光剪贴的资料就有几大本；节目录制中，她总是积极深入地参与，各种主持环节自不必说，除了外语采访，有时还直接撰写解说词，她提出的建议常获得编导的好评；她与同事有相当默契的合作关系，对其他工种主动搭把手，个人的修养也自然地渗透在主持里。观众的眼睛是雪亮的，他们是颇具判断力及鉴赏水平的，不以形象“靓丽”取胜的王雪纯，赢得了全国广大观众由衷的喜爱。

第三节　电视节目主持艺术界说

一、概念

节目主持艺术，是节目主持人作为节目与观众的中介，以自身的学识和智慧为根基，通过语言（含体态语及服饰化妆等）驾驭节目进程并有效地实现传播目的的活动规律和创造性的方式方法。

从根本上看，主持人的学识与智慧是主持艺术的内隐部分，“学识”指主持人的知识结构与文化修养，它需要孜孜不倦地学习与积累；“智慧”指运用学识进行创新的能力，它需要对社会生活方方面面的深入认识和思索，需要转化知识服务于广播电视这个特定媒体的悟性和能力。主持节目的手段相当丰富，然而具体到主持人，最直接的便是语言，主持人的语言（含体态语及服饰化妆等）是实施主持的显性手段，是主持艺术的外显形式。

我们还要搞清主持艺术外显形式与内隐部分的关系：一方面，主持人内隐的学识与智慧是制约语言运用的主导因素，显性的语言手段（言谈话语、举手投足）则时时处处反映着主持人的内涵；另一方面，语言手段包括语言内容及语言形式两个层面，其表达形式是由主持人内涵外化而来的，因而从这一角度看，主持手段的外显形式与内隐形式之间还存在着相辅相成、互为因果的关系。

我们知道，一个概念所反映的事物属性的总和，即此概念的内容。节目主持艺术不单纯只是方法技巧问题，还有主持人对节目构成中的种种关系的恰如其分的把握。唯物辩证法告诉我们，规律就是关系，规律所表现的是事物之间在一定条件下具有的本质的、必然的联系。主持人在节目中的位置和作用、主持人与节目的关系、主持人与嘉宾的关系、主持人与观众的关系，反映着主持艺术内在的根本规律，是判断主持艺术高下优劣的关键因素。主持人驾驭节目的手段技巧有一定的独立性，更重要的是，主持人运用方法技巧进行种种关系的支配。节目主持艺术就是由反映主持人活动规律的关系内核和丰富的创作方式方法的操作外壳这样两个层面构成的。

二、主持人在节目传播中的位置和作用

主持人是节目传播中最为活跃的因素，他们或者直接采访、报道新闻事件和人物，或者组织受众和嘉宾进行讨论，或者用自己的学识和感受来串联、介绍、评说、组织节目，他们以热情巧妙的语言调动受众的注意力及兴趣，平等真挚地与受众沟通交流。

由于各地、各台、各个节目的工作机制不同，制片人或编导对主持人节目传播特色或主持人作用认识不足，也因为主持人水平参差不齐，实际上主持人节目发展是不平衡的。被冠以“主持人”名衔的人，他们在节目中的位置和作用存在着较大的差异，总的来说有三种类型：

统领型：主持人兼制片人，掌握节目的财权、制作权，有的还有人事权，该类型亦称“主持人中心制”，主持人在节目传播中处于中介位置，同时在节目制作集体中处于领导地位。

主创型：主持人除了主持播出之外，还适当参与节目策划构思或采访编辑等主要创作环节，他们不仅在节目中处于中介位置，而且在节目生产过程中处于主创地位。

单一型：主持人只担负节目中的串联任务，并不介入其他环节。有的主持人只是

以所谓“亲切的”语调、模拟“谈话”的口吻背出串联词，他们不参与节目的前期制作，甚至对节目的具体内容不甚了解，严格地说，这样的主持人无法体现主持人节目个性化、人格化的传播特色，他们仅仅是“赶时髦”的、形式上的，而非本质意义上的主持人。有的主持人在多个不同类型的节目里客串主持，观众看到的仅是一个声音相貌不错的“某个人”，或者是“跑码头”的“艺人”，他跟“主持”的节目没有太大关系，更有甚者其所在意的仅仅是他“自己”，而非节目内容及观众。

到了20世纪90年代中后期，一批在节目播出中处于中介位置同时在节目生产中处于主创地位抑或领导地位的主持人脱颖而出，这恰恰揭示出电视事业及主持人节目的发展趋势，是电视文化市场的需求，同时也是观众对主持人的期望。可以预见，在21世纪，这两种类型的主持人，特别是在节目生产过程中处于主创位置的达到符合复合型人才标准的主持人，将是节目制作机构的首选，成为主持人队伍中的主流。

三、主持人中介位置的把握

主持人是节目传播中最为活跃的因素，是观众认可并欢迎的节目形象的代表，处于节目传播和受众终端这个传播信道的中介位置。主持人应当善于利用自己的桥梁作用把节目内容传播给观众，不管是统领型、主创型还是单一型主持人，在节目传播过程中都应当以节目的“主人”、观众的“朋友”身份进行传播，他们在面对观众的节目传播过程中都处于中介位置。这种中介位置主要表现在以下三个方面：

（一）主持人与节目——深度参与，整体把握

一个称职的主持人应积极投入每一次节目的制作中，能提出深刻准确并且有创意的意见，对体现节目主题起着举足轻重的作用。主持人只有深度参与，才能在节目生产过程中处于主创位置。同时主持人还要熟悉传播对象的心理与需求，并与节目风格相融合、协调，对节目有整体的把握。总之，只有实实在在地处于主创位置，对节目有整体考虑和把握，才可能在节目传播过程中发挥真正的主导作用。

（二）主持人与嘉宾——准备充分，巧妙结合

许多主持人节目为了内容丰富，为了及时提供最新的信息，常常邀请有关领域的专家学者或权威人士做嘉宾主持，如体育比赛节目中精通专业的顾问、新闻评论节目中做政策分析的政府官员，等等。嘉宾是主持人请到节目中的贵客，主持人应善于调动嘉宾的积极性，帮他们排除对播出环境的生疏感，突出嘉宾的权威位置，发挥他们的专长，为观众作出通俗易懂、生动形象的解释。为此，主持人一方面要对节目中涉及的专业问题有认真而充分的准备，了解事物的重点和难点，比一般观众“略高一筹”；另一方面，还要搭准观众的“脉搏”，了解他们的不知、欲知和应知，找到观众“盲区”与嘉宾

“专业”之间的契合点，发挥好自己的中介作用。

在中央电视台1999年12月播出的飞机穿越张家界天门山洞的直播节目中，主持人康辉与嘉宾航空专家的配合十分默契，身份感、分寸感把握得恰到好处，康辉既是观众的代言人，又抓住了知识点，为嘉宾搭好了回答问题的梯子，给嘉宾提供了深入浅出、生动精彩地讲解专业知识的空间，从而轻松流畅、从容不迫地驾驭直播的进程。请看下面一段对话：

康辉：（手持一飞机模型，边比划边说）您告诉我们，将要穿越天门山洞的飞机的翼展是8米，天门山洞最窄处是28米，上午有位观众给我提出一个问题，按这样的情况穿越天门山好像挺简单？我不知道怎么回答他，好像他说的话也挺有道理。

嘉宾：光从它们的宽度看似乎不难，实际上这可不是一件轻而易举的事，飞机本来是在辽阔的天空运动，来到狭小的石洞，虽然只有4秒的时间，但是飞机那么快的速度，稍有偏差就会失败。飞行员心理上承受的压力是非常大的。拿开车打个比方，把车开进车库是很容易的事，但是，如果是以几百公里的速度往里开，心里是很恐怖的。

康辉：（连连摇头）反正我是不敢！那它的难度是不是还跟天门山洞这种特殊的形状有关？（手指天门山地貌模型）这笔直的山体是否会对气流有影响？

嘉宾：是这样，这直上直下的山体产生了气旋现象，也就是说，气流到这里受到阻碍形成了涡流……

主持人：听了您的分析，穿越天门山洞确实有相当大的风险，不然，这么多人到这里来兴师动众地搞直播，不是小题大做了嘛！

但是，有的主持人却不能很好地发挥嘉宾的专家作用。例如有的借助嘉宾的权威来增加自己的“高度”和“威仪”，实行“拿来主义”——把从专家学者那里临时抱佛脚听来的通俗形象的解释全都“武装”到自己嘴上，专家学者只不过充当了主持人“学养深厚”的“印证人”；有的在专家学者面前“不甘示弱”夸夸其谈，开起了学术研讨会，全然不顾观众是否能接受；有的采用“进攻战术”——咄咄逼人地不断向嘉宾提出刁钻艰涩的难题，结果嘉宾成了主持人显示水平的“陪衬人”……总之，主持人喧宾夺主、卖弄炫耀，只能让观众反感，全无主持艺术可言。

（三）主持人与观众——尊重、理解、真诚、服务

在节目中，主持人的存在是为传播服务、为观众服务的，应该尊重观众，以诚相待。主持人的观众意识一方面体现在节目内容的贴近性上，另一方面表现在主持人对观众

的言语态度中。主持人的待人处事，来自其做人的信条，来自其文明教养，来自其对主持人职业角色的内心把握。例如，有的主持人不谙语言交际的礼貌规则，介绍某些知识时很不得体地拿观众打比方，什么“你中风不语、口眼歪斜，可以服用……”什么“假如你触犯了法律，假如你作伪证……”，语言十分唐突；有的主持人自以为是，喜欢说“我想，你应该同意我的观点”，一个“我想”，似乎有与受众商榷的意思，然而紧接着的一个“应该”，便把平等、亲切丢得远远的；有的面带笑容然而择词欠妥“我要警告青年朋友交友应当慎重”，活像主持人竖起一根食指点到观众的鼻子尖上教训人。

更有的主持人没有真正把观众视为服务的对象，恰恰颠倒过来，他们要么把观众当成衬托自己形象的“工具”；要么把轻松愉快的融知识性、娱乐性、竞技性于一体的节目弄成严肃的“考场”，自己俨然是唯一正确的考官、裁判；要么当观众的发言与自己所期望的不一致时，便生硬打断，让观众觉出了轻慢和冷落；更有甚者，在节目录制现场呵斥观众，言谈话语、举手投足流露出高人一等、颐指气使的“贵族气”。还有一种情况是主持人故意讨好观众，不惜降低格调迎合一些低级趣味……凡此种种现象，叶圣陶先生的话用在这里可谓是一针见血：“礼貌不是外表，不是脸上笑嘻嘻，话说得天花乱坠，要‘诚于中而形于外’。”

第四节　主持艺术的核心——主持人的语言

一、主持人的语言功力

主持人的语言运用水准直接关系到主持人节目的整体质量。每档节目的开场白、结束语，承上启下衔接转换的串联词，采访中的提问，谈话中的引导、插话及打断，临场的发挥与应变，夹叙夹议的小言论……主持人驾驭节目主要靠各种情态的语言来实施，主持人语言承载着传播信息、表达情感、组织结构节目、调动沟通观众、控制现场情绪、主导节目进程的重要功能。主持人语言运用的水准正体现出主持艺术的水平，语言内容导向是否正确，信息是否准确，文化含量是否丰厚，语言形式是否得体，表述是否新颖生动，表达是否动心感人，交流是否真切及时……其中既有基本的规律存在，又有任主持人创作发挥的空间，语言运用的创造性恰恰是主持艺术的魅力所在。

随着主持人节目的深入发展，节目形态的日益丰富多样，主持人语言也处在动态变化之中，仅仅能准确清晰、声情并茂地说好串联词，很难说就是“胜任工作”了。实践的发展对主持人的语言功力提出了全方位的要求，尤其在语言功力的形式范畴中，主持人的语言功力应包括：有声语言表达能力、写作能力、即兴口语能力。这三种能力恰似鼎立的“三足”，支撑起主持人语言功力这一只“大鼎”。

首先，有声语言的表达能力在主持人语言功力中居于首要的、显性的位置。有声语言传情达意的清晰性、交流性、表现力、感染力，在语言传播中的重要性不言而喻。其次，写作能力居于根本的、隐性的位置。写作使思维有序化、深入化，久而久之能够磨炼出敏锐的洞察力、深邃的思辨力和缜密的逻辑力。再次，写作练笔，实际上锤炼了规范地、熟练地、创造性地运用语言的能力。最后，即兴口语能力在主持人语言功力中居于特殊的、显性的位置。即兴口语能力体现人的语言机智，亦称“语智”。实际上是有声语言表达能力和写作能力的综合体现，它比写作要“来得快”，说出来更具有感染力，能立即说服人、打动人，能准确明了、生动形象地“见证历史”，能轻松平易地激活参与者的谈话欲望，能自然巧妙地“力挽狂澜”“化险为夷”。因此，即兴口语也是主持人语言功力结构中不可或缺的重要组成部分。

二、主持人语言表达特点

播音学理论为主持人有声语言表达提供了坚实的理论基础、科学的基本功训练体系和丰富的可操作的创作规律及方法。它是在几十年广播电视实践中形成的，反映了广播电视口语传播的基本规律和特点。对于主持人有声语言表达来说，它不存在“过时”的问题。仅就主持人的声音形式而言，它同样表现为声音的音高、音量、音色、语速的变化和组合；同样通过语流的抑扬顿挫、松紧疏密的千变万化来传情达意；同样需要停连、重音、语气、节奏的技巧运用，只不过应当根据主持人节目的总体特色，对用气发声、停连、重音、语气、节奏等表达技巧作出适度的调节，使自己的语言表达到位。

关于主持人语言表达上的特点，有两点需要特别注意：

(一)以谈话体为主的语言样态

以谈话体为主，是主持人节目人际性传播特色的要求和体现。节目主持人的口语传播毕竟是在广播电视节目这种特殊语境中进行的，不是纯粹意义上的人际传播语境。相对于非主持人节目，节目主持人虽然拥有较多的与受众面对面交流的语境，但还是要兼顾不在演播现场的广大受众，况且很多时候也没有可直接交流的对象。从语言心理和语言样态看，在有交流对象的主持人节目语境(如专访、谈话等有嘉宾、观众参与的节目)中，谈话的语境是现实的，语言样态也是真实的，除非主持人在“背词儿”，根本没有进入谈话状态；在没有交流对象的节目语境里，谈话体实际上处于“仿真”的拟态交流状态。由于拟态交流不是生活当中的语言常态，掌握它有一定难度：一方面，面对摄像机的侃侃而谈，没有交流对象的支撑，虚拟的谈话状态极可能成为一种貌似热情流利的“作科”，实则是“不过脑”“不走心”的“主持腔调”；另一方面，在没有交流实体的语境中，即便写成谈话体的文稿也可能变得毫无谈话的味道。

要突破这个难点，首先是获得拟态交流的心理依据：播音学理论关于对象感的确立是实现拟态交流效果的重要基础，主持人只有对自己所要谈的内容心中了然——目的是什么？重点在哪里？层次如何展开？针对性何在？受众会有怎样的反馈，等等，才能从根本上牢牢抓住谈话的心理依据，再加强面对话筒、镜头虚拟交流的实践，就能够建立起类交流的心理感觉和自信。其次，要掌握拟态交流的语言样态，关键是要掌握即兴谈话状态那种边想边说的语言状态，从而产生具有鲜活的交流感的谈话效果。

（二）多种语言样态的适应能力

主持人节目形态多样，节目制作既有演播室语境，也有外拍的各种特殊语境，主持人的语言样态更是丰富多样的。根据节目的需要或语体本身特点，有不脱稿的播报、半脱稿的播讲、脱稿的讲说、即兴的交谈，必要时也有朗诵或其他有声语言形态。此外，从交流状态看，主持人的语言样态实际存在着单向传播和双向传播、虚拟语境和现实语境、单一语境和复合语境的转换与交叉，并不时有交流指向的变化。倘若不了解其中的差异，不掌握正确的心理技巧和语气变换，就可能出现语言对象感的漂移或错位。有的主持人“播”与“说”分离，“有稿”与“即兴”跳跃大，有“两张皮”之感，听来很不和谐。有的语言“书面化”，有的“自说自话”，缺乏交流感，如此这般，主持人语言本应具有的鲜活的交流感就有可能荡然无存，变成了开机关枪似的“背词”，或小声嘀咕的“自说自话”，或夸张造作的“单口台词”。因此，主持人必须掌握调整语言状态和表达方式的技巧，经过一定的训练和实践的揣摩，达到在不同语境中受众得到双向传播收听效果的目的。

第五节　各类节目的主持艺术

如果说主持人的语言功力是主持艺术基础的共性的要求，那么不同类型、不同形态的主持人节目的主持方法，则是实际操作层面的主持艺术的特殊规律。

主持人节目按照内容主题可划分为新闻类、社教类、文艺类、服务类，对应到主持人节目则有新闻评论类主持人节目、综艺娱乐类主持人节目、社教类主持人节目、服务类主持人节目。其中社教类主持人节目的情况最为复杂，从公众性角度说，有以社会教育为主的如文化类、法制类、科技类等，以专题为主的如健康类、旅游类、证券类等；从对象性角度看，有以年龄段划分的如学龄前、少儿、青年、老年等，以观众性别、专业或身心特点划分的如为女性、工人、军人、残疾人等设立的主持人节目。

还有一些主持人节目在内容上富有综合性和交叉性，如拥有广大观众的体育类主持人节目，有以新闻传播功能为主的，有以服务功能为主的，有以娱乐欣赏功能为主的，还有以益智功能为主的。再如内容上归属经济类的主持人节目，各具新闻性、教育性、服务性、文艺性、娱乐性、竞赛性功能。至于服务类主持人节目，在功能上兼具信息性、教育性和服务性，在内容上则越来越丰富，如气象服务类主持人节目、医药信息服务类主持人节目、生活服务类主持人节目、金融证券类主持人节目、经济信息类主持人节目、房产信息类主持人节目，等等。

除此之外，我们必须注意到，在主持人节目的发展过程中，观念的突破以及新技术在电视传播中的开发和应用，使之前单调的节目形态发生了相当大的变化，并且随着电视事业整体的发展，使按节目功能划分的主持人节目与层出不穷的节目形态相互组合、交叉和融合，不断创造出新的节目类型来。在不同的节目形态里主持人的具体作用不一样，有的只是按既定文稿串联组合节目，有的始终处在组织嘉宾和现场观众展开讨论的开放的动态过程中。特别是一些有观众参与的互动式的节目形态，已被广泛运用到各类不同内容属性、不同对象的主持人节目当中。

此外，由于新的通信技术在电视节目中的运用，也产生了主持人节目的新形态，在大型直播节目里，实现了异地共时对话的“双视窗”技术，中心演播室和分演播室及多点现场报道的“卫星连线”，设在现场的实景演播室做报道轴心，等等。在这类节目中，主持人要播报消息，做演播室专访，与异地的现场报道记者交谈，串联录制好的各个专题片，还要控制时间和节奏，并随时准备处置临时发生的情况。

显然，不同类型的主持人节目、不同的节目形态，在节目内容、节目宗旨、服务对象、节目形式各方面都存在各自特点，对主持人所具备的素质，如知识结构、气质、能力有许多不同的要求。除此之外，主持艺术的层面、主持艺术的侧重点、语言交流的指向、语言功能、语境的单一性或复合性、语言的复现性或即兴性、感情的分寸尺度……都存在不同程度的差别。总之，主持功能的不同侧重，众多相关因素的整合，形成了不同类型节目主持艺术的鲜明特点。

第七章 现场报道

第一节 现场报道概说

过去，演播室是电视新闻节目的主要阵地，观众对“一位或两位播音员进行播报”这样的新闻节目形式最为熟悉，这也让播音员或主持人成为电视新闻传播的最后一环。随着科技的进步，许多电视媒体的新技术、新理念被广泛运用，“特别是对重大突发新闻事件进行全程现场直播这一由 CNN 开创的现代电视新闻理念和新闻制作模式，对电视新闻节目的制作发生了深刻的影响，尤其是由此派生出来的 Video Journalism，更是造就了一批出镜记者，最终让出镜记者成为电视新闻节目不可或缺的重要组成部分”[①]。

一、出镜记者、现场报道的定义

朱羽君和雷蔚真合著的《电视采访学》中，对出镜记者有如下定义：“出镜记者是指在电视采访中出现在镜头里的记者和主持人。”[②]宋晓阳在《出镜记者现场报道指南》中提出了自己的看法，认为“出镜记者是指在新闻现场，在镜头中从事信息传达、人物采访、事件评论的电视记者和新闻节目主持人（新闻主播）的总称”[③]。

对于如何定义现场报道，很多研究人员也给出了自己的观点：“现场报道是电视记者在新闻事件现场，面对摄像机（观众），以采访者、目击者和参与者身份作出图像的报道。”[④]

---

① 宋晓阳. 出镜记者现场报道指南[M]. 北京：中国广播电视出版社，2008：51.

② 朱羽君，雷蔚真. 电视采访学[M]. 2版. 北京：中国人民大学出版社，2010：136.

③ 宋晓阳. 出镜记者现场报道指南[M]. 北京：中国广播电视出版社，2008：29.

④ 叶子. 电视新闻：与事件同步[M]. 北京：北京师范大学出版社，2007：136.

其实，综观种种对出镜记者、现场报道的定义可以看出，在现代传媒技术飞速发展的情况下，在新的传播理念的指引下，媒体对新闻传播者有了有别于传统新闻播音员的个性化要求与新功能的设置。出镜记者，正在成为一支不可忽视的新力量，现在很多有远见的电视媒体甚至从出镜记者起步，培养未来的主播。而对在岗播音员主持人来说，出镜报道对于业务提升更是意义重大。

二、出镜记者现场报道的分类

出镜记者现场报道可以简单地分为：常规性报道、突发性报道和可预见性报道。

（一）常规性报道

为丰富日常新闻节目，我国电视新闻广泛采用了出镜记者现场报道这一形式，北京电视台甚至要求刚入台工作的新闻主播必须担任一段时间的出镜记者，而这些新主播主要从事的正是日常性的现场报道工作。这样的新闻报道一般关注具有周期循环性的事件，例如法定节假日、中高考、定期举行的会议等。媒体每年都会对这些规律性事件进行常规报道，内容相对简单、易预测。表现形式基本是出镜记者现场导语加后期小片，简单易操作。

例如，中央电视台的整点新闻在端午节播出的采编报道中，出镜记者在一家大型超市的粽子专柜前如是说：

> 端午节吃粽子的习俗已经有两千多年了，但年年都过端午节，每年都要吃出新味道，今年京城的多家超市就推出许多新口味的粽子。

常规性报道，年年都会做，此时就更需要出镜记者具有敏锐的新闻嗅觉，在常规事件中发现“不平常”之事，抓住事件的特别之处，才能抓住观众。

但是我们也应看到，在这样的新闻报道中，出镜记者没有不可替代性，甚至某些部门领导抱着“片子不够出镜凑”的想法，使出镜记者的功能可以被演播室主播，甚至是一句解说所代替。因此，我们可以把常规性出镜报道当作粗浅的尝试，但绝不应该满足于此，否则只能是对这种形式以及出镜记者功能的巨大浪费。

（二）突发性报道

在新闻报道中，大到“9·11恐怖事件”，小到道路机动车剐蹭，虽然有的事件复杂，有的事件简单，有的报道困难，有的报道容易，但只要事件的发生不可预期，对其报道都可以归为突发性报道。

在突发性报道中，出镜记者有时刚刚赶到现场就需要进行报道，尤其需要在错综复杂的事件中，在各路信息提供者的众说纷纭里，迅速整理出脉络、甄别真伪，进而根据报道的需要，筛选、提炼与加工这些信息，最终完成节目。这样的困难可想而知，因此报道者快速的反应、极强的分析能力以及熟练的报道手段，是进行突发性报道的必要条件。

同时，在一些极端自然灾害的报道中（比如汶川地震），自然灾害造成信息阻塞，出镜记者无法接触到其他信息源，必须亲自搜集第一手资料，同时在此基础上进行合理的分析和推断，对事态作出预判，这也对报道者提出了更高的要求。

（三）可预见性报道

可预见性报道就是对一些可以预知发生的重大事件的报道，比如北京奥运会、大江截流、香港回归十周年等；也包括对一些虽不一定重大但具有明显新闻价值的事件的现场报道，如国家大剧院竣工、某高铁通车，甚或某古墓挖掘、古代沉船打捞等。这些事件不会循环出现，一般具有唯一性。

与突发性报道不同，可预见性报道通常都有较长、较充分的准备时间，比如中央电视台对北京奥运会的报道准备就长达一年之久。在这样的背景下，报道者有充分的时间进行资料储备，在直播中能娴熟地驾驭资料，加上现场信息细节的捕获、描述以及现场的采访、议论，能较为圆满地达到预期的传播效果。同时，此类报道的信息源也很多，许多单位、机构、个人都是信息的提供方，如果说在突发性报道中报道者需要努力填补信息的空白，那么在此类报道中报道者经常会被大量信息淹没，如何精到地选材、组材常常是更大的考验。

三、出镜记者应具备的基本素质

一名合格的出镜记者，应该具备哪些职业素质呢？哪些素质又会决定出镜记者的职业生涯能否长久？

（一）文化素质

文化是什么？如果到词典里找“文化”的概念，一定会相当头痛，就连美国人类学家洛威尔（A. Lawrence Lowel，1856—1942）也感叹：“我们想用文字来定义它（文化），就像要把空气抓在手里；除了不在手里，它无处不在。”在这里，我们就暂且采用余秋雨在《何谓文化》中对文化的定义：“文化，是一种包含精神价值和生活方式的生态共同体，通过积累和引导，创建集体人格。”①

具备文化素质则是对一名出镜记者最基本也是最高的要求。

说它是最低要求，是说一个有文化的人，起码是一个经过了“社会化”的人。而一

① 余秋雨. 何谓文化[M]. 武汉：长江文艺出版社，2012：6.

名出镜记者，在面对镜头进行报道时，必须从一个社会人的角度出发，对自己的报道内容进行一番社会性的考量与反思：哪些话可以说，哪些话不能说，如何说，何时说等。比如，现在很多记者都知道在伊斯兰教国家，要避免提到有关“猪”的话题，但在其他信仰的国度，这便不是问题，这正说明了了解文化的重要性。另外，见面相互亲吻在有的国家很常见，而在有些国家则显得过于亲密。许多失败的采访往往是采访者的一些小细节给嘉宾留下了不好的印象而导致之后其消极配合造成的。

说它是最高要求，是因为美国企业家贝林曾感悟道：“文化的终极目标，是在人世间普及爱和善良。”而我们很多出镜记者，从上学、入行到从业期间，都主动或被动接受着抢新闻、赶新闻乃至“造新闻”风气的影响，把获得采访结果作为最高目标，才上演了一出出采访悲剧。在这里我们可以说，一个具有高尚文化素质的新闻记者，应该具有恻隐之心和悲天悯人的情怀，更应该以爱和宽容为前提去报道这个世界的悲喜，而不应全然追求功利。

（二）新闻素质

如果说到出镜记者的业务素质或职业素质，那么新闻素质就显得尤为重要。

新闻素质不仅包括出镜记者对常规新闻进行报道时体现的基本素质，同时也包括在面对突发新闻事件时，对事情的来龙去脉、进展及趋势作出的反应。一个出镜记者面对瞬息万变的现场情况，是紧张慌乱、语无伦次，还是镇定清醒、有条不紊，绝不仅仅是因为心态紧张与否那么简单，更取决于其新闻素质是否扎实。

曾有人问一位知名的钢琴家，如何让自己的孩子也成为钢琴能手，钢琴家说，先保证一万小时的练习吧。想成为一名优秀的新闻出镜记者同样如此，常年的浸润绝对是新闻敏感、职业素质的根基，连中央电视台新闻节目主持人康辉也说，自己在休息时也时时刻刻关注着新闻，只有这样，才能准确地把握新闻的发展动态，在自己主持时做到心中有数。

（三）语言素质

“语言素质是指出镜记者必须具备一定的有声语言表达能力，具体来说包括：语言标准、恰当准确地使用语言技巧、有声语言表达流畅、语言链条与思维链条同步、面对镜头时交流感强。”①

我们现在的部分出镜记者认为，只要把新闻现场捕捉到的新闻事实告诉观众即可，完全不顾自己说的内容是否清晰、是否与现场氛围协调、是否让观众更容易接受等。有的出镜记者报道时像自说自话，有的像应付主持人的“考试”，这些情况会使观

---

① 宋晓阳. 出镜记者现场报道指南[M]. 北京：中国广播电视出版社，2008：208.

众在电视机前被动接收信息，而且这些信息可能是模糊的、混乱的。这样一来，报道的现场感、可信度就打了折扣。

其实，这正是现在一些新闻记者某种程度上“重事实、轻表述”的体现。在新闻当中，我们既需要以新闻事实为重，同时又不能忽视自己作为传播者的角色定位。既然是传播者，就需要把信息的传播效果作为重要的考量标准。

第二节　现场报道的准备与策划

一、现场报道的准备

“工欲善其事，必先利其器”，好的准备会让整个报道过程井井有条、有始有终。而突发事件本身又要求从业者在最短的时间内进行及时的报道，在这样的条件下，如何在有限的时间内，完成最有效率的准备，就显得尤为重要了。

一般情况下，“可预见性新闻事件的现场报道拥有较为充裕的前期准备时间，根据活动或仪式的日程安排，出镜记者依据大量背景资料筛选出事件核心问题，组建一整套的信息流。从背景信息中发掘报道点，结合事态发展选择合适契机完成报道”①。

而“突发事件的现场报道，主要有社会性突发事件和自然灾害这两大类突发事件，它们的不可预知性使报道者无法在前期进行充分的思想准备和资料准备，因此做现场报道的记者或主持人的业务能力和专业素质的高低就显得更加重要”②。

因此，我们说，出镜记者的准备一般包括三个方面：平日积累、前期准备、现场搜集。

平日积累：刚入行的新记者都会有这样的经历，外出跑一天新闻，回来后发现老记者对自己的新闻内容了如指掌，这正是多年工作中积累下来的新闻敏感。其实，新闻事件并不是平地风波，突发事件也并不是没有缘由的“突发”，只有在平时多积累多学习，勇于实践勇于尝试，才能在现场报道中游刃有余。

前期准备：在明确报道目的与重点的前提下，尽可能地使用新闻背景资料，预设报道中的事件走向、人物采访、报道路线和问题。

现场搜集：当新闻记者进入报道现场，无论准备得多充分，都必须秉持“以现场为本”的原则。记者需保证报道的内容符合现场情况，确认预设的采访脉络能否落实。因此，现场搜集一般需从三个方面进行准备：搜集信息、筛选信息、整合信息。

---

① 宋晓阳. 出镜记者现场报道指南[M]. 北京：中国广播电视出版社，2008：208.

② 吴郁. 当代广播电视播音主持[M]. 2版. 上海：复旦大学出版社，2008：196.

(一)搜集信息

“好记性不如烂笔头”这句话应该适合每一位出镜记者。比如中央电视台的一位出镜记者,他的习惯是买来一盒圆珠笔和很多便签小本,放在出行使用的每一个包里,保证无论带哪个包出门,都能最快地找到记录用品。他说:“好的记忆力固然重要,但没有比写下来更让我踏实的。”

出镜记者作为信息发布的前沿,面对纷繁复杂的现场环境,能否快速地搜集到所需要的信息就显得尤为重要。在搜集信息的过程中,观察者应该动用自己全方位的感知系统,把听觉、视觉、嗅觉、味觉、触觉全部打开,把自己不明白的、观众可能感兴趣的,尤其是一些“反常”的信息着重标记,尽量弄清答案,在不可能或来不及得到答案的时候,也应该把这种疑惑传达给观众,抑或是以推理或假设的方式提出疑问。

当我们发现事件本身的蹊跷之后,还需要具备不断追问的意识和能力。在有关自身利益的事件发生后,有关人员出于本能会下意识地采取“遮掩”的态度,而新闻从业者正是要有“拨开迷雾见太阳”的本事。

在2012年5月12日的《朝闻天下》中,记者王跃军在黑龙江佳木斯市报道了佳木斯第十九中学教师张丽莉为救学生失去双腿的事件。记者于报道前一天赶到事发地点,我们可以从连线报道中看到这一天里他做了哪些准备。

记　者:我现在就在黑龙江省佳木斯市中心医院重症监护科的工作区。透过这个玻璃我们可以看到里面的情况。大家可以看到,病床上躺着的,就是张丽莉老师,5月8号晚上8点,为了救学生,自己被车辆碾压,导致现在双腿高位截肢,目前处在一个意识清醒但镇静的状态。刚才在短片当中,我们看到很多学生把她称为“漂亮姐姐”,张丽莉老师有多漂亮呢?我们也找到了她出事前的照片给大家看一下。(展示照片)……今天呢,我们也请到了佳木斯市中心医院的院长曹洪涛,请问曹院长,患者现在的生命体征状态怎么样?

曹洪涛:目前患者生命体征平稳,意识清醒,(处在)镇静状态。

记　者:在出现事故后包括下一步我们有哪些治疗的方案?

曹洪涛:患者是复合伤,休克,来医院后在抗休克的情况下,手术治疗,手术情况顺利,下一步的治疗以抗干扰为主以及进行功能恢复的辅助治疗。

记　者:丽莉老师救学生的事件呢,在当地引起了非常大的反响,昨晚当我们赶到这里,也听到了很多人给我们反映了他们的感受,(念手中的字条)我们给大家说几条:“丽莉老师我们爱你,十九中学所有的学生都是你的后盾,加油!”还有她的一位朋友是这样说的:“我相信你会坚强地走下去,因为你让我们如此感动和敬佩,我们永远爱你。”在这里我们也真心地祝福张丽莉老师，为她祈祷。

记者在抵达事发地点后，迅速掌握事件动态，联系出镜被采访人，同时寻找到了当事人先前的照片，为大家展示了张丽莉老师事发前的样子，收集了张丽莉的学生和朋友对她的祝福，让整个采访充实饱满。

(二)筛选信息

当我们作为出镜记者身处第一线时，第一感觉就是陷入了信息的汪洋大海。在众多信息中，我们如何选择出自己想要的信息并梳理出一条线索，这并非易事。

我们应该明确，此时此刻通过报道，最想让观众知道的以及观众最想了解的内容到底是什么。一句话了解事实真相，应该是我们选择信息最重要的标准。

例如，在2012年9月22日播出的《新闻调查——桥梁坍塌谁之过》节目，出镜记者开始说了这样一番话：

> 这块121米长、9米宽的桥面，本来是一座公路立交桥的一部分，但是现在，它却坠落到了地面上。这里是广受关注的，哈尔滨桥梁事故的现场。事故的发生，是在8月24号的凌晨5点多，当时和这块桥面一起坠落的，还有四辆大货车，车上的8个人3死5伤。随后，哈尔滨当地有专家发表意见，认为是超载导致了这起事故，这个说法引来了公众的强烈质疑，这座桥通车还不到一年的时间，难道四辆超载的大货车，就会让钢筋混凝土的桥梁承受不住吗？(桥梁的)工程质量还有设计会不会存在问题？究竟什么原因让这座桥倒下？我们来到哈尔滨进行调查。

在事故发生的第一时间，观众最关注的一定是“是否有伤亡”“事故到底有多严重”等，但8月24号发生这起事故到9月22号播出节目，历时一个月，观众更需要知道事故发生的原因和处理方式，因此现场的记者不是把重点放在对伤亡人数的报道上，而是集中在事故的原因和问责上。

(三)整合信息

出镜记者在报道时，绝不能滔滔不绝，必须在较短的时间内传达更多的信息。在开始报道前，必须按照特定逻辑把无序的信息有序化，把烦琐的信息简单化，把重要的信息放大化。

近几年，校车的安全问题一直受到各方面的关注，但央视记者在一个调查贫困地区的校车运行情况的节目中，这样进行开场：

> 宽甸的校车是从2008年开始运行的，在国内算是很早的，但是一直不算

广为人知。最近，一些事故的发生让校车安全，成了人们关心的焦点问题，宽甸的校车也开始引起越来越多人的注意。看了资料后，我们对一些问题产生了兴趣：宽甸是一个比较贫困的县，为什么会在三年前就想到配备校车？钱从哪儿来？这儿全县只有12辆校车，却承担了10多个乡镇5 000多名学生的接送任务，是怎么完成的？这些校车在过去三年里，没有出过事故，这是偶然？还是有值得借鉴的经验？带着这些问题，我们来到宽甸。

经过深入实地多方面调查了解，记者的结束语是这样的：

宽甸的校车从车辆本身的安全配置来说比较普通，从管理上看，肯定也还有可以改进的空间。但是，无论如何，一个并不算富裕的县，能在三年前就下决心让孩子坐上校车，这本身已经值得鼓掌，这些孩子将来长大之后，在他们的记忆里，童年的上学路上陪着他们的不是摩托车、农用车或者是挤得满满的小中巴，而是一辆真正的黄色的校车。这样的记忆，应该要温暖一些吧。宽甸校车的实验让我们感到，校车安全不应该是一个遥不可及的梦想，只要用心去做。

不难看出，记者在报道时的逻辑非常清晰，并一直在强调“为什么一个贫困县可以在险恶的道路上让校车安全行驶？”观众看后自然就会去反思为什么一些条件较好地区的校车问题不能得到很好的解决，这样的报道既报道了事实又不止于事实，意味深长。

二、现场报道准备的步骤

(一)核实情况

时间、地点、人物，事情现状、起因，永远是新闻从业者需要首先了解的信息。

关于时间，一方面，我们需要准确了解影响事态发展的时间节点；另一方面，我们不但需要关注事件发生、发展的时间，同时应该关注事件各个阶段的时间跨度，或在同一时间点上发生的不同事件，这其中往往隐含着巨大的新闻价值。例如：

这条穿行在崇山峻岭之间、缠绕在群山腰际的水渠，就是举世闻名的中国第一渠——红旗渠。它完全是靠人力和手工工具在古老的太行山上抠出来的一条人工天河。红旗渠诞生于20世纪60年代，美联社曾评论说：“红旗渠的人工修建，看后令世界震惊。”周总理当年也十分自豪地向国际友人介绍新中国有两大奇迹：一个是南京长江大桥，一个是林县的红旗渠。不同的是南京长江大桥是倾全国之力，而红旗渠则是单凭林县一己之力修建的。

关于地点，出镜记者一般会选择事件的第一现场作为出镜的背景地点，但不必完全拘泥于此，有时选择具有反差的背景地点会有很好的效果。比如在对汶川地震的后续报道中，就有记者以欢笑的孩子在废墟中玩耍为背景进行报道，反而更有视觉冲击力。例如下面这段对红旗渠的报道，记者就避开了普遍会选择的“大背景”，选择以抽着旱烟的白发老者为背景，更具感染力：

> 五十年前就在这太行山里十万大军奋战了十年，用铁锤和铁锹在悬崖峭壁上修成了这座1 500公里长的红旗渠，后人说这座渠是林州人用命抠出来的，因为有81名修渠的英雄就永远长眠在了这里。今天当我们再次来到这里的时候，红旗渠的渠水依然在流淌，当年修渠的故事，依然在被人们传颂，而那些修渠的年轻人呢？如今也都成了白发苍苍的老人，他们现在的生活怎么样了呢？

关于人物，很多人都认为新闻当事人一定是报道采访的最佳人选，但在采访过程中，越是需要采访当事人的，往往越难以接近当事人。此时记者就需要以当事人为圆心，尽量勾勒他周围的“圈子”，用周围人的语言向观众描绘新闻当事人及有关细节，完成报道。

关于报道现状，出镜记者需要把现场此时此刻的信息传递给观众，而不是仅仅报道那些已知的背景资料。

关于原因，这确实是一个令所有出镜记者头痛的问题，在对一个“正在进行时”的新闻事件进行报道时，想要立刻找出原因，并不是一件容易的事。虽然在新闻报道中，一般忌讳使用模糊的表述，但在原因确实不明的情况下，我们可以向观众解释这是现阶段的调查成果，使用“据现场情况推测”“综合一些观点认为”等语句也并非完全不可。

（二）确定主题

在遇到突发事件后，记者赶到现场收集信息，之后便可根据现场情况和报道要求确定报道的主题。确定主题的过程，一方面是对之前收集工作的检验，另一方面也是对记者平日积累以及思维深度和广度的考验：能否在常见的新闻事件中找到不平常以及在众多同行的报道中找到新路径，是非常重要的。香港回归十五周年时，《面对面》想用一期节目来探讨香港的养老问题，但记者没有去养老院，也没有去医院，更没有像许多节目一样深入孤寡老人家中报道邻里间的互帮互助，而是选择了当地一家雇佣老年人较多的餐厅——银杏餐厅。记者说道：“这是香港一家名叫银杏的餐厅，它之所以有名，并不是因为菜色有多么的独特，而是在于在这里就业的服务员都是清一色的60岁以上的老年人。”这样的主题确立，打破了我们“帮助老人”的固有思维，从新角度报道事件，更加吸引观众。

（三）形成文稿

出镜记者现场报道的新闻文稿与电视新闻消息类新闻稿基本类似，这里的“形成文稿”，可以是书面的文稿，也可以是腹稿，还可以是一个提纲。无论何种形式都应包括：出镜地点、出镜记者名称、报道内容等，有时还可以标注拍摄镜头的特殊需要。以下是某国际新闻节目出镜记者文稿：

> 出镜地点：悉尼　悉尼歌剧院对面
>
> 出镜记者：李一明
>
> 今天，澳大利亚悉尼市数万户商家和居民将在晚7时30分（北京时间17时30分）开始集体断电一小时，以引起人们对温室气体排放导致全球变暖的关注。天黑之后，悉尼歌剧院等标志性建筑将会纷纷熄灯。
>
> 这一活动名为“地球时间”，由世界自然保护基金和澳大利亚最大报纸之一的《悉尼先驱晨报》联合发起。大约2 000家企业和53万户居民报名参加了“地球时间”活动，自觉断电一小时。除标志性建筑外，悉尼城区许多高楼也纷纷熄灯，整个城市变黑了不少。不过路灯和紧急照明装置仍没有熄灭，港口的照明也一切如常。“熄灯”对悉尼人的生活并无太大影响。

我们可以看出，这篇报道语言相对工整，结构比较严谨，言简意赅，在导语中简要地概括了新闻事实，同时包含事件发生的原因和未来发展的趋势。如果在一般的民生节目中，结构可更随意，口语化的成分可更多。

第三节　出镜记者的语言表达

一、出镜记者的有声语言表达

出镜记者应该用什么样的语言与观众交流，这是值得每一位出镜记者思考的问题。综观当下的新闻节目，我们发现各个电视台以及节目都在进行自己的实践与尝试，有的甚至努力在为自己的出镜记者树立标准，让记者更具有节目或频道的特色。这些努力都是必要的并且是值得赞扬的，但有一些基本的问题或许需要我们达成共识。

首先，出镜记者应该使用新闻语言。通常来说，新闻语言就是新闻作品所使用的具有自身特征的语言。新闻作品的语言，是相对文学语言、外交语言、公文语言、法律语言等而言……为了更适合新闻报道的要求，在遣词造句、表情达意方面都显示出自身的特征，形成了新闻文体特有的语言特色。[①] 而使用相对精练与工整的新闻语言，既符合新闻节目的整体风格，也能在出镜报道相对紧张的时间里为观众传递更多信息。

然后，出镜记者并不回避口语化的语言。与新闻主播不同，出镜记者所处的环境更多变、更自由，观众也更希望看到记者能随着报道内容和环境的不同调整语言风格，使之与报道的内容更加贴合。同时在有限的时间里，出镜记者加入比较生活化的语言，更方便观众对内容的理解，有更好的传播效果。以下是某卫视出镜记者在一档民生新闻中的报道：

> 到洗衣店洗衣服对好多人来说还不太习惯，一是觉得贵，二是怕洗不干净。这里，最近就有人开起了三元洗衣店，你只需要花三块钱，就能洗一桶衣物，够便宜吧？所以这店乍一开，生意特别好。生意一赚钱，大家就纷纷效仿，没两个月，你看，光南宁金象大道这一条街上就冒出了八九家这样的洗衣店。三块钱洗一桶衣服，对老百姓来说确实挺实惠。不过，这卫生能过关吗？不少人还是有顾虑。

报道中，记者在短短几句话里使用了设问、反问等句式，句子短小简单、生动活泼，让观众能毫不费劲地明白报道的内容，同时还能感同身受，被记者带入情景，想去一探究竟。

最后，出镜记者的语言应更加注重交流感。记得中国传媒大学播音学院教师宋晓阳在某主持人大赛做评委时对选手说："再着急，话也得一句句说。"的确，即使面对再严重的事件，报道时也不能因为赶时间语无伦次，这样的无效传播，反而事与愿违。"为此，在预期的把握与体现、句式的使用、受众心理需求的预设与准备等方面皆需要表现出强烈的给予感和交流意识，在真实的新闻现场情景下，出镜记者面对镜头，手持话筒，交流意识需贯穿报道始终。"[②]

我们现在的出镜记者，绝大多数是新闻或相关专业出身，缺少语言方面的训练，在面对镜头时有的表现得呆板生硬，有的甚至单纯背稿，让整个报道味同嚼蜡，即使再好的新闻内容也会被破坏掉。诚然，我们并不要求每一个出镜记者达到新闻主播的语言水平，但我们至少应该让观众听得清楚、听得明白。

为了让出镜记者顺利完成报道，让信息的传播效果最佳化，我们可以从以下几个方面练习：

---

① 勾志霞. 记者职业口语[M]. 合肥：合肥工业大学出版社，2006：241.

② 宋晓阳. 出镜记者现场报道指南[M]. 北京：中国广播电视出版社，2008：193.

(一)流畅性练习

方法 1:超长或超短时间报道

一般性的现场报道,通常在 60 秒到 120 秒,我们可以模拟话题"火灾现场""交通事故现场"等,进行 3 分钟、5 分钟甚至 10 分钟的报道。以远超过实战时间的报道时长逼迫自己寻找资料,最后达到流畅地表达。同理,要求自己在 40 秒、30 秒、甚至 15 秒的时间里迅速组织语言,在超短的时间中讲清事件脉络,以流畅、重点突出为佳。

方法 2:去掉口头语

语言学家统计,1 分钟的谈话,如果某一个口头语出现 6—8 次,就会让对方察觉。一般来讲,口头语意味着思维的断层,出镜记者可以分析自己的视频或音频,找出自己的口头语。有的人口头语相对容易找出,比如一些语气词"嗯""啊""那么"等,有的人的口头语相对较隐蔽,是一些习惯的句式,比如"我真的觉得……""我相信……""然后……然后……"记者克服口头语,会让人觉得报道瞬间变得干净、悦耳很多。

(二)交流感练习

试着想象对不同的人报道同样的内容。为了使不同人群听清听明白,就要用到不同的语速和说话状态,将这种状态迁移到镜头前,会起到不错的效果。例如下文为三段出镜记者的稿件,可以假设为小朋友报道稿件一,为老年人报道稿件二,为听力障碍者报道稿件三,为了让他们听明白,我们可以改变句式,多用短句和口语,对术语作出必要的解释。同时,还需要努力做到更清晰、更慢速,有时甚至格外强调或重复,把这样的感觉迁移进入正常报道,可以有效地改善语言单调乏味的现状。

> 稿件一:由农业部专门派出的质量监督员对农产品的生产、加工、运输直到上餐桌,实施全过程严密监控。目前,畜禽养殖基地专项监测、水产品监测工作已完成,抽检的蔬菜水果样品和猪尿样品合格率也都达到了 100%。
>
> 稿件二:11 号凌晨,一艘马达加斯加船在海上沉没,包括 1 名当地华侨和 8 名中国台湾商人在内的多名乘客至今下落不明。发生意外后,其中一名台商曾用卫星电话打回台湾求救,但讯号微弱,之后便音讯全无。
>
> 稿件三:如果有一天你的手机上突然显示出一个久未谋面朋友的电话号码,欣喜之余,他用有点变调的声音告诉你他现在急需用钱,你会怎么办呢?前几天,广西桂林的陈先生就碰到了这样的事儿。

当然,出镜记者的口语训练绝不是通过一次培训、一门课程就可以速成的,还需要在实践中反复锤炼,经过各种不同情况的"严酷"考验后,才可以练就真本领。

二、出镜记者的体态语言

出镜记者除了需要关注自己的有声语言外，同样需要关注自己的体态语言。我们会在记住白岩松的同时记住他紧锁的眉头，这就是优秀的新闻记者留给观众的深刻记忆，这些记忆正是来自体态语言。记得央视一位记者在报道一期十分惨烈的车祸时，镜头切到他，他没有立刻讲话，而是特别自然地叹了一口气，就是这一声叹息，既让观众感到了他的同情心，平添了现场感，又不会失去新闻的客观性，让人印象深刻。

其实，肢体语言有特别丰富的内涵，往往可以帮助人们传达语言所不能表述的内容和情绪。现如今，观众对新闻记者的要求已经远远不只是“说说情况”那么简单，服装、表情、镜头感等都会被观众注意。所以，出镜记者需要对自己有更全面的要求。

（一）表情

国家文化的差异会使人们对不同表情有不同的感受。有的表情大家心领神会，有的则会让人觉得不雅或犯忌，而有些则不符合出镜记者的身份，需要规避。在西方国家，摊开双手侧头加上疑惑的表情有表示疑问的意思，但在中国采访时出现这样的表情却并不合适。央视某位记者特别爱在采访时做出这个表情，观众觉得不伦不类，十分别扭。另外，挑眉、频繁眨眼、频繁侧头、似“打拍子”的重复手势，都是紧张、稚嫩、非职业化的表现。表情并没有绝对的好坏之分，只有是否得体的差别，因此需要适度把握及运用。

主播一般端坐在演播室中，而出镜记者经常需要在现场走动，平常再简单不过的上下楼、开关门有时都会成为问题。因此我们可以事先演练出镜时可能出现的动作，比如上楼梯、打开冰箱取东西、打开车门上车、回头转身说话等，做到自然得体并符合景别的要求，经得起镜头的检验。只有把这些动作像有声语言一样去练习，关键时刻才不会出错。

（二）姿态

“站有站相、坐有坐相”这句俗语可以概括对出镜记者的要求。尤其走路摇晃、双手摇摆过大等问题，出镜记者应尽量避免。

（三）眼神

对于眼神，出镜记者应该做到：看镜头别看死，别把目光聚集成一个点；眼神不要飘忽不定，尤其不要快速变动；最好把摄像机想象成人，与之对话交流；如果有采访者，可以真诚地看着对方，交流能让你忘记镜头。

另外，发型、化妆、服装也都是出镜记者需要注意的。

三、出镜记者有声语言表达的相关问题

目前我国新闻节目出镜记者一部分属于电视新闻编辑记者，对新闻很在行，但没有受过专业的语言训练；另一部分曾学习过播音主持，语言表达有一定基础，但对新闻的把握欠佳；还有一部分是其他专业出身、对电视有浓厚热情的人，他们在各自领域的知识很丰富，但报道新闻却不尽如人意。在这样的现状下，电视节目出镜记者的有声语言应该朝以下几方面努力。

（一）不要死记硬背

一些记者为了避免出错，在有限的时间内把出镜内容背得很熟，但这样一些缺乏有声语言训练的记者便会出现“背书状”的报道方式，不但毫无交流感、对象感，整个内容听起来更是毫无生气，尤其如果碰到一些突发状况，便会乱了阵脚、不知所措。如果记者突然卡壳，冥思苦想下一句的内容，想起还好，想不起来就会导致后面的报道逻辑混乱，让观众不知所云。

曾有人问：“难道出镜报道一定要脱稿吗？”答案是否定的。很多优秀的出镜记者也会拿着笔记本做报道，这并不影响观众理解信息。要知道，做报道不是考试，看稿也不算“作弊”，与其死记硬背，不如看着关键数据等信息点生动地讲述。凤凰卫视记者的笔记本上标注的往往是需要强调的地名或数字，抑或是一些需要抓住的新闻点，这样做的目的正是不让自己把过多的精力用在记忆上，而把注意力放在与采访对象的沟通和逻辑的构思上。

（二）避免过度兴奋

过度兴奋如果用一个字来形容，就是“假”。这种状态下的语言表达实则是一种表面化的“见字发声”，表达者知道现场报道需要具备积极的状态，但忽视了这种积极的状态必须建立在与现场情绪相匹配、对现场有整体客观准确判断的基础之上。其具体表现是“遇悲则悲，遇喜则喜”并“加码”。简单的情绪表现，往往忽视整体，全然不考虑原因，不讲究分寸，以至于语言和表情都过于夸张。有的记者以为这便是把现场的情绪带给了观众，其实反倒是过犹不及。

（三）不要机械念稿

出镜记者机械念稿给人的感觉是在新闻报道中不考虑现场的新闻当事人、见证人，不考虑周围环境，也不考虑观众的“自说自话”，极大地削弱了现场报道的真实感及权威性。

(四)肢体语言不能过于丰富

在一段不长的报道中，频繁地摊手、摆手、挤眉弄眼，幅度过大的肢体语言，非但不能起到积极的作用，反而会让观众感受到一种局促和紧张感，觉得记者不沉稳、缺乏经验，同时也分散了观众的注意力，从而干扰新闻现场信息的有效传递。

第四节　类型化现场报道模式

下面我们简单分析几种常见的现场报道模式，为大家提供一些范式参考。

一、火灾事故现场

相关要素：

时间：何时发生？

地点：民居？ 工地？ 工厂？

人物：伤亡情况，是否有人员被困。

原因：先确认是否有犯罪行为(例如故意纵火等)，随后了解是何种原因造成的。

事件过程：是否有目击者、已经燃烧多久、扑救情况等，可以有采访或概括报道自己了解的信息，加入自己在现场的感受。

责任：已经认定或等待认定。

外部环境以及相关影响：天气情况如何？ 是否有风？ 周围是否有居民？ 他们的生活是否受到影响？ 周围的道路交通何时能恢复？

其他：对观众的警示与提示。

以下是两则卫视播发的现场报道：

出镜记者：今天下午16时左右，位于成都新都区的成都传化物流基地发生火灾，火势很大。起火点为天旭汽配城的D区。损失超过千万的商家至少有7家，损失超500万的大概20家。火灾发生后，我们看到新都区公安、消防等相关部门已在第一时间奔赴现场，展开救援工作。目前，火势仍在控制中，暂未发现被困或受伤人员，火灾原因正在调查中。据了解，目前火灾现场依然有明火，滚滚黑烟腾起两三百米高。有20多辆消防车在现场参与救援，同时，消防调用了多辆运沙车，用沙石进行灭火。

出镜记者：12月22日4时30分左右，延安市宝塔区国贸大厦发生火灾。疏散周边建筑物内的群众600户1 700人，有16名疏散群众被送往医院救治，1 名保安被困楼内。目前大火已被扑灭，被困者仍在搜救中。

另外我们从延安市政府获悉，22 日深夜，在陕西延安宝塔区国贸大厦火灾的搜救过程中，发现了第 3 名遇难者遗体，现场搜索还在进行中。接到火情报告后，延安市、宝塔区消防部门立即赶赴火灾现场，展开扑火工作。目前为止延安宝塔区国贸大厦火灾事故已确定 3 人遇难，身份均有待确定。

二、交通事故现场报道

相关要素：
时间：清晨？正午？晚上？
地点：城市道路？省外高速？事故是否频发？
人物：伤亡人数和身份确定。
车辆：肇事车辆的基本情况以及此车辆是否有违章违规前科。
原因及事故责任：与交警交谈了解状况。
事件过程：寻找目击者。
天气情况：有无极端天气。
以下是北京电视台播发的一起交通事故的现场报道：

出镜记者：昨天凌晨 1 点左右，位于京开高速进京方向兆丰桥下发生一起交通事故，一辆大客车与一辆货车相撞，客车内包括司机在内有 43 名人员被困。消防员们赶到现场时，发现这辆大客车的车头已经严重变形，车头向内凹陷，四周的马路上一片狼藉，零碎的汽车部件满地都是，隐约间还能听到车内有呼救声。有 7 名乘客自行从车内逃出，但车中还有 42 名乘客被困，驾驶室内的司机更是受伤严重，头部流血不止，有些神志不清。

三、自然灾害现场报道

相关要素：
时间：灾害发生的具体时间。
地点：灾害发生的具体地点以及波及的范围。
人物：受灾人数、死亡人数。
天气情况：当地天气状况对灾害的影响，如洪水过后的雨天是否不利于救灾等。
财产损失：由指挥部门初步估计。
事件：找寻目击者与亲历者。
救灾现状：医院、避难所等情况，灾民此时的状况，道路通畅情况，救灾物资运送状态等。

新疆电视台曾播发一则泥石流灾害的现场报道：

> 出镜记者：发生泥石流的时间是在今天凌晨1点左右，具体地点是在距新源县城约45公里的新源县阿热勒托别镇九大队六小队，那里有一个阿热勒托别镇的铁矿厂，泥石流把这个铁矿场一个临时生活区的工程掩埋了。据目击者提供的信息，此次塌方共造成2人死亡26人失踪，其中铁矿厂工人22人，附近的农牧民6人。泥石流引发的山体塌方长度约500米，宽度60米，埋深5—6米。目前山体结构仍然非常不稳定，随时有再次发生塌方的危险。在这个铁矿场附近，还有一个小型的炸药库，这个炸药库有不少危险的爆炸物，为了避免发生意外，目前消防官兵已经把这个炸药库内的20箱炸药还有10包雷管转移到了安全地带。截至目前，救援工作仍然在紧张进行当中。

如今的电视行业和媒介环境已经发生深刻的变革，出镜记者与现场报道的崛起代表了受众对新闻"及时性"与"真实性"迫切要求，虽然"我在现场"是每一个出镜记者所追求的，但是真正身处现场如何说得准确、说得精彩，是需要时间来磨炼的，这不仅需要出镜记者个人的不懈努力，也需要电视台领导的重视与支持、高校人才培养体系的建立与完善以及媒体从业者整体思维的转变。

附录一

我看“说新闻”①

吴郁

“说新闻”，是广播电视新闻节目中消息的口头传播方式之一，是将消息的文字稿件转化为有声语言进行传播的一种语言样态。

消息类节目是新闻节目的主体，它除了采用录音报道、影像新闻、现场报道等多种报道形式之外，消息的文字稿一直采用“播报”的口头传播方式，而且至今仍是我国乃至世界各国广播电台、电视台消息类新闻节目通常采用的口头传播方式。不过，很长时间以来，播音主持工作者没有停止对播报方式进行改革和突破的尝试。自从1998年春天鲁豫的《凤凰早班车》开播后，她的“说新闻”引起了观众很大的兴趣，而后内地一些电台、电视台的新闻节目主持人开始效仿……是耶，非耶？一时议论纷纷，仁者见仁，智者见智。“说新闻”与播报有什么关系？它们各自的依据是什么？“说新闻”的根本特色何在？如何防止“说新闻”的“个人化”“非新闻化”误区？笔者思索多日，骨鲠在喉，不吐不快。

一、“播报”的依据和特色

“播报”是消息类文字新闻稿口头传播最基本、最重要、最普遍的形式。

播报，也称“新闻播音”。播报这种语言样态，可以说是播音员、主持人在各类节目传播中最独特、最鲜明而又自成一格的语言形态。不要说与日常生活语言有较大区别，就是与广播电视中的其他语体如通讯、评论、解说、采访、谈话等相比，也是别具一格的。

播报的语言样态首先源于消息文字稿的语体特点。消息写作历来结构严密、布局紧凑、语言精练，以书面语为主。首先，我们必须承认，不论过去还是现在，在广播电视节目的各类语体中，消息一直是保留书面语特征最多且最长久的语体；其次，消息类新闻稿取书面语准确、规范、严谨、简洁的长处，是为了适应新闻固有的“真实、客观”的本质特征；最后，消息语体保留简洁严谨的书面语风格符合受众“尽早、尽快、尽多”地获知新闻信息的接受心理。正因为上述原因，虽然广播电视新闻消息的文字稿与报纸、通讯社的消息文字稿相比，已做了适应听觉接受的口语化处理，但确实属于众多广播电视语体中书面语特征最鲜明的语体。而这种特殊的书面语体的原原本本的口头对应形式就是“播报”。

张颂教授对有中国气派的播报的语言样态做过如下概括：“字正腔圆、呼吸无声、感而不入、语

---

① 该文获第七届全国广播电视优秀学术论文一等奖。

尾不坠、语势稳健、讲究分寸、节奏明快、语流晓畅。”①这里“字正腔圆、呼吸无声”强调的是保证消息传播清晰所应具备的用气发音的基本功；“感而不入、讲究分寸”是新闻节目应遵循的客观性、真实性特点对播报提出的要求；“语尾不坠、语势稳健”是适应新闻传播的“新鲜感”和“权威感”所必需的；而“节奏明快、语流晓畅”既是消息语体所固有的特征，又是受众对新闻播音声音形式的审美取向。张颂教授的这一概括精辟地说明了不同历史阶段风格各异的消息播报所共有的基本的语言样态。

播报的声音形式理应与稿件风格相一致，消息语体本身的“书面语”特点决定了播报式语言样态质的规定性。其实世界其他国际主流媒体的消息播报同样具有“吐字清晰、语势稳健、节奏明快、语言规整”的特点。同时，无论从新闻信息传播的角度，还是从受众获取新闻信息的角度，播报的“准确、清晰、迅速”是传播者也是受传者的共同要求，而播报式的语言样态恰能较好地体现这种要求，此外其他各类信息如股票行情、证券指数、商贸信息、文体信息等亦大多采用播报式语言样态。我国新闻节目强调舆论导向及社会意义也是消息基本上采用播报式语言样态的重要原因。

二、“播报”语言样态的沿革

从我国的广播电视实践看，消息的播报，始自人民广播创办的延安时期，后来历经解放战争、建国初期、抗美援朝、社会主义经济建设等不同时期的延续和发展、继承和发扬，虽然在“文革”十年动乱中遭遇了无可避免的扭曲，误入“高、平、空”“冷、僵、远”的歧途，但是经过改革开放以来的拨乱反正和锐意创新，富于中国气派的新闻播报的风格愈加成熟，并在各个时期的社会进程中起到了积极的、重要的作用，传播者和受众对消息播报的语言样态已默契地认可。不过由于有些人不了解新闻播音发展变化的历程及其在各个历史时期所发挥的作用，以致对我国消息播报传统风格产生误解，错把“文革”中那种“居高临下、发号施令、四平八稳、刻板生硬”的语言样态当成播报的特征，这种模糊认识必须澄清，才能在继承传统的基础上有所创新，有所前进。

消息播报因各种因素的制约，其语言样态始终与当时的政治气候、社会生活、受众心理有着最紧密的联系，反映着那个时代的特征。十一届三中全会后，人们理所当然地呼唤反映时代气息的、平易近人的播报风格。

在改革开放的大潮中，人们对消息的播报做出了尝试和探索。播报语言样态变化的依据，一方面是消息稿件的变化，内容上指令性的、空洞的东西少了，文字的表述亦日趋生动形象；另一方面是社会语境的变化，社会大环境宽松了，受众期盼着媒体传播视角的“平等、贴近”。于是，消息播报的语言样态有了顺应时代特征的一些变化，无论播音员的播报还是主持人的播报都有以下变化：

(1)播报状态，讲“精气神”，专注投入，重交流沟通，平等真诚；

(2)用声吐字，“清晰”与“轻巧”浑然天成，弹动自如，顺耳入心；

(3)语句组织，“突出”与“带过”巧妙结合，重点鲜明，多连少停，句群抱团，连贯完整，自然洒脱；

(4)语气基调，融“饱满”与“含蓄”于一体，分寸适度，恰到好处；

(5)播报速度，适当加快，快而不乱，松紧有度，稳健晓畅。

---

① 张颂.关于新闻传播的思考[J].现代传播，1998(4)：74-75.

消息的播报，由稿件的文字转化为诉诸听觉的有声语言，是播报者积极认真地再创作的过程。然而我们也不必讳言，一些播报者将“播报”视为语言表层物质形态转换的简单劳动。消息播报最忌讳的就是流水线上“熟练工”的状态，因为高高低低声音流的空壳，只不过是些有形无魂、没有创作因素的从字形到字音的机械动作，那种语言形态“四平八稳、拖腔拉调”也罢，见字出声一味“开快车”也罢，都使新闻的信息量大大损耗，是电视播音及主持中应坚决摒弃的。

三、“说新闻”的根本特色

消息采用播报式语言样态是顺理成章的，且传受双方也都是认可的，但是对消息语言样态的探索，对“说新闻”的热望并非始自今日，在时代的发展中，它断断续续地进行着。早在20世纪50年代的社会主义建设热潮中，中央人民广播电台播音部在新闻播音业务的内部学习研讨中，曾请来相声表演艺术家、语言大师侯宝林先生和擅长给小朋友讲故事的孙敬修爷爷试播新闻，结果他们的语言样态都带有自己行当语言特色的表达定势，“真”和“新”这两个关乎新闻生命的要素在语流中不那么鲜明，听起来与传受双方长期默契认可的新闻播音有一定距离，因而仍然沿用消息播报的传统风格。消息播报历经几十年，虽然有过一些语言样态变革的尝试，但基本属于“微调”，总体特征变化不是很大。

改革开放之后，出于对“文革”时期造成的以新闻播音为代表的“高平空”“冷僵远” 的改正，同时也是对“照本宣科、有声无魂”的“念稿”式新闻播音的厌倦，播音界在拨乱反正中提出“降调”的同时，业内人士及受众又开始了 “说新闻” 的摸索和呼唤。20 世纪 80 年代中期，曾有电台、电视台做过“说新闻”的尝试。当时出现的“说新闻”的语言样态基本有两种：一种方法是脱开稿件“聊”新闻，其播报状态倒是松弛了，然而极度的“口语化”，一句话可以说清的事要啰唆上三四句，致使单位时间里的信息量大为减少，根本无法满足受众“尽早、尽快、尽多”地获知新闻信息的需求，而且“闲聊”方式也不适合用于发布政令、重要会议公报等重大新闻；另一种方法是不做文字改动，只是在播音“腔调”上力图像“说话”，结果 “播”不是“播”，“说”不是“说”，拿腔甩调，夸张得像说评书，不伦不类，听来十分别扭。这两种单纯在声音形式上追求“说”的做法，因为与节目宗旨不符，与节目风格不符，与消息语体不符，与受众需求不符，很快就由实践的检验得出了否定的结论，“说新闻”的探索渐渐式微。

笔者以为，此前两度关于“说新闻”的探讨和实践之所以没能得到人们的认可（当然也就不可能推广开来），究其原因，除了时代氛围、时机火候、人才条件等因素不够成熟外，一个共同的症结是虚化了探索“说新闻”的目的，忽略了“说新闻” 的根本特色，只在“貌似说”的形式上兜圈子。因此，广播电视节目深入改革以后，“说”这种反映人际传播特色的语言样态虽然在服务、综艺、娱乐、少儿节目，乃至除消息以外的新闻评论类节目中都有程度不同的渗透或完全的采用（如谈话节目），而且对“说”从“简单照搬”，逐渐找到了使之与大众传播语言的规范性、通俗性、艺术性、审美性要求的有机结合，但是，在消息语体的“说”上似乎难有令人耳目一新的突破。

及至 1998 年春，香港凤凰卫视《凤凰早班车》主持人鲁豫的消息“口播”方式重新引起人们对“说新闻”的关注、兴趣和思索。鲁豫直接参与消息的选择和编排，她几乎不用提示器，将经过自己“消化、加工”的新闻信息一一道来。鲁豫播报消息的语言样态，在消息类主持人节目中应该说是变革比较大的，从语言样态上看，她进行了口语化处理但又不同于生活口语，新闻事实的叙述保持了简练紧凑的消息语体风格，听来轻松而不失干练，亲切而不失大方，自然而不失稳重，娓娓道来而不失明快，给人以新鲜的感觉和深刻的印象。

鲁豫的“说新闻”所以行得通并得到认可，最根本的原因，在于媒体环境、新闻理念的特色，如凤凰卫视特殊的政治环境、社会环境和媒体特色；“浏览性”“介绍性”“资讯性”新闻报摘的栏目定位；消息的选择以事件性、社会性新闻占较大比重……这些因素都为“说新闻”提供了客观条件和可能性，而鲁豫较强的新闻素质与视野开阔的积累、可贵的敬业精神以及很好的语言组织能力、训练有素的记忆力等主观因素则是成功的基础和保障。

究竟应当如何看待“说新闻”呢？

首先，“说新闻”的目的是缩短传受双方的距离，通过主持人这个“中介”使受众对新闻信息的接受和理解更加便利，从而优化消息的有效传播。同时，主持人的个性作为“副产品”在传播中得以显现，如若发挥得好，对于优化传播效果有积极的作用。

其次，“说新闻”的表层特点为口语化色彩较浓的“告知”（告诉使知道——引自《现代汉语词典》）式的传播，而非“报告”（把事情正式告诉群众——引自《现代汉语词典》）式的传播。显然，后者强调“正式”及面向众人，相比之下前者的色彩和力度都较宽泛，也相对“软化”，“告知”既可以是大众传播也可以是人际传播。“说新闻”的“告知”式传播表现在语言形式上，即口语化色彩较浓，句式短、口语词汇多；传播状态较为松弛，给予感和交流感强，语调自然，但仍有别于更为随意的“交谈”状态。

再次，叫“说新闻”也好，称“讲新闻”也罢，其深层特点是对新闻进行解释、说明、补充和稍加分析的信息加工，从而为受众的理解提供引导和服务。只停留在消息文稿的口语化处理上，则难以实现“说新闻”的初衷。“说新闻”给人的亲切感、贴近感不仅仅是声音形式上的，更主要的是为受众接受新闻灵活地提供引导和服务，这才是让人感到亲切的深层原因，《现代汉语词典》中“说”有“解释”和“言论”的意义，“讲”有“解释、说明”和“论述”的意义，不难看出“说”和“讲”都强调了“解释”与“议论”，而这才是人们所期望的“说新闻”的根本特色所在。

如1999年5月8日以美国为首的北约轰炸了中国驻南联盟大使馆，9日的《凤凰早班车》中鲁豫在介绍香港《东方时报》一篇题为《中美关系正面临历史的转折》的评论时，最后加了自己的“一点说明”，表明了自己的看法和态度：

“……现在美国正处于一个进退两难的尴尬境地，让中国在国际事务上的影响力和谈判筹码增加了。”这里有一点我必须说明，事情发生之后，中国人民还有中国政府表示强烈愤慨和抗议，并不是为了今后在国际谈判中给自己增加一个筹码，而是为了中国的领土主权，这是每一个人、每一个国家都应有的立场。

在后来介绍报上刊登的烈士许杏虎和朱颖的遇难照片时，鲁豫以沉痛郑重的语气解释：

电视作为传媒深入人心，不应该播放过于血腥的照片，但在一个特别的时刻，这样一张照片，所有有良知的人都应该看到：我的右下角是朱颖生前……

无疑，这样主动灵活而有序地处置信息，尊重新闻的客观规律又不失传播者应有的原则立场，同时十分注重自身感受与受众心理，鲜明而到位地增强了消息类主持人在节目中的“驾驭感”和主导作用。在人们屏息观看和聆听的过程中，鲁豫“柔中带刚”的凛然正气及分寸适度的处置能力，其

“真诚投入”、与观众“同呼吸共命运”的真挚感情，这些与新闻传播目的融合在一起的主持个性，显然有效地强化和优化了传播效果。

最后，经过对新闻信息的消化、加工，“说新闻”的语言心理过程已不再是从书面文字到有声语言的转化，更不是简单的“背稿”，而是从“内部言语”（新闻的信息要点及必要的补充和议论）起始，经由语言编码（重新组织语句），再以“说新闻”的语言样态向受众传播。

四、“说新闻”的误区

当前，一些媒体的消息类节目主持人开始“仿效”或重新尝试“说新闻”。在这个过程中，当然有好的，但也有些确实存在“随意化”“个人化”“非新闻化”的误区。“说新闻”的误区往往源于某些制片、编导认识上的偏差，而又体现在主持人的嘴上。其主要表现为：

一是片面地以“语速快”为“说新闻”的“重要标志”。其实，20 世纪 90 年代的新闻播报速度早已从 60 年代的 180 字/分钟，提高到（广播新闻）250 字/分钟，一些主持人形式的新闻播报则达到 280 字/分钟左右；电视台的新闻播报因有播报人眼神、表情等非语言符号信息的辅助，更达到 300 字/分钟左右。理论和实践都告诉我们，播报语速的提高，以社会发展（受众文化水准提高，获取新闻渠道增多，生活节奏加快）为基础，以受众的接收需要和心理为前提，以播报者过硬的业务基本功为条件，以受众的接受能力为限度，最终以传播效果为判断标准。语速的提高不是随心所欲“想当然”的事，语速也并非“越快越好”，要尊重客观规律，要秉持科学态度，而不能把它当作赶时髦。没有对新闻价值的深刻把握，没有语言表达的“功夫”，只是不管不顾地一味“开快车”，就成了机械地“蹦字”，不仅观众听着紧张，而且新闻的信息量非但不会增加，反而会大大损耗，影响新闻准确、高效地传播。此外，“播报”有文字依托，其转换速度相对于“重新组织语句”、适当“稀释”了的口语化“说新闻”反而会快一些，这是常识。

二是无限度地“口语化”，把随意调侃的所谓“个性化”当作“说新闻”的“真谛”。有些主持人缺乏对“说新闻”的目的及效果、条件与基础的思索，只抓“口语化”的皮毛，用日常不经加工的啰唆结巴的原初口语混充新闻口语；加之对主持人“个性化”的模糊认识，甚至把“痞子味”浓重的粗俗口语权当“个性化”语言，错把信口雌黄、不讲品位的“随意调侃”当作贴近受众的法宝。这种倾向脱离了新闻消息类节目的固有特征，不符合受众对新闻的接受习惯。有的主持人莫名其妙地胡诌什么“你要是有美元，你就到拉斯维加斯去赌一把，没钱的话就请收看我们的节目”；有的盛气凌人、自以为是地说“今天我要骂一个人，我特别想骂一个人”云云……试问：这样的传播能让人感到亲切吗？这种完全“个人化”的杂质能让受众对媒体的新闻传播有信赖感吗？显然，这类做法严重违背新闻的真实性、客观性及传播的严肃性原则，实在是对“说新闻”的曲解。“说新闻”不应忘记新闻节目是“无形的意见”的舆论导向作用，不应失却新闻节目“简洁明快”的本色，必须用词准确、严谨，语句简洁、规范，态度认真从容，风格稳健干练。

因此必须强调，在“说新闻”的实践中要特别注意防止“为说而说”的形式主义和庸俗化倾向。“说新闻”的信息加工、语言加工应从以下两个方面入手：

（1）从帮助观众理解、减少“读解”障碍、开阔视野、提示重点、显现贴近、引起兴趣的角度出发，为每一条消息寻找“切入点”，补充有关的背景信息，必要时加入自己的评议，设计出新的导语和串联词。不应离开新闻“真实、客观”的本质特征。

(2)以自己对消息的把握采用便于受众接受的方式，重新组织语句，用有书卷体特色的精练而生动的口语“讲述”消息内容。这样做，语言量要比原稿有所增加，要注意控制话语的冗余度，并非处处“掰开揉碎”，而只在必须提供背景、增强贴近性时融入有关信息，谨防累赘。

五、“说新闻”是消息播报多样化其中之一

“说新闻”是新闻播报语言样态“多样化”的种种语言样态当中风格独特的一种，自有其适用的范围和受众群，并非“放之四海而皆准”的最理想的、唯一的语言样态。

随着电视新闻节目改革的深入发展，消息类节目从内容归属到形式风格都已经有了而且还会有更加细化的分工、更加专业的划分，而不同的播出时段、不同的受众群自然会有不同的信息需求与不同的收视心理、收视习惯，加之媒体特色、地域特色、新闻理念的差异，必然促成播报的多样化发展进程。

播报语言样态的多样化，体现时代精神，顺应受众心理，外化栏目特色，依托消息文字稿件的“播报”因其与新闻特质的渊源仍是消息的主要口播方式，其“多样化”主要从播报状态、语言表达的色彩分量、分寸尺度、速度节奏等方面作出调整和改进。事实上，当前消息类节目的播报已初步呈现出多样化的格局，这是在具有中国特色的播音风格前提下的多样化格局：以中央电视台《新闻联播》这个重点新闻节目为代表的新闻播报，继承和发扬了中国气派的新闻播音风格，以其庄重大气、稳健有力的播报，在重点新闻节目中独占鳌头；对海外播出的《中国新闻》，以新闻主播积极振奋的投入状态，明朗快捷、练达自信的播报，彰显改革开放进程里中国人民的精神风貌及中国社会日新月异的变化；《新闻30分》《晚间新闻》等，则以平和稳健、清新洒脱、亲切自然、“播、说”结合的“讲述”语态取胜。

可以预见，随着新闻改革的深入，随着新闻台、新闻频道的推出，新闻节目会越来越丰富，越来越“细分化”，将来新闻的内容、形式、播出时间、接收对象，消息类节目的主持人形式和非主持人形式，各种风格的播报及“说新闻”，定然是各有特色，各有味道，共同担负起丰富多样的新闻传播的重任。

1999.9.2

附录二

谁来做主播[①]

吴郁

一、“主播”称谓使用现状

近年来，“主播”这一称谓在我国广播电视新闻节目中十分盛行，广播电台、电视台消息类节目的播报人已有不少从“播音员”改称“主播”。对此，人们存在不同的理解，有的认为这不过是一种“时髦”的叫法，有的说是指“主要”的播音员，有的说是“以播为主”之意……总之，传播者方面和受众方面对这个称谓的具体含义说法不一，莫衷一是。

我们不妨先来看看目前称作“主播”的 4 种情况：

(1)轮班制的播音员，如中央人民广播电台《新闻和报纸摘要》的主播，他们的工作职责与称“播音员”时并没有什么改变，即拿到编辑好的稿件播报新闻。

(2)固定在一个新闻消息类栏目中的一位或一对播音员，一般选择与该栏目风格一致、播报水平上乘、能成为该栏目品牌形象的播音员，如中央电视台 1999 年春推出的《现在播报》，由海霞担任主播。他(她)们一般不参与编辑工作。

(3)代表栏目品牌形象的播音员，但是参与编辑工作并承担一定的采访报道工作，如前两年上海卫视《夜间新闻》的主播、现为中央电视台经济频道《第一时间》的主播欧阳夏丹。这样的主播参加编前会，参与导语和串联词的撰写或修改，有的事先并不形成文字，而在直播时直接进行一些背景补充，或为服务观众进行一些即兴发挥，以增加传播中的交流色彩，并起到勾连消息、吸引关注的作用。

(4)主编兼主播，即栏目主编不仅在后台全权掌管节目的内容和形式，而且走到前台直接面向观众播报新闻，如北京电视台《晚间新闻报道》的主编兼主播潘全心；1996 年上海东方电视台《新闻 60 分》的主编兼主播姜澜。

以上种种“主播”称谓的使用虽然都限定在新闻消息类节目之中，然而他们背后的工作机制和业务职责却不尽相同。到底主播的含义是什么？又由什么人来做主播？这是关系到播音员、主持人发展的十分现实的问题，也是节目改革创新必然碰到、必须明确的实际课题。

---

① 吴郁. 谁来做主播[J]. 电视研究，2004(9)：72-74.
在 2008 年汶川大地震中，中央电视台确立了主播制。参见：梁晓涛. 震撼战地手记[M]. 北京：中国民主法制出版社，2008：序二.

二、主播的本质含义

主播，这个译自英文“Anchor”的职业称谓是由美国转口中国香港、中国台湾舶来的，在亚太华人区被译作“主播”。此前，我们一直将“Anchor”译作“主持人”或“新闻节目主持人”。现在逐渐流行起来的“主播”这一概念则专指新闻消息类节目的主持人，这点，应该是没有异议的。

然而，“主播”这一在广播电视传媒中新出现的职业称谓，并非中文的字面含义，即不是偏正结构词义——“主要的播音员”的缩略词。我们既然引进并接受了这样一个概念，了解这个词及相关词汇的原有含义不无裨益，免得犯“生吞活剥”“食而不化”的错误。在美国被称作“Anchor”的人不多，他们享有很高的社会知名度和威望，在媒体内担任一定的行政职务(如栏目主编)，他们有丰富的新闻从业经验，职业背景大多是资深记者。他们可以将基于新闻报道成就的个人魅力融入节目，重要事件发生时他们常亲临现场做采访报道，在新闻选择、编排及传播中有时加入自己对新闻的解释或议论，以增加有效信息量和权威性。在美国，与“Anchor”相关的另一个职业称谓是“Newscaster”，意即“新闻播报人”，“Newscaster”的工作职责相当于我们的“新闻播音员”。在欧洲及澳洲，同样的职业则习惯以“Newsreader”相称。

结合我们的国情看“主播”，我认为不能简单地以“主播”取代“新闻播音员”的称谓。“主播”不是随心所欲的称谓变化，它实际上反映了新闻播报人职责、职能上的发展和变化。

我国消息类节目采用“主播”形式，不是什么人的心血来潮，而是消息类节目深入发展和多样化发展的客观需要。“主播”称谓出现起码有如下原因：

一是新闻消息类节目的直播化以及新闻报道形式日益多样化。在新闻节目中，口播新闻、图片新闻、图像新闻、演播室访谈、与前方记者连线、异地传播等各种报道形式穿插组合，由主播串联起演播室和新闻现场不同时空、不同形式的新闻报道，随时处理“刚刚收到的消息”，以保证消息传播的及时性、内容安排的机动性、形式运用的灵活性、节目传播的整体性以及报道的真切感和权威感。伊拉克战争集中报道时期，中央电视台综合频道白岩松、康辉，海外频道鲁健等几位主播在报道中的位置及作用尤为清晰和典型。他们播报最新战况、各方动态、与前方记者连线、解说国外电视媒体的现场图像、采访请到演播室的军事专家、与同声翻译的外语专家交谈、衔接背景资料……总之，主播是直播中直接面对观众的各类信息及各种报道方式的传播者、掌控者。

二是顺应栏目个性化传播的趋势，新闻消息类栏目也有不同的细化的定位，包括内容、形式、播出时间、接收对象及风格的差异定位，主播讲究传播贴近性、服务性的具体做法及各具特色的语言样态，无疑是栏目个性化特点的一个重要方面。如中央电视台经济频道《全球资讯榜》和新闻频道《中国周刊》《国际周刊》《国际时讯》《本周》《媒体广场》等日播、周播新闻消息类栏目或以信息为主的杂志型新闻栏目，它们的定位从报道侧重范围到传播形式都有鲜明的个性特色，而其中的主播与各自栏目的定位及风格十分和谐，同时也成为栏目的品牌形象。

三是从受众角度看，必须满足受众对新闻报道内容及新闻传播方式多样化的需求。即便单就播报语言样态而言，已呈现规范播报和应运而生的“说新闻”“播说结合”“读报”等多样化形式并存的生动活泼的局面。观众完全可以根据自己的需要做不同层次的多种选择。再拿节目形态来说，辽宁电视台多年前创办的《今晚直播室》，就突破了日播新闻消息类节目惯用的单人或双人播报的形态，由一位主播(或称新闻节目主持人)统领，右手边是来自新闻现场的记者，左手边依次是新闻播音员、气象报告员，节目后半段又有参加专题讨论的嘉宾入座。这种形态显然借鉴了我国东邻日本的新闻节目（如朝日电视台《新闻站》）形式，不过移植到我国也颇具新意。

综上关于"主播"出现背景的分析，不难看出，节目的深入改革对新闻播报人的职业素质和能力提出了新的要求。当一名主播，需要如下业务能力：上乘的新闻播报水准（包括多样化风格）；对经过记者编辑之手的新闻成品（文字的、图像的）有敏锐、透彻的理解，对信息的新闻价值有更准确、更深入的把握；谙熟观众接受心理，有方便和吸引观众收视的信息"导航能力"，即为了传播的有效性做背景补充、勾连消息的编辑能力；演播室访谈及议论能力；新闻现场的采访报道能力；直播过程中果断成熟地应对各种突发事件或突发情况的现场处置能力。再加上端庄大方、成熟可信的形象气质以及质朴自然、专注投入的镜头前传播状态，这些共同构成了"主播"这个职业称谓的实质内涵。

三、主播由哪里产生

由于主播最主要的业务职责是播报消息，根据我国的现实，可以说主播是新闻播音员工作的拓展和延伸，又由于主播只出现在消息类节目当中，所以我们的主播大多来自播音员，少量属于前文提到的主编兼主播（如北京电视台的潘全心）。后者可能是希望以美国的主播模式为样板，不过"主编兼主播"的模式需要"编辑"与"播音"两个专业技术领域中的佼佼者方能驾驭。然而主编大多出身于资深的记者，由于中国语言的复杂性和特殊性，传统编辑记者与播音员的分工过于泾渭分明，因此两者结合的复合型人才难觅，且主编兼主播工作负担过重，因此"主编兼主播"在我国注定是少数。除以上两种情况，近年又有语言条件较好、形象气质得到观众认可的编辑记者走上主播台，如江苏电视台《南京零距离》主播孟非、福建电视台《新闻纵横》主播成洋等。

根据我国国情，笔者认为：第一，我国的新闻主播，应是以消息播报为主（风格不限），参与编辑工作，承担一定采访报道任务的新闻节目主持人，也就是前文指出采用"主播"称谓的第三种情况，这是中国新闻主播的主流构成。第二，没有必要也不应当以"主播"取代"播音员"，播音员的工作十分重要，是新闻报道中不可或缺的传播者，这两个相近岗位的业务职责有联系、有分工、有差异，这也是广播电视节目传播两大形式——主持人节目与非主持人节目各具特色、长期并存的现实需要，是不容置疑的客观实际。第三，作为个体的从业者，播音员与主播之间、记者等新闻从业人员与主播之间，没有不可逾越的鸿沟。是不是走上主播的岗位，能不能做主播，要根据个人素质和工作机遇这两个主客观条件才可能确定。例如中央电视台新闻频道的康辉，是大家十分喜欢和信任的主播，观众首先是在新闻播音员的位置上认识他，继而发现他有时在大型新闻事件直播中做主持人，如20世纪的"日全食"直播、"飞机穿越天门山洞"直播、老山汉墓挖掘现场采访报道等，现在他是新闻频道《今天》和《世界周刊》主播，偶尔也在《整点新闻》中顶班。至于长于人物专访、专题和杂志型新闻节目的主持人白岩松，由于业务能力全面，也经常在重大新闻事件直播中客串主播。

当前，受到业内肯定、观众欢迎的主播既有来自播音员岗位的，也有来自记者或其他新闻工作岗位的。中央电视台经济频道《第一时间》主播欧阳夏丹，是播音走向主播的一种类型，我们姑且称之为"夏丹模式"，对于以播音为专业背景的主播最关键和最紧迫的，当推新闻素质的强化。夏丹毕业于北京广播学院播音系，播音"科班"出身，进入一线时恰逢上海卫视创办《夜间新闻》，该栏目选中夏丹做主播，工作伊始就以主播标准来要求她。夏丹不光每晚准时出现在屏幕上为观众播报消息，而且是直播"口插画"一气呵成，即事先不录画面配音，直播时"导语"接图像新闻的"画外解说"，加无新闻图像的“口播新闻”，只有当图像新闻中有同期声时方能喘息片刻，工作量相当大。要完成好这样的任务，夏丹每天都要参加编前会，还要从服务观众、增强传播效果的角度动笔修改导语、串联词，以增强传播的亲和力及吸引力。由于播出前她对整个节目播出内容从动脑、动心到动笔，可谓了如指掌，才有直播时观众感受到的入耳、入脑、入心。上海卫视这样要求夏丹，加之她个人努力，其新闻素质得到迅速提高。与此同时，领导还给机会培养锻炼她的记者素质，曾派她到墨西哥采访 APEC 会议，分工负责做会议花絮等软性报道，她的英语口语派上了用场，每天还负责画面传输等工作，不仅积累了新闻工作多方面的经验，合作关系、团队精神也得到发扬。现在来到中央电视台经济频道《第一时间》，负责每天 2 个小时的直播，在解读新闻、改变语态、与观众互动的话题讨论、与搭档即兴合作生发议论、外出采访、演播室与嘉宾对话等方式或环节中游刃有余，轻松、平易、简洁、明朗的主播风格初露端倪。

实际上早在 20 世纪 90 年代中期，中央电视台新闻中心就对当时《晚间新闻报道》的年轻播音员贺红梅、康辉、海霞等提出了使消息稿件口语化、修改导语、撰写串联词等编辑工作要求，实践证明这样做对播音员新闻素质的提高和“以观众为本”注重接受效果的传播素质的提高是十分有效的。上述播音员在主播位置上都有上佳表现，而且在他们身上具有可持续发展的巨大潜力。

主播的另一种类型——记者出身的主播，其优势更多的是在生活中发现新闻、判断价值并制成电视节目的职业能力。他们在语言表现力方面，一般语言内容或话语组织能力较强，但是在有声语言方面，往往存在普通话不够标准、吐字欠清晰、感染力不足的缺点，需要在声音形式辅助和保证信息有效到达上作出努力。比如孟非和成洋，在节目中格外看重主播的议论空间，节目中他们或者作三言两语的评点，或者是专题言论，其中的赤子之心可见一斑，个性风格更加鲜明。当然主播言论需要格外用心地在主播人媒体身份与个人身份之间把握分寸、掌握平衡，需要在面向观众的关系、态度和话语方式上，从理性与感性的结合上，寻求最佳点，避免情绪化或简单化。

主播人才选拔除上述两种方式外，当前急需开辟第三条主播培养途径，换一个思路：不急于让那些具有做主播潜质的年轻人进演播室出镜，而是让他们到一线做记者，深入社会、了解国情，发现新闻、采集新闻、制作新闻，在社会和新闻的海洋中学会游泳，届时他们坐在主播台前一定是胸有成竹，也必将让观众耳目一新，更加信赖。笔者特别注意到，中央电视台西部频道的首席主播侯丰，在多年前就以敏锐前瞻的职业眼光和坚定不移的脚步实践了这条路。侯丰从北京广播学院获得新闻主持人双学位后来到辽宁电视台成为辽宁省新闻联播的播音员，从开始就热衷于兼做记者，5 年半的时间里，他跑过时政、工业、农业新闻，隐性采访拍舆论监督的片子，辛勤地奔波在辽宁广袤的土地上，经过生活、新闻、政策的锤炼，完成真正属于“新闻人”的淬炼，当辽宁电视台《新闻直播室》开播时，他理所当然、气定神清地坐上主播台。进入 21 世纪，出色的成绩让他戴上 “金话筒”金奖的桂冠，及至被中央电视台西部频道引进，担起播报、采访、访谈等新闻主播的全部职责。只不过侯丰的主播成长之路，更多的是他个人的自觉选择，我希望这条路会成为电视媒体培养主播的组织意识和组织行为。

谁来做主播？从泛泛的意义上说，当然是“英雄不问来路”“不拘一格降人才”；从可操作的意义上说，便要从主播的工作职责、业务能力的角度，即“主播”的实质含义来衡量和要求。愿我们的消息类新闻节目主持人——主播健康成长，展现出具有现代新闻意识、现代传播意识、现代观众意识的风采。

2004.7.12

附录三

近距离感受赵忠祥的配音艺术

——《动物世界》配音纪实

吴郁

今年5月下旬，我与赵忠祥老师同赴河南参加“金鹰奖”优秀主持人的评选工作，途中闲聊，得知赵老师还在担负《动物世界》的配音解说工作，我提出能否进录音间观摩他的配音，赵老师欣然同意。没承想，回京后第一个工作日，赵老师就打来电话约我次日去台里，他有配音任务。确认了时间后，他立即为我办好了入台证。我与赵忠祥接触不是很多，更没有深入交谈过，不过对他堪称一绝的《动物世界》的配音神往已久，真没想到，赵老师如此不动声色地把我的请求放在心上，这么快就能满足我的愿望。

5月25日上午，在中央电视台海外中心K206录音室，我静静地坐在赵老师左侧，近距离地感受他的配音艺术。

录音员小何把当天要录的稿子《世界末日》递给赵老师，此时来了位编辑，请赵老师先插播一个世界杯期间特别节目《非洲时光》的节目预告，编辑急等着用。赵老师打开话筒试读两句，录音员旋即调好音，赵老师情绪饱满一气呵成，用时27秒，可是该预告要求控制在15秒内，显然文字太多，赵老师与编辑商议，自己动笔删改，很快完成了这临时“加塞儿”的任务。

这天的正活儿终于开始了。播音桌很宽大，中间是45度角的斜面，这是一个适合坐姿、使用稿件的专业播音台，桌上备有《新华字典》，对面监视器屏幕上播放着要配音的画面，话筒是电容的，前面有个黑色圆形的网子，估计可避免过强的气流“扑”话筒，让收音更温润柔和。稿子上左端是解说进入的时间，以秒为单位，业内称“入点”，时间点后面空一格就是解说词的文字。赵忠祥戴上耳机，向录音员示意，屏幕上的画面开始滚动，配音开始了。

在电视机前听惯了的、十分熟悉、淳厚而富于磁性的声音在耳边响起，我被带入不为人知而又妙不可言的动物世界，一幕幕奇特的景象、一个个无从解释的动物行为，在赵老师出神入化、娓娓道来的解说中揭开神秘的面纱。惊险、奇异、兴奋、好奇、疑惑、感叹、担心、赞美、吃惊……令人眼花缭乱，目不暇接。这部命名为《世界末日》的片子，记录了杀人蜂、蝗虫、家鼠、蜉蝣、鸟群、蝉、陆蟹、行军蚁、湖蝇、红嘴奎利亚雀、鲢鱼、蜜蜂等12种动物，各自组成超级大军齐心合力作出某种惊人举动、入侵人类生活的情景，有的令人恐惧和困扰，有的看上去壮观而美丽，有的大肆吞吃田里的稻米，有的却成为人们的美餐，这些悲喜剧惊心动魄地轮番上演，高密度、高频率地冲击观众的眼球和大脑。

解说配音是专题片不可或缺的构件，编辑撰写的解说词，把记者排除千难万险拍摄捕捉到的画面连缀起来，并作出生动科学的说明。然而，躺在纸面上的文字，如果不转化为直接通向理解与情感的有声语言，电视机前的观众是无从全息地接受精彩的专题片的。这是个常识，不信你就按下

“静音”试试，顿时如坠五里云雾之中。高水平的配音，与画面、音乐、同期声无缝连接，融为一个精心制作的节目整体，奉献给观众。

拿这期《动物世界》的解说词来说，有情景的讲述、细节的描绘、科学道理的解释、外语同期声的翻译，结尾还有议论和抒情，赵忠祥都播得准确细腻，引人入胜，其间风格的把握、感情的起伏、声音的扬抑、句子的连断、语流的疏密、节奏的变化信手拈来、恰如其分，真可谓炉火纯青，绝非一日之功！

赵忠祥的配音艺术，我以为有五大突出特点不能不说：扎实精深、青春常在的基本功，行云流水、讲究分寸的语句处理，韵味十足、寓意丰富的“赵氏停顿”，举重若轻、着意细致的重音点送，专注神往、全情投入的创作状态。

一、扎实精深的基本功

先说声音气息及吐字的基本功。只见赵老师稳坐椅子的前端，腰板自然挺直，后颈立住，下颌稍内收，稍含胸，稿子立起一点儿。这样的坐姿，自然松弛而又保证了气息的有力支撑。他的气息十分通畅，除了个别处情感的需要，其余全然听不出换气的声息。再长的句子乃至关系紧密的句群，他都处理得从容潇洒，快而不乱，颇有章法。如这样的句群：

> 但在这里，希斯罗机场那么大的区域内往往聚集着10亿只蝗虫。⌒要不是蝗虫们彼此保持着固定的距离，⌒这里肯定会成为空中交通管制员们的、噩梦。①

他在“区域内”这里有个气口，后面的句号几乎听不出停顿，接下来的逗号显然是舍弃了，一直说到“管制员们的”才稍做顿挫，而后稳稳地点送出“噩梦”二字结束了这个句群，显得十分大气。

赵忠祥的用声音量不大，但声音结实、宽厚，是为“小实声”，而且高低转降变化自如：低音通、松，不压喉，恰到好处的胸腔共鸣传导出声音的磁性；高音轻松，不求明亮，特别巧于“高而轻”的拿捏，演化出轻灵高妙的境界；中音则淳厚清爽，加之字字珠玑，轻巧弹出的吐字功夫，即使音量不大、语速快捷也都能听得清清楚楚、明明白白。这样的用声吐字非常适合“以画面为主，从旁解说”的配音要求，不会“抢画面”，不会“两张皮”，而是水乳交融，浑然一体。

赵老师今年六十有八，踏入电视领域已整整五十年，可是他的声音却依然年轻，听不出半点这个年龄段常有的苍老痕迹。后来他在接受《中国电视报》记者采访时，不无自豪地说：“从声音条件方面看，我对自己信心满满。我的声音保持得很好，就算把20年前的片子拿出来，重新补上一两句话，也听不出哪一句是现在录的。我想，这就是声音的‘用进废退’，就像老人家打太极拳，一直练就会行云流水。”

二、炉火纯青的表达功力

赵忠祥的配音与画面情境及运动节奏配合得疏密有致、转换自如、行云流水，如同不费思索、不经雕琢就从心底里流淌出来一般。他不受标点符号的局限，让你的视觉与听觉几乎同步反应，立刻

① “⌒”表示连接，“、”表示停顿，下同。

将你带入特定情境。比如说杀人蜂的一句：

杀人蜂通常集体行动，︵它们的反击不仅迅速，︵而且、致命。

这里的两个逗号，赵老师都没有停顿，一口气说到“而且”，一个果断的停顿之后，不容置疑地吐出“致命”二字，令你心中一紧。

再看讲述行军蚁杀死蝎子的过程，从33分43秒至34分20秒共有4个解说词入点：

(33分43秒) 在这支战无不胜的队伍面前，蝎子的毒针也失去了往日的威风。工蚁和兵蚁联合作战，︵根据体型、分工合作。︵

(33分58秒) 一些行军蚁在蝎子腿上寻找缝隙，其他的像开罐器一样掀开它肚皮上的铠甲。

(34分10秒) 蝎子的毒针完全动弹不得，寡不敌众的它最终放弃反抗。

(34分20秒) 行军蚁迅速将蝎子的残骸分解，︵拖回巢穴，︵喂给其他同伴。

在短短的37秒里，文字中既有行军蚁的战术——“联合作战”，又有其杀敌细节——“掀开肚皮”，还有话分两处的结果——蝎子“动弹不得”、行军蚁分享战果；画面上既有类似全景的运动镜头，也有推到细部的特写。赵老师读来没有丝毫仓促勉力之感，反倒是疾徐相间，张弛有度，一气呵成，游刃有余。他起句并不急，至“工蚁和兵蚁联合作战，根据体型”则语气紧凑，有些许神秘感，稍做顿挫再说出“分工合作”，然而这里的句号并不停顿，紧连下句迅速推进，着力描述行军蚁的绝招——“像开罐器一样掀开肚皮上的铠甲”，尤其是那个动词“掀开”，赵老师只拎起一个“掀”字，就极有动感地传递出行军蚁的致命一击。蝎子的下场这句稍缓，轻声点出“放弃”二字，准确地表露某种无奈。最后一句，又是接连抛却两个逗号的桎梏，将“分解残骸”“拖回巢穴”“喂给同伴”的3个动作紧紧粘连，至句尾才渐渐放缓语速，结束这个行军蚁群战毒蝎的精彩情节。这复杂而又精细的连环动作，这生动真切的画面，经由赵老师的解说恰似锦上添花，声画结合十分到位。

为专题片配音还有一个特点，感情的运用要求分寸得当，配音不是有声语言的“独唱”，而是画面、音乐、同期声、解说等多个声部的“合唱”，至于配音，其艺术就在于“度”的把握。赵忠祥的配音，难能可贵的正是感情运用的自然和精准，分寸拿捏相当恰当。如讲到家鼠带来的噩梦，有一句感慨：

(9分18秒) 这是每位农夫的噩梦。

(9分37秒) 一位不幸的农夫拍摄下了大祸临头的瞬间。

他在讲述中有铺垫，不突兀，略着色，但并不渲染，而是递给画面去展现。此时，观众就有了相应情绪的感染和准备，能全神贯注、身临其境地接受屏幕上的全息信息，这样的“略着色，不渲染”的情感传递，颇具“四两拨千斤”之妙。

接着是有同期声的一段画面：

(9分55秒) 鼠灾无法控制……

“哦，它们在我家的猪身上，哦。”

为了救猪，她将自身的安全抛到了脑后。

“哦，好了。”

其间叙述与现场人物的同期声交错，既要把握好二者的区别，又要传神地模拟同期声的语气，准确表现人物的心理状态。

这部片子里的同期声，还有一段家庭电影胶片拍摄的与蝗虫群正面遭遇时记录下的真实一幕：

“为什么是现在？”

“哦，妈妈。”

“这太疯狂了！”

“哦，我的天，它们起码有几百万只，到处乱飞，直朝这里飞来，哎呀，它们黑压压一片，把公路和汽车两边都遮住了。”

显然有两个人的声音：妈妈和孩子，赵忠祥秉承“神似而不追求声似”的原则，只是略微渗入“轻偏高”的虚声成分，并在咬字的前后位置上做细微调节以示人物区别，他重在捕捉现场人物的真实感受，同时也凭借外语原音的语气色彩，生动形象地还原了彼时彼地彼人的内心惊恐。赵忠祥的语气模拟，包括话语的时长，都十分准确。要知道，他没有备稿，完全是跟着画面和稿子走，一切处理都是一触即发、一次到位的。不言而喻，赵忠祥对文字的理解力、感受力，有声语言的表现力、感染力及分寸感的把握，正可谓“功夫在诗外”，功夫在平时。

三、意蕴丰富的“赵氏停顿”

之所以要称为“赵氏停顿”，是因为纵观全片，虽然赵老师的停顿并不多，呈现出“多连少停”、“停顿少而短促”、语句抱团、语意完整、行云流水、舒卷自由的从容和老到，但是，他会有一些被人质疑的“不规范”的停顿。这次我得以静下心来，在画面与声音之间、在他的创作状态当中，细细体味这些特殊的停顿，终于有所悟，有所得，核心便是其对表达成规的突破以及创造性的技巧运用，称得上是“随心所欲，不逾矩”。权且说说其中的三点独到之处：

第一，独到的停顿连用。“多连少停”本是语流表达顺畅、摒弃“念稿”，增强“说讲”味道的重要法宝，不过，为了突出强调某些感受，赵老师又绝不吝惜使用停顿，在同仁一般不去顿挫之处却刻意加以停顿。像讲述蝉的故事时：

它们在地下度过相对于人类青少年的时间，变成成虫后、却只存活了、短短、三周。

此处接连3个停顿，是因为这种蝉在地下蛰伏17年，爬出地面蜕变成蝉，继而完成交配与产卵，它们的生命就走向尽头。为突出蝉的生命之艰难漫长与绚烂短暂的强烈对比，并将此深深刻入观众的脑海，赵忠祥采用了“先连，后断、再断、三断”的突破常规的方法，此时的停顿不是气息的生理需求，不是句子结构的逻辑需要，完全是感情与理智的认知，是与观众心灵沟通交流反映到表达的必然。当然，这“必然”只是言其合理性，并非人人或处处都能如此处理，它是有丰富的内心依据的。此情此景这个性化的、创造性的技巧运用，赋予了有声语言以生命的活力。

第二，停顿处的音节延长。有的播音员总喜欢于介词（如从、自、在、当、把、以、跟、被、叫等）处拖长音停顿，这样做往往并非出于表达思想感情的需要，而是借此瞬间飞速扫描后面的文字，以减少不必要的停顿或错误，故业内贬之为“保险调”。赵忠祥有时也出现此类延长音节的停顿，严格讲也许不能排除“保险”的可能，然而不同的是，他不是逢介词必停，更没有成为“固定腔调”。请看下面两例：

在～头四周，它们还是一支地面部队，但随后便会开始空中作业。①

盘旋了一个小时之后～，鸟儿们纷纷向地面俯冲，朝着、今晚的栖息地飞去。

他的处理妙在停顿后的衔接，一是语气贯通，气断意未断，继续饶有兴味地讲述；二是他赋予延长音以揭秘的神秘感，在听觉上给人一种绘声绘色旁白的韵味，与“保险调”跳出语境的阻隔感绝不是一回事。因此，这个符合语境、平添韵味的停顿处理，可以说是“赵氏停顿”化腐朽为神奇的妙处。

第三，短促、有力的停顿处理。播音中重音前的停顿，无疑是突出重音的主要方法之一，赵忠祥在解说词的关键情节前或重音前，也以停顿来引起观众的注意，只是他用得大胆，甚至是一个字之后就停顿，而且短促、有力，在晓畅的语流中顿生一种“铿锵”的动感，明显不同于一般的停顿处理。如以下两句：

体积较大的兵蚁排在队伍两侧，将、小一点的工蚁保护在中间。

若虫们一直靠、吮吸树根里的树液为生。

停顿的意蕴与后面的衔接关系密切，如若只关注停顿的位置，没有停顿前后衔接变化的语气神韵，停顿就失去了灵魂。赵忠祥的这种“铿锵顿挫”，俨然展现了在动物王国里“观察、发现”的心理过程：停顿是屏气凝神地观察，接着是发现奥秘的释然以及相应的认知反应。

四、举重若轻的重音点送

语流中的重音“少而精”与“多连少停”一起，是当代有声语言传播摆脱“说教”刻板印象的重要方法。赵忠祥对重音的运用不仅少而且精准，强调方法也因“地”（文字与画面）制宜多种多样，其中一个方法十分巧妙，即只拎出重音词语的一个音节，以音高、音强、音长及音色的虚实、明暗等听觉上的差异，轻巧形象地凸现重音音节，实际上与音乐中的附点音符有异曲同工之妙。这举重若轻、源于生活又高于生活的重音处理深沉、老到、浪漫、奇妙，为观众带来鲜明清晰的印象。如以下两句：

一旦我们深入动物大军的内部，就能解开他们与人类相遇的经历。②

如～此完美的飞行系统令蝗虫成为一支不容小觑的力量，几乎无法控制。

“内部”“无法控制”是理性分析上的重音，转换为有声语言时，赵忠祥就只抓一个音节“内”“无”，以贴切感性的语气引领，着以比生活略为夸张的力度或长度点送出来，就传递出能引起观众共鸣的情感态度。“内”字带来探秘的兴趣和信心，“无”字活化出“不可小觑”的内心感受，旋即与画面完美对接，完全不必突出“不可小觑”四个字，这正反映了配音重在语言与画面的契合，而不是在“字面上雕琢”的特点。

赵老师还有一个习惯：有意无意地突出量词后面的单位。如：

① “～”表示该音节的延长处理。

② “·”表示重音。

它们(蜉蝣)的数量的确惊人,仅仅一个晚上就大约有18万亿只,是全世界人口的3 000倍。

在一场短短一个月的突然袭击中,有3 500万只老鼠丢掉了性命。

听得出来,他都刻意强调了"亿""千""万"这些数量词的单位,想来也是基于真实感受其"多",于是细致地予以突出以期引起观众的注意,也真是用心良苦呢。

五、专注投入的创作状态

这次配音,不算临时插入的节目预告,有两个片子:《动物世界·世界末日》《国饮禅茶》。第一篇赵忠祥根本没有备稿,对此他特别叮嘱我"不要跟学生说",怕学生误解,影响不好。但我想,既然是纪实,还是如实纪录为好。当时他的解释是,自己播了近30年的《动物世界》,节目内容、文字、编排及总体的抒情风格都没有大的改变。其实,其中的奥秘,就在于赵忠祥为《动物世界》配音的丰富创作实践以及经年累月极高的专业悟性之积淀,已然让赵忠祥与《动物世界》之间有如相知甚深的老友一样——"心有灵犀一点通"。

《国饮禅茶》是一篇"干播稿"——没有视频素材,也无配乐等音频素材。赵忠祥仔细看了稿件,个别字还查了字典。这篇稿子与《动物世界》解说词那种形象口语、生动风趣的风格相去甚远,书面语味道浓,还有几段诗词,又是茶,又是禅,一派中华传统文化的意蕴。赵老师把个别拗口的地方小声念了念,便开始了录音。

不管是哪个片子,一旦话筒打开,赵忠祥立即进入创作状态,积极专注、全情投入,感受敏锐细腻。只见他戴着老花镜,食指轻轻点住句尾(以提示音画关系),声情并茂地讲述着。有时兴之所至,头部、肩膀自然而潇洒地随之晃动,笑声、手势也顺势融入语流。《国饮禅茶》中,说到"无忧无虑,亲和平等的生活方式",他竟有些陶醉地摇头晃脑,偶尔还挥动手臂,恰似唱戏般,对呀,在屏幕上见过他唱京剧的。总之,赵忠祥配音进入佳境时,心驰神往,气韵相合,物我两忘,如入无人之境,直把自己的感悟说与观众朋友分享。录音结束,我问他:"你是否觉得很享受配音的过程?"赵忠祥十分认可,他说:"外边的一切都忘了,除了眼前的动物世界,别的似乎都不存在似的。每次配音,我总有一种兴奋感,感到一种愉悦和幸福。"

赵忠祥工作效率很高,中间除了素材带的技术原因数次打断录音,他自己只有两次口误停机,45分钟的节目,55分钟就顺利完成。赵忠祥还特别提到自己在与录音员的长期磨合后,用声状态、技术调节都找到了最佳声音效果,十分默契。他们之间没有老少、资历、职级等差别,只有一个共同的目标,即让每一次配音都成为可以长久传播的艺术精品。这次也是一样,到最后,年轻的录音员提出两个字音有疑惑,复听后,赵老师立即痛快地改正了。文章结束前说一个小细节:整个录音过程,赵老师基本不喝水,开始喝一两口润喉,录完一集,喝了两口,就又开始录下一篇了。

2010.6

附录四

细说控场中的互动功能①

吴郁

主持人在节目中的主持功能，无论何种节目类型、何种节目形态，究其共性，不外乎五大作用——叙事、衔接、沟通、评论、控场。然而这5种功能之间并不是截然分开的，常常会有些许交叉，如衔接与控场、评论与控场，等等。而且各项功能还都可以进一步细化深入，如控场又可进一步细分为"常规控场"与"应变控场"。接下来，我们从现场带入感与现场灵动性中找到"互动"这样一个独具主持特色的"子功能"。"互动"在"常规控场"或"应变控场"中都会用到，今天我们就对"互动"功能做一些具有操作性的分析。

互动在此处特指在节目当中，主持人与参与节目的嘉宾及受众之间的互相影响、互相作用的话语交流。互动是现场驾驭掌控的重要的、灵动的推动力，开放性的、互动性的节目发展到今天，优秀主持人有许多富于创新意义的表现，的确值得我们关注、研究和借鉴。下面就细说主持人的互动功能，主要从"功能所在""能力层次""相关要素"3个层面展开。

一、互动功能之所在

(一)程序、环节的有机推进

在既定的推进环节程序的串联词的基础上，有多种方式巧妙的衔接转换，其中既有预先设计的，也有临场即兴的，总之，主持人应有备而来，使准备与现场发挥融为一体，使环节的推进不直白、不生硬，使程序的实现有序而巧妙。

陶子是台湾资深的综艺节目主持人，她独特的轻松聊天式主持，无"煽情"之嫌，更与"哗众取宠"绝缘。像大家的老朋友、老熟人一样，陶子让所有在场的人心情放松，热情投入，共同享受节目过程的美妙和快乐。陶子的控场不强势，没有优越感，她真诚地、愉快地调动现场的观众，这颗亲切智慧的"开心果"让现场的人：参赛的自信而深情地展现；评议的给予真诚、平等、专业的指导；来听歌的收获喜悦、心得和享受。而收视节目的观众，无论在电视机前还是在网络上，也被迅速带入，乐在其中。陶子常在流程的发布中渗入亲切的调侃，自然而巧妙，绝不喧宾夺主，整场晚会在陶子的主持魔棒下美不胜收，让人陶醉。下面我们来看台湾《超级星光大道·星光传奇赛》

① 此文系2012年秋冬应邀为江苏广电集团及广东电视台做专业培训的部分内容讲稿，收入本书时又增补了一些新的个案与分析。

2010年7月30日播出的节目，以开场白为例：

陶　子：全球的观众朋友晚安，欢迎您再次准时收看我们的《超级星光大道之星光传奇赛》，在这个比赛当中，我们看到了人的斗志和毅力，以及卷土重来之后他到底准备得多完整，当然最主要的，还是要非常感谢一直支持我们，不离不弃的广大的歌迷朋友，也先欢迎你们。

今天我们即将要决定《星光传奇赛》的第九名，也就是今天的分数呢，低于其他八位的，就是第九名了。讲话很有艺术有没有发现？我们不要讲人家今天的分数最低是第九名，这样不好听，很伤心，就是他的分数低于其他八位一点点，就是第九名，第九名已经很了不起了，因为可以说，这些都是各方各界的好手。同时也跟大家预告一下，在9月11号，星光传奇即将在南港国际展览中心举办星光传奇的演唱会，大家可以记一下这个地点售票。（助手晃动清晰的光电字板）

陶子的开场白开宗明义，言简意赅，一"听"了然，可圈可点，尤其是"我们看到了人的斗志和毅力，以及卷土重来之后他到底准备得多完整"一句，承上启下地串联起比赛的过往与现在，意味深厚，真诚而鼓劲，简洁而有分量，十分"给力"。接着，陶子交代这场比赛的任务，她调皮地自我欣赏般夸自己是会讲话的"小聪明"，引得现场一片会心的笑声，就这样，陶子似乎很轻易地就完成了开场和热场的任务。

被誉为中国首档青年电视公开课的《开讲啦》于2012年8月底的开学季在中央电视台综合频道播出。这是一档充满正能量而又温暖轻松的节目，选择的演讲嘉宾是大家熟悉并欣赏的青年榜样。他们不是来炫耀的，而是来交心的，谈他们曾有的迷茫、挫折，谈他们深刻丰富的人生感悟。节目十分平等、真诚，接青年人的"地气"，因针对性强而更显亲和实在。节目有10位学生代表发问，使过往电视演讲的"一言堂"有了对话、沟通、交流的现代气息：一方面，话题更深入、更敏锐；另一方面，节目又展现了年轻人的勇气和自信。加之由颇有文化积淀和生活积累、机智幽默的撒贝宁来主持，可以说《开讲啦》是一台满堂生辉、好听、好看、回味无穷、有积极影响力的好节目。

撒贝宁亦庄亦谐又极具"温度"的控场互动，无疑为节目增添色彩，加分良多。撒贝宁在现场用心地聆听嘉宾的演讲，仔细地感受学生的心思，演讲及互动的既定进程乃至时间都装在他的心里。与此同时，他敏锐地根据现场的倾听与观察，随机应变，通过互动来调整节奏，从而有机、有效地推进环节。如著名学者、复旦大学图书馆馆长葛剑雄做演讲嘉宾的那期《读书，永无毕业》，在学生代表与葛剑雄的互动环节，3个学生的发言都似乎表示"现在不可能静下心来读书"，此时，撒贝宁立即抓住3位提问者的共性，巧妙风趣地来了个穿针引线的环节转换，推进了话题的层次：

好像他们都是不太爱读书的同学，第一个站起来说，我因为工作忙，跟人打交道多，所以不怎么读书。第二位同学说，我要走万里路，走了30多个城市，没时间读书。第三个同学直接站起来说，您的意见有所偏颇。我告诉你，你考葛老师的研究生，可能性不太大了。（全场笑，接着话头一转）有没有爱读书的？来，×××（点了一位举手的学生）。

（二）现场氛围的巧妙营造

现场氛围是所有节目现场参与者共同营造的，不过由于种种原因，也许是紧张，也许是疲惫，都可能导致节目涣散沉闷。此时，主持人的作用格外重要。主持人是制造气氛、锦上添花，乃至起死回生、峰回路转的关键。

陈坤是《开讲啦》第一期的嘉宾，演讲题目是《人生路，莫慌张》。撒贝宁不时与陈坤有所互动，同时又悉心观察并捕捉观众的反应，适时放大加温，凝聚注意力，使全场掀起热情洋溢的青春气息。比如陈坤边示范行走，边回答学生代表"正能量"问题，走到台口时，撒贝宁接过话头对陈坤，也对全场观众说：

> 其实你刚才用你的行动回答得特别好。对，你就往前走那5步的时候，我听见那个女生的心都快蹦出来了，那就是正，对她来讲是绝对的正能量，而且是爆棚的能量！你就走那5步，那个女生坐那儿(模拟吸气)，哎呀……(全场大笑)。我再补充陈坤的话，我认识的一个人，行走的力量给了他正能量。他的名字叫崔永元，很多年了他睡不着觉，在前几年，他在电视上做了一个节目叫《我的长征》。你们也知道，就带着许多人把长征路重走了一遍，走下来之后他睡得比谁都香！这就是正能量，能感受到吧？(全场鼓掌)

撒贝宁在现场全神贯注，眼观六路、耳听八方，大脑飞速运转，现场的、日常储备的，瞬间对接、触发，绘声绘色地传递出来，点燃全场。这样，不仅仅点燃了谈话场氛围，更丰富和加深了大家对话题的思考与认同。

(三)议论发挥，补白思辨

主持人与现场嘉宾及观众的互动，早已超越原始意义上"报幕""司仪"的作用，主持人完全可以对节目内容的核心、重点作出深入浅出的诠释，对某些观点有所补充或思辨，帮衬嘉宾(无论专家或普通人)与观众平等交流，激发其多元思考的热情、乐趣，做到这一点，功莫大焉。

陈坤在《开讲啦》的现场，开诚布公、掏心掏肺地向观众讲了他从坎坷、迷茫走向理性、坚定的心路历程，尤其一个演员面对外界纷纷扰扰的繁杂信息，他强调内心的安静，对外界的议论"不予理会"。对此，撒贝宁一方面深深理解陈坤基于自身的这一见解，另一方面，他又能从普遍意义的角度给予更完整、更全面、更客观的观照。于是，他温和而沉静地以商榷的口吻说出自己的看法，从而配合陈坤的现身说法，升华了关于"对待外界意见"的思考：

> 内心的力量强大起来以后，外界的很多东西就无所谓了，但永远不会说，我们不在乎外界的东西，因为人是一个社会性的动物，我们永远不可能把自己关在家里，去自己做人。我们永远要和社会接触，所以外界的反馈永远是重要的，但是关键，它能给你什么样的力量，是正面的还是负面的，这个要看你内心。

2012年年末的《直通春晚》也是十分吸引眼球的节目，董卿在主持中的互动也有许多可圈可点之处。12月23日播出的第八场，是八进五的关键场次，选手各有实力和特色，但总有人会离开这个舞台。那天，董卿对于被淘汰的选手给予了格外真诚的关怀，不是廉价的场面话，而是满含赞扬、鼓励及人生感悟的惜别。比如在公布常石磊败于金池之后与常石磊的一番对话：

董　卿：之前有没有预想过这样的结果？

常石磊：我跟所有的参赛者一起走过这样一个国家殿堂的舞台，真的是说明我们是挚爱音乐。我是以音乐为生的人，金池、我们所有的人，我们都热爱音乐，我在这个舞台上学到了太多太多如果没有来到这个舞台就学不到的东西。做一个音乐人，做一个歌手，做一个人，这个舞台给我太多太多太多的太多，我没有办法现在就说清楚。我现在可以说是觉得，怎么那么好，可以让我站在这里跟所有人一起去感受这个时刻，所以非常非常开心能在这儿见到大家，跟大家分享音乐，谢谢！

董　卿：如果你把这个过程，这个时刻的感受，将来也写进你歌里，那又是另外一种收获了。

常石磊：会的。

董　卿：其实我是蛮佩服常石磊的这份勇气的，因为我们都知道他不仅是位歌手，他更是一位很优秀的音乐人。他之前在北京奥运会的时候，为我们奥运会开幕式的《我和你》编曲并且是首唱，而且后来也担任过像林忆莲一些很著名的歌手的音乐制作。包括在2012年我们迎接伦敦奥运会的时候，他又写了一首《北京祝福你》，有一百多位明星演唱这首歌曲。就是带着这样的一份成绩，（观众欢呼）他敢于站在这个舞台上！其实人生，有时候我觉得最大的失败不是失败本身，而是你害怕去失败，所以我真的很佩服你的勇气！我觉得这样的歌手不仅值得我们喜爱，更值得我们尊敬！掌声送给常石磊！

董卿的提问触发了常石磊坦诚、质朴而又感人的真情告白，董卿趁势追加了对常石磊音乐成就的介绍，引发全场观众以欢呼表达的共鸣。待欢呼声渐落，董卿又安静地说出了她的人生思考，表达了别有意味的敬意。

（四）及时小结，升华主旨

在以谈话为主要形态的节目里，虽有一些音视频手段的介入，但是谈话内容毕竟是节目的主旨，理性的思维活动往往需要主持人助以形象的阐释、精当的提炼，从而激活深度思考，加深印象，通向心灵。

由于对现场提问或回答常常能归纳得一针见血，撒贝宁被观众在微博上封为“总结帝”。请看小撒协同陈坤在回答“行走的公益在哪里？”这个问题时的互动对话。

陈　坤：因为现在就是一个所有节奏快快快，我们每个人快快快，我们能不能做一点，没那么马上有意义的事情，slow down。

撒贝宁：陈坤刚才说了一点，我跟你（指陈坤），我跟你有一样的一种感受，就是公益其实分很多种，我们现在可能社会上更多地把目光放在那种物质公益上。实际上捐助物质上的公益，那是一种方式，但是中国自古以来有一种说法，叫“授人以鱼，不如授人以渔”，你给他一条鱼，不如告诉他怎么去打鱼。

陈　坤：你怎么又总结得这么好。

撒贝宁：所以陈坤他这种行走的力量，其实表面上看，他没给我们带来什么物质上的东西，但是如果有人能够从这个力量中感受到，噢，原来我们还可以这样，用这样的方式去回望一下自己的人生，寻找一下内心的正面的这种能量，那么也许当他领悟到这个了，用这种正面的能量为自己未来的道路打开更广阔的境界的时候，功德无量啊！

陈　坤：总结得太好了，谢谢！

二、互动能力的层次

以上谈到互动功能的几个主要方面：有机推进程序、环节；巧妙营造现场氛围；议论发挥，补白思辨；及时小结，升华主旨。它们同样重要，而且互相穿插，使得开放性、互动性节目熠熠生辉。不过，毋庸讳言，在现实节目里，主持人互动的水平不一，层次有高下之分，大约有四类：

1. 只是简单机械地完成台本写定的程序环节串联词，毫无趣味、无创造性发挥。比如，拉开架势找范儿的"司仪、报幕"式，囿于台本，不求甚解，满足于"走过场"。

2. 插科打诨、耍嘴皮子，抖机灵，热闹倒是热闹，但缺乏内涵，态度轻率，盲目自信，观众哈哈一笑，过耳即忘。

3. 有准备，有"现挂"，幕后故事与台前表现巧妙结合，活跃了现场，丰富了背景，引发观众感情共鸣。

"现挂"原是相声里即兴发挥的术语，一般用在说"垫话"和场上发生意外情况之时。具体指台本中没有，却利用现场元素——人物表情、动作、语言，景物、声音、事物（动态）——的机智语言反应。现挂对于吸引观众注意力，调解观众情绪，甚至扭转突发的干扰，都有很大的作用。把现挂借用到节目主持中来，是指在没有预先准备的突发情况下，主持人根据现场情况进行的即兴发挥。

2012 年 9 月第九届中国金鹰电视艺术节主持人盛典在长沙举行。白岩松、朱军、撒贝宁、孟非、胡瓜、黄子佼、欧弟等国内 50 多位顶尖的主持人齐聚一堂，他们不为人知的才艺和极具幽默、智慧的临场反应令整台晚会看点不断。在一个观众互动环节，一位女观众向当晚主持人开玩笑的焦点人物撒贝宁发问：

女观众：你最喜欢的女主持人是谁？

撒贝宁（长长地舒了一口气）：你真是吓死我了！（然后颇为得意地）我喜欢的女主持，没有特别的个人。我觉得她应该有朱军一样的声音，白岩松一样的睿智思维，崔永元一样的智慧幽默，但不要有孟非的发型和毕福剑的长相！

撒贝宁机敏幽默，现挂到场的优秀主持人，这个意料之外的应对，引起一片哄笑，掀起一个全场的小高潮。令大家没有想到的是，笑声刚落，撒贝宁又接上"最喜欢的女主持人"这个话头，郑重地、意味深长地大声宣布：

撒贝宁：其实，我真正喜欢的女主持人就在现场！就在嘉宾席里，她就是沈力老师！请主持人们起立为沈力老师鼓掌，表达我们的敬意！

撒贝宁在意外的难题面前先谐后庄，先是现挂几位男主持人，有的赞扬，有的敬佩，有的搞笑调侃，以此放松大家，也给自己一个缓冲时间。旋即，又郑重地说出了自己的答案。这个答案发自内心深处、经得起推敲，因而引发众人的热情回应。他从机智趣说、戏说，到真情实说，升华了主持人盛典的主题，并两度掀起现场的高潮，这样的现挂堪称典范。

而台前幕后的巧妙结合，下面就是一个很好的例证：《直通春晚》第八场，木江子组合 PK 刘威煌，来自香港的刘威煌被淘汰，他哽咽地表达了对妈妈、工作人员、香港朋友及公司的感谢。董卿十分体贴地把她了解的幕后故事讲给观众：

> 我跟刘威煌深谈过两次，他跟我讲当他还没有来到我们舞台的时候，他还在香港，当时公司告诉他，我们让你去参加央视《直通春晚》的节目，当时他在家里就哭了。我说为什么，我说你那么容易动感情吗？他跟我讲了他非常非常真实的想法。他说，我今年三十三岁，这个年龄是一个极具危机感的年龄，如果你还没有达到一个明星大腕的高度的话，那你很快就会被接下来的更年轻、更具潜力的人给替代掉。所以他非常非常珍惜这次来到我们现场的一个机会。不仅他，他在香港的爸爸妈妈、弟弟姐姐都守在电脑前，通过网络在看我们的直播。所以当他晋级的时候，他在现场哭，他的妈妈是守在电脑前哭。所以他刚才唱 beyond 的那首歌时，我内心真是有一个感触，但是你知道吗？在所有八场比赛当中，我最爱的是你唱的 beyond 的《海阔天空》，真的（掌声响起）。
>
> 我觉得那里边的歌词送给你是再贴切不过了：多少次，迎着冷眼和嘲笑，我仍然不放弃我的理想，依然自由自我，高唱我歌，走遍千里。威煌，加油，一觉醒来，依然"海阔天空"！掌声祝福！

董卿在台下与选手有过深入交谈、专注聆听，更为可贵的是她将二者紧密结合进行思考，以选手的歌词给予热情鼓励，使选手和现场观众，包括电视机前的观众情感升华，一起感动，一起加油。

4.情与理相互融合映衬，节目主旨与生活感悟相映生辉。愉悦情感，直通心灵，耐人寻味，余味无穷。

陈坤做演讲嘉宾那期，一位女学生自曝生于单亲家庭，跟奶奶长大，奶奶百般关心体贴，但同时要求严格，自己感到压力很大。陈坤和撒贝宁真诚面对问题，通力合作，默契十足，从不同角度——一个将心比心，一个换位思考——一环搭一环，似严丝合缝的大小齿轮，推动话题深入进展，观众平心静气地聆听，从屏幕上可以清楚地看到提问的女孩及全场观众都听进去了：

> 陈　坤：是的，我要送你三个词，也是送给我自己的，这三个词对我非常重要，第一个词是"发现"，第二个词是"接受"，第三个词是"转变"。什么叫"发现"呢，就是发现你自己弱，你发现你自己会因为别人的鼓励和批评而难过，你要问你自己，你要发现你内心力量弱。完了之后开始接受，也许他说的是对的，因为我们经常花很多时间，别人说陈坤你是个二，大部分时间说，我不是，你把同样说不是这一秒钟变成"我是"，顺了，而已。我能够给您的建议是这个，因为我也是小地方出来的，朋友，但是在我的脑子里面我不认为我是小地方的，因为地球，我们都是地球上的人，我们地球人，你们大城市有什么了不起吗？我们小城市有什么不好吗？我们不都是人吗？！
>
> 当环境不能为你改变的时候，你要改变自己去适应环境，这也是一个很简单的道理。因为你以前一直认为他们给的是压力，所以你还要转换一个思维是说，很感谢他们的推动，你才能到今天，就是你要知道，人的真正成长和成熟来自感恩。感恩的不仅仅是给你机会的人，你还要学会——我知道很难，我也觉得很难——你要感谢那些给你压力，包括你觉得是负面情绪的人，你必须要学会感谢他们。

撒贝宁：年轻人有的时候做一些事情会因为冲动，会因为自己一时的情绪，而忘记了周围人尤其是你最亲密，甚至最爱你的人。也许他爱你的方式你接受不了，但是那一瞬间他对你的爱，会因为你的任性甚至有的时候带一点点自私的做法而受到伤害。所以在我们发泄自己的情绪，去寻找自己内心的时候，一定让周围爱你的人不要担心，这是年轻人首要的责任。尤其是奶奶，祝奶奶身体健康！

三、相关要素

互动的语料来自何处？如何才能有现场的灵光闪现？以下 4 个方面供大家参考。

第一，节目要素。如节目的定位、主旨、程序、结构，嘉宾、现场观众、目标观众，环节设计、辅助手段……在大型或较大型以互动为特色的娱乐、游戏、益智、选秀、综艺、谈话等节目里，选手（演员）、评委（嘉宾）、观众等都是构成节目的重要元素，主持人必须善于调度这些节目元素，不冷落任何一方，并从不同方向把大家拧成一股绳，共同发力做好节目。

仍延续前文提到的陶子主持的那场《超级星光大道・星光传奇赛》，开场白后进入比赛环节，陶子不是像一般司仪那样按部就班地播报节目流程，而是触景生情，以自然而然的聊天方式，把节目里相关元素的介绍带进来，营造了融洽愉快的氛围，消除了比赛的紧张感。紧接着，她又顺势介绍第一位选手，衔接得天衣无缝：

陶　子：刚刚其实我们在化妆间化妆的时候，很多乐团都在练习嘛，一直听到很多国乐，搞得我很想弄一壶茶跟一盘瓜子，（笑声）所以现在气氛是非常有这种艺文的感觉。

黄韵玲（一位女评委不由插话）：对，而且我还看到我的同学。

陶　子：真的啊？

黄韵玲：对，因为你知道我们班上就是有铜管乐，然后有键盘组、弦乐组，我看到的是我同班同学，应该是吧，对。

陶　子：他是操什么乐器呢？

黄韵玲：Tuba 低音号。

陶　子：那一定是个中翘楚啰。

黄韵玲：对，因为他们现在也都算是教授级的老师了。

陶　子：哇，今天我们请到的是教授级的乐团，所以请九位选手好好唱。首先第一位登场的是林道远。

林道远：老师好。

陶　子：林道远，资料上说你为了拍戏，跟我们这个比赛两头烧，所以瘦了几公斤。

林道远：15（公斤）。

陶　子（做看不出状）：在哪里？

林道远：我之前更胖，我之前超胖的。

陶　子：那你要瘦到 30（公斤）可能大家才比较看得出来。

林道远：没有，肚子……肚子小蛮多的。

陶　子：哦，肚子小蛮多的？

林道远：对啊。

陶　子：那麻烦以后把小胖老师带到山上去，好不好？盖布袋，不要让他再回来了。好，那现在已经是这样。呵呵！好，那林道远，今天要跟你合作的乐团是？

林道远：木笛四重奏。

陶　子：陈孟亨老师，木笛四重奏，所以今天要唱的是《夕阳伴我归》，还是……

林道远：这次选的曲风比较不一样，是比较民歌的感觉。

陶　子：所以你选的歌是？

林道远：《梦田》跟《木棉道》。

陶　子：哇，你要好好唱耶，这几位老师都是那个年代的，是不是，萧老师？你小时候都听什么歌？

萧煌奇（评委）：《梦田》《木棉道》。

陶　子：哈哈哈哈（全场笑，掌声），所以要好好唱，好不好？

林道远：好！

陶　子：我们在这里也欢迎我们陈孟亨老师的木笛四重奏，欢迎他们。

进入比赛环节前，陶子做了些有意味的铺垫。从化妆间的所见所感谈起，活灵活现，又不乏风趣，“听到很多国乐，搞得我很想弄一壶茶跟一盘瓜子”，引得众人大笑。同时一位评委不期然地插话，这恰恰又成了陶子介绍伴奏乐队的话头，并故作惊喜地予以放大，“哇，今天我们请到的是教授级的乐团”；紧接着这个小插曲，聪明的陶子立刻娴熟地把“舵”进入“主航道”，“所以请九位选手好好唱。首先第一位登场的是林道远”。接下来与选手聊天，抓住该选手的“胖”小小调侃一番，让选手感到亲切和温暖，又从选手准备的曲目似不经意地点到另一位评委，并再次激励选手。短短的几分钟里，陶子与选手、评委、乐队都有互动，气氛活跃，流程中的元素也都兼顾到了，她的快乐幽默、智慧友善如春风拂面，让人舒服惬意。陶子的串联互动，真可谓“无缝衔接，游刃有余”，相当自如圆熟。

主持人对环节设计及节目主旨的心领神会，是临场发挥中互动的重要话头。例如陶子主持的另一档节目《大学生了没》，这是专为台湾大学生量身定做的谈话节目，话题与大学生密切相关，其中不乏有一些较为敏感的话题。比如有一期话题是“男大学生受不了啦，我的女友太爱露”，节目请来了两个男大学生作为嘉宾，他们在节目现场“控诉”，抱怨自己的女朋友太性感，自己很尴尬。在请上那两位男大学生的女朋友之前，由主持人和“大学生代表团”一起讨论对女孩走性感路线这一状况的看法。请上两位女孩后，由她们自己讲对自身着装的看法，对性感的认识。接着，大家共同决定希望能看到两个女孩稍微保守、清纯一些的打扮，两个女孩下台换了一身简单、休闲的衣服，大家的眼睛都为之一亮，而她们自己也发现和以前大不一样，觉得很舒服。这时主持人陶子走上前来，亲切地询问：

以后是不是也可以尝试这种路线，你们这样也可以很可爱呀！

接着，陶子又转向现场观众，有如讲“体己话”一般，贴心又关切地说：

女孩子要懂得保护自己，要敏感地察觉自己可能遇到的危险。你很珍贵，女孩。

陶子简单的一句话，盛满关爱和深意，可谓“点睛”的议论，四两拨千斤，巧妙地浓缩了该期节目的主旨，让原本可能流于庸俗或莫衷一是的话题一下子有了不一样的现实意义。

第二，“功夫在诗外。”“问渠哪得清如许，为有源头活水来。”主持人即兴的“偶发灵感”，来自长期的生活积累和大量的主持实践。主持人平时的积累与储备，尤其在以往工作及现实生活里的见闻、感悟均十分重要，它使临场发挥的互动既有感性又具理性，生动有趣，意味深长。

董卿主持节目能够自觉做功课，一直得到节目创作人员——导演、制片、演员、选手等的交口称赞。一方面，她不单纯依赖撰稿人提供的台本，而是自己查资料、增改内容，一次主持公安部的新年晚会，其中有六位英模代表全国公安干警给大家拜年的环节，她上网搜索这六位英模的资料，感动不期而至。她向导演提议，允许她用一句话向观众介绍每一位英模，得到应允，她连夜推敲，将数万字的事迹，浓缩成每人两行字，现场效果非常好。另一方面，她在台下跟每一位选手聊，如青歌赛选手众多，常常一聊就是几个小时，聊得口干舌燥，脑袋发木，自己虽然辛苦，但“刨出”青歌赛选手身上的亮点、火花，在增进感情和信任的同时，掌握了庞大的信息，因此成为她在现场快速取舍、精彩发挥的重要源头。

主持人应是生活中的有心人，善于学习、敏于感受、积极思考、勤于积累。通过不断学习和用心生活，主持人将感知感悟的正能量在节目适当的契合点与观众分享，会大大增强说服力和感染力。如《开讲啦》葛剑雄做演讲嘉宾，主题“读书，永无毕业”那一场结尾，撒贝宁就拿他工作中切身感受的事情做结束语，真实生动，既接地气又余味无穷：

> 今天葛老师跟我们分享了很多关于读书的话题，其实聊到最后，已经不光是读书这个概念了，还聊到了怎么做学问，甚至怎么做人。最后，我想跟大家分享一个小故事。
>
> 我曾经去一个山区采访，到了一个偏僻的小教学点，从外面公路走进去大概要爬两个小时的山路。去之前，我问孩子们想要点儿什么，我们好给孩子们带一些上去。上了山，我们把这些东西都拿了出来，孩子们高兴地围着那些吃的东西转，小眼睛里面冒着光。我们还带了好多 DVD，里面有动画片，另外还有一些漫画书、一些童话故事书。很奇怪，我们和老师说了一会儿话，再一转头，发现那堆零食旁边一个孩子都没有，所有的孩子都一头扎进那些童话书里，翻着看，一瞬间，我感觉特别开心。孩子们真正喜欢的东西是图书！
>
> （稍一停顿，提高声音）书，一直都在，书，回来了！

撒贝宁以“白描”的方式，再现了他下基层的切身感受，质朴、平实，富于画面感、动感和带入感，全场观众的感情被点燃，最后他充满激情的两个短句简洁、动情，言简意赅，颇富感召力。

第三，心理素质。专注、清醒、冷静、善于调动并控制感情，当然是主持人必须具备的心理素质。还有一个层面需要格外强调，即主持人应正确把握自己的位置和作用。主持人必须有正确的职业认知，能够深谙自己与嘉宾、观众的关系，恰当控制自己在节目中的话量，绝不喧宾夺主，同时看重话语的质量，绝不口无遮拦。

董卿曾说，站在这里，尤其是站在央视这样的平台上，我不是来沽名钓誉的。撒贝宁主持《开讲啦》之后自述：“我也是一直在寻找自己在台上的角色定位，我是一个演讲人的同伴，是帮他们一起面对年轻人的问题；还是站在年轻人这边，和他们一块儿向演讲人发问？后来我慢慢发现我的角色应该是一个自由人，在两者之间充当一个黏合剂。”《开讲啦》的主创人员、唯众传媒总裁杨晖评价撒贝宁："他尊重每一位演讲者，总是能在该隐藏自己的时候隐藏自己，嘉宾需要他的时候，他适时帮着穿针引线；节目需要画龙点睛的时候，他又能游刃有余地表达最核心、最关键的信息。他的主持风格亦庄亦谐，睿智亲切，对节目的掌控游刃有余。"

第四，思维品质、语言功力。这是主持人所有内心感受、观点理念的着力点和出口，既有共性的规律、基本要求，也体现了主持人的特点及个性风格。

董卿，细腻、温情、善解人意，同时不失灵动和文采，她的思维速度、深度附着于颇具哲理的话语，耐人寻味。还是《直通春晚》八进五那一场，许艺娜 PK 张赫宣，观众呼喊张赫宣的声浪始终很高，但结果却是张赫宣出局，董卿深谙观众与选手的心情，清醒地把握大局，一番话温暖机智又富于诗意和哲理：

董　卿：向所有在呼喊你名字的人，向电视机前所有在为你鼓掌的人告别。

张赫宣：好，首先要谢谢所有的工作人员，因为他们真的很辛苦，然后还有导演，还有评审，还有主持人，还有乐队老师和和音老师，所有的灯光、舞美，有了他们才有了这个很好看的舞台。谢谢所有支持我的朋友，谢谢你们。然后呢……嗯……（观众高呼张赫宣的名字）我这个人不太会说什么，就唱几句《你把我灌醉》好不好？（观众齐声：好！）（张清唱后）谢谢各位，拜拜！（观众再次高呼张的名字）

董　卿（饱含深情与真诚）：谢谢赫宣，谢谢你把这么好的声音留在了我们的舞台上。其实我一直一直有一种我的观点，就是当你要告别的时候，如果所有的人都觉得不舍，如果所有的人都觉得遗憾，那么你，就没有什么好遗憾的了。因为你转身离开，你的声音依然在我们身边；因为你转身离开，我们的支持依然在你身边！掌声送给，张赫宣。谢谢你，谢谢！

不言而喻，语言功力除了思想内容、遣词造句，不可忽略的是转化为有声语言的表达水准。诸如感情分寸的把握、声音高低强弱的准确运用、语气节奏的变化，等等，择其要点，一是情感真挚、态度诚恳、状态自然，二是区别"语态景别"。后者如：是热场造势，还是安静交流、形象渲染；是平静叙事、近距离面对面，还是顾及不同位置（前后左右高低）的全场，等等。如此不同于日常交流、复杂多变且又不停交叉转换的互动交流，是出于电视节目现场及屏幕效果的特殊需求，所有这些都需要主持人做学习型、创新型的实践者。

2013.1.18

图书在版编目(CIP)数据

播音学简明教程 / 吴郁主编.--4 版.--北京:中国传媒大学出版社, 2019.5
播音与主持艺术专业“十三五”规划教材 21 世纪播音与主持艺术专业简明教材
ISBN 978-7-5657-2133-5

Ⅰ. ①播… Ⅱ. ①吴… Ⅲ. ①播音—语言艺术—高等学校—教材 Ⅳ. ①G222.2

中国版本图书馆 CIP 数据核字(2017)第 201904 号

播音学简明教程(第 4 版)

BOYINXUE JIANMING JIAOCHENG(DI-SI BAN)

主　　编　吴　郁
策划编辑　赵　欣
责任编辑　赵　欣　张　笛
特约编辑　高卓毓
封扉设计　拓美设计
责任印制　阳金洲

出版发行　中国传媒大学出版社
社　　址　北京市朝阳区定福庄东街 1 号　邮编:100024
电　　话　86-10-65450528　65450532　传真:65779405
网　　址　http://www.cucp.com.cn
经　　销　全国新华书店

印　　刷　北京中科印刷有限公司
开　　本　787mm×1092mm　1/16
印　　张　17.75
字　　数　378 千字
版　　次　2019 年 5 月第 4 版
版　　次　2019 年 5 月第 1 次印刷

书　　号　ISBN 978-7-5657-2133-5/G·2133　定　　价　55.00 元